기적의

CONVERSATION FOR BEGINNERS
···· with Frank ····

영어회화

스타트 32

저자 : 류의열(프랭크)
안녕잉글리시 초급, 중급 저자 – RHK
(현) 팀영어학원 원장
(현) 온라인 영어강의 '프랭크쌤영어' 대표강사
단국대 졸업

감수 : 에릭 브라이언 엘키 (Eric Brian Elkey)
현) 팀영어학원 고문
전) 백석대학교 영문학 교수
전) 단국대학교 영문학 교수
캠브리지 시험 IELTS 강사
캐나다 University of Victoria 졸업

일러스트 : 임진아
프랭크영어 대표 일러스트레이터
서울사이버디자인대전 은상 / 안양예술대전 일러스트부분 은상
『기적의 영어회화 스타트 32』 그림작가

기적의
영어회화
스타트 32

저 자 류의열
발행인 고본화
발 행 반석출판사
2025년 1월 10일 초판 11쇄 인쇄
2025년 1월 15일 초판 11쇄 발행
홈페이지 www.bansok.co.kr
이메일 bansok@bansok.co.kr
블로그 blog.naver.com/bansokbooks

07547 서울시 강서구 양천로 583. B동 1007호
    (서울시 강서구 염창동 240-21번지 우림블루나인 비즈니스센터 B동 1007호)
대표전화 02) 2093-3399 **팩 스** 02) 2093-3393
출 판 부 02) 2093-3395 **영업부** 02) 2093-3396
등록번호 제315-2008-000033호

Copyright ⓒ 류의열

ISBN 978-89-7172-946-5 [13740]

기적의 영어회화 스타트 32

CONVERSATION FOR BEGINNERS
··· with Frank ···

반석출판사
Bansok

영어를 10년간 현장에서 가르치면서 많은 학생들이 영어를 말하는 것을 보고 뿌듯함을 느꼈습니다. 어학연수를 가지 않아도 자신의 생각을 영어로 바꾸면서 점점 더 영어를 유창하게 구사하는 학생들을 보면서 이런 나의 수업을 보다 체계적으로 만들어야겠다는 생각이 들었고 결국 그 결실로 『기적의 영어회화 스타트 32』 책을 만들게 되었습니다. 많은 학생들이 처음에 영어를 공부할 때 문법이 약하다고 하지만, 말할 때 문법보다 더 중요한 것은 단어와 단어를 연결하는 방법을 아는 것입니다. 즉, 내가 외우고 알고 있는 단어를 정확한 발음으로 구사하고 그 단어를 정확히 배열을 할 수 있는 것에 따라 영어 말하기 능력에 차이가 생깁니다.

이에 따라 이 책은 단순히 문법 규칙을 익히기보다는, 직접 영어로 말할 수 있게 단어를 공부하고 공부한 단어를 바탕으로 영어 문장원리를 이해하고, 이해한 문장원리로 단어를 배열하고 말할 수 있게 책을 구성하였습니다. 책으로 공부해서는 말할 수 없다는 한계를 인식해서 원어민이 녹음한 MP3파일, 프랭크쌤의 강의를 통해서 독자들이 스스로 공부할 수 있는 힘을 기르고, 프랭크쌤영어 사이트(www.frankssem.com)와 연계하여 연습문제에 있는 한국말을 영어로 바꾸어 녹음해서 보내고 확인받을 수 있는 체계를 만들었습니다. 영어 공부에서 많은 실패를 경험하신 분들, 특히 말하기에 있어 아무리 문법을 공부하고 영어를 수년간 공부해왔어도 단어만 맴돌 뿐 문장을 어디서부터 어떻게 시작해서 만들어야 할지 막막한 분들이나, 기본적인 문법 실수가 잦은 분들에게 이 책을 적극 추천해드립니다.

총 32강으로 월~목요일까지 주 4회 총 2개월간 공부를 할 수 있도록 구성되어 있습니다. 단순히 영어 문법에 초점을 둔 책이 아닌 여행이나 일상 회화에 많이 쓰이는 실용적인 예문을 바탕으로 다양한 연습문제와 영작을 통하여 단어를 문장으로 바꾸고, 그런 반복적인 학습을 통해서 영어구조와 회화에 익숙해짐으로써 영어회화에 자신감이 생기고 왕초보영어를 탈출할 수 있을 것이라 확신합니다.

마지막으로 이 책이 나올 수 있도록 도움을 주신, 양슬기, 신다빈, 김현아 양과 허찬호 군, 그리고 디자이너 임진아, 김희정 선생님과 영어 검수를 해주신 브라이언 선생님에게 감사드립니다.

저자 프랭크(류의열) 올림

* 책 내용이나 음원 등 책에 대한 모든 문의는 frankssem@naver.com을 이용해 주세요.

시작

학습도우미 (1-8단계)

1단계: 단어장

영어에 대한 기초가 전혀 없다면 이 책을 공부하기 전에 단어장으로 간단한 문장과 단어를 먼저 공부해보세요.

2단계: 단어장 원어민 MP3

미국식, 영국식 발음을 원어민이 직접 녹음한 MP3파일을 들으며 정확한 단어 읽기 연습을 해보세요. 눈으로 보고 외우는 단어가 아니라 직접 따라 읽는 단어 암기가 중요합니다.

3단계: 단어 Quiz

외운 단어를 확실히 알고 있는지를 확인하기 위해 단어 부분을 가린 채 뜻만 보고 영어 단어를 떠올려 보세요.

4단계: 본문공부 + 저자 직강 강의

혼자서 책을 보고도 이해할 수 없다면 저자인 프랭크쌤이 직접 녹음한 강의를 책과 함께 들어보세요. 10년간의 현장 강의의 노하우로 책만으로는 이해할 수 없었던 부분을 꼼꼼히 짚어드립니다.

5단계: Unit 테스트 + 틀린 부분 복습

그날 배운 Unit을 연습문제를 통해서 확실히 이해해보세요. 여러 가지 개념 정리 문제와 영작 문제로 그날 배운 Unit들의 내용을 여러분의 영어로 만들어 드립니다. 또한 테스트에서 틀린 문제나 영작 부분은 종이로 가리고 직접 크게 영작한 부분을 소리 내서 영어로 말해 보세요. 말하기에 많은 도움이 될 것입니다.

6단계: 본문 원어민 MP3

본문과 연습문제에 있는 중요하고 유용한 내용을 미국식, 영국식 발음으로 무한 반복해서 들어보세요. 여러분의 듣기 실력이 향상될 것입니다.

7단계: 홈페이지를 통한 피드백

자신이 틀린 부분이나 공부 중에 궁금한 부분은 홈페이지를 통해서 선생님에게 직접 물어보세요. 현장 강의의 노하우로 쉽고 빠르게 대답해드립니다.

8단계: 직접 소리내어 말해보기

강의만 보고 끝나면 부족합니다. 말하기 연습, 발음 연습! 연습이 필요합니다. 직접 소리내어 말해보고 녹음해서 들어보며 학습해 봅시다.

01 Unit별로 2~3개월 완성 과정

이 책은 단어장 118개, 본문 32개로 총 150개의 Unit으로 구성되어 있으며, 2~3개월 만에 끝낼 수 있습니다. 각 Unit을 공부하기 전에 반드시 단어책으로 Unit에서 배울 단어를 먼저 학습하세요. 만약 단어를 완벽하게 공부하지 않으면 각 Unit을 공부할 때 힘들어할 수 있습니다.

02 문법을 구별해서 영어 문장 구조 이해

A, B, C와 같은 범주를 통해 복잡한 영어문법(영어 문장 구조)를 단계별로 학습하고, 영어 예문을 옆의 예시와 같이 보기 쉽게 표로 정리함으로써 주어, 동사, 목적어, 보어와 같은 어려운 영어 문법의 개념 없이도 쉽게 영어를 만들고 문장 속에서 단어를 어떻게 사용하고 배열해야 하는지를 독자들이 쉽게 이해함으로써 영어 단어 배열 순서에 자신감을 얻을 수 있게 만들었습니다.

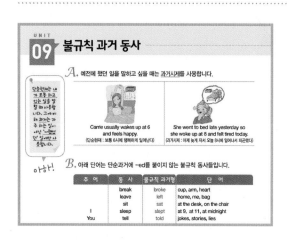

03 '아하!'로 궁금했던 질문을 쉽게 이해

현장 강의를 하면서 학생들이 많이 물어봤던 질문들과 학생들이 영어를 말하면서 실수를 많이 했던 부분을 '아해'라는 코너를 통해서 궁금증을 해결해주고, 독자들이 다시 틀리지 않게 꼼꼼히 짚었습니다.

04 그림을 통한 쉬운 이해

글로 설명할 수 없는 부분을 그림을 통해서 쉽게 이해할 수 있게 책을 구성하였습니다. 연습문제에 있는 그림을 통해 간접적으로만 문제를 푸는 것이 아니라 직접 눈으로 보고 자신이 본 그림을 직접 쓰고 말함으로써 독자들이 자신의 생각을 영어로 바꾸고 말할 수 있게 만들어드립니다.

05 본문에서 배운 내용을 확인

본문에서 배운 내용을 확실히 이해할 수 있도록 총 4페이지 분량의 연습문제를 넣었습니다. 문법 문제를 비롯한 단어 넣기, 그림을 통한 대화 넣기, 직접 대화하기 등과 같은 여러 가지 연습문제를 통하여 앞에서 배운 내용을 복습하고 완벽하게 이해할 수 있게 해드릴 것입니다.

06 영작을 통한 완벽한 본문 내용 이해

연습문제의 마지막 부분은 영작입니다. 영작을 통해서 영어와 한국어의 차이점을 생각하고 직접 한국어를 영어로 바꾸면서 영작을 하다 보면 내가 머릿속에 생각한 한국말을 영어로 바꿀 수 있는 힘이 생깁니다.

미리보기 (학습계획표) ·····················

미리보기 (학습계획표)

영어를 말하다 (주어 + 동사)

Key lost!....

Where breakfast eat...

Taxi call me?

I am sorry....

I don't understand...

What did you say?

A. 영어 문장을 말하기 위해서는 주어와 동사가 필요합니다.

주 어	동 사	단 어
I 나는 You 너는 너희는 We 우리는 They 그들은 그것들은	like eat cook give study sleep have take see go to	pizza, fish, onions fries, cookies, cake noodles, chicken soup, rice money, books, candies English, history at 7, at 8, at 9 boyfriend, plans, car test, shower, class movie, tree, girlfriend school, church, work
She 그녀는 He 그는 It 그것은	like(s)　sleep(s) eat(s)　has cook(s)　take(s) give(s)　see(s) stud(ies)　go(es) to	fried rice, at 10 pasta, house tacos, train time, building hard, supermarket

※ ( )의 동사 변화는 뒤에서 배워요.

※ They는 사람과 사물이 여러 개일 경우에 사용할 수 있습니다.
They는 '그들은, 그것들은'이란 2가지 뜻이 있습니다.

- I <u>sleep</u> at 9.
- You <u>cook</u> rice.
- We <u>see</u> trees.
- He <u>see(s)</u> you.
- She <u>eat(s)</u> pasta.

- I <u>have</u> a boyfriend.
- You <u>eat</u> noodles.
- We <u>sleep</u> at 9.
- He <u>take(s)</u> a shower.
- She <u>go(es)</u> to church.

※ 동사 뒤에 s를 붙이는 방법은 뒤에서 배웁니다.

I <u>like</u> onions.
They <u>study</u> English.
She <u>eats</u> pizza.

B. 숫자 표현

* I like <u>ten</u>!
* I have <u>three</u> sons.

* The car has <u>four</u> wheels.

> 짧은 시간을 쓸 경우에는 **at**을 사용해요.

1: one	4: four	7: seven	10: ten
2: two	5: five	8: eight	11: eleven
3: three	6: six	9: nine	12: twelve

at 7 o'clock　　**at 12:10**　　**at 11:10**　　**at 5 o'clock**

※ 정각을 말할 때는 O'clock을 사용합니다. O'clock = of clock의 약자입니다.

C. '한 달'의 시간을 가리킬 때는 in을 사용합니다.

> 일주일 이상의 시간을 나타낼 경우에는 **in**을 사용해요.
> In June(6월)
> In summer (여름에)
> In a week (1주일에)
> In a month (1달)

- It rains a lot <u>in June</u>. (6월에)
- I will meet you <u>in February</u>. (2월에)
- It is hot <u>in May</u>. (5월에)

- My birthday is <u>in March</u>. (3월에)
- It snows a lot <u>in January</u>. (1월에)
- Flowers bloom <u>in April</u>. (4월에)

실전연습

1. 다음 한글을 영어로 바꾸어보세요.

I, You, He 와 같은 단어를 주격대명사 라고 합니다.

1) 나는 _____ I _____   2) 우리는 _____   3) 그들은 _____

4) 그녀는 _____   5) 그것은 _____   6) 그는 _____

7) 너는 _____   8) 프랭크는 _____   9) 그것들은 _____

2. 다음 한글 문장을 영어로 바꾸어보세요.

'~와'란 표현은 and를 사용합니다. 즉, 피자와 물고기는 pizza and fish라고 합니다.

1) 나는 피자와 생선을 좋아해요. *I like pizza and fish.*

2) 그는 생선과 양파를 좋아해요. _____

3) 나는 튀김을 먹어요. _____

4) 우리는 쿠키와 케이크를 먹어요. _____

5) 너는 국수를 요리한다. _____

6) 그녀는 삼계탕을 요리해. _____

7) 나는 밥을 지어. _____

8) 우리는 돈을 준다. _____

9) 그들은 책을 준다. _____

10) 나는 영어를 공부해. _____

3. 다음 한글 문장을 영어로 바꾸어보세요.

'약속이 있어'는 have a promise로 표현하기보단 have plans 이란 단어를 사용하세요.

1) 너는 7시에 잔다. *You sleep at 7.*

2) 우리는 12시에 자요. _____

3) 그들은 약속이 있어. _____

4) 나는 자동차와 남자친구가 있어. _____

5) 나는 수업을 들어. _____

6) 그녀는 시험을 봐. _____

7) 우리는 샤워를 해. _____

8) 나는 영화관에서 영화를 봐. _____
[영화관에서: at the cinema]

9) 나는 학교에 가. _____

10) 그들은 일하러 가. _____

4. 어떤 행동을 좋아한다면 〈like to + 동사〉를 사용합니다.

I like to eat cake.

I like to study English.

I like to sleep at 9.

I like to cook noodles.

I like to see movies.

I like to go to church.

like 뒤에 명사가 올 경우에는 to를 사용하지 않아요.
· I like chicken. (명사)
· I like to eat chicken. (동사)

like to와 [ ] 안의 동사를 사용해서 여러분이 좋아하는 것을 직접 말해보세요.

1) [eat, fried chiken] *I like to eat fried chicken.*

2) [sleep, at 9] _____

3) [see, movies] _____

4) [study, English] _____

5) [cook, rice] _____

6) [go to, school] _____

7) [eat, cake] _____

8) [take, a shower] _____

영화관에서 영화를 볼때는 watch a movie보다는 see a movie 라는 표현을 사용해요.

see 무언가가 보일 때 look 무언가를 쳐다볼 때 watch 무언가를 지켜볼 때 사용할 수 있는 동사들이에요.

5. like to를 이용해서 문장을 만들어보세요.

1) 나는 영어 공부하는 것을 좋아해. *I like to study English.*

2) 그는 케이크 먹는 것을 좋아해. _____

3) 우리는 자는 것을 좋아해. _____

4) 그녀는 돈을 가져가는 것을 좋아해. _____

5) 우리는 일하는 것을 좋아해. _____

6) 나는 공부하는 것을 좋아해. _____

7) 그는 학교 가는 것을 좋아해. _____

8) 나는 샤워 하는 것을 좋아해. _____

9) 그녀는 영화 보는 것을 좋아해. _____

10) 우리는 요리하는 것을 좋아해. _____

6. 다음 그림과 글에 해당되는 달을 쓰세요.

달을 쓸 경우에는 앞 글자를 대문자로 써 주세요.

June
March

5월	3월	6월
1) _May_	2)	3)
1월	4월	2월
4)	5)	6)

7. 다음 그림을 보고 직접 문장을 만들어보세요.

1) [They, a movie]   _They see a movie._

2) [She, a fish] _____

3) [I, in the bed] _____

4) [He, a girlfriend] _____

5) [I, pizza] _____

6) [We, school] _____

7) [You, money] _____

8) [He, a shower] _____

8. 다음 문장을 영어로 바꾸어보세요.

1) 우리는 오후 5시에 만나.   _We meet at 5 P.M._

2) 나는 너를 4월에 만나. _____

3) 그들은 나무를 봐. _____

4) 너는 나무를 봐. _____

5) 그는 생선을 7시에 요리해. _____

6) 그녀는 6시에 슈퍼마켓에 가. _____

7) 나는 2월이 좋아. _____

8) 그는 11시에 자. _____

9) 너는 돈이 있어. _____

10) 나는 생선을 요리해. _____

fish는 일반적인 생선을 의미하고, a fish는 생선 1마리를 의미합니다. 따라서 I cook a fish.는 생선 1마리를 요리하는 것이고, I cook fish.는 여러 마리 또는 일반적인 생선을 요리한다는 뜻이 됩니다.

9. 다음을 영어로 바꾸어 보세요.

1) 3월에   _in March_   2) 11시 05분에 _____

3) 2시 10분에 _____   4) 5월 _____

5) 1시 12분에 _____   6) 1월에 _____

7) 2월 _____   8) 6시 08분에 _____

9) 1시 정각에 _____   10) 4월에 _____

* 숫자 0은 oh, '정각'은 o'clock이라 합니다.

주의하세요♭

2월 = February
2월에 = In February
3월 = March
3월에 = In March

17

영어를 좀 더 길게 말하다 (목적격)

A. 주격과 목적격

I 나는 / me 나를	you 너는 / you 너를
he 그는 / him 그를	she 그녀는 / her 그녀를
we 우리는 / us 우리를	you 너희들은 / you 너희들을
they 그들은 / them 그들을	it 그것은 / it 그것을

you는 1명 또는 여러 명의 상대방을 가리킬 때 사용하는 단어입니다.

You = 너는 = 단수

You = 너희들은 = 복수

주격
- I like pizza.
- You go to school.
- He loves dogs.
- She goes to bed at 10 P.M.
- It has 4 wheels.
- We like to travel.
- They eat breakfast everyday.

목적격
- Do you like me?
- I love you.
- I meet him.
- Frank likes her.
- I take it.
- He calls us.
- Frank knows them.

B. 앞에 있는 주어와 뜻이 다른 동사 뒤에 나오는 단어를 목적어라 합니다.

대명사의 목적격은 형태가 바뀌지만 단어들은 형태가 바뀌지 않아요.

주 어	동 사	단 어 (목적어)
I You We They She He It	have	headache, fever, stomachache
	cook	breakfast, lunch, dinner
	book	hotel, restaurant, ticket
	travel (with)	parents, brother, sister
	wash	face, hair, hands
	take (목적격 + to)	shopping center, train station, school
	meet	boyfriend, girlfriend, friend
	make	friends, coffee, money
	change	dish, room, reservation(booking)
	carry	bag, things, luggage
	agree with	boss, mother, father
	clean	table, shoes, bathroom
	need	help, rest, cash

C. 13~20까지의 숫자표현

21~29까지
는 twenty에
1~9까지의
숫자를 붙여
주면 됩니다.

24
twenty
four
27
twenty
seven

D. '아침밥' 할 때의 '밥'은 rice라 하지 않습니다.
rice라고 하면 '생쌀' 또는 '맨밥'을 의미하는 것으로 들릴 수 있습니다.

밥 ≠ rice

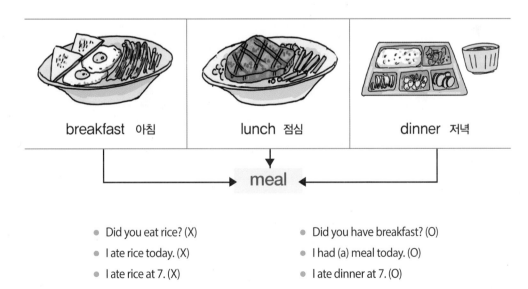

- Did you eat rice? (X)
- I ate rice today. (X)
- I ate rice at 7. (X)

- Did you have breakfast? (O)
- I had (a) meal today. (O)
- I ate dinner at 7. (O)

실전연습

1. 다음 단어를 목적어로 바꾸어보세요.

1) I _____*me*_____   2) He _____   3) She _____

4) We _____   5) They _____   6) You _____

7) It _____

2. 다음 한글을 영어로 바꾸어보세요.

한국어에서 주
격은 '은, 는,
이, 가'를, 목
적격은 '을,
를, ~에게'를
사용해요.
한글을 영어로
바꿀 때 주의
하세요.

1) 나는 _____*I*_____   2) 그녀를 _____   3) 그는 _____

4) 그들을 _____   5) 너희들은 _____   6) 우리를 _____

7) 너는 _____   8) 나를 _____   9) 너를 _____

10) 그들은 _____   11) 우리는 _____   12) 그를 _____

3. 다음 그림을 보고 [   ]의 단어를 이용하여 문장을 만들어보세요.
필요하다면 단어를 변형하세요.

1) [She, likes, he]   *She likes him.* _____

2) [You, hit, he] _____

3) [I, date, she] _____

4) [She, teaches ,we] _____

* he, she, we가 동사 뒤에 있으면 형태가 바뀝니다.

4. 다음 한글 문장을 영어로 바꾸어보세요.

1) 난 머리가 아파. *I have (a) headache.*

2) 그는 열이 나. _____

3) 그녀는 배가 아파. _____

4) 우리는 아침밥을 해. _____

5) 그들은 저녁밥을 해. _____

6) 나는 점심밥을 해. _____

7) 너는 호텔을 예약해. _____

8) 그는 식당을 예약해. _____

9) 우리는 표를 예약해. _____

10) 그녀는 부모님이랑 여행을 해. _____

11) 너는 나를 만나. _____

12) 나는 그것들을 사. _____

처음 영작할 때는 단어의 배열에 초점을 맞추세요. He have fever.는 틀린 문장이지만 단어의 배열은 맞아요. 더 공부하게 되면 올바른 영어표현 He has a fever.라고 쓸 수 있게 될 거예요.

5. 다음 한글 문장을 영어로 바꾸어보세요.

1) 나는 세수를 해. *I wash (my) face (everyday).*

2) 너는 머리를 감아. _____

3) 우리는 손을 씻어. _____

4) 나는 너를 쇼핑센터에 데려가. _____

5) 그녀는 그를 기차역에 데려가. _____

6) 우리는 그녀를 학교에 데려가. _____

7) 나는 여자 친구를 만나. _____

8) 그들은 친구를 만나. _____

9) 너는 남자 친구를 만나. _____

10) 그녀는 버스를 봐. _____

11) 나는 그것을 좋아해. _____

12) 그들은 그녀를 사랑해. _____

해답지를 보면 ( )가 있는 것을 볼 수 있어요. ( )는 나중에 배우는 표현이기 때문에 채점을 할 때 ( )에 있는 것을 빼먹어도 맞는 걸로 생각하세요. 구체적인 문법보단 일단은 문장의 배열 공부가 더 중요해요.

6. 다음은 여러분의 일과입니다. 그림을 보고 아래의 동사를 사용해서 문장을 만드세요.

have, go to, eat, clean, take, cook, meet, sleep

정각이란 표현은 o'clock을 사용하세요. A.M.은 오전, P.M.은 오후를 나타냅니다.

1) I eat breakfast at 7 o'clock.
2) _____
3) _____
4) _____
5) _____
6) _____
7) _____
8) _____

7. 다음 한글 문장을 영어로 바꾸어보세요.

1) 우리는 빌딩을 봐. We see (a) building.

2) 나는 공항을 봐. _____

3) 그녀는 남동생이랑 여행을 해. _____

4) 너는 누나랑 여행을 해. _____

5) 그녀는 친구를 사귀어. _____

6) 우리는 커피를 타. _____

7) 그들은 돈을 벌어. _____

8) 그는 나에게 시간을 줘. _____

9) 그녀는 우리를 사랑해. _____

10) 우리는 그를 좋아해. _____

'~랑'이란 표현은 with를 사용해요.
친구랑 = with friends
누나랑 = with sisters
너랑 = with you

22

8. 다음 한글 문장을 영어로 바꾸어보세요.

1) 나는 그녀에게 기회를 줘.   *I give her (a) chance.*

2) 우리는 머리를 감아. _____

3) 우리는 가방을 갖고 다녀. _____

4) 너는 물건을 갖고 다녀. _____
[물건: things]

5) 그는 짐을 갖고 다녀. _____
[짐: luggage]

6) 나는 사장님 말에 동의해. _____

7) 그들은 책상을 청소해. _____

8) 그녀는 아빠 말에 동의해. _____

9. It is를 사용해서 아래의 시간을 말해보세요.

| 1) It is *seven fifteen* . | 2) It is _____ . | 3) It is _____ . | 4) It is _____ . |
| 5) It is _____ . | 6) It is _____ . | 7) It is _____ . | 8) It is _____ . |

시간 앞에는 It is를 사용하는데, 이것은 '~이에요' 란 뜻이에요. 12시예요 = It is 12. It is는 뒷부분에서 자세히 배워요.

10. 다음 한글 문장을 영어로 바꾸어 보세요.

1) 그녀는 욕실을 청소해.   *She clean(s) (the) bathroom.*

2) 나는 도움이 필요해. _____

3) 그는 휴식이 필요해. _____

4) 우리는 현금이 필요해. _____

5) 나는 음식을 바꿔. _____

6) 그들은 방을 바꿔. _____

7) 우리는 예약을 바꿔. _____

8) 너는 신발을 닦아. _____

소유격과 단순현재 의문문

A. 소유격: 누군가가 무언가를 가지고 있음을 표현할 때 사용하는 말입니다.

주 어	동 사	소유격	단 어
I	have	my 나의	bag, phone, spoon
You	need	your 너의	pencil, computer, money
We	clean	our 우리의	room, toilet, kitchen
They	wash	their 그들의	car, shoes, clothes
She	take	her 그녀의	handbag, wallet, money
He	steal	his 그의	heart, book, ring
It	meet	its 그것의	father, mother, parents

my book을 줄
여서 mine,
your book을
줄여서 yours
라고 합니다.
이건 뒷부분에
서 자세히 배
워요.

I like her skirt. (그녀의)
I like her. (그녀를)

The cat has its tail. (그것의)
I like it. (그것을)

He wash(es) his car. (그의)
I like him. (그를)

You have your handbag. (너의)
Do I like you? (너를)

B. '~할 수 있나요?'라고 말하고 싶을 땐 문장의 맨 앞에 Can을 사용합니다.

부탁의 경우
문장의
맨 뒤에
please를
넣어서
사용하세요.

● Can I have a menu please?   ● Can you change my room please?

	주 어	동 사	단 어
Can	I, you we, they she, he, it	take out check in change	garbage, trash, money early, late, at noon room, phone, hair style

C. 의문문: 의문문을 만들 경우에는 Do/Does를 문장의 맨 앞에 넣어야 합니다.

Do 동사	주 어		동 사	단 어
Do	1인칭 단수	I		
	2인칭 단복수	you		put	sunblock, bottle
	1인칭 복수	we		text	you, friend
	3인칭 복수	they	want to (하고 싶다)	give	tip, gift, flower
Does	3인칭 단수	she		buy	drink, dinner, coffee
		he		have	menu, free time, receipt
		it		look for	shoes, dress,
		the bank		open	at 9, at 10, at 8
				do	homework, it, window

> you는 2인칭 단수와 복수 모두 가능합니다.

※ do는 뒤에 집안일이 나옵니다. do the dishes(설거지), do the window(창문 닦기), do the floor(바닥 청소)

- Does Frank open his school at 7?
- Do you have a pen?
- Does he take a shower everyday?

- Does she want to eat chicken?
- Do you want to change the room?
- Does the bank open at 8?

■ 3인칭 단수는 I(나는), you(너는)를 뺀 사람 한 명, 사물 한 개를 의미합니다.

1인칭 단수	I	2인칭 복수	You
1인칭 복수	We, You and I	3인칭 단수	Frank, A dog
2인칭 단수	You	3인칭 복수	Dogs

> 인칭에 관련된 자세한 사항은 부록 212쪽을 참고해주세요.

- Does Frank want to put (a) bottle (on the desk)? → 3인칭 단수
- Do you want to drink water? → 2인칭 단수, 복수
- Does he want to open (the) door? → 3인칭 단수
- Do I go home now? → 1인칭 단수
- Does she look for shoes? → 3인칭 단수
- Do you want to text (your) friends? → 2인칭 단수, 복수
- Do we need money? → 1인칭 복수

실전연습

1. 다음 그림을 보고 [   ]에 있는 단어로 의문문 문장을 만들어보세요.
이때 문장의 맨 뒤에는 everyday를 넣으세요.

❶ coffee	❷ his car	❸ the bathroom	❹ coffee
❺ her bag	❻ a shower	❼ their shoes	❽ you

1) [She, make] *Does she make coffee everyday?*

2) [He, wash]

3) [She, clean]

4) [They, drink]

5) [She, take]

6) [He, take]

7) [They, wash]

8) [I, agree with]

2. 다음 한글에 해당하는 대명사를 써보세요.

1) 나는 _____ *I*   2) 너를 _____   3) 그를 _____

4) 그녀를 _____   5) 그녀의 _____   6) 나를 _____

7) 그의 _____   8) 우리의 _____   9) 그들은 _____

10) 나의 _____   11) 그것을 _____   12) 그것의 _____

13) 너는 _____   14) 우리는 _____   15) 그들의 _____

3. 다음을 영어로 바꾸어보세요.

1) 나의 책 _____ *my book* _____   6) 그것의 손 _____

2) 그녀의 핸드폰 _____   7) 그들의 집 _____

3) 너의 돈 _____   8) 우리의 커피 _____

4) 그들의 엄마 _____   9) 너의 탁자 _____

5) 그의 방 _____

4. 아래 그림은 여러분이 오늘 한 일입니다.
그림을 보고 [ ]의 단어를 이용해서 이야기를 만들어보세요.

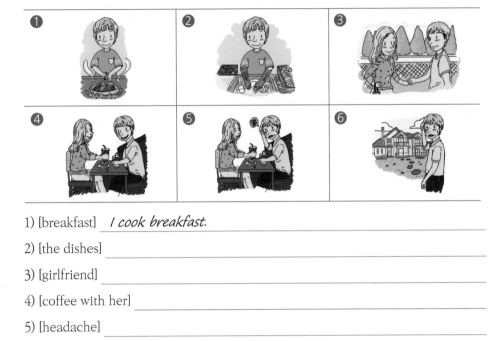

처음에는 어색한 표현을 해도 괜찮습니다. <주어 + 동사>를 꼭 맞추어서 말하는 연습을 하세요.

'집에 가다'란 표현은 go to house가 아닌 go home이라고 해요.

1) [breakfast]   *I cook breakfast.*

2) [the dishes]

3) [girlfriend]

4) [coffee with her]

5) [headache]

6) [home]

5. 소유격을 사용해서 한글 문장을 영어로 바꾸어보세요.

1) 그들은 그들의 신발을 닦아.   *They wash their shoes.*

2) 나는 나의 가방을 갖고 있어.

3) 우리는 우리의 방을 청소해.

4) 그는 나의 책을 가져가.

5) 그는 그녀의 아버지를 만나.

6) 나는 너의 돈이 필요해.

7) 그녀는 세차를 해.

8) 우리는 너의 도움이 필요해.

9) 그들은 우리의 부모님을 만나.

10) 그녀는 그녀의 책상을 청소해.

11) 너는 내 차를 사고 싶니?
    [~하고 싶다: want to 동사 / 먹고 싶다: want to eat / 가고 싶다: want to go]

12) 너는 그의 아버지를 만나니?

'나는 세차를 해'를 영작할 때 '세차하다'란 표현을 wash a car 보단 wash my car 라고 표현하는 것이 더 좋아요.

6. Do/Does를 사용해서 의문문을 만들어보세요.

명사 앞에 a, an, the를 붙이는 방법은 뒷부분에서 자세히 배웁니다. 너무 처음부터 완벽하게 하려 고민하지 마세요.

1) 너는 선물을 주니? *Do you give (a) gift(s)?*

2) 그녀는 그녀의 신발을 찾니?
[(무언가를) 찾다: look for]

3) 그는 선크림을 그의 얼굴에 바르니?
[그의 얼굴에: on his face]

4) 너는 나에게 저녁을 사니?

5) 내가 너한테 문자를 보내니?

6) 그들은 선물을 사니?

7) 당신은 당신의 드레스를 찾나요?

8) 그는 여가 시간이 있니?
[여가 시간: free time]

9) 너는 영수증이 있니?
[영수증: receipt]

10) 그녀는 창문을 닦니?

11) 7월에 그들은 서울에 갈 거니?

12) 그는 열이 나니?

7. want to를 사용해서 문장을 만들어보세요.

want는 동사이기 때문에 동사를 한번 더 넣을 경우에는 두 번째 동사 앞에 to를 넣습니다.

1) 너는 저녁을 먹고 싶니? *Do you want to have dinner?*

2) 그는 세차를 하고 싶니?

3) 그녀는 그녀의 가게를 열고 싶니?

4) 프랭크는 그의 숙제를 하고 싶어 하나요?

5) 너는 술을 사고 싶니?

6) 그는 내 지갑을 가져가고 싶어 해.

7) 그들은 그들의 옷을 빨고 싶어 해.

8) 그는 변기를 닦고 싶어 해?

9) 나는 연필을 가져가고 싶어.

10) 그녀는 부엌을 청소하고 싶어 하니?

11) 그녀는 영화를 보고 싶어 해?

12) 너는 너의 방을 바꾸고 싶니?

8. can을 사용해서 부탁을 해보세요.

* 1) 쓰레기를 버려주실래요? *Can you take out the garbage please?*

* 2) 당신의 컴퓨터를 써도 될까요? _____

* 3) 체크인을 일찍 해도 될까요? _____

  4) 제가 부엌을 써도 될까요? _____

* 5) 제 머리 스타일을 바꿔줄 수 있나요? _____

* 6) 정오에 체크인을 해도 될까요? _____

  7) 제가 방을 바꿀 수 있나요? _____

  8) 제가 집에 갈 수 있나요? _____

* 9) 제 신발을 씻어줄 수 있나요? _____

* 10) 제 방을 청소해줄 수 있나요? _____

  11) 제가 당신의 가방을 들어드릴까요? _____

  12) 11시에 자도 되나요? _____

* 가 있는 번호는 영작을 할 때 숨어 있는 주어를 잘 찾아서 영작해야 합니다.

> can은 부드럽게 말을 할 경우에 사용하세요. 더 정중한 표현은 can 대신에 may를 사용하면 됩니다.

9. 그림에 있는 대답을 보고 아래 예시와 같이 질문해보세요.

① Yes, he cooks at 7.   ③ Yes, we see movies.   ⑤ Yes, I like noodles.
② Yes, he studies English.   ④ Yes, we need money.   ⑥ Yes, I take a shower at 8.

1) [he, cook] *Does he cook at 7?*

2) [he, study] _____

3) [we, see] _____

4) [we, need] _____

5) [she, like] _____

6) [she, take] _____

> 한국어를 영어로 바꿀 때에는 숨어 있는 주어를 잘 생각해서 말해야 해요. '가방 들어드릴까요?'에는 '제가'란 말이 생략되어 있어서 Can I carry your bag?처럼 숨어 있는 주어를 찾아서 말해야 해요.

UNIT

04

He studies English (단순현재의 의미)

She <u>drives</u> to work.
She <u>likes</u> driving.

They <u>like</u> to talk.
They <u>sit</u> on the chair.

A. 단순현재는 일반적인 사실 또는 항상 일어나는 일에 대해서 사용합니다.

문법 용어에서 단순현재란 '지금 하고 있는 일'을 말하는 것이 아닙니다.

주 어	동 사	단 어
I	speak	English, Korean, Chinese
You	enjoy	party, dancing, fishing
We	work	office, factory, shop
They	eat	ice cream, pasta, chicken

B. 주어가 3인칭 단수의 경우에는 동사 뒤에 -s/-es를 붙입니다.
그 이유는 영어의 모태가 바로 독일어이기 때문입니다.

I/we = 1인칭, you = 2인칭, they = 3인칭 복수를 뺀 나머지를 3인칭 단수라 합니다.

주 어	동 사	단 어
He	stays	hotel, in bed, at home
She	stops	drinking, smoking, cooking
It	breaks	rules, cup, promise

- She wake<u>s</u> up at 6.
- I speak English.
- He goe<u>s</u> to work at 8.
- Frank like<u>s</u> to study English.
- She cook<u>s</u> pasta.
- Carrie doe<u>s</u> her homework.

C. 동사 뒤에 -s/-es 붙이는 방법 [철자 넣는 방법은 page 215 참고]

- 일반적으로, 동사 뒤에 s를 붙인다.

  think → think<u>s</u> / live → live<u>s</u> / eat → eat<u>s</u>

- 동사가 s, sh, ch, x로 끝나면 뒤에 es를 붙인다.

  pass → pass<u>es</u> / finish → finish<u>es</u> / teach → teach<u>es</u> / watch → watch<u>es</u>
  miss → miss<u>es</u> / brush → brush<u>es</u>   [(예외) do → do<u>es</u> / go → go<u>es</u>]

- y로 끝나면 y를 ies로 수정한다.

  study → stud<u>ies</u> / marry → marr<u>ies</u> / try → tr<u>ies</u> / fly → fl<u>ies</u> / cry → cr<u>ies</u>

- 하지만 아래의 경우는 y 뒤에 s를 붙인다.

  enjoy → enjoy<u>s</u> / play → play<u>s</u> / buy → buy<u>s</u>

D. 동사를 그대로 사용하면 내가 하는 습관이나 자주 하는 일을 표현할 때는 현재형 동사 앞에 빈도부사를 사용할 수 있습니다.

주 어	빈도부사	동 사	단 어
I You We They She He It	always 항상 often 자주 usually 보통 sometimes 가끔 seldom 거의 never 절대 └▶ 부정적 의미	wake up go to bed cook travel rain play	at 6 A.M., at noon, at 9 A.M. early, late, at midnight noodles, dinner to Thailand, to Canada, to Europe in summer, in July, in winter baseball, with children, the piano

'동사 그대로'는 보통 '횟수를 나타내는 단어 (빈도부사)' 와 같이 사용합니다.

- I <u>usually</u> wake up at 7.
- He <u>sometimes</u> cooks dinner.
- You <u>often</u> travel to Canada.

- She <u>usually</u> swims in summer.
- Frank <u>seldom</u> cooks at home.
- They <u>never</u> play baseball.

■ never와 seldom은 부정적인 의미입니다.

- She <u>seldom</u> cooks dinner. 그녀는 거의 저녁을 하지 않아요. (O)
- She doesn't <u>seldom</u> cook dinner. 그녀는 거의 저녁을 하지 않지 않아요. (X)

E. 월요일부터 일요일까지 단어를 공부해보아요.

Monday 월	Tuesday 화	Wednesday 수	Thursday 목
Friday 금	weekend Saturday 토	Sunday 일	A week 일주일 From Monday to Sunday

하루나 이틀 앞에는 on을 사용합니다.

월요일에
on Monday

금요일에
on Friday

실전연습

1. 다음 동사에 -s 또는 -es를 붙여보세요.

동사 뒤에
-s/-es
철자는 중요하
기 때문에 쓰
는 방법을 알
아야 해요.

1) go ___goes___   2) finish _____   3) teach _____

4) eat _____   5) study _____   6) do _____

7) think _____   8) cook _____   9) fly _____

10) brush _____   11) buy _____   12) play _____

2. 다음은 프랭크가 테니스를 치는 횟수를 나타낸 도표입니다.
도표를 보고 sometimes, usually, never, seldom, always, often을 알맞게 빈칸에 넣어 보세요.

MON	TUE	WED	THU	FRI	SAT	SUN	단어
🎾	🎾	🎾	🎾	🎾	🎾	🎾	1)_____
🎾	🎾	🎾	🎾	🎾			2)_____
🎾	🎾	🎾	🎾				3)_____
🎾	🎾	🎾					4)_____
🎾							5)_____
							6)_____

3. 다음 한글 문장을 영어로 바꾸어보세요.

'~ 안에'를
말할 때는 전
치사 in을 사
용합니다.

건물 안에
= in the
building

공장 안에
= in the
factory

집 안에
= in the
house

1) 그는 영어를 말한다. ___He speaks English.___

2) 우리는 공장에서 일을 한다. _____
   [공장에서: in the factory]

3) 너는 춤을 즐긴다. _____

4) 그녀는 약속을 어긴다. _____

5) 그는 담배를 끊는다. _____

6) 우리는 화요일에 사무실에서 일한다. _____
   [사무실에서: at the office]

7) 너는 일요일에 파스타를 먹는다. _____

8) 그는 영어를 가르친다. _____

4. 아래 동사를 사용하여 의문문을 만들어보세요.

~~work~~, study, go to, need, buy, eat, watch, stay

주어에 따라 동사의 형태가 바뀐다는 것에 유의하면서 문장을 만들어 보세요.
· Do you go to school?
· Does she go to school?

1) [Frank, at 8]   *Does Frank work at 8?*

2) [she, money] _____

3) [you, school] _____

4) [they, English] _____

5) [Carrie, a toy] _____

6) [you, breakfast] _____

7) [Cathy, movies] _____

8) [we, in bed] _____

5. 다음 한글 문장을 영어로 바꾸어보세요.

영작을 한 후에 영어로 쓴 부분을 가리고 한국어만 보고 영어로 바꾸어보는 연습을 해보세요. 말하기에 많은 도움이 될 거예요.

1) 프랭크는 여행을 한다.   *Frank travels.*

2) 그는 그 규칙을 어긴다. _____

3) 사라는 호텔에 머문다. _____
   [호텔에: in the hotel]

4) 나는 파티를 즐겨. _____

5) 그들은 아이스크림을 먹어. _____

6) 너는 중국어를 말해. _____
   [중국어: Chinese]

7) 그녀는 술을 끊어. _____

8) 우리는 가게에서 일해. _____
   [가게: at the shop]

9) 그녀는 요리를 그만둬. _____

10) 그는 사과를 사. _____

11) 그녀는 교회에 가요. _____

12) 그는 컴퓨터 게임을 해요. _____

6. always, often, usually, sometimes, seldom, never를 사용해서 문장을 만드세요.

1) 나는 항상 6시에 일어나. *I always wake up at 6.*

2) 우리는 가끔씩 자정에 자. _____
   [자정에: at midnight]

3) 그녀는 가끔씩 캐나다에 가. _____

4) 나는 자주 저녁을 해. _____

5) 그는 야구를 절대로 안 해. _____

6) 너는 거의 국수를 안 먹어. _____

7) 그녀는 항상 아이들이랑 놀아. _____

8) 그는 자주 피아노를 쳐. _____

9) 너는 보통 늦게 자. _____

10) 그녀는 거의 아침 9시에 일어나지 않아요. _____

내가 보통 하는 행동을 나타낼 때는 '동사' 그대로를 사용합니다.

7. 다음 그림을 보고 아래에 있는 단어를 사용해서 문장을 만들어보세요.

study, go on, rest, go to, ~~go on~~, take, meet, do

| ❶ a business trip | ❷ yoga | ❸ coffee shop | ❹ a walk |
| ❺ friends | ❻ a picnic | ❼ at home | ❽ English |

Monday 뒤에 s를 붙이면 매번이란 뜻이 돼요.
Mondays = every Monday (매번 월요일)
Thursdays = every Thursday (매번 목요일)

1) 나는 월요일마다 보통 출장을 가요. *I usually go on a business trip on Mondays.*

2) 나는 항상 화요일마다 요가를 해요. _____

3) 저는 수요일마다 자주 커피숍에 가요. _____

4) 저는 종종 목요일마다 산책을 해요. _____

5) 나는 가끔씩 금요일마다 친구들을 만나요. _____

6) 저는 가끔씩 토요일마다 소풍을 가요. _____

7) 나는 보통 일요일마다 집에서 쉬어요. _____
   [집에: at home]

8) 저는 항상 주말마다 영어 공부를 해요. _____
   [주말에: on the weekend]

8. 다음 아래 표는 프랭크, 사라와 캐리 그리고 여러분의 하루 일과입니다.
여러분이 하는 일은 직접 빈칸을 채워 넣고 아래 질문에 대답해보세요.

'내가 하는 행동' 부분에는 여러분이 보통 하는 일을 직접 생각해보고 빈칸을 채워보세요.

	Frank	Sara and Carrie	I (내가 하는 행동)
7:10 A.M.	wake up	have breakfast	
8:30 A.M.	go to work	go to school	
11:00 A.M.	have a meeting	study English	
12:30 P.M.	have lunch	have lunch	
2:00 P.M.	drink coffee	take a class	
4:00 P.M.	send an email	go home	
5:30 P.M.	have dinner	have dinner	
7:00 P.M.	meet his friends	do their homework	

1) What does Frank do at 8:30?   *He goes to work at 8:30.*

2) What do you do at 11? _____

3) What do Sara and Carrie do at 12:30 P.M.? _____

4) What does Frank do at 2 P.M.? _____

5) What do you do at 7 P.M.? _____

6) What do Sara and Carrie do at 7 P.M.? _____

7) What does Frank do at 5:30 P.M.? _____

8) What do you do at 12:30 P.M.? _____

9. 다음을 영어로 바꾸어보세요.

1) 저는 일요일마다 가끔씩 티비를 봐요.   *I sometimes watch TV on Sundays.*

2) 우리는 자주 일찍 잠을 자요. _____

3) 그는 절대로 유럽으로 여행 가지 않아요. _____

4) 그녀는 금요일에 자주 통닭을 먹어. _____
[Friday = 금요일, Fridays = 금요일마다]

5) 그들은 수요일에 항상 교회를 가요. _____

6) 그는 거의 호텔에 머무르지 않아. _____

7) 우리는 보통 낚시를 즐겨. _____

8) 그녀는 거의 컵을 깨지 않아. _____

9) 나는 보통 토요일에 파스타를 먹어. _____

10) 그는 절대로 나이트클럽에 가지 않아. _____

sometime =언젠가, sometimes =가끔씩 이란 뜻으로 서로 의미가 다릅니다. -s를 꼭 기억하세요.

05 May I vs Can I (공손한 표현과 단순현재 부정문)

A. Can, May를 문장의 맨 앞에 쓰면 공손한 표현이 됩니다.

조동사	주어	동사	단어
Can May	I you we they she he it	have keep turn on smoke take try call	menu, water, tissue bag, baggage radio, air conditioner here, in the washroom, at the patio order, picture, hat this one, this dress, this ring waiter, taxi

can과 may는 의미가 거의 같습니다. 하지만 can보다는 may가 더 정중한 표현이에요.
문장에 맨 뒤에 please를 넣는 것을 잊지 마세요.

May I take your order please?
May I bring you the bill please?

Can I have some water please?
Can I have a menu please?

B. can을 동사 앞에 사용하면 '~할 수 있어'란 뜻이 됩니다.
may를 동사 앞에 사용하면 '~할지도 몰라'란 뜻이 됩니다.

주어	조동사	동사	단어
I You We They She He It	can (할 수 있어) may = might (할지도 몰라)	speak play buy do meet travel call	English, Chinese, Japanese soccer, tennis, golf ticket, dinner, gift it, dishes, laundry friend, girlfriend, boyfriend America, Canada, Cheonan you, him, her

may와 might는 같은 뜻입니다. 하지만 might는 may의 과거형으로 사용할 수 있어요.

- She can <u>read(s)</u> books. (reads는 안 됩니다)

- I <u>can play</u> soccer.
- Frank <u>might meet</u> you tonight.
- We <u>can cook</u> breakfast.

- She <u>can travel</u> to Canada.
- They <u>may go</u> to America next year.
- He <u>might buy</u> a ticket.

can과 may 뒤에 동사가 오면 동사의 형태를 바꾸지 마세요.

I can swim.

I may meet you at 7.

I can speak English.

I might call you.

C. Do/Does를 사용해서 의문문을 만드는 연습을 해요.

	주 어	동 사	목적격	단 어
Do 〈1,2,3인칭 복수〉	I you we they	speak enjoy work eat	me you us them	English, Korean, Chinese party, dancing, fishing office, factory, shop ice cream, pasta, chicken
Does 〈3인칭 단수〉	she he Frank Jenny	visit (bring) (send) (make)	her him Frank Jenny	museum, New York, homework, backpack, passport an email, a message, a letter breakfast, lunch, dinner

* ( ) 안에 있는 동사 뒤에는 목적격 대명사를 사용할 수도 있습니다.

> Do/Does를 넣어서 질문하는 것은 어려우니 반복적으로 연습하세요.

> *Yes, I will pass you the salt.*
> 목적격 단어
> 너에게 소금을

> *This food is bland.*
> *Can you pass me the salt*
> *please?* 나에게 소금을

D. 다음 아래의 동사들은 목적어가 나오고 뒤에 단어를 사용해서 문장을 만듭니다.
부정문을 만들 때는 동사 앞에 don't 또는 doesn't를 넣고 뒤에는 동사를
그대로 사용합니다.

주 어	부정형	동 사	목적격 (간접목적어)	단 어 (직접목적어)
I You We They She He It	do not (don't) does not (doesn't)	give send buy make cook pass tell	me you us them her him it	money, food, cake email, bill, ticket, gift, dinner happy, angry, sad pasta, lunch, special meal salt, pepper, tissue name, story, secret

> 앞에 나오는 단어를 '간접목적어', 뒤에 나오는 단어를 '직접목적어' 라고 합니다. 해석은 '~에게' '~을, ~를'로 하면 됩니다.

- Can you give <u>me</u> <u>food</u>?
- My mother doesn't cook <u>me</u> <u>breakfast</u>.
- Can you buy <u>me</u> <u>a handbag</u>?
  간접목적어 직접목적어
  ~에게 ~을/를

- She makes <u>him</u> <u>happy</u>.
- I don't want to tell <u>you</u> <u>my secret</u>.
- Can you pass <u>me</u> <u>the salt</u> please?
  간접목적어 직접목적어
  ~에게 ~을/를

실전연습

1. 다음 빈칸에 Do/Does/don't/doesn't를 넣어서 문장을 만들어보세요.

문장의 맨 앞
의 글자는 항
상 대문자로
써야 해요.

1) (*Do*) you like to eat chicken?　　2) (　　) she cook breakfast at 7?

3) Frank (　　) want to tell the story.　　4) (　　) they want to go home?

5) I (　　) like to drink coffee.　　　　6) I (　　) smoke.

7) Frank and Carrie (　　) go home.　　8) We (　　) like to go shopping.

9) (　　) you usually cook dinner?　　10) (　　) you usually do the dishes?

11) (　　) he like to take pictures?　　12) My father (　　) like to eat out.

2. 다음은 식당에서 자주 하는 말입니다. 아래에 있는 단어를 사용해서
웨이터에게 무언가를 달라고 말해보세요.

Yes, I would like to bring
you an orange juice.

May I have an orange
juice please?

무엇을 달라고
할 때
give me(달
라)란 표현은
듣기 안 좋은
말이 될 수 있
으니 조심해서
사용하세요.

❶ the bill	❷ some water	❸ more coffee	❹ more side dishes
❺ some tissue	❻ a menu	❼ some bread	❽ some ice

1) *Can (May) I have the bill please?*

2) _____

3) _____

4) _____

5) _____

6) _____

7) _____

8) _____

$3.$ can과 may(might)를 사용해서 다음 문장을 영어로 바꾸어보세요.

1) 우리 에어컨 켜도 돼요? *Can we turn on the air conditioner?*

2) 넌 영어를 할 수 있어? _____

3) 그녀는 중국어를 할 수 있어. _____

4) 그는 그들을 만날지도 몰라. _____

5) 나 미국으로 여행 갈지도 몰라. _____

6) 택시를 불러줄 수 있나요? _____

* 7) 여기서 담배를 피워도 되나요? _____

* 8) 가방 좀 맡길 수 있나요? _____

9) 그녀는 피자를 주문할 수 있어. _____

* 10) 제가 화장실에 가도 되나요? _____

* 11) 이 드레스를 입어봐도 되나요? _____

12) 이 반지를 끼워봐도 되나요? _____

* 숨어 있는 주어를 잘 찾아서 영작해야 합니다.

can을 의문문으로 쓰는 경우에는 '~해도 되나요?'란 허락의 의미가 있고 평서문의 형태로 사용하는 경우에는 '~할 수 있어요'라는 가능의 의미가 있어요.

$4.$ enjoy 뒤에는 〈동사 + ing〉의 형태가 옵니다.
아래 그림을 보고 예시와 같이 문장을 만들어보세요.

① dance ② fish ③ travel ④ shop
⑤ drive ⑥ drink ⑦ smoke ⑧ play basketball

enjoy, quit, stop의 동사들 뒤에 동사를 다시 사용할 경우에는 〈동사 + ing〉로 쓰세요.

1) [My girlfriend, sometimes] *My girlfriend sometimes enjoys dancing.*

2) [Kevin, sometimes] _____

3) [I, always] _____

4) [My boyfriend, seldom] _____

5) [You, usually] _____

6) [He, always] _____

7) [They, often] _____

8) [I, usually] _____

5. give, send, buy, pass, tell, cook 동사를 사용해서 문장을 완성해보세요.

1) 나는 너에게 돈을 준다. *I give you money.*

2) 그녀는 가끔씩 나에게 편지를 보낸다. _____

3) 너는 나에게 비밀을 이야기하지 않아. _____

4) 우리 엄마는 나에게 아침을 해줘. _____

5) 저한테 소금을 건네줄 수 있나요? _____

6) 내가 너한테 파스타 해줄까? _____

7) 우리 아빠는 자주 나에게 책을 사줘. _____

8) 당신은 프랭크에게 가끔씩 편지를 보내나요? _____

9) 나는 보통 너에게 케이크를 줘. _____

10) 그녀는 나에게 그녀의 이름을 말하지 않아. _____

11) 저한테 저녁을 사줄 수 있나요? _____

12) 저한테 핸드백을 사줄 수 있나요? _____

6. 아래의 한글 문장을 영어로 바꾸어보세요.

1) 그들은 그녀의 남자친구를 만날지도 몰라. *They might meet her boyfriend.*

2) 그는 보통 그의 숙제를 해. _____

3) 그들은 공장에서 일해? _____
   [공장에서: in the factory]

4) 나는 춤추는 걸 즐기지 않아. _____

5) 내 남자 친구는 자주 나에게 선물을 줘. _____

6) 나는 오늘 밤 그녀에게 전화할 수 있어. _____

7) 그녀는 낚시하는 것을 즐겨? _____

8) 프랭크는 오늘 밤 너에게 전화할지도 몰라. _____

9) 내 여자 친구는 오늘 밤에 콘서트 갈지도 몰라. _____

* 10) 저에게 후추를 건네줄 수 있나요? _____

* 11) 오늘 밤에 농구할지도 몰라. _____

* 12) 빨래해줄 수 있나요? _____

   * 숨어 있는 주어를 잘 찾아서 영작해야 합니다.

7. 아래와 같이 Do you like ~ 질문을 Yes 또는 No를 사용해서 대답해보세요.

1) Do you like to eat chicken? *Yes, I like to eat chicken. No, I don't like to eat chicken.*

2) Do you like to study English? _____

3) Do you like to dance? _____

4) Do you like to have breakfast? _____

5) Do you like to read books? _____

6) Do you like to travel? _____

7) Do you like to take a taxi? _____

8) Do you like to meet friends? _____

질문에 대한 대답은 Yes, I do / No, I don't 로 대답하지 마시고 앞에서 받은 질문을 뒤에도 똑같이 써서 말을 해 보는 연습을 해야 합니다.

8. Frank에게 다음의 일들을 할 수 있는지 질문하세요.

1) Can Frank *drive a car* ?

2) Can Frank _____ ?

3) Can Frank _____ ?

4) Can Frank _____ ?

5) Can Frank _____ ?

6) Can Frank _____ ?

'혼자'란 표현은 문장의 맨 뒤에 alone을 사용해요.

혼자 영화 보다 = see a movie alone
혼자 점심 먹다 = have lunch alone

9. 다음을 영어로 바꾸어보세요.

1) 그는 술 마시는 것을 안 좋아해요. *He doesn't like to drink.*

∗ 2) 문 좀 열어주실래요? _____

3) 제가 당신의 컴퓨터를 써도 될까요? _____

4) 저는 박물관에 가는 것을 좋아해요. _____

5) 그녀는 사무실에서 일해요. _____
   [사무실에서: at the office]

6) 너는 보통 아이스크림을 먹니? _____

∗ 숨어 있는 주어를 잘 찾아서 영작해야 합니다.

He doesn't do vs He did (단순현재부정, 과거형)

Does your boyfriend like coffee?

No, he doesn't like coffee.

*I don't like my job.
I don't like to go to work.*

A. 동사 앞에 don't/doesn't를 사용하면 부정문을 만들 수 있습니다. 주어가 3인칭 단수의 경우에는 doesn't을 사용하세요.

doesn't가 들어가면 동사 뒤에 s 또는 es를 붙이지 마세요.
· He doesn't likes... (X)
· He doesn't like... (O)

부정문				의문문			
주 어	부정문	동 사	단 어		주 어	동 사	단 어
I You We They	don't	drink watch do have	tea, juice TV, people that, job paper, money	Do	I you we they	drink watch do have	tea, juice TV, people that, job paper, money
She He Frank	doesn't	take like use	test, nap movies, you phone, car	Does	she he Frank	take like use	test, nap movies phone, car

- Frank doesn't like to see movies alone.
- I don't watch TV on Sundays.
- She doesn't have a job.
- We don''t drink beer.

- Does he take a nap at 1 P.M.?
- Do you use a car everyday?
- Does she drink tea everyday?
- Do they like their jobs?

※ 〈명사 + s〉는 여러 개의 명사를 말합니다. 〈동사 + s〉 붙이는 방법과 같아요.
〈명사 + s〉, 〈동사 + s〉 붙이는 방법은 page 213 / 215 참고해주세요.

B. 시계가 생기기 전에 사람들은 하루를 3등분해서 살았습니다.

짧은 시간을 나타낼 때는 at을 사용하지만 아침, 점심, 저녁에는 in을 사용하는 이유는 바로 역사적 사실이 있기 때문입니다.

morning

afternoon

evening

night

in the evening

in the morning

in the afternoon

- 아침에: in the morning
- 오후에: in the afternoon
- 저녁에: in the evening
- 밤에: at night

* 밤은 짧은 시간이기 때문에 at을 사용합니다.

C. '~를 했었니?'라고 과거에 했었던 일을 물어볼 때는 문장의 맨 앞에 Did를 사용합니다.

> What *did* you do yesterday?
> *Did* you drink yesterday?

> Yes, I had a great time.

> I love drinking.
> I drank Soju with my friend yesterday.

> Did를 넣으면 뒤에 있는 동사는 형태가 바뀌지 않아요.
> · Did you <u>ate</u> breakfast? (X)
> · Did you <u>eat</u> breakfast? (O)

	주 어	동 사	단 어	시 간
Did	I	break	a computer, a phone, a window	
	you	drink	coffee, beer, green tea	yesterday
	we	come	home, here, late	last Monday
	they	meet	people, friends, Frank	last weekend
	she	make	plans, bread, cake	2 hours ago
	he	call	me, wife, husband	last year
	Frank	sell	a car, a business, stocks	2 weeks ago
	Jenny	leave	school, work, home	

- <u>Did</u> you drink coffee yesterday?
- <u>Did</u> he meet Frank 2 hours ago?
- <u>Did</u> she come home late yesterday?
- <u>Did</u> you leave work early?

- <u>Did</u> she make her a cake?
- <u>Did</u> he sell his car last year?
- <u>Did</u> Jenny break my computer?
- <u>Did</u> they drink beer yesterday?

D. 20~200까지 숫자를 공부해보세요.

> 숫자 31은 배스킨라빈스 써리원만 기억하세요♪

20 twenty	30 thirty	40 forty
50 fifty	60 sixty	70 seventy
80 eighty	90 ninety	100 one hundred
110 one hundred ten	120 one hundred twenty	200 two hundred

> 20~90까지는 숫자 뒤에 ty를 붙이면 돼요.
> 100은 무조건 외워야 해요.

실전연습

1. 다음 숫자를 영어로 써보고 숫자를 이용해서 문장을 만들어보세요.

1) 17 _seventeen_   2) 13 _____   3) 11 _____

4) 32 _____   5) 12 _____   6) 15 _____

7) 그녀는 3대의 차가 있어. _____

8) 그는 아들이 2명이야. _____

9) 나는 24를 좋아하지 않아. _____

10) 그는 75를 좋아하지 않아. _____

11) 그들은 110개의 사과를 갖고 있어. _____

12) 그녀는 230을 좋아하지 않아. _____

여러 개의 명사를 표현할 때는 명사 뒤에 -s/-es를 붙여요. 1개의 명사를 단수명사, 여러 개의 명사를 복수명사라 해요.
· one desk
· five desks
· three churches
· five temples

2. 다음은 Carrie의 일과입니다. 아래 표를 보고 다음 질문에 대답해보세요.

시간	하는 일	하지 않는 일
in the morning	take a shower	have breakfast
in the afternoon	work at the office	take a nap
in the evening	study English	drink beer
at night	go to bed	watch TV

I don't take a nap.

I don't have breakfast.

I take a shower.

1) Does Carrie take a shower in the morning? _Yes, she takes a shower in the morning._

2) Does Carrie watch TV at night? _____

3) Does Carrie work at the office in the afternoon? _____

4) Does Carrie take a nap in the afternoon? _____

5) Does Carrie go to bed at night? _____

6) Does Carrie study English in the evening? _____

7) Does Carrie have breakfast in the morning? _____

8) Does Carrie drink beer in the evening? _____

'밤에'란 표현을 할 때는 in night이란 표현을 사용하지 않아요.

영어는 처음에는 사람 이름을 말하고 두 번째에는 대명사를 말해요.
Carrie likes it.
= She likes it.

3. 다음 상자에 있는 동사를 이용해서 영작해보세요.

meet, drink, go jogging, drive, play, like to see,
go out, take, watch, work, go to, take

1) 그녀는 아침에 조깅을 해요. *She goes jogging in the morning.*

2) 나는 아침에 주스를 마셔요. _____

3) 그는 밤에 친구들을 만나요. _____

4) 당신은 저녁에 밖에 자주 나가나요? _____

5) 당신은 밤에 운전을 하나요? _____

6) 그는 오후에 낮잠을 자요. _____

7) 당신은 밤에 영화 보러 가는 것을 좋아하나요? _____

8) 저는 아침에 지하철을 타지 않아요. _____

9) 그들은 밤에 티비를 보나요? _____

10) 프랭크는 오후에 일을 하나요? _____

11) 캐리는 항상 아침에 학교에 가나요? _____

12) 그는 보통 저녁에 농구를 하지 않아. _____

빈도부사 usually를 부정문에 넣을 경우에는 He usually doesn't go. 또는 He doesn't usually go. 둘 다 맞는 표현이지만 두 번째 표현을 더 많이 사용해요.

4. 다음 문장을 만들어보세요.

1) 그는 영화를 좋아하지 않아. *He doesn't like movies.*

2) 너 내 컴퓨터 부쉈어? _____

3) 우리가 지난 주말에 집에 갔어? _____

4) 프랭크는 너의 폰을 사용해? _____

5) 난 차를 마시지 않아. _____

6) 그녀는 차를 사용하지 않아. _____

7) 그들은 직업이 있어. _____

8) 우린 숙제를 안 해. _____

9) 넌 텔레비전을 봐? _____

10) 그는 그의 일을 해? _____

11) 그들은 종이를 가지고 있어. _____

12) 그녀가 시험을 봐? _____

시제가 섞이면 영작을 할 때 헷갈리게 됩니다. 과거형은 한국어에 '~었'이란 'ㅆ'이 들어간다는 것을 꼭 기억하세요.

5. 다음은 Carrie의 일과입니다. 왼쪽 그림을 보고 과거형 질문을 만들어보세요.

'~로 여행을 가다'처럼 장소가 나오면 travel 뒤에 to를 사용해요.
· travel to London
· travel to Europe
· travel to Seoul

1) wash / car / yesterday
   Did Carrie wash her car yesterday?

2) travel / New York / last year
   _____

3) cook / at home / last Friday
   _____

4) clean / windows / last Saturday
   _____

5) book / a hotel / 2 hours ago
   _____

6) see / a movie / 2 days ago
   _____

6. Do/Does/Did를 사용해서 다음 문장을 만들어보세요.

1) 아침에 비행기 탔어? *Did you take an airplane in the morning?*

2) 지난밤에 친구들 만났어? _____

3) 그녀는 요리하는 것을 좋아하나요? _____

4) 그는 돈이 필요한가요? _____

5) 당신은 오후에 보통 시험을 보나요? _____

6) 저녁에 당신은 춤을 추었나요? _____

7) 당신은 일요일마다 보통 외식을 하나요? _____

8) 프랭크는 친구 사귀는 것을 좋아하나요? _____

7. 여러분이 소개팅에 나갔습니다. 옆에 있는 파트너에게 아래에 있는 구문을 사용해서 여러 가지 질문을 해보세요.

see movies
study English
go to school
read books

do Yoga
draw pictures
ride a bicycle
like drinking
(to drink)

상대방이 자주 하는 일을 물어볼 때는 Do/Does를 이용해서 물어본다는 것을 기억하세요.

● 남자에게 물어보기

1) 학교를 다니나요? *Do you go to school?*

2) 어제 영어 공부를 하셨나요? _____

3) 영화 보는 것을 좋아해요? _____

4) 책을 자주 읽나요? _____

● 여자에게 물어보기

1) 가끔씩 요가를 하나요? _____

2) 지난 금요일에 자전거를 탔나요? _____

3) 오후에 그림을 그렸나요? _____

4) 술 마시는 걸 좋아하나요? _____

drink는 '술 마시다'란 뜻이 있어요. drink water처럼 써야 '마시다'란 뜻이 돼요.

8. Did를 사용해서 의문문을 만들어보세요.

1) 어제 커피 마셨어? *Did you drink coffee yesterday?*

2) 그가 그의 아내에게 전화했어? _____

3) 제니가 어제 일찍 퇴근했어? _____

4) 지난주에 프랭크가 주식을 팔았어? _____

5) 그녀가 그녀의 계획을 세웠어? _____

6) 네가 2시간 전에 프랭크를 만났니? _____

7) 어제 그녀가 낮잠을 잤니? _____

8) 네가 2주 전에 창문 깼어? _____

9) 너 여기 늦게 왔어? _____

10) 내가 작년에 서울을 떠났어? _____

11) 네가 나에게 어제 돈을 줬다고? _____

12) 어제 프랭크는 파티에 왔었나요? _____

과거형의 의문문은 Did를 맨 처음에 넣어서 말을 시작해야 합니다.

사과는 영어로 apple일까요? (a/an의 개념)

A. 영어에서 명사를 외울 경우에는 셀 수 있는지, 셀 수 없는지를 구별해야 합니다. 그 이유는 a/an를 사용하기 위함입니다.

사물의 이름을 나타내는 뜻을 '명사'라 합니다.

a/an을 명사 앞에 넣기 위해서 명사를 구별해야 하는 거잖아요

water, love, desk와 같은 명사를 외울 때는 셀 수 있는지 없는지를 구별해서 외워야 해요

■ 명사의 예시

car, water, person, bank, question, money, paper, coffee, book, pig,
house, bottle, milk, cup, desk, phone, camera, salt, gift, girl, boy, bag

B. 대부분의 명사는 셀 수 있는 명사라고 생각하고 명사 앞에 a/an을 사용합니다. a/an은 1개를 말하거나 직업 또는 명사에 대한 정의를 말할 때 사용합니다.

a, e, i, o, u 앞에는 an을 사용하세요.

■ 영어에서 a/an의 유무에 따라 의미가 달라질 수 있습니다.

I like chickens.
(일반적인 닭을 좋아함)

I like chicken.
(닭고기를 좋아함)

- I have <u>a</u> bag. (a bag = 가방 1개 또는 가방이란 이름을 정의한 것)
- Did you buy <u>a</u> book yesterday? (a book = 책 1권 또는 책이란 이름을 정의한 것)
- I like <u>an</u> apple. (an apple = 사과 1개 또는 사과란 이름을 정의한 것)
- Frank needs <u>a</u> job. (a job = 직업 1개 또는 직업이란 이름을 정의한 것)
- Can I have <u>a</u> menu? (a menu = 메뉴판 1개 또는 메뉴판이란 이름을 정의한 것)

C. 셀 수 있는 명사 뒤에는 -s/-es를 붙이면 여러 개란 뜻이 됩니다. 이때에는 a/an을 사용하지 않습니다. (복수명사 발음은 page 213 / 철자는 page 215 참고)

명사 뒤에 -s/-es를 붙이는 방법은 동사 뒤에 -s/-es를 붙이는 방법과 같아요. 명사의 단수는 명사가 1개란 뜻이고, 명사의 복수는 명사가 여러 개란 뜻입니다.

단수명사	복수명사	단수명사	복수명사
a bab<u>y</u>	bab<u>ies</u>	a car	cars
a taxi	taxis or tax<u>ies</u>	a game	games
a teacher	teachers	wi<u>fe</u>	wi<u>ves</u>
kni<u>fe</u>	kni<u>ves</u>	lea<u>f</u>	lea<u>ves</u>

■ 일반적인 것을 이야기할 때 복수명사를 사용할 수 있어요.

- I have an apple. (사과 1개를 갖고 있어.)
- He often goes to a restaurant.
  (아무 식당 1곳에 간다는 것을 표현)

- I like apple<u>s</u>. (일반적인 사과를 좋아하는 표현)
- I like to go to restaurant<u>s</u>.
  (일반적인 식당에 가는 것을 좋아하는 표현)

- 불규칙적으로 변하는 단어도 있습니다. 꼭 외워주세요.

명사의 단수	명사의 복수	명사의 단수	명사의 복수
man	men	foot	feet
person	people	child	children
tooth	teeth	woman	women

> fish는 단수와 복수가 똑같은 형태입니다.
> I caught a lot of fish. (fishes)

D. 셀 수 없는 명사에는 a/an을 사용할 수 없고 −s/−es를 붙일 수 없습니다.

- 물건 앞에 단위를 쓸 수 있으면 셀 수 없는 명사라고 생각하세요.

a glass of water	a cup of coffee	a bottle of wine	a piece of paper

> 단위를 넣는 것이 힘들면 two waters, a coffee, a wine과 같이 말을 해도 됩니다.

- 너무 많아서 세기 힘든 것들도 셀 수 없는 명사가 됩니다.

hair	rice	corn	sand	snow	salt

- 쪼개도 쪼개도 그게 그것인 것도 셀 수 없는 명사가 됩니다.

paper	wood	glass	iron	bread	plastic

E. 아래의 단어는 혼동하기 쉬운 셀 수 없는 명사입니다.

baggage	weather	advice	information	news	traffic
homework	cash	work	music	furniture	trash

> 한국어에 없는 개념이기 때문에 하나씩 익히면서 개념을 넓혀가세요.

실전연습

1. 셀 수 있는 명사는 C, 셀 수 없는 명사는 U라고 적으세요.

셀 수 있는 명사
= countable noun
셀 수 없는 명사
= uncountable noun이라 해요.
그래서 사전에는 앞의 글자를 따서 C, U라고 표현되어 있어요.

1) book _____C_____   2) keyboard _____   3) air _____

4) sugar _____   5) potato _____   6) restaurant _____

7) hotel _____   8) beef _____   9) pork _____

10) hand _____   11) tooth _____   12) information _____

13) job _____   14) work _____   15) furniture _____

2. 다음 단어를 복수형으로 바꾸어보세요.

1) book _____books_____   2) river _____   3) box _____

4) baby _____   5) city _____   6) dog _____

7) bus _____   8) tooth _____   9) man _____

10) bank _____   11) wish _____   12) cat _____

13) wife _____   14) child _____   15) foot _____

16) person _____   17) woman _____   18) fish _____

3. 명사 앞에 a/an을 쓰거나 아무것도 쓰지 않고 문장을 영작해보세요.

영어에서 명사 앞에 a/an을 빼면 뜻이 달라질 수 있으니 영어를 쓸 때 조심하세요.

셀 수 없는 명사 앞에는 a/an을 쓸 수 없어요.

1) 오렌지 먹고 싶나요? _Do you want to eat an orange?_____

2) 나는 아들이 하나 있어. _____

3) 프랭크는 1대의 차도 없어. _____

4) 저는 일요일에 식당에 가요. _____

5) 소금이 있나요? _____

6) 저에게 충고 좀 해줄 수 있나요? _____

7) 어제 가구를 샀나요? _____

8) 개 1마리를 가지고 있나요? _____

9) 캐리는 어제 스마트폰 1개를 샀나요? _____

10) 내 여자 친구는 어떠한 돈도 없어. _____
[어떠한: any]

4. 아래 단어를 a/an/X를 넣어 보세요.

예시) Do you have _a_ cookie?   She doesn't need _X_ advice.

1) I need _a_ job.

2) Does he drink ____ coffee?

3) Do you have ____ baggage?

4) I broke ____ glass yesterday.

5) Do you have ____ orange?

6) Can I have ____ cup of coffee?

7) I like to meet ____ people.

8) Frank knows ____ good teacher.

9) He has ____ three sons.

10) Do you usually listen to ____ music?

> 셀 수 없는 명사는 a/an을 넣을 수 없고, 명사 뒤에 -s/-es를 붙이지 않아요.

5. 아래 표는 Julie가 갖고 있거나 없는 물건입니다. 표를 보고 예시와 같이 문장을 만드세요.

I have ~

갖고 있는 것	갖고 있지 않는 것
① boyfriend	② time
③ paper	④ bread
⑤ house	⑥ coffee
⑦ money	⑧ plastic bag
⑨ job	⑩ rice

1) _Julie has a boyfriend._

2) _____

3) _____

4) _____

5) _____

6) _____

7) _____

8) _____

9) _____

10) _____

> 셀 수 있는 명사, 셀 수 없는 명사를 잘 구별해야 a/an을 넣는 방법을 알 수가 있어요.

6. 명사의 복수형을 사용해서 영작해보세요.

1) 저는 아이가 3명이에요. _I have three children._

2) 그녀는 컴퓨터 게임들을 해요. _____

3) 프랭크는 사과들을 갖고 있나요? _____

4) 저는 사람들을 만나는 것을 좋아해요. _____

5) 내 남자 친구는 매일 사과 1개를 먹어. _____

6) 우리 개는 발이 네 개예요. _____

7) 여인들은 걷는 것을 좋아해요. _____

8) 사람들은 26개의 치아가 있어요. _____

> 명사의 복수형은 단어 뒤에 -e/-es를 붙이지만 셀 수 없는 명사에는 -e/-es를 붙이지 않습니다.

7. 예시와 같이 아래 그림을 보고 박스 안의 단어를 사용하여 빈칸을 채워 넣으세요.

영어에서 단위는 정말로 중요하기 때문에 조금 힘들더라도 많이 연습해보세요.

우유팩은 a carton of milk라 말을 해요.
밥 한 공기처럼 그릇을 말할 때는 a bowl of rice란 표현을 써요.

a piece of paper

cup, glass, piece, carton, slice, can, bottle, bowl,
beer, cheese, cake, coffee, ice-cream, milk, water

1)

a can of beer

2)

_____

3)

_____

4)

_____

5)

_____

6)

_____

7)

_____

8)

_____

8. [   ] 안의 단어를 사용하여 웨이터에게 직접 음식을 주문해보세요.

Of course.

May I have a cheese burger please?

여행을 가면 많이 사용하는 표현들이니 많이 연습하세요. 주문할 때 give me를 사용하면 듣는 사람이 기분이 안 좋을 수 있다는 것을 기억하세요.

1) [cup, black coffee]   *May I have a cup of black coffee please?*

2) [glass, kiwi juice]   _____

3) [slice, ham]   _____

4) [bottle, beer]   _____

5) [glass, water]   _____

6) [slice, cheese]   _____

7) [carton, milk]   _____

8) [cup, tea]   _____

9) [can, tuna]   _____

10) [bowl, rice]   _____

9. 다음 그림을 보고 영어로 바꾸어보세요.

식당이나 술집에서 무언가를 주문할때는 Can I 또는 May I를 사용해서 말하세요.

'두 조각'을 영어로 바꾸면 two pieces 처럼 두 개 이상인 경우에는 piece, can, cup 등의 뒤에 -s 를 붙여요. 세 공기 = three bowls of ~ 네 캔 = four cans of ~ 한 컵 = a cup of ~

1) 하루에 커피 2잔을 마셔요. *I drink two cups of coffee a day.*

* 2) 맥주 3잔 줄래요? _____

* 3) 케익 2조각을 갖다줄래요? _____

* 4) 밥 2공기 더 가져다줄래요? _____

5) 저는 보통 소주 3병을 마셔요. _____

* 6) 치즈 2조각이 필요한가요? _____

7) 저는 종이 3장이 필요해요. _____

* 8) 콜라 3캔 사왔어? _____

* 숨어 있는 주어를 잘 찾아서 영작해보세요.

10. 박스 안의 단어를 사용하여 영작해보세요.

need, listen to, drink, take, buy, see, take out, play, do, go, order, look at

1) 당신은 자주 쇼핑몰에 가나요? *Do you often go to a shopping mall?*

2) 당신은 좋은 정보가 필요한가요? _____

3) 당신은 음악 듣는 것을 좋아하나요? _____

4) 프랭크는 가끔 컴퓨터 게임을 해요. _____

5) 당신은 당신의 숙제를 했나요? _____

6) 그녀는 보통 가구를 사나요? _____

7) 나는 눈 보는 것을 좋아해요. _____

8) 와인 1병을 주문하고 싶나요? _____

9) 나는 보통 하루에 물 3잔을 마셔요. _____

10) 그녀는 택시를 타지 않아. _____

11) 쓰레기를 갖다 버려줄 수 있나요? _____

12) 그녀는 항상 잘생긴 남자를 쳐다봐요. _____

information, homework는 셀 수 없는 명사이기 때문에 a/an을 사용하지 않는다는 것을 기억하세요.

08 작년에 내가 뭘 했더라? (규칙동사 과거형)

A. 과거에 했던 말을 할 때에는 동사 뒤에 -ed를 붙입니다. 과거형의 발음은 뒤에 있는 부록을 참고해서 연습해보세요. (과거형 발음은 page 214 참고)

우리나라 말에서 '-했었'으로 끝나면 대부분 영어에서는 과거형이라고 생각하세요.

work – work**ed** /t/	wash – wash**ed** /t/	dance – danc**ed** /t/	play – play**ed** /d/
brush – brush**ed** /t/	stay – stay**ed** /d/	clean – clean**ed** /d/	enjoy – enjoy**ed** /d/
start – start**ed** /id/	want – want**ed** /id/	like – lik**ed** /t/	love – lov**ed** /d/
study – stud**ied** /d/	try – tr**ied** /d/	talk – talk**ed** /t/	stop – stopp**ed** /t/

B. 동사의 단순현재 vs 과거형

동사원형: 보통 하는 성향, 습관, 일반적인 사실

동사 + ed: 예전에 했었던 일

주 어	동 사	과거형	단 어
	work	worked	yesterday, last Friday
	wash	washed	car, hair, face, feet
	play	played	with a ball, games, cards
I	brush	brushed	teeth, hair, shoes
You	stay	stayed	home, here, at the hotel
We	clean	cleaned	bed, toilet, room
They	enjoy	enjoyed	dinner, movies, book
She	want to	wanted to	dance, rest, sleep
He	love	loved	cooking, hiking, talking
It	study	studied	English, hard
	try	tried	shoes, perfume, shirt
	talk to	talked to	me, him, her
	stop	stopped	smoking, drinking

C. 과거형 만들기 (과거형 철자는 page 216 참고)

- 동사 뒤에 −ed를 붙여서 과거형을 만들고 '～었다'로 해석하세요.

  need → need**ed**　pick → pick**ed**　look → look**ed**　watch → watch**ed**

- 과거형 철자의 −y로 끝나면 y를 지우고 ied를 붙이세요.

  study → stud**ied**　try → tr**ied**　copy → cop**ied**　marry → marr**ied**

- ay−ey−oy−uy로 끝나는 단어는 y가 i로 바뀌지 않아요.

  enjoy → enjoy**ed**　stay → stay**ed**　play → play**ed**　annoy → annoy**ed**

> 과거형 동사의 발음은 /d/ /t/ /ɪd/ 발음이 있습니다. 뒤에 자세히 나와 있으니 참고해서 과거형 발음을 많이 연습하세요. 말하기에서 과거형 발음은 정말 중요해요.

D. '첫 번째, 두 번째'와 같은 서열을 말할 때 사용하는 숫자 (서수)

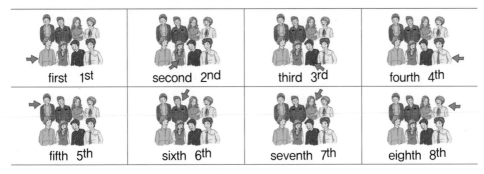

first 1st	second 2nd	third 3rd	fourth 4th
fifth 5th	sixth 6th	seventh 7th	eighth 8th

> 일반적인 숫자를 문법 용어로 '기수', 서열을 나타내는 숫자를 '서수'라고 합니다. '첫 번째, 두 번째, 세 번째'는 외우고 나머지는 숫자 뒤에 −th를 붙이면 됩니다.

E. 7월부터 12월까지 공부를 해보아요.

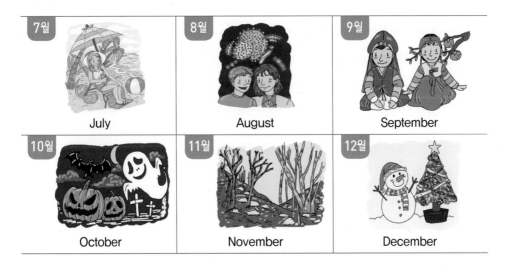

7월 July	8월 August	9월 September
10월 October	11월 November	12월 December

실전연습

1. 다음 그림에 맞추어 1~12월까지 적어보세요.

1월~12월까
지는 꼭 외워
야 해요. 1월
부터 12월까
지 차례대로
외우지 마시고
무작위로 외우
고 바로 바로
대답이 나올
수 있도록 많
이 연습하세요.

1) 3월   March

2) 7월 _____

3) 11월 _____

4) 9월 _____

5) 2월 _____

6) 10월 _____

7) 4월 _____

8) 8월 _____

9) 12월 _____

10) 5월 _____

11) 1월 _____

12) 6월 _____

2. 다음 단어를 과거형으로 바꾸어보세요.

1) talk _____talked_____   2) enjoy _____   3) wash _____

4) brush _____   5) want _____   6) stop _____

7) try _____   8) study _____   9) like _____

10) clean _____   11) stay _____   12) work _____

13) love _____   14) play _____   15) listen _____

3. 다음을 영어로 영작해보세요.

과거형은 보
통 과거의 시
간과 함께
나옵니다.
yesterday,
ago, last와
같은 단어와
같이 사용합니
다.

1) 캐시는 2시간 전에 그녀의 책상을 청소했어. *Cathy cleaned her desk 2 hours ago.*

2) 나는 아침에 열심히 일을 했어. _____

3) 그녀는 지난 일요일에 음악을 들었어. _____

4) 그는 지난 토요일에 영화 보는 것을 즐겼어. _____

5) 나는 어제 양치질을 했어. _____

6) 프랭크는 3일 전에 그의 친구랑 이야기를 했어. _____

7) 그들은 그들의 얼굴을 씻었어. _____

8) 나의 친구는 어제 농구를 했었어. _____

4. 프랭크는 8명의 자녀가 있습니다. 그림을 보고 자녀들이 하고 있는 행동을 말해 보세요.

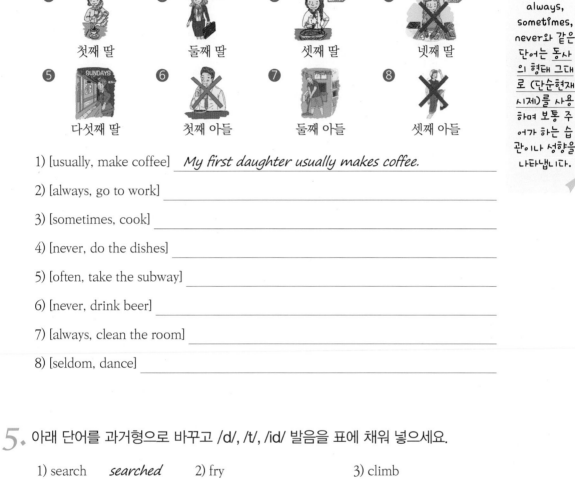

❶ 첫째 딸　❷ 둘째 딸　❸ 셋째 딸　❹ 넷째 딸

❺ 다섯째 딸　❻ 첫째 아들　❼ 둘째 아들　❽ 셋째 아들

always, sometimes, never와 같은 단어는 동사의 형태 그대로 (단순현재시제)를 사용하며 보통 주어가 하는 습관이나 성향을 나타냅니다.

1) [usually, make coffee] _My first daughter usually makes coffee._

2) [always, go to work] _____

3) [sometimes, cook] _____

4) [never, do the dishes] _____

5) [often, take the subway] _____

6) [never, drink beer] _____

7) [always, clean the room] _____

8) [seldom, dance] _____

5. 아래 단어를 과거형으로 바꾸고 /d/, /t/, /id/ 발음을 표에 채워 넣으세요.

1) search _searched_　2) fry _____　3) climb _____

4) want _____　5) learn _____　6) need _____

7) play _____　8) fix _____　9) plant _____

10) help _____　11) add _____　12) miss _____

과거형 발음은 page 214 참고

6. 그림을 보고 빈칸에 알맞은 단순현재와 과거형을 넣고 영작해보세요.

① 아침에   ② 일요일에   ③ 저녁에   ④ 오후에

work - worked

보통 '~한다면' 단순현재를, '~했었다'면 과거형을 사용하세요.

1) [He, usually, work]   *He usually works in the morning.*

    [yesterday]   *He worked in the morning yesterday.*

2) [She, often, stay at home]

    [last Sunday]

3) [They, always, clean their room]

    [yesterday]

4) [I, usually, play, tennis]

    [last Saturday]

7. 과거형을 사용해서 영작해보세요.

1) 나는 항상 8시에 일하러 가요.   *I always go to work at 8.*

2) 너는 너의 머리를 감았어.

3) 그는 지난밤에 발을 닦았어.

4) 그녀는 저번 달에 술을 끊었어.

5) 나는 어제 컴퓨터 게임을 했어.

6) 그들은 어제 양치를 했어.

7) 우리는 어제 영어 공부를 했어.

8) 우리는 호텔에 있었어.

9) 우리는 작년에 사라랑 이야기하는 것을 좋아했어.

10) 그것은 어제 작동이 잘됐어.

11) 그녀는 아침에 티비를 봤어.

12) 나는 어제 점심 식사를 즐겼어.

Sunday는 '일요일'이란 뜻이고, Sundays란 뜻은 '매주 일요일'이란 뜻이 있어요. 요일 뒤에 -s가 붙으면 every란 뜻이 됩니다.

'작동이 잘되다', '일이 잘 돌아가다'란 뜻의 동사는 work를 사용하세요.

8. 다음 단어를 활용해서 과거 문장을 만들어보세요.

want to rest, study, stop, marry, try on, talk, want to sleep, like
~~want to dance,~~ brush, need, like

1) 그는 춤을 추고 싶었어.   *He wanted to dance.*

2) 그들은 쉬고 싶었어. _____

3) 우리는 자고 싶었어. _____

4) 나는 영어를 열심히 공부했어. _____

5) 그들은 나한테 말했어. _____

6) 그는 담배 끊었어. _____

7) 그녀는 셔츠를 입어봤어. _____

8) 나는 요리하는 것을 좋아했어. _____

9) 나는 내 구두를 솔질했어. _____

10) 난 너를 좋아했어. _____

11) 나는 너의 도움이 필요했어. _____

12) 나는 작년에 프랭크랑 결혼했어. _____

> want 뒤에는 항상 <to + 동사> 만 사용하고 stop, enjoy 뒤에는 항상 <동사 + ing>를 사용해야 해요.

9. 아래 문장을 영작해보세요.

1) 나는 어제 열심히 공부하려 노력했었어.   *I tried to study hard yesterday.*

2) 그는 지난 목요일에 세차를 했어. _____

3) 프랭크는 지난 일요일에 영화 보는 것을 즐겼어.

_____

4) 아침에 우리는 책상을 청소했어. _____

5) 나는 3년 전에 담배 피우는 것을 멈췄어. _____

6) 그녀는 지난 일요일에 집에 머물렀어. _____

7) 그들은 어제 아침을 했어. _____

8) 나는 새로운 컴퓨터를 사고 싶었어. _____

9) 그는 어제 집에서 휴식을 취했어. _____

10) 내 엄마는 지난 목요일에 내 셔츠를 빨았어. _____

11) 프랭크는 지난 수요일에 일을 했어. _____

12) 우리는 어제 캐리와 이야기했어. _____

> 요일을 쓸 때 요일 앞 글자는 대문자를 사용해서 글을 쓰세요. Monday, Saturday와 같은 형태로 글을 써야 해요.

불규칙 과거 동사

$\mathcal{A}$. 예전에 했던 일을 말하고 싶을 때는 <u>과거시제</u>를 사용합니다.

단순현재는 내가 보통 하고 있는 일을 말할 때 사용합니다. 그에 비해 과거는 자주 하는 일이 아닌 '~했었던' 일에만 사용합니다.

Carrie usually wakes up at 6 and feels happy. (단순현재: 보통 6시에 행복하게 일어난다)	She went to bed late yesterday so she woke up at 8 and felt tired today. (과거시제: 어제 늦게 자서 오늘 8시에 일어나 피곤했다)

$\mathcal{B}$. 아래 단어는 단순과거에 -ed를 붙이지 않는 불규칙 동사들입니다.

주 어	동 사	불규칙 과거형	단 어
I You We They She He It	break	broke	cup, arm, heart
	leave	left	home, me, bag
	sit	sat	at the desk, on the chair
	sleep	slept	at 9, at 11, at midnight
	tell	told	jokes, stories, lies
	pay for	paid for	bill, popcorn, tickets
	keep	kept	talking, studying, smiling
	see	saw	movie, page, match
	have	had	good time, nice day, date
	go to	went to	church, hospital, wedding
	give	gave (me)	a hug, a ride, a reason
	take	took	gift, baby, child
	drink	drank	coffee, hard liquor, black tea

$\mathcal{C}$. 다음 단어는 불규칙으로 변하는 동사입니다. (불규칙 과거형 표는 page 219~220 참고)

불규칙은 무조건 외워야 합니다. 무작정 외우기보다는 많은 영작을 통해서 불규칙 과거형에 익숙해지세요.

~이 되다 become → became	~을 가져오다 bring → brought	~을 짓다 build → built	~을 사다 buy → bought
~을 잡다 catch → caught	~에 오다 come → came	~을 그리다 draw → drew	차를 운전하다 drive → drove
~을 먹다 eat → ate	~와 싸우다 fight → fought	~을 발견하다 find → found	~을 날아가다 fly → flew
~을 만나다 meet → met	~을 팔다 sell → sold	~을 느끼다 feel → felt	~을 말하다 speak → spoke

D. 한 문장에는 두 개의 동사가 올 수 없습니다. 따라서 〈동사 + to + 동사〉
또는 〈동사 + ing〉의 형태로 사용하세요.

| 주어 | 동사 | to 동사 / 동사 + ing |

- 〈to + 동사〉는 '미래적인 의미', 〈동사 + ing〉는 '~하는 것'의 의미로 해석을 하세요.
- I stop to smoke. 나는 멈춘다 / 담배 피우려고 (미래적 의미)
- I stop smoking. 나는 멈춘다 / 담배 피우는 것을 ('~하는'의 의미)

like to shop
= like shopping

love to eat out
= love eating out

hate to cook
= hate cooking

- I like to study English. = I like studying English.
- Do you like to cook at home? = Do you like cooking at home?
- Why does Frank love to sleep? = Why does Frank love sleeping?
- I dislike to cook at home. = I dislike cooking at home.
- She loves to travel to Europe. = She loves traveling to Europe.
- Do they love to speak English? = Do they love speaking English?

E. stop, enjoy, give up 동사에는 〈동사 + ing〉를 사용합니다.

stop smoking

enjoy teaching

never give up studying

- I stopped smoking 2 years ago. ≠ I stopped to smoke 2 years ago. (X)
- We enjoyed watching a movie yesterday. ≠ We enjoyed to watch a movie. (X)
- They don't give up studying English. ≠ They don't give up to study English. (X)
- *We stopped talking to Frank. ≠ We stopped to talk to Frank. (X)
- I enjoyed having dinner. ≠ I enjoyed to have dinner. (X)
- Do you want to give up dating her? ≠ Do you want to give up to date her? (X)

* stop + to + 동사 = '~을 하기 위해서 멈추다' / stop + 동사-ing = '~하는 것을 멈추다'란 의미가 있습니다.

대부분의 단어는 〈to + 동사〉, 〈동사 + ing〉의 형태로 써도 같은 의미가 된다는 것을 기억하세요. 〈동사 + ing〉의 철자는 page 216 참고

stop은 〈to + 동사〉의 형태로도 사용할 수 있지만 의미가 다릅니다. 위의 D에 있는 예문을 참고하세요.

실전연습

1. 다음 동사를 과거형으로 바꾸어보세요.

불규칙으로 변하는 과거형은 항상 외워야 합니다.

1) break ___*broke*___ 2) leave _____ 3) sit _____

4) sleep _____ 5) tell _____ 6) pay _____

7) keep _____ 8) see _____ 9) have _____

10) go _____ 11) give _____ 12) take _____

2. 다음 한글 뜻에 맞는 동사의 현재형과 과거형을 쓰세요.

1) ~이 되다 ___*become → became*___ 2) ~을 가져오다 _____

3) ~을 짓다 _____ 4) ~을 사다 _____

5) ~을 잡다 _____ 6) ~에 오다 _____

7) ~을 그리다 _____ 8) ~을 운전하다 _____

9) ~을 먹다 _____ 10) ~와 싸우다 _____

3. 다음 잘못된 문장을 올바른 과거형으로 바꾸어보세요.

1) I break your computer yesterday. ___*I broke your computer yesterday.*___

단순현재 문장에는 yesterday, ago, last와 같은 과거를 가리키는 단어를 사용할 수 없어요.

2) She have a boyfriend last month. _____

3) They go to bed at 11 P.M. last night. _____

4) Frank sells his car last year. _____

5) We drink beer at the bar yesterday. _____

6) He takes a taxi to Seoul yesterday. _____

7) I eat chicken for lunch today. _____

8) Carrie cooks breakfast in the morning. _____

4. 아래 그림은 여러분이 시간에 따라 한 일입니다. 그림을 보고 문장을 만들어보세요.

| ❶ take a shower | ❷ get dressed up | ❸ drink coffee |
| ❹ have a snack | ❺ come home | ❻ go to bed |

1) [I, take a shower] *I took a shower at 6:20 A.M.*

2) [I, get dressed up] _____

3) [I, drink coffee] _____

4) [I, have a snack] _____

5) [I, come home] _____

6) [I, go to bed] _____

5. 4번의 그림을 보고 질문에 대답해보세요.

1) What did you do at 5 P.M. today? *I came home at 5 P.M. today.*

2) What did you do at 10 P.M. today? _____

3) What did you do at 6:20 A.M. today? _____

4) What did you do at 2 P.M. today? _____

5) What did you do at 11 A.M. today? _____

6) What did you do at 7:20 A.M. today? _____

What did you ~로 물어보는 경우에는 반드시 과거시제로 대답해야 해요.

6. 다음 문장을 영작해보세요.

1) 나는 3일 전에 아버지가 되었어. *I became a father 3 days ago.*

2) 프랭크는 나한테 선물을 샀어. _____

3) 그녀는 새로운 집을 지었어. _____

4) 그는 작년에 새 차를 샀어. _____

5) 나는 어제 버스를 탔어. _____
[버스 타다: take a bus, ride on a bus]

6) 그녀는 학교에 일찍 왔어. _____

7) 그는 지난 화요일에 그림을 그렸어. _____

8) 나는 어젯밤에 서울로 운전했어. _____

'~이 되었다'는 become, '지난'은 last를 사용합니다.

· last year (작년),
· last Monday (지난 월요일),
· last night (지난밤)

7. 아래 동사를 사용해서 과거형으로 문장을 영작해보세요.

meet, ~~bring~~, sell, find, fly, lose, feel, fight with, build, eat, become, give

더 많은 불규칙 과거형은 page 219~220에 있는 과거형 표를 참고하세요.

1) 우리는 너에게 커피를 가져왔어. *We brought you coffee.*

2) 내 아버지는 나에게 그 책을 주었어. _____

3) 그는 어제 그의 지갑을 찾았어. _____

4) 프랭크는 2시간 전에 그의 돈을 잃어버렸어. _____

5) 그는 어제 나랑 싸웠어. _____

6) 너는 아침에 나의 피자를 먹었어. _____

7) 내 오빠는 작년에 의사가 되었어. _____

8) 나는 6월에 집을 지었어. _____

9) 그녀는 어제 화났었어. _____

10) 프랭크는 7월에 뉴욕으로 날아갔어. _____

11) 내 남자 친구는 어제 그의 차를 팔았어. _____

12) 나는 지난 일요일에 친구들을 만났어. _____

8. 다음 그림을 보고 질문에 대답해보세요.

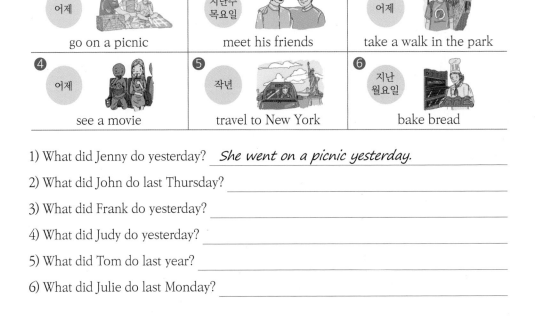

① 어제 go on a picnic	② 지난주 목요일 meet his friends	③ 어제 take a walk in the park
④ 어제 see a movie	⑤ 작년 travel to New York	⑥ 지난 월요일 bake bread

1) What did Jenny do yesterday? *She went on a picnic yesterday.*

2) What did John do last Thursday? _____

3) What did Frank do yesterday? _____

4) What did Judy do yesterday? _____

5) What did Tom do last year? _____

6) What did Julie do last Monday? _____

9. 아래의 문장을 영작해보세요.

1) 나는 나의 여자 친구를 지난 화요일에 만났어. *I met my girlfriend last Tuesday.*

2) 프랭크는 그의 컴퓨터를 어제 고쳤어. _____

3) 그들은 지난달에 뉴욕으로 날아갔어. _____

4) 그는 선생님이 되었어. _____

5) 그녀는 파티에서 좋은 시간을 보냈어. _____
[파티에서: at the party]

6) 어제 나는 친구들과 술을 마셨어. _____

7) 나는 의자에 앉았어. _____

8) 너는 내 컵을 깼어. _____

9) 우리는 독한 술을 마셨어. _____

10) 캐리는 축구 경기를 봤어. _____

11) 내 여자 친구는 계속 웃었어. _____

12) 나는 내 가방을 택시 안에 놓고 왔어. _____

keep 뒤에는 〈동사 + ing〉를 사용하며 여기서는 '쭉 ~하다'란 뜻이 됩니다.
· keep studying (계속 공부해)
· keep going (계속 가)
· keep talking (계속 말해)

10. 다음 질문에 Yes로 대답해보세요.

1) Did you go to bed at 7 P.M. yesterday? *Yes, I went to bed at 7 P.M. yesterday.*

2) Did you have breakfast today? _____

3) Did you sell your car yesterday? _____

4) Did you clean your room last Sunday? _____

5) Did you catch a taxi yesterday? _____

6) Did you fight with your friend last week?

_____

7) Did you pay the bill yesterday? _____

8) Did you drink black tea last Saturday? _____

9) Did you go to your friend's wedding last Sunday? _____

Yes를 사용하면 질문의 문장을 그대로 사용해서 대답하세요.

UNIT 10 과거형의 의문문과 부정문

Did you enter my room yesterday?

Did you eat my cheese cake?

No, I *didn't* enter your room yesterday.

No, I *didn't* eat your cheese cake.

> 과거 부정문 didn't 뒤에는 동사의 형태 그대로 쓰세요.
> · She didn't goes (X)
> · She didn't go (O)

A. 과거형의 부정문은 didn't 뒤에 동사원형을 넣어야 합니다.

주 어	부정문	동 사	과거형	단 어
I You We They She He It	did not = didn't	go (to) grow hang hear hide hit know lose make meet pay for spend	~~went (to)~~ ~~grew~~ ~~hung~~ ~~heard~~ ~~hid~~ ~~hit~~ ~~knew~~ ~~lost~~ ~~made~~ ~~met~~ ~~paid for~~ ~~spent~~	work, the doctor hair, tomato coat, suits news, noise paper, face ball, wall you, husband keys, job coffee, lemonade friends, sister lunch, ticket money, time

> Did 뒤에는 '동사' 그대로 사용합니다.
> · Did she goes ~? (X)
> · Did she go ~? (O)

B. 과거형의 의문문은 〈Did + 주어 + 동사원형〉의 형태로 사용합니다.

의문동사	주 어	동 사	과거형	단 어
Did	I you we they she he it	quit see sell pay come catch take wear wake up	~~quitted~~ ~~saw~~ ~~sold~~ ~~paid~~ ~~came to~~ ~~caught~~ ~~took~~ ~~wore~~ ~~woke up~~	smoking, job wallet, key cosmetics, bill, fine river, office chance, towel umbrella, bag jeans, pants alone, late

※ 과거의문문에는 과거형 동사를 사용하지 않아요.

C. 한국말은 자주 주어를 생략해서 말하지만 영어는 주어를 생략하지 않습니다.

- 호텔을 예약할 수 있나요? Can <u>I</u> book a hotel?
- 메뉴판을 갖다줄래요? Can <u>I</u> have a menu please?
- 어제 쇼핑 갔어요. <u>I</u> went shopping yesterday.
- 휴가 다녀왔어요. <u>I</u> went on a vacation.
- 깎아줄 수 있나요? Can <u>you</u> give me a discount?
- 계산서 좀 줄래요? Can <u>you</u> give me the bill please?
- 할 수 있다. <u>I</u> can do it.

※ 밑줄은 '주어'로, 한국말에서는 자주 생략해서 말을 합니다.

밥 먹었어? = 물어보는 대상 먼
저 찾아서 말을 해야지~

Did you have breakfast?

Yes, I had breakfast.

한국말은 주로 주어를 생략하므로 꼭 숨어 있는 주어를 찾아서 말을 하세요.

D. 한국어에 있는 명사를 영어로 바꿀 때는 항상 구체적으로 표현해야 합니다.

- 세차했어? Did you wash your car? (차 = your car)
- 재킷을 사고 싶어. I want to buy a jacket. (재킷 = a jacket)
- 어제 친구들 만났어. I met my friends yesterday. (친구들 = my friends)
- 숙제 끝냈니? Did you finish your homework? (숙제 = your homework)
- 어제 가방을 샀어요. I bought a bag yesterday. (가방 = a bag)
- 짐 좀 맡아줄래요? Can you keep my luggage? (짐 = my luggage)

구체적으로 표현한단 말은 a/an 또는 my, your, his, her과 같은 단어를 같이 써준다는 것을 의미합니다.

E. 명확하지 않은 장소는 at, 정확히 구역이 나누어져 있으면 in을 사용합니다.

〈건물 근처에 사람이 서 있는 경우〉
I will wait for you <u>at</u> the building.

〈건물 안에 사람이 서 있는 경우〉
It is hot, so I am <u>in</u> the building.

〈우체국 주변에 있는 경우〉
I stay <u>at</u> the post office everyday.

〈우체국 안에서 직원으로 근무하는 경우〉
I work <u>in</u> the post office.

실전연습

1. 다음 문장을 don't, doesn't, didn't를 사용해서 부정문으로 바꾸어보세요.

1) Frank cooks breakfast.   *Frank doesn't cook breakfast.*
2) Carrie met her friends yesterday. _____
3) She often makes me angry. _____
4) I paid for lunch last Sunday. _____
5) We sometimes see movies. _____
6) I took a shower yesterday. _____

often, sometimes등이 들어간 부정문에서는 동사 앞에 빈도부사를 넣습니다. She doesn't often go. I don't always eat. 이렇게 사용합니다.

2. 다음 동사를 과거형으로 바꾸어보세요.

1) meet   *met*   2) lose _____   3) hear _____
4) pay _____   5) know _____   6) wear _____
7) wake up _____   8) quit _____   9) sell _____
10) go to _____   11) hang _____   12) grow _____

3. 다음 질문에 Yes 또는 No로 대답하세요.

1) Do you usually study English?
   Yes, I usually study English, or No, I don't usually study English.

2) Did you take the subway yesterday?
   _____

3) Did you spend money yesterday?
   _____

4) Did you meet your friends yesterday?
   _____

5) Do you have long hair?
   _____

6) Did you sell your car yesterday?
   _____

7) Do you want to quit your job?
   _____

8) Did you wake up early today?
   _____

지금은 영어를 연습하는 단계이기 때문에 대답을 할 때 예시처럼 질문에 나온 문장을 그대로 사용해서 대답하는 방법을 연습해보세요.

4. 다음 그림을 보고 at과 in 중 하나를 선택해보세요.

정확히 안에
있을 경우에는
in을 사용하고
일반적인 건물
을 말할 때는
at을 사용해
보세요.

1) The girl stands outside (*at* / in) the restaurant.

2) The woman is (at / in) school.

3) The man shops (at / in) the store.

4) I am working (at / in) the coffee shop.

5) The boy is (at / in) school.

6) Tables are (at / in) the restaurant.

7) People are (at / in) the coffee shop.

8) Carrie works (at / in) the restaurant.

5. 아래 문장을 영작해보세요.

1) 어제 학교에 갔나요? *Did you go to school yesterday?*

2) 나 담배 끊었어. _____

3) 아침 식사하셨나요? _____

4) 그녀는 점심 값을 내지 않았어. _____

5) 그는 돈을 쓰지 않았어. _____

6) 어제 친구들을 만났나요? _____

7) 너의 남편을 알아. _____

8) 열쇠 찾았어? _____

9) 그녀는 소식을 듣지 못했어. _____

10) 날 쳤니? _____

11) 벽에 코트를 걸었나요? _____

12) 내가 너의 우산을 안 가져갔어. _____

quit 뒤에는
〈동사 + ing〉
를 사용해요.
'~하는 것을
그만두다'란
뜻이 있어요.
· quit
smoking
·quit
drinking
·quit
shopping

6. Do, Does, Did와 아래 힌트의 단어를 사용해서 질문을 만들어보세요.

1) 너는 작년에 담배를 끊었니? *Did you quit smoking last year?*
[끊다: quit / 담배: smoking]

2) 그녀는 가게에서 보통 화장품을 사나요? _____
[가게에서: at the shop / 화장품: cosmetics / 사다: buy]

3) 지난 일요일에 프랭크는 파티에 왔니? _____
[오다: come / 파티에: to the party]

4) 그는 내 우산을 가져갔니? _____
[가져갔다: took / 내 우산: my umbrella]

5) 아침에 커피를 마시나요? _____
[마시다: drink / 아침에: in the morning]

6) 그는 8시에 일하러 가나요? _____
[일하러 가다: go to work / 8시에: at 8]

7) 그는 어제 일을 때려치웠니? _____
[때려치우다: quit / 일을: job]

8) 어제 너의 차를 팔았니? _____
[팔다: sell / 차: car]

지문에 있는 '~~었어'의 'ㅆ'이 있다면 Did, 보통 하는 일은 Do/Does를 사용해요.

7. 다음은 Sara가 지난주에 한 일입니다. 그림을 보고 질문에 대답해보세요.

| Monday | Tuesday | Thursday |
| Friday | Saturday | Sunday |

slept in은 '늦게까지 잤다'란 뜻입니다.

1) Did Sara study English last Saturday? *No, She didn't. She slept in last Saturday.*

2) Did Sara go to work last Thursday? _____

3) Did Sara drink coffee at the coffee shop last Tuesday?

_____

4) Did Sara take a bus at the bus stop last Monday?

_____

5) Did Sara go shopping last Friday? _____

6) Did Sara go to a concert last Sunday? _____

8. at/in/on을 사용해서 장소 및 시간에 관한 영작을 해보세요.

1) 7월에   *in July*

2) 아침에

3) 밤에

4) 그 공원에서

5) 그 식당 안에서

6) 3월에

7) 월요일에

8) 저녁에

9) 10시에

10) 그 우체국에서

11) 그 식당에서

12) 12월에

13) 오후에

14) 학교 안에서

at은 주변, in은 명확한 장소의 안, on은 ~ 위에 붙어 있을 경우에 사용하는 전치사들이에요. 특히 at과 in은 많이 헷갈리니 조심하세요.

9. Do/Does/Did/don't /doesn't/didn't를 활용하여 영작을 해보세요.

1) 오늘 일찍 일어났나요?   *Did you wake up early today?*

2) 보통 일찍 일하러 가나요?

3) 당신의 부인이 아침밥을 했나요?

4) 내 머리카락은 빠르게 자라지 않아.

5) 7시에 보통 일어나나요?

6) 그녀는 프랭크를 몰라.

7) 지갑을 또 잃어버렸어?

8) 당신의 부인은 항상 아침밥을 하나요?

9) 그녀는 너를 보고 싶지 않았어.

10) 버스 잡았니?

11) 프랭크는 그의 차를 팔고 싶어 하나요?

12) 저는 보통 청바지를 입지 않아요.

I don't usually + 동사 또는 I usually don't + 동사 둘 다 가능한 표현이에요. 보통 I don't usually를 많이 사용해요.

10. 다음 한글 문장을 영어로 바꾸어보세요.

1) 오늘 일 안 갔어.   *I didn't go to work today.*

2) 어제 공원에서 널 봤는데.

3) 그녀는 쇼핑몰에서 쇼핑하는 것을 안 좋아해.

4) 제가 식당 안에서 10시에 그녀를 만났어요.

5) 내 차를 쓰고 싶니?

6) 그는 날 위해 커피를 만들었어.
[날 위해: for me]

7) 그녀는 보통 토요일에 청바지를 입어요.

8) 너는 일을 그만두었니?

will(~할 거예요)의 표현

A : *Will you go to Seoul tomorrow?*

B : *No, I will stay at home tomorrow.*

'~할 거야, ~
거예요'란 표
현이 will입니
다.
will 뒤에는
동사 그대로
사용해야 해
요.
· Frank will
 sleep. (O)
· Frank will
 sleeps. (X)

A. 미래에 대해서 말할 때에는 동사 앞에 will을 사용합니다.

주 어	~할 거야	동 사	단 어	주 어	~할 거야	동 사	단 어
I You We They He She It	will	watch travel choose visit call use break	movies to Europe this one museum taxi washroom rules	I You We They He She It	will	book take buy have make wait for take	hotel picture it breakfast hot coffee bus bath

- I <u>will watch</u> movies on the weekend.
- She <u>will use</u> the washroom.
- We <u>will choose</u> it.

- They <u>will have</u> breakfast soon.
- Frank <u>will take</u> a bath.
- He <u>will wait</u> for a bus.

B. will의 부정문은 will 뒤에 not을 넣어 만듭니다. (will의 축약형 표현은 page 217 참고)

will not 뒤에
는 동사형태가
그대로 와야
합니다.
· She will not
 go home. (O)
· She will not
 goes home.
 (X)

주 어	부정문	동 사	단 어
I You We They He She It	will not (= won't)	order like put on do go forget carry	beer and sandwich present, advice jacket, coat project, dishes for a walk, on a business trip homework, it bag, your books

- You <u>will not order</u> beer.
- Frank <u>will not go</u> home tonight.
- They <u>will not forget</u> your name.

- We <u>will not do</u> the project.
- I <u>will not carry</u> the bag for you.
- He <u>will not go</u> for a walk.
- We <u>won't</u> stay here.

C. will의 의문문은 문장의 맨 앞에 will을 넣어 만듭니다. 상대방의 의견을 물어보는 경우에는 will 대신에 shall을 사용할 수 있습니다.

~할 거니?	주 어	동 사	단 어
Will (Shall)	I you we they he, she, it	open go out turn on go to call	door, window tonight light, TV store, shopping mall taxi, manager

> shall은 will 보다 하고자 하는 의지가 좀 더 강할 때 사용합니다. Shall I ~, Shall we ~의 형태로 많이 사용합니다.

D. the는 서로 알고 있는 것을 이야기할 때 사용하는 단어입니다.

친구 1: *I will buy a new car.*
친구 2: *I think you love cars.*

친구 1: *I love the red car.*
친구 2: *Do you want to buy the car?*

> a new car는 차 1대, 또는 자동차를 정의 하는 것을 의미합니다. the car는 대화자들이 서로 알고 있는 자 동차입니다.

- I have a car. (a car = 차 1대)
- I like the red car. (the car = 서로 알고 있는 '그' 차)
- I like to stay at a hotel. (a hotel = 그냥 호텔 건물 1개)
- Do you remember the hotel we stayed at? (우리가 머물렀던 '그' 호텔)
- Can you open a window please? (a window = 그냥 창문 1개)
- Can you open the window please? (내가 가리키는 '그' 창문)
- I cannot close the door now. (방안에 있는 1개의 '그' 문)

E. 일반적인 사물을 이야기할 때는 '셀 수 있는 명사'의 경우 〈명사 + s〉를 사용합니다.

- I have **a dog**. (a dog = 개 1마리)
- I have **a car**. (a car = 차 1대)
- Do you like to play **phone games**? (phone games = 일반적인 핸드폰 게임)
- I have **a question**. (a question = 질문 1개)
- I like to answer **questions**. (questions = 일반적인 질문)
- I like **dogs**. (dogs = 일반적인 개)
- I love **cars**. (cars = 일반적인 차)

실전연습

1. 다음 문장을 will을 사용해서 미래형으로 바꾸어보세요.

1) She cooks breakfast. _She will cook breakfast._

2) They don't go shopping. _____

3) We take a taxi. _____

4) He doesn't go to bed early. _____

5) Does she go out tonight? _____

6) I work at the office on Friday. _____

7) Frank doesn't see movies. _____

8) Do you go for a walk at the park? _____

영화관에 가서 영화를 볼 때는 see a movie라 해요. watch a movie는 단순히 영화를 보는 것에 초점을 둔 말이에요.

2. 다음 질문에 여러분의 상황에 맞게 대답해보세요.

1) Will you buy a new house next year? _No, I will not buy a new house next year._

2) Will you go on a picnic this weekend? _____

3) Will you go to school tomorrow? _____

4) Will you study English next Monday? _____

5) Will you watch TV tonight? _____

6) Will you drink with your friends tonight? _____

7) Will you travel to Europe next month? _____

8) Will you visit a museum tomorrow? _____

9) Will you call your mother on Friday? _____

10) Will you go shopping this weekend? _____

11) Will you buy a new phone soon? _____

12) Will you have dinner? _____

3. will을 사용해서 부정문, 의문문, 단순미래 문장을 만들어보세요.

1) [I, go to school, today] (부정문) *I will not go to school today.*

2) [She, stay, at home, tonight] (의문문) _____

3) [He, travel to Paris, next year] (부정문) _____

4) [I, order, this food, now] (단순미래) _____

5) [He, see, a doctor, on Tuesday] (의문문) _____

6) [They, go to, a park, tonight] (단순미래) _____

7) [You, do, your homework] (부정문) _____

8) [Frank, go out, tonight] (부정문) _____

9) [Sara, book, a hotel, tomorrow] (의문문) _____

10) [John, cook, dinner for you] (단순미래) _____

11) [I, buy, a cake, tomorrow] (단순미래) _____

12) [She, pass, the test, tomorrow] (의문문) _____

'~를 위해 요
리를 하다'란
표현은 cook
dinner for
you로, '~를
위해'는 for를
사용해요.

4. 아래 그림은 캐리가 내일 아침에 할 일입니다. 그림을 보면서 질문에 대답해 보세요.

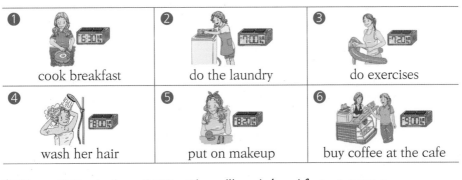

| ❶ cook breakfast | ❷ do the laundry | ❸ do exercises |
| ❹ wash her hair | ❺ put on makeup | ❻ buy coffee at the cafe |

짧은 시간을
나타낼 때는
전치사 at을
사용해요.

1) What will Carrie do at 6:30? *She will cook breakfast at 6:30 tomorrow.*

2) What will Carrie do at 7:00? _____

3) What will Carrie do at 7:20? _____

4) What will Carrie do at 8:00? _____

5) What will Carrie do at 8:20? _____

6) What will Carrie do at 9:00? _____

5. 아래의 동사를 사용하여 문장을 만들어보세요.

help, order, come, carry, ~~do~~, make, do, work

1) 그녀는 숙제를 안 할 거야. *She will not do her homework.*

2) 나는 너의 가방을 나를 거야. _____

3) 그들은 너를 도와줄 거야. _____

4) 내일 너는 학교에 올 거니? _____

5) 그는 콜라를 주문할 거야. _____

6) 너는 내일 일할 거야. _____

7) 그는 뜨거운 커피를 낼 거야. _____

8) 나는 설거지를 할 거야. _____

'커피 타다'를 한국말로 바꿀 때 적절한 동사를 사용해야 해요. '커피 타다'를 ride coffee 로 바꾸시면 안 돼요.

6. a/an/the를 빈칸에 넣어보세요.

1) Do you have (ⓐ / an / the) car?   2) Can you open (a / an / the) door please?

3) He will take (a / an / the) order.   4) I will go to (a / an / the) airport.

5) I have (a / an / the) dog.

6) Can you pass me (a / an / the) pepper please?

7) I will go to (a / an / the) bathroom.

8) Can you turn on (a / an / the) light?

7. 아래의 문장을 영작해 보세요.

1) 저는 곧 도착할 거예요. *I will arrive soon.*

2) 그녀는 내일 서울에 안 갈 거야. _____

3) 너는 내일 우리 집에 올 거야? _____

4) 그녀는 다음 달에 가게를 열지 않을 거야. _____

5) 그녀는 공항에 갈 거야. _____

6) 화장실에 가도 되나요? _____

7) 불 좀 켜줄 수 있나요? _____

8) 문 좀 열어줄 수 있나요? _____

사물의 이름 앞에는 a/an/the를 사용하지 않아요. 또한 내가 말하는 것이 확실하다면 the를 사용할 수 있어요.

8. 다음은 프랭크의 일주일 일정입니다. 아래 그림을 보고 문장을 만들어보세요.

❶ 월 go to a store	❷ 화 go to a concert	❸ 수 have a party	❹ 목 go to the gym
❺ 금 have a date	❻ 토 drive a car	❼ 일 visit a museum	❽ 주말 go on a trip

1) _Frank will go to a store on Monday._
2) _____
3) _____
4) _____
5) _____
6) _____
7) _____
8) _____

하루나 이틀을 가리키는 날짜 앞에는 on을 사용해요.
· 월요일에 = on Monday
· 주말에 = on the weekend
· 수요일에 = on Wednesday
· 내 생일에 = on my birthday

9. 다음 한글 문장을 영어로 바꾸어보세요.

1) 다음 달에 차를 살 거야. _I will buy a car next month._

2) 다음 주에 부산에 갈 거니? _____

3) 프랭크는 7월에 출장 가지 않을 거야. _____

4) 오늘 남자 친구를 만날 거니? _____

5) 저녁에 농구를 할 거야. _____

6) 이번 주 일요일에 나랑 산책할 거니? _____
   [산책하다: take a walk / 이번 주 일요일: this Sunday]

7) 그녀는 너의 전화를 받지 않을 거야. _____

8) 그들은 화장실을 사용하지 않을 거야. _____

9) 그는 너에게 뜨거운 커피를 만들어줄 거야. _____

10) 나는 택시를 안 부를 거야. _____

11) 나는 그 불을 끌 거야. _____
    [불을 끄다: put out]

12) 우리는 저녁 7시에 저녁을 먹을 거야. _____

명사 앞에 a/an/the를 꼭 사용해야 해요.
또한 소유격은 정확한 명사를 말해주기 때문에 a/an/the를 사용하지 않아요.
· a your phone (X)
· your phone (O)

의문사와 the의 용법

Where do you live?

What do you like to do?

How did you know Frank?

I live in Seoul.

I like to travel.

I met him in high school.

A. 문장의 맨 앞에 '의문사'를 넣고 〈주어 + 동사〉의 형태로 사용하세요.

처음 본 사람에게 무언가를 물어볼 때 의문사를 활용하면 대화하기 좋아요.

의 문 사	시 간	주 어	동 사	단 어
When (언제) Where (어디서) Why (왜) Who (누가) What (무엇을) How (어떻게)	will shall can does do did	I you we they he she it	meet study drink lose need come arrive	your friends, strangers English, history beer, coffee wallet, handbag money, help here, to school in Seoul, at the airport

- <u>How</u> did she come here?
- <u>Where</u> did you study English?
- <u>What</u> do you need?
- <u>Where</u> do you want to go?

- <u>Why</u> did you drink Soju yesterday?
- <u>Why</u> will you go to Canada?
- <u>When</u> will you meet Frank?
- <u>Who</u> do you like?

B. 의문사 Who가 '누구를', '누구', '누구랑', '누구에게'란 의미로 해석될 경우에는 〈Who + 주어 + 동사〉의 형태로 사용합니다.

Who가 '누가'로 해석되는 경우에는 '주격'으로 who 뒤에 '동사'를 붙입니다.
Who needs money?
(누가 돈이 필요한가요?)

- <u>Who</u> did you meet yesterday? (너는 어제 <u>누구를</u> 만났니?)
- <u>Who</u> did she call at 7 o'clock? (그녀는 7시에 <u>누구에게</u> 전화했니?)
- <u>Who</u> can you talk with? (너는 <u>누구랑</u> 말할 수 있니?)
- <u>Who</u> will you meet tomorrow? (내일 너는 <u>누구를</u> 만날 거니?)

■ '누구랑'으로 사용할 때는 문장의 맨 뒤에 with를 붙입니다.

- Who do you usually go shopping <u>with</u>? (누구랑 보통 쇼핑을 가나요?)
- Who did you drink beer <u>with</u> yesterday? (누구랑 어제 맥주를 마셨니?)
- Who can you travel <u>with</u>? (누구랑 여행을 갈 수 있나요?)
- Who does she want to have dinner <u>with</u>? (그녀는 누구랑 저녁을 먹고 싶어 하나요?)

C. 〈What + 명사〉를 사용하면 '무슨 ~'이란 뜻이 됩니다.

- <u>What color</u> do you like?
- <u>What food</u> can you cook?
- <u>What country</u> do you want to travel to?
- <u>What time</u> do you usually wake up?

- <u>What movie</u> do you want to see?
- <u>What sports</u> do you like to play?
- <u>What vegetable</u> do you like?
- <u>What season</u> do you like?

〈what + 명사〉는 사물의 정보를 알고 싶을 때 많이 사용하는 표현입니다.

D. 〈What + 명사〉를 〈What kind of + 명사〉의 형태로도 많이 사용합니다.

- <u>What kind of job</u> do you want?
- <u>What kind of toy</u> do you want?
- <u>What kind of hobby</u> do you have?

- <u>What kind of car</u> do you like?
- <u>What kind of animal</u> do you like?
- <u>What kind of music</u> do you like?

E. 말하거나 가리키는 대상이 분명할 때는 the를 사용합니다.

the ceiling	the roof	the kitchen	the sun
the sky	the floor	the bathroom	the city hall
the manager	the world	the country	the train station

a new car는 차 1대, 또는 자동차를 정의하는 것을 의미합니다. the car는 대화자들이 서로 알고 있는 자동차입니다.

- Can you open <u>the</u> door please?
- Can you turn off <u>the</u> light?
- I like cooking in <u>the</u> kitchen.
- Can you clean <u>the</u> floor?
- I will go to <u>the</u> airport at 6 A.M. tomorrow.

- How can I go to <u>the</u> train station?
- Look at <u>the</u> sky!
- Can you fix <u>the</u> roof?
- Can you close <u>the</u> door?

1. 다음 단어 중 the를 꼭 써야 하는 단어에 O 표를 해보세요.

dog, (sun) ceiling, map, country, kitchen, book, movie
airport, post office, world, ocean, hotel, restaurant
cheese, bus, train station, office, student

2. 다음 대답을 보고 괄호 안에 들어갈 의문사를 넣어보세요.

1) (*What*) do you want to eat? I want to eat chicken.

2) (   ) did you go yesterday? I went to Cheonan yesterday.

3) (   ) did you meet last Sunday? I met my father last Sunday.

4) (   ) do you study English? Because, I want to go to Canada.

5) (   ) do you go to school? I go to school by bus.

6) (   ) did you go home yesterday? I went home at 10 P.M.

7) (   ) did you meet your boyfriend? I met him at school.

8) (   ) did you see yesterday? I saw my brother yesterday.

9) (   ) did you do yesterday? I did the laundry yesterday.

10) (   ) did you go yesterday? I went to a movie theater.

3. 다음 문장을 보고 해석해보세요. (who 관련)

〈who + 동사〉,
〈who + 주어
+ 동사〉는 서
로 다른 의미가
있어요.

1) Who do you want to meet? *(너는) 누구를 만나고 싶니8* _____

2) Who did you talk to yesterday? _____

3) Who will you go on a picnic with ? _____

4) Who can you travel with ? _____

5) Who do you usually meet on Saturday? _____

6) Who can you help? _____

7) Who did you study English with yesterday? _____

8) Who will you take a walk with? _____

4. 〈What + 명사〉를 활용해서 대답에 대한 질문을 만들어보세요.

1) _What movie do you like?_   I like action movies.

2) _____   I like blue.

3) _____   I want to play soccer.

4) _____   I want to visit Canada.

5) _____   I can cook pasta.

6) _____   I like cucumber.

7) _____   I usually wake up at 7.

8) _____   I like Spring.

> '봄, 여름, 가을, 겨울'에 대해서 공부해보아요.
> · 봄: spring
> · 여름: summer
> · 가을: fall
> · 겨울: winter

5. 〈의문사 + did + 주어〉를 사용해서 문장을 만들어보세요.

1) 어제 저녁으로 무엇을 먹었나요?   _What did you have for dinner yesterday?_

2) 어제 어디를 갔었나요? _____

3) 왜 어제 친구들이랑 맥주를 마셨니? _____

4) 어제 누구를 만났니? _____

5) 어디서 친구들을 만났어? _____

6) 왜 어제 서점에 갔니? _____

7) 어디서 비행기 표를 샀어? _____

8) 어제 뭐했어? _____

9) 언제 영화 보러 갔니? _____
[영화 보러 가다: see a movie]

10) 어떻게 거기에 갔어? _____

11) 어떻게 파스타를 만들었나요? _____

12) 언제 너의 커피숍을 열었니? _____

> 〈Who + 주어 + 동사〉의 경우에 who는 '누구를'로 해석하세요.

6. 〈의문사 + can + 주어〉를 사용해서 문장을 만들어보세요.

1) 언제 우리 다시 볼 수 있지?   *When can we see you again?*

2) 어떻게 제가 거기를 갈 수 있나요? _____

3) 어디서 당신을 만날 수 있죠? _____

4) 어떻게 호텔을 예약할 수 있나요? _____

5) 누구를 파티에 데려올 수 있나요? _____

6) 어디서 커피를 마실 수 있나요? _____

7. '누구랑'을 활용해서 문장을 만들어보세요.

'누구랑'이란 표현은 문장의 맨 뒤에 with 꼭 사용해야 한다는 것을 잊지 마세요.

1) 어제 누구랑 영화를 봤어?   *Who did you see a movie with yesterday?*

2) 누구랑 보통 점심을 먹나요? _____

3) 누구랑 자주 여행을 가나요? _____

4) 누구랑 어제 술을 마셨니? _____

5) 누구랑 그 도서관에 갔어? _____

6) 누구랑 보통 커피숍에 가나요? _____

8. 의문사를 이용해서 문장을 만들어보세요.

의문사는 문장의 맨 앞에 사용해야 해요.

'머리 자르다'는 cut my hair가 아닌 get a haircut이란 표현을 써요.

1) 어제 몇 시에 집에 갔어?   *What time did you go home?*

2) 누구랑 어제 술 마셨어? _____

3) 왜 어제 나한테 소리쳤어? _____
   [소리치다: shout at]

4) 어디서 머리 잘랐어? _____

5) 누구랑 어제 저녁 먹었어? _____

6) 언제 여기에 왔니? _____

7) 왜 직장을 그만두었니? _____

8) 내일 뭐할 거야? _____

9) 어떻게 천안역에 갈 수 있죠? _____

10) 이번 일요일에 어디를 갈 거니? _____
   [이번 일요일: this Sunday]

9. 〈What kind of +명사〉를 사용해서 영작을 해보세요.

1) 어떤 종류의 직업을 원하니? *What kind of job do you want?*
   [직업: job]
2) 어떤 종류의 음식을 저에게 추천해줄 수 있나요?
   [~에게 추천하다: recommend to]
3) 어떤 종류의 자동차를 좋아하나요?
4) 어떤 종류의 식당을 가고 싶나요?
   [식당: restaurant]
5) 어떤 종류의 꽃을 좋아하나요?
   [꽃: flower]
6) 너는 어떤 종류의 장난감을 원하니?
   [장난감: toy]
7) 어떤 종류의 동물을 좋아하나요?
   [동물: animal]
8) 어떤 종류의 취미를 갖고 있나요?
   [취미: hobby]

10. 다음을 영작해보세요.

1) 무엇을 먹고 싶나요? *What do you want to eat?*
2) 어디를 가고 싶어?
3) 어제 누구랑 저녁을 먹었어?
4) 어떻게 그 공원에 가죠?
5) 어디를 가고 싶나요?
6) 제가 어디서 버스를 탈 수 있죠?
7) 몇 시에 회사에 가나요?
8) 몇 시에 그 수영장이 개장하나요?
   [수영장: swimming pool / 개장하다: open]
9) 어떤 종류의 선물이 있죠?
   [선물: gift]
10) 어디서 환불을 할 수 있죠?
   [얻다: get / 환불: refund]
11) 어떻게 세탁 서비스를 이용할 수 있나요?
   [세탁 서비스: laundry service]
12) 제가 언제 (호텔에서) 체크인을 할 수 있죠?
   [체크인하다: check in / 건물, 호텔 안으로 체크인하다: check into]

13 하는 일, 할 일, 했던 일 (단순현재, 미래, 과거시제)

A. 일반적인 사실 또는 자주 하는 일에 대해 말할 때는 '동사'를 그대로 사용합니다.

The Earth <u>goes</u> around the sun.   The sun <u>rises</u> in the east.

> 과학적인 사실
> 이나 상식도
> 단순현재를 사
> 용해서 문장을
> 만들 수 있어
> 요.

- Frank <u>works</u> very hard. (프랭크는 보통 열심히 일한다는 사실)
- I like to <u>eat</u> chicken. (나는 치킨 먹는 것을 좋아한다는 사실)
- What <u>do</u> you usually do? ('너는 보통 무엇을 하니?'란 사실을 물어보는 것)
- Frank <u>doesn't go</u> to bed early. (프랭크가 일찍 잠자리에 들지 않는다는 습관을 말함)

- She <u>doesn't cook</u> at home.
- Where <u>does</u> Carrie live?
- <u>Does</u> John <u>go</u> to work at 8?
- What time <u>does</u> the show <u>start</u>?

- I <u>like</u> to travel.
- You <u>don't read</u> books on Sundays.
- <u>Do</u> you often <u>travel</u>?
- <u>Does</u> the bus <u>go</u> downtown?

- 단순현재는 일반적인 사실을 말할 때 쓰기 때문에 아래와 같은 단어와 같이 사용합니다.

always, often, usually, sometimes, seldom, never + 단순현재 동사

> seldom과
> never는 부
> 정의 의미이
> 기 때문에 She
> never doesn't
> go ~ /
> I seldom
> don't처럼
> 문장을 만들면
> 안 돼요.

- I <u>always</u> wake up at 6.
- I <u>sometimes</u> take a bus.
- Frank <u>never</u> dances.
- She <u>usually</u> cooks breakfast.
- They <u>seldom</u> go to a library.
- Does Sara <u>always</u> sleep at 10 P.M.?
- We <u>sometimes</u> eat out on Friday.

잠깐

항상	= always
자주	= often
보통	= usually
가끔	= sometimes
거의	= seldom
절대로	= never

부정의 의미를
나타냅니다.

B. '~ 할 거야'란 말을 할 경우에는 〈will + 동사〉를 사용합니다.

- I <u>will study</u> English tomorrow.
- My brother <u>will make</u> coffee.
- Frank <u>will</u> not <u>come</u> here.
- <u>Will</u> you <u>come</u> to the party tomorrow?
- I <u>will not buy</u> this shirt.
- <u>Will</u> you <u>pay</u> the bill?
- She <u>will not take</u> a nap.
- <u>Will</u> you <u>watch</u> TV tonight?

강한 의지 = will

I <u>will</u> do it!
I <u>will</u> study hard!
I <u>will</u> pass the test!

나의 의지를 말하고자 할 때도 〈will + 동사〉를 사용해서 말할 수 있습니다.
· I will buy it. (내가 사겠다는 의지)
· I will rest. (쉬겠다는 의지)

C. 예전에 했던 일에 대해 말할 때는 〈동사 + ed〉 또는 불규칙 과거형을 사용합니다.

- I <u>ate</u> pizza yesterday.
- She <u>didn't go</u> home yesterday.
- <u>Did</u> you <u>do</u> your homework?
- Carrie <u>didn't take</u> a test.
- <u>Did</u> you <u>book</u> a hotel yesterday?
- She <u>went</u> to Seoul yesterday.
- <u>Did</u> you <u>see</u> him at the market?
- Frank <u>took</u> me to Seoul.
- What <u>did</u> you <u>say</u>?
- Frank <u>bought</u> a gift for you.

예전에 했었던 일은 '과거동사'

실전연습

1. 다음 [ ] 안에 있는 동사를 사용하여 문장을 만들어보세요.

usually, tomorrow, yesterday 와 같은 단어들을 보고 시제를 잘 맞춰서 문장을 써야 해요.

1) She usually _wakes up_ at 7. [wake up]

2) When _____ you _____ your friend tomorrow? [meet]

3) _____ you _____ to my office yesterday? [come]

4) She _____ to Seoul yesterday. [go]

5) _____ you _____ the hotel last week? [reserve]

6) Our vacation _____ next Monday. [start]

7) _____ you _____ on a picnic next weekend? [go]

8) Where _____ you _____ yesterday? [go]

2. 다음은 찬호의 다음 주 여행 계획입니다. 그림을 보고 문장을 직접 만들어보세요.

내일 할 일이기 때문에 will을 사용해서 문장을 써야 해요.

❶ Monday	❷ Tuesday	❸ Wednesday	❹ Thursday
arrive at the airport and fly to L.A	rent a car and check into a hotel	go shopping at the outlet store	take pictures downtown
❺ Friday morning	❻ Friday afternoon	❼ Saturday	❽ Sunday
go sightseeing in Hollywood	visit Korean town	relax at the beach	check out from the hotel

1) What will Chanho do next Monday?
   He will arrive at the airport and fly to L.A next Monday.

2) What will Chanho do next Tuesday?
   _____

3) What will Chanho do next Wednesday?
   _____

4) What will Chanho do next Thursday?
   _____

5) What will Chanho do next Friday morning?
   _____

6) What will Chanho do next Friday afternoon?
   _____

7) What will Chanho do next Saturday?
   _____

8) What will Chanho do next Sunday?
   _____

3. 다음 문장을 (   )의 지시대로 바꾸어보세요.

1) She made mistakes. (의문문)   *Did she make mistakes?*

2) I will transfer to Bangkok. (부정문)

3) I lost my baggage. (부정문)

4) She usually goes to school at 7. (의문문)

5) I made a reservation. (의문문)

6) She will take a nap. (의문문)

7) Carrie bought tickets for me. (부정문)

8) Does Sara like to go shopping? (부정문)

make mistakes (실수하다)를 do mistakes 라 사용하지 마세요. <transfer + to + 장소>는 '~로 갈아타다'입니다.

Does Sara의 부정문은 Doesn't Sara로 시작해요. 이것을 부정의문문이라 하고 영어에서 부정의문문과 의문문의 의미는 똑같다는 것을 기억하세요.

4. 다음 질문에 Yes나 No로 대답할 때 뒷부분을 완성하세요.

1) Did you buy a new car?   *No, I didn't buy a new car.*

2) Will you pick me up at 7 P.M.? Yes,

3) Does Frank like to eat chicken? No,

4) Will you take a train to Seoul? Yes,

5) Did she call you yesterday? Yes,

6) Does he always have breakfast? No,

7) Will he visit your house tomorrow? Yes,

8) Did you order pizza? No,

5. 다음 (   ) 안의 단어를 사용하여 아래 문장을 영작해보세요.

1) 프랭크는 나를 부산에 데려갔어. (take)   *Frank took me to Busan.*

2) 뭐라고 말했나요? (say)

3) 어제 그 영화 재미있었나요? (enjoy)

4) 언제 뉴욕으로 여행 갈 거니? (travel)

5) 보통 꿈을 꾸나요? (dream)

6) 어제 날 기다렸었니? (wait for)

<take + 사람 + to + 장소>로 쓰일 경우에는 take를 '데려가다'로 해석하세요.

6. 다음 아래 동사를 사용해서 문장을 만들어보세요.

want to go, clean, lose, see, check out, ~~buy~~, go on, do

'여권'은 passport, '체크아웃'은 check out, '출장'은 business trip이라 해요.

'병원 가다'는 go to the hospital 보단 see a doctor 가 더 자연스러운 표현이에요.

1) 어제 무엇을 샀나요? *What did you buy yesterday?*

2) 내일 출장 가나요?

3) 일요일에 보통 뭐해요?

4) 몇 시에 체크아웃하실 건가요?

5) 어디서 여권을 잃어버렸나요?

6) 언제 제 방을 청소해주실 건가요?

7) 병원 가봤어?

8) 어디를 가고 싶나요?

7. 다음은 Ann이 하는 일입니다. 아래에 있는 표를 보고 대답해보세요.

보통 하는 일	어제	내일
study English	listen to music	meet friends
drive to work	take a bus	wash a car
skip breakfast	cook dinner	drink with friends

단순현재를 사용할 경우에는 usually, sometimes와 같은 단어를 사용해요.

1) Does Ann usually sleep? *No, She usually doesn't sleep.*

2) Did Ann watch TV yesterday?

3) Will Ann meet her friends tomorrow?

4) Did Ann drive to work yesterday?

5) Does Ann usually drive to work?

6) Will Ann wash her car tomorrow?

7) Does Ann usually skips breakfast?

8) Does Ann usually cook breakfast?

9) Will Ann drink with her friends tomorrow?

8. 다음을 영작해보세요.

1) 점심 살 거야? *Will you pay for lunch?*

2) 어제 나한테 전화했어? _____

3) 에어컨 작동이 안 돼요. _____

4) 방 바꾸고 싶어? _____

5) 어제 언제 자러 갔어? _____

6) 어제 집에 몇 시에 갔어? _____

7) 어제 기차표 샀어? _____

8) 매일 방 청소해요? _____

9) 아침 (요리)할 거야? _____

10) 아침에 보통 커피를 마시나요? _____

11) 작년 7월에 유럽으로 여행 갔어? _____

12) 너 누구랑 보통 커피 마셔? _____

> work는 '일하다'란 뜻뿐만 아니라 '작동 되다'란 뜻도 있어요.

9. 다음을 영작해보세요.

1) 어제 학교에 갔었어? *Did you go to school yesterday?*

2) 보통 무슨 음악 들어요? _____

3) 식료품 사는 것을 까먹었어. _____

4) 영어 (말)하는 걸 좋아해요? _____

5) 작년에 어디로 휴가 갔어? _____

6) 언제 그 연극이 시작될 건가요? _____
[시작되다: start or begin]
7) 숙제했어? _____

8) 머리 감았어? _____

9) 호텔에 내 카메라 두고 왔어. _____
[호텔에: in the hotel]
10) 할인해줄 수 있나요? _____

11) 언제 빨래할 거야? _____

12) 내일 파티에 오실 건가요? _____

> discount는 '할인하다'란 뜻보다는 명사로 '할인'이란 뜻을 더 많이 사용해요. 할인해달라고 말할 때는 give me a discount라 말해보세요.

형용사를 설명해주는 특별한 동사

She is tall.
(큰)

They are tired.
(피곤한)

I am happy.
(행복한)

It is easy.
(쉬운)

A. be동사는 형용사를 꾸며줄 때 사용하는 특별한 동사입니다.
be동사는 주어의 형태에 따라서 형태가 변합니다.
그래서 be동사를 공부할 때는 형용사와 같이 외워야 합니다.

be동사는 행동하는 동사가 아닙니다. 명사를 설명하거나 상태를 나타낼 때 사용하는 동사이기 때문에 보통 '형용사'와 함께 많이 쓰입니다.

■ be동사 바로 앞에 '주어'가 없을 경우에는 be를 형태 그대로 사용합니다.

- I <u>want to be</u> tall.
  주어 아님 동사 형용사

- You <u>should be</u> nice to me.
  주어 아님 동사 형용사

- Frank <u>should be</u> cool.
  주어 아님 동사 형용사

- They <u>will be</u> angry.
  주어 아님 동사 형용사

■ be동사는 '주어'의 형태에 따라 am/are/is로 바뀝니다.

big은 몸짓이 클 때 사용하고 large는 크기가 클 때 사용합니다.

big brother
(큰형님)
vs
large
brother
(크기가 큰 형님)

big money
(큰 돈)
vs
large money
(크기가 큰 돈)

주어	be동사	형용사	주어	be동사	형용사
I	am	good (좋은)	I	am	tired (피곤한)
You	are	happy (행복한)	You	are	old (늙은)
We	are	tall (키가 큰)	We	are	young (젊은)
They	are	big★ (큰)	They	are	late (늦은)
She	is	pretty (예쁜)	She	is	sleepy (졸린)
He	is	angry (화난)	He	is	kind (친절한)
It	is	easy (쉬운)	It	is	small (작은)
Frank	is	strong (강한)	Carrie	is	cute (귀여운)

B. be동사가 동사의 움직임을 나타내지 않을 경우에는 명사와 같이 사용될 수 있습니다. 보통 직업이나 주어를 설명할 때 be동사를 사용합니다.

- Frank **is** <u>a teacher</u>.
- You **are** <u>a boy</u>.
- Carrie **is** <u>a student</u>.
- She **is** a nice <u>person</u>.
- We **are** <u>Koreans</u>.
- They **are** <u>children</u>.

C. be동사의 부정문은 뒤에 not을 붙입니다.

- Frank <u>is not</u> happy.
- My car <u>is not</u> new.
- Frank <u>is not</u> bad.
- I <u>am not</u> cold.

- He <u>is not</u> angry.
- His car <u>is not</u> black.
- They <u>are not</u> social.
- We <u>are not</u> tired.

■ are not / is not을 줄여서 aren't/isn't로 사용합니다. 하지만 amn't는 안 됩니다.

- She <u>isn't</u> strong.
- We <u>aren't</u> different.
- She <u>isn't</u> pretty.
- He <u>isn't</u> tall.

- I <u>am not</u> sad.
- The rock <u>isn't</u> hard.
- We <u>aren't</u> great.
- You <u>aren't</u> fine.

(축약형을 정리한 것은 page 217 참고)

> 행동 동사의 부정문은 동사 앞에 don't/doesn't를 붙이고 be동사의 경우에는 be동사 뒤에 not을 붙입니다.

D. be동사의 의문문은 be동사를 맨 앞으로 뺍니다.

- <u>Are</u> you happy?
- <u>Is</u> this pizza large?
- <u>Is</u> the story true?

- <u>Is</u> Frank old?
- <u>Are</u> you sure?
- <u>Am</u> I late?

A : <u>Are you tired</u> now?
B : No, I <u>am not tired</u>. I am happy.

〈Be동사의 의문문〉

A : <u>Does he go</u> to work everyday?
B : Yes, he does. He goes to work everyday.

〈일반동사의 의문문〉

> 행동 동사의 의문문은 문장의 맨 앞에 Do/Does를 넣고 be동사의 의문문은 be를 문장의 맨 앞에 사용합니다.

E. with는 '~와 같이' 또는 '함께'라는 뜻으로 반대말은 without입니다.

- Can I have coffee <u>with ice</u>?
- I will have a sandwich <u>without onion</u>.
- Can I have Mocha <u>without whipped cream</u>?
- I will have a hot dog <u>without mustard</u>.
- Can I go to the party <u>with my friend</u>?

종업원: May I take an order please?
손 님: Yes, I will have a cheese burger <u>without onion</u>.

> 식당에서 '~을 빼고 주세요.'는 without, '~도 주세요.'는 with를 사용하세요.

1. ( ) 안에 알맞은 be동사를 넣으세요.

1) I (*am*) tired.

2) Frank ( ) nice.

3) They ( ) tall.

4) My friends ( ) strong.

5) You and I ( ) happy.

6) You ( ) hungry.

7) The cat ( ) cute.

8) Dogs ( ) smart.

9) He ( ) sleepy.

10) Water ( ) clean.

11) We ( ) lazy.

12) I ( ) bored.

형용사 앞에는 보통 be동사를 사용한다는 것을 기억하세요.

2. 다음 표의 빈칸을 채우세요.

영 어	한국어	영 어	한국어
happy	1) 행복한	2)	피곤한
3)	화난	strong	4)
cute	5)	6)	졸린
7)	작은	8)	비싼
good	9)	10)	늦은
early	11)	12)	예쁜

3. 다음 문장을 부정문으로 바꾸어보세요.

1) I am angry. _I am not angry._

2) Frank is nice. _____

3) We are cold. _____

4) English is difficult. _____

5) They are pretty. _____

6) My brother is sleepy. _____

be동사의 부정문은 be동사 뒤에 not을 사용해요.

4. 다음 그림을 보고 사람의 직업을 말해보세요.

❶ salesperson	❷ painter	❸ teachers	❹ engineer
❺ office workers	❻ student	❼ cook	❽ servers

직업을 말할 때도 be동사를 사용해요.

1) Jim *Jim is a salesperson.*

2) Sara

3) Frank and Carrie

4) My wife

5) You and I

6) Cathy

7) He

8) We

5. 다음 문장을 의문문으로 바꾸어보세요.

1) I am tall. *Am I tall?*

2) We are different.

3) She is great.

4) You are a teacher.

5) I am late.

6) Carrie is old.

be동사의 의문문은 be동사를 문장의 맨 앞에 사용해요.

6. do/does/am/are/is 중에 알맞은 단어를 괄호 안에 넣어보세요.

1) (*Does*) she usually go to bed early?

2) (   ) you sleepy now?

3) (   ) Frank and you usually skip breakfast?

4) (   ) I smart?

5) (   ) your girlfriend thin?

6) (   ) Frank like cooking?

7. 다음을 영작해보세요.

1) 이 피자는 크니? *Is this pizza large?*
   [이것: this]

2) 그것은 비싼가요? _____
   [그것: it]

3) 전 괜찮아요. _____
   [괜찮은: fine]

4) 우리는 피곤하지 않아요. _____

5) 프랭크는 나빠요. _____

6) 그들은 행복하지 않아요. _____

7) 그의 차는 검은색이야. _____
   [검은색: black]

8) 너의 핸드폰은 비싸나요? _____
   [비싼: expensive]

9) 프랭크는 활발하지 않아. _____
   [활발한: outgoing]

10) 너는 슬프니? _____
    [슬픈: sad]

11) 너 확실해? _____
    [확실한: sure]

12) 너는 아프니? _____
    [아픈: sick]

<의문사 + be 동사>의 축약형은 page 217 참고

8. 다음 문장을 보고 do와 be동사 중에 알맞은 것을 찾아 영작해보세요.

1) 왜 화내요? *Why are you angry?*

2) 잘 잤어? _____
   [잘: well]

3) 네 발은 크지 않아. _____
   [발 1개: foot / 발 2개: feet]

4) 자주 공원에 가나요? _____

5) 넌 왜 늦니? _____

6) 얼마나 자주 빨래를 하나요? _____

7) 그녀는 자주 해외여행을 가나요? _____

8) 당신은 가난한가요? _____
   [가난한: poor]

9) 넌 젊어. _____

10) 배불러? _____
    [배부른: full]

11) 언제 공항에 도착했니? _____

12) 우린 정말 가깝지. _____
    [정말: really]

일반동사의 의문문, 부정문과 be동사의 의문문, 부정문의 형태는 달라요.

'해외로'란 표현은 abroad란 단어를 사용해요.
· 해외여행하다 = travel abroad
· 유학 가다 = study abroad
· 해외에서 살다 = live abroad

9. 여러분은 식당에 있습니다. with/without을 사용해서 다음 아래 그림을 주문해
보세요.

❶ ice	❷ whipped cream	❸ onion
❹ beef	❺ milk	❻ beans

1) [coffee] *Can I have coffee with ice?*

2) [Mocha] _____

3) [hot dog] _____

4) [sandwich] _____

5) [coffee] _____

6) [burrito] _____

10. 다음 질문을 여러분이 직접 만들어보고 대답해보세요.

1) 산타를 믿나요? *Do you believe in Santa?*
   Yes, I believe in Santa. / No, I don't believe in Santa.

2) 지금 졸린가요? _____

3) 새 차를 갖고 있나요? _____

4) 당신의 친구는 잘생겼나요? _____

5) 토요일에 보통 외식을 하나요? _____

6) 이 책상은 무겁나요? _____

7) 지금 쉬고 싶나요? _____

'외식하다'란 뜻은 밖에 나 가서 먹는다라 는 뜻이기 때 문에 eat out이라 표현할 수 있 어요.

95

15 단순현재와 과거시제

A. 보통 하는 일을 표현할 때는 동사 그대로, 과거형은 〈동사 + ed〉, 불규칙형태를 사용합니다.

과거형의 불규칙은 반드시 외워야 합니다.

■ 과거시제는 과거에 했던 일이기 때문에 지금은 하고 있는지 알 수 없습니다.

She listened to music yesterday. (과거) | 음악을 들을 수도 있고 안 들을 수도 있음

feel 뒤에는 보통 감정을 나타내는 단어(happy, angry, sad 등)를 씁니다.

주 어	동 사	과거형	단 어
I You We They She He It Frank Jenny People My car Airplane	make add meet cut keep run lose choose feel ★ do find leave fight	made added met cut kept ran lost chose felt did found left fought	reservation, shopping list, wish salt, sugar, water new people, tonight, today cake, pizza, grass secret, diary, change store, business, coffee shop hair, everything, deposit gift, souvenir, hotel tired, happy, sleepy laundry, chores, housework job, restaurant, wallet phone, charger, stuff parents, friends, boyfriend

B. 단순현재와 과거시제의 부정문

단순현재의 부정문은 동사 앞에 don't를, 주어가 She, He, My father, A 등기처럼 3인칭 단수일 경우에는 동사 앞에 doesn't를 사용합니다.

의문문	주 어	부정문	동 사	단 어
Do Does Did	I you we they she he it phone	단순현재 do not (= don't) does not (= doesn't) did not (= didn't) 과거형	drink (drank) eat (ate) ring (rang) see (saw) go (went) to bed wear (wore) win (won) wake (woke) up	hard liquor, beer breakfast, lunch, dinner you keys, phone, movie at 10, late, early coat, seat belt, glasses game, medals early, late

C. 의문사를 넣어서 과거, 단순현재를 말할 수 있습니다.

의문사	시 간	주 어	동 사	단 어
When (언제) Where (어디서) Why (왜) Who (누가) What (무엇을) How (어떻게)	will shall can does do did	I you we they he she it	catch call go fix open lose	bus, train, subway me, Frank, mother there, downtown, (to) Seoul door, toilet, air conditioner coffee shop, store wallet, money, passport

의문사 뒤에는 will, shall, can, did, does, do와 같은 단어를 사용해서 시제를 말해야 합니다.

D. 불규칙, 규칙 과거형 공부하기

단순현재	과거	의미	단순현재	과거	의미
promise	promised	약속하다	improve	improved	향상시키다
dance	danced	춤추다	carry	carried	나르다
brush	brushed	솔질하다	book	booked	예약하다
clean	cleaned	치우다	join	joined	가입하다
bring	brought	가져오다	pass	passed	지나가다
sing	sang	노래 부르다	sell	sold	팔다
take	took	가져가다	send	sent	보내다
make	made	만들다	pay	paid	돈을 내다
fignt with	fought with	싸우다	see	saw	보다
hurt	hurt	아프게 하다	stand	stood	일어서 있다

영어 동사에는 많은 의미가 있습니다. 일단 대표적인 의미를 한국어로 이해하고 동사의 의미를 천천히 배워 나가는 것이 중요합니다.

E. pass, give, make, tell, show, teach, bring, send 뒤에는 목적어를 2번 쓸 수 있습니다.

의문문	주 어	동사 (과거형)	단 어 1	단 어 2
Can Will Did Could	you he you	pass - passed make - made tell - told	me you me	the paper? dinner? the story?
	She He Frank I My boyfriend	give - gave show - showed teach - taught bring - brought send - sent	him Frank me you me	money. his pictures. English. sandwiches. a gift.

첫 번째 단어를 간접목적어, 두 번째 단어를 직접목적어라고 해요.

실전연습

1. 다음 숫자를 영어로 쓰고 말해보세요.

1) 12 _____twelve_____   2) 120 _____   3) 34 _____

4) 111 _____   5) 530 _____   6) 56 _____

7) 80 _____   8) 94 _____   9) 124 _____

10) 14 _____   11) 79 _____   12) 15 _____

13) 304 _____   14) 16 _____   15) 60 _____

2. 다음 날짜를 영어로 쓰고 말해보세요.

날짜를 말할 때는 서수(first, second, third, fourth...)를 사용합니다.

1) 6월 2일 _____June second_____   2) 7월 1일 _____

3) 10월 12일 _____   4) 1월 20일 _____

5) 4월 24일 _____   6) 2월 21일 _____

7) 12월 25일 _____   8) 9월 22일 _____

9) 3월 13일 _____   10) 8월 31일 _____

3. 다음 단어를 과거형으로 바꾸고 한국어 뜻을 써보세요.

불규칙적으로 변하는 과거형은 꼭 외워야 해요.

한국어의 과거형은 '동사 + ~~했었다'로 표현하면 돼요.

영 어	과거형	한국어	영 어	과거형	한국어
sing	1) sang	노래했다	fight	2)	
stand	3)		bring	4)	
send	5)		hurt	6)	
see	7)		brush	8)	
promise	9)		take	10)	
do	11)		fix	12)	
open	13)		lose	14)	
sell	15)		make	16)	
pay	17)		buy	18)	

4. 과거형이나 단순현재를 사용해서 문장을 영작해보세요.

1) 프랭크는 그의 지갑을 잃어버렸어. *Frank lost his wallet.*

2) 그녀는 비밀을 지키지 않아. _____
[지키다: keep]

3) 구입품목을 만들었나요? _____
[구입품목: a shopping list]

4) 그녀가 보통 행복함을 느끼나요? _____

5) 그 비행기는 8시에 방콕을 떠날 거예요. _____

6) 제니는 어제 그녀의 친구들을 만나지 않았어. _____

7) 나는 국에 소금을 추가했어. _____

8) 프랭크는 보통 그의 친구랑 싸워요? _____

9) 프랭크는 뉴욕에서 기념품을 샀어. _____

10) 그는 자주 집에서 집안일을 해. _____

11) 그는 어제 풀을 자르지 않았어. _____

12) 캐씨는 작년에 직업을 구했어. _____

lose의 과거형은 lost, buy의 과거형은 bought예요.

5. 의문사를 사용해서 문장을 만들어보세요.

1) 언제 예약을 했어요? *When did you make a reservation?*

2) 너는 어떻게 너의 직장을 얻었니? _____
[너의 직장을 얻다: get your job]

3) 어떻게 출근해요? _____

4) 왜 아침을 거르나요? _____

5) 저녁으로 무엇을 요리할 건가요? _____

6) 오늘 밤에 우리 어디에서 만날까? _____
[우리 ~할까: will we, shall we ~]

7) 커피샵을 언제 열 거야? _____

8) (내가) 어디서 택시를 탈 수 있을까? _____

9) 넌 어떻게 공항에 갈 수 있어? _____

10) 제가 당신을 어떻게 부르죠? _____

11) 어제 누구랑 영화 봤어? _____

12) 그는 어제 어디서 돈을 잃어버렸대? _____

'전화하다, ~를 부르다'는 call, '예약하다'는 make a reservation이라 해요.

6. 다음은 음식점에서 많이 사용하는 말입니다. 직접 영작해보세요.

Can I는 내가 하는 것이고 Can you는 상대방에게 부탁할 때 사용하는 표현이에요.

정식 메뉴는 세트 메뉴? set menu는 콩글리쉬라고 하는데 외국인도 알아듣는 영어입니다. 하지만 set menu보단 combo meal이라 표현하는 것이 더 좋아요.

1) 이 햄버거를 잘라줄 수 있나요? *Can you cut this hamburger (please)?*

2) 정식 메뉴가 있나요? _____
   [정식: combo meal]

3) 나는 그것을 주문하지 않았어. _____

4) 제 주문을 취소할 수 있나요? _____
   [취소하다: cancel]

5) 제 주문을 확인해줄 수 있나요? _____

6) 저에게 메뉴판을 갖다줄 수 있나요? _____

7) 여기서 계산할 수 있나요? _____

8) 저에게 소금을 건네줄 수 있나요? _____

7. 아래 그림은 프랭크의 일주일간의 기분입니다. feel을 사용해서 기분을 표현해보세요.

Monday	Tuesday	Wednesday	Thursday
sad	happy	grumpy	tired
Friday	Saturday	Sunday	always
excited	bored	sleepy	lonely

1) How did Frank feel last Friday? *He felt excited last Friday.*

2) How did Frank feel last Sunday? _____

3) How did Frank feel last Monday? _____

4) How did Frank feel last Wednesday? _____

5) How did Frank feel last Saturday? _____

6) How did Frank feel last Tuesday? _____

7) How did Frank feel last Thursday? _____

8) How does Frank always feel? _____

8. pass, give, make, tell, show, teach, bring를 사용해서 문장을 만들어보세요.

1) 저에게 후추를 건네줄 수 있나요? *Can you pass me the pepper please?*

2) 내가 너에게 숙제를 줄게. _____

3) 프랭크는 나에게 좋은 저녁을 해줬어. _____

4) 그는 나에게 그 이야기를 했어. _____

5) 나에게 그 사진을 보여줄 수 있나요? _____

6) 프랭크는 작년에 나에게 영어를 가르쳤어. _____

7) 저에게 물을 가져다줄 수 있나요? _____

8) 나의 남자 친구는 나에게 꽃을 보냈어. _____

9) 내 친구는 나에게 기념품을 사줬어. _____

10) 저에게 할인을 해줄 수 있나요? _____

11) 프랭크는 어제 나에게 선물을 안 사줬어. _____

12) 나에게 커피를 가져올 수 있나요? _____

> Can you pass the pepper to me?라고 사용할 수도 있어요. 이건 나중에 배우기로 해요.

9. 다음 글을 보고 영작해보세요.

1) 그녀는 어제 집에 안 갔어. *She didn't go home yesterday.*

2) 뭐라 말했니? _____

3) 그녀는 항상 양치를 해요. _____

4) 왜 친구랑 싸웠니? _____

5) 어제 춤췄나요? _____

6) 나는 내 핸드폰을 팔 거야. _____

7) 내 핸드폰을 봤니? _____

8) 팀은 날 위해 자주 내 가방을 들어줘. _____
[날 위해: for me]

9) 나는 어제 길거리에서 노래를 불렀어. _____

10) 상 좀 치워줄 수 있나요? _____
[치우다: take out]

11) 왜 너는 너의 차를 팔고 싶어 하니? _____

12) 나는 너에게 책을 주었어. _____

> I gave you a book.과 I gave a book to you. 둘 다 똑같은 표현이에요.

지금 하고 있는 일 (현재진행형)

A: What <u>are</u> you <u>doing</u> now?
B: I <u>am studying</u> now.
A: Oh, what <u>are</u> you <u>studying</u>?
B: I <u>am studying</u> English now.

A: <u>Are</u> you <u>driving</u> now?
B: Yes, I <u>am driving</u> now.
A: Where <u>are</u> you <u>going</u>?
B: I <u>am going</u> to Cheonan now.

A. 동사에 –ing를 붙이면 보통 '~하고 있는'이란 뜻으로 해석이 됩니다. 이럴 경우에는 〈동사 + ing〉 앞에 be동사를 사용합니다.

> 동사에 –ing를 붙이면 더 이상 동사가 아닌 형용사 또는 명사처럼 됩니다. 그래서 be동사가 앞에 필요해요.

동 사	동사 + ing	뜻	동 사	동사 + ing	뜻
study	studying	공부하고 있는	look	looking	쳐다보고 있는
talk	talking	이야기하고 있는	watch	watching	지켜보고 있는
go	going	가고 있는	wash	washing	씻고 있는
eat	eating	먹고 있는	drink	drinking	마시고 있는
work	working	일하고 있는	clean	cleaning	치우고 있는
stand	standing	서 있는	do	doing	하고 있는
say	saying	말하고 있는	meet	meeting	만나고 있는
ask	asking	물어보고 있는	fly	flying	날아가고 있는
help	helping	도와주고 있는	open	opening	열고 있는

B. 동사에 ing를 붙이는 특별한 방법 (〈동사 + ing〉 철자 규칙은 page 216 참고)

■ 동사가 e로 끝나는 경우에는 e를 빼고 〈동사 + ing〉를 붙입니다.

smok<u>e</u> → smok<u>ing</u>   clos<u>e</u> → clos<u>ing</u>   smil<u>e</u> → smil<u>ing</u>   rid<u>e</u> → rid<u>ing</u>
mak<u>e</u> → mak<u>ing</u>   writ<u>e</u> → writ<u>ing</u>   hop<u>e</u> → hop<u>ing</u>   liv<u>e</u> → liv<u>ing</u>

■ 〈자음 + 모음 + 자음〉의 순서로 끝나면 자음을 한 번 더 쓰고 ing를 붙입니다.

shop → sho<u>pp</u>ing   put → pu<u>tt</u>ing   get → ge<u>tt</u>ing   sit → si<u>tt</u>ing
run → ru<u>nn</u>ing   cut → cu<u>tt</u>ing   set → se<u>tt</u>ing   stop → sto<u>pp</u>ing

■ ie로 끝나는 경우 ie를 y로 바꾸고 〈동사 + ing〉를 붙입니다.

d<u>ie</u> → d<u>y</u>ing   t<u>ie</u> → t<u>y</u>ing   l<u>ie</u> → l<u>y</u>ing

C.

⟨동사 + ing⟩는 완전한 동사가 아니기 때문에 문장을 만들 때는 앞에 보통 be동사를 사용합니다. 지금 하고 있거나, 앞으로 반드시 할 일을 말할 때 사용합니다.

---------- 현재진행 ----------

- Frank is eating dinner now.
- I am studying English now.
- He is fighting with his girlfriend now.
- I am shopping now.
- My friend is coming to school now.

---------- 미래적 의미 ----------

- We are playing tennis tomorrow.
- They are taking an English class next week.
- I am traveling to Europe next month.
- She is going to Seoul tomorrow.
- John is washing his car this Sunday.

■ 부정문을 만들 경우에는 be동사 뒤에 not을 붙여서 만듭니다.

- I am not traveling now.
- Frank is not sleeping now.
- We are not drinking coffee now.
- We are not living in Seoul now.

- You are not going home tonight.
- They are not cooking tonight.
- I am not talking to you.
- Carrie is not making sandwiches.

⟨동사 + ing⟩는 지금 하고 있는 것을 나타내는 뜻이기 때문에 형용사적인 의미가 있습니다. 이것을 영문법에서는 현재분사라 해요.

의문문은 ⟨be동사 + 주어 + 동사-ing⟩로 사용하세요.

D.

some, any는 '약간, 좀'이란 뜻으로, some은 긍정문, any는 부정문/의문문일 때 사용합니다. 이때 셀 수 있는 명사의 경우에는 명사 뒤에 -s, -es를 붙여야 합니다.

Do you have any questions?

I have some questions.

- I have some money. (money는 셀 수 없는 명사라서 moneys는 안 돼요)
- She doesn't have any friends here. (⟨부정문 + any⟩ any 뒤에 셀 수 있는 명사 + s)
- Frank has some pizza. (⟨긍정문 + some⟩ some 뒤에 셀 수 없는 명사)
- I bought some flowers for my wife. (⟨긍정문 + some⟩ some 뒤에 셀 수 있는 명사 + s)
- He didn't wash any plates. (⟨부정문 + any⟩ any 뒤에 셀 수 있는 명사 + s)

■ 의문문일 경우 대부분은 any를 사용하세요. 하지만 질문에 대한 긍정의 대답은 some, 부정의 대답을 기대할 때는 any를 사용합니다.

- Do you need some help? (도움이 확실히 필요하기 때문에 some을 사용)
- Do you need some paper? (긍정의 대답을 기대하기 때문에 ⟨의문문 + some⟩)
- Do you need any help? (도움이 필요한지 아닌지 모르기 때문에 any를 사용)
- Did he buy any gifts for you? (부정의 대답을 기대하기 때문에 ⟨의문문 + any⟩)

보통 권유를 하거나 요청을 하는 경우에는 의문문에 some을 사용해요.
· Would you like some coffee?
· Would you borrow me some money?

103

실전연습

1. 다음 동사를 〈동사 + ing〉의 형태로 바꾸어보세요.

1) study *studying*   2) work _____   3) ask _____

4) write _____   5) help _____   6) go _____

7) meet _____   8) smoke _____   9) die _____

10) run _____   11) clean _____   12) sit _____

13) open _____   14) make _____   15) play _____

2. 다음 빈칸을 채우세요.

동 사	동사 + ing	뜻	동 사	동사 + ing	뜻
study	1) *studying*	2) 공부하고 있는	look	3)	4)
go	5)	6)	watch	7)	8)
eat	9)	10)	drink	11)	12)
work	13)	14)	clean	15)	16)
stand	17)	18)	do	19)	20)
say	21)	22)	meet	23)	24)
ask	25)	26)	fly	27)	28)
help	29)	30)	open	31)	32)

3. 다음 문장을 진행형으로 바꾸어보세요. 이때 문장의 맨 뒤에 now를 쓰세요.

1) The phone rings. *The phone is ringing now.*

2) They sleep on the bed. _____

3) She watches television. _____

4) Frank builds his building. _____

5) We have dinner. _____

〈동사 + ing〉는 동사가 아니기 때문에 be를 사용해서 완벽한 문장을 만들어주셔야 해요.

4. 다음 문장을 진행형 부정문으로 바꾸어보세요. 이때 문장의 맨 뒤에 now를 쓰세요.

1) She eats an apple. *She is not eating an apple now.*

2) They play soccer. _____

3) She sits on the bench. _____

4) He hangs out at the beach. _____

5) We wait for the manager. _____

현재진행형의 부정문은 be동사의 부정문과 형태가 같아요.

5. 다음 문장을 현재진행 의문문으로 바꾸어보세요. 이때 문장의 맨 뒤에 now를 쓰세요.

1) He eats fried chicken. *Is he eating fried chicken now?*

2) They stay at a hotel. _____

3) You go to bed. _____

4) She wears a brown coat. _____

5) I talk to friends at the bar. _____

현재진행형의 의문문은 문장의 맨 앞에 Am/Is/Are을 넣어야 해요.

6. 다음 문장의 (   ) 안에 some과 any 중 알맞은 것을 넣어보세요.

1) I bought (*some*) chicken.

2) I need (   ) money.

3) Frank didn't buy (   ) bread.

4) Would you like (   ) tea?

5) Do you need (   ) helps?

6) We don't need (   ) rice.

7) Can I have (   ) water, please?

8) They didn't have (   ) ideas.

9) Do you know (   ) good hotels here?

10) We have (   ) coffee.

some과 any 모두 '약간'이란 뜻으로 긍정일 경우 some, 부정과 의문문에서는 any를 사용해요. 다만, 요청의 의문문일 경우에는 some을 사용합니다.

7. 다음을 영작해보세요.

1) 지금 요리하고 있어? *Are you cooking now?*

2) 프랭크는 지금 캐나다를 여행하고 있어? _____

3) 그녀는 지금 샤워를 하고 있지 않아. _____

4) 그들은 지금 학교로 뛰어가고 있어. _____

5) 지금 일하고 있니? _____

6) 내가 나중에 전화할게. 지금 운전 중이야. _____

7) 그들은 천안에 살고 있어. _____

8) 나는 피아노를 안 치고 있어. _____

9) 지금 사라를 기다리고 있니? _____

10) 친구들과 술집에서 술 마시고 있니? _____

11) 난 자고 있지 않아. 지금 뛰고 있어. _____

12) 우리는 지금 숙제를 하고 있어. _____

'기다려'란 뜻은 wait이고 '~을 기다리다'란 뜻은 wait for를 사용해요
· Wait here. (여기서 기다려.)
· Can you wait for me here? (여기서 나를 기다려줄래?)

8. 다음 그림 속의 사람들이 무엇을 하고 있는지 써보세요.

❶ at the bus stop	❷ in the living room	❸ at the door	❹ in the restaurant
❺ a ball cap	❻ on the phone	❼ in the room	❽ in the shopping mall

1) [They, talk] *They are talking at the bus stop.*

2) [Frank, watch TV] _____

3) [The girl, stand] _____

4) [Two people, eat dinner] _____

5) [The girl, wear] _____

6) [She, talk] _____

7) [She, listen to music] _____

8) [We, shop] _____

9. some이나 any를 사용해서 다음을 영작해보세요.

1) 나는 어떠한 아이디어가 없어. *I don't have any ideas.*

2) 당신은 신발이 좀 있나요? _____

3) 커피를 좀 마시고 싶니? _____

4) 그녀는 치킨을 좀 먹고 싶어 하니? _____

5) 나는 아이스크림을 좀 먹고 싶어. _____

6) 그는 어떠한 치즈도 갖고 있지 않아. _____

7) 나는 오렌지를 좀 사고 싶어. _____

8) 속옷이 좀 있나요? _____

9) 얼음 좀 줄 수 있나요? _____

10) 저는 어떠한 토마토도 사지 않았어요. _____

10. 다음 그림을 보고 아래 질문을 영어로 바꾼 다음 알맞게 대답해보세요.

1) 에이미는 공부하고 있나요?

Is Amy studying English?

→ *No, she isn't. She is waiting for a train now.*

2) 에이미는 기차를 기다리고 있나요?

→ _____

3) 에이미는 그녀의 가방을 갖고 다니나요?

→ _____

4) 에이미는 음악을 듣고 있나요? _____

→ _____

5) 기차가 역에 오고 있나요? _____

→ _____

6) 에이미는 플랫폼에 앉아 있나요? _____

→ _____

7) 에이미는 기차에 타고 있나요? _____

→ _____

8) 에이미는 치마를 입고 있나요? _____

→ _____

'기차에 타다'란 표현은 get on이라고 해요. 좀 더 생동감 있게 표현할 경우에는 get on(to)를 써도 괜찮아요.
· get on an airplane
· get on a subway

11. 〈be + 동사 + ing〉와 do/does/can/will/did를 사용해서 영작해보세요.

1) 어디에다 차를 갖다 놓죠? *Where do(can) I return the car?*

2) 보통 몇 시에 일어나나요? _____

3) 청바지를 찾고 있어요. _____

4) 이번 토요일에 세차할 거니? _____

5) 그들은 그들의 가방을 찾고 있어. _____

6) 예약을 하셨나요? _____

7) 나는 뉴욕에 비행기 타고 가고 있지 않아. _____

8) 그녀는 아침에 보통 무엇을 하나요? _____

9) 나는 출장을 가고 있지 않아. _____

10) 지금 어디 가고 있어? _____

무언가를 찾고 있는 경우에는 look for라는 단어를 사용해요.
'비행기 타고 가다'는 fly를 사용해요.
· I will fly to Korea.

UNIT 17 장소를 나타내는 전치사 at/in/on

A. 주변에 있는 장소를 표현할 때는 전치사 at을 사용합니다.

> at home, at work는 항상 at을 사용합니다.

<u>at</u> the door	<u>at</u> the bus stop	<u>at</u> the corner
<u>at</u> the desk	<u>at</u> the party	<u>at</u> the airport
<u>at</u> school	<u>at</u> home	<u>at</u> work

※ 경계가 명확하지 않은 경우에는 at을 사용하세요.

B. 안에 있는 경우에는 전치사 in을 사용합니다.

> in은 항상 건물, 장소 안에 있을 경우에 사용합니다.

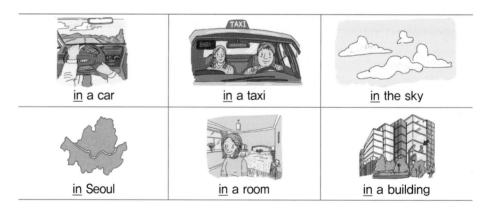

<u>in</u> a car	<u>in</u> a taxi	<u>in</u> the sky
<u>in</u> Seoul	<u>in</u> a room	<u>in</u> a building

C. 내가 있는 장소에 대해서 말을 할 때는 보통 be동사와 함께 사용합니다.

> be는 '~이에요'란 뜻으로 해석하면 됩니다.

- I <u>am at</u> home.
- They <u>are not at</u> the park.
- My girlfriend <u>is at</u> the party.
- She <u>is at</u> the bus stop.
- I <u>am on</u> the way to school.
- The picture <u>is on</u> the wall.

D. at과 in은 서로 혼동될 경우가 많으니 조심해서 사용하세요.

at the library	in the library
at the post office	in the post office
at the park	in the park

at, in은 의미가 비슷하므로 혼동될 경우에는 둘 중에 아무거나 사용해도 청자는 이해할 수 있습니다.

E. 표면 위에 있을 경우에는 전치사 on을 사용합니다.

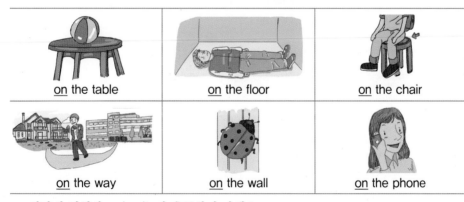

on the table	on the floor	on the chair
on the way	on the wall	on the phone

짧은 시간의 경우 at, 하루나 이틀의 경우 on, 일주일 이상의 시간에 in을 사용해요. 하지만 in the morning, in the afternoon, in the evening은 예외예요.

※ 시간의 전치사 at/on/in과 혼동하지 마세요.

| in summer | at 7 o'clock | on Monday | at night |
| on Sunday | at noon | in March | on my birthday |

※ 하루나 이틀의 경우에는 on을 사용해요.

F. 보통 행동하는 동사와도 사용할 수 있습니다.

- I will meet you in Cheonan.
- She doesn't live in Paris.
- He is standing at the door.
- The bus stops at the city hall.
- We arrived in Seoul yesterday.
- I study English at TIM school.
- I like to sit on the chair.
- I am talking on the phone.

실전연습

1. 다음 한국어를 영어로 바꾸어 보세요. (명사 앞에는 모두 the를 사용하세요.)

1) 버스 정류장에서 *at the bus stop*   2) 차 안에 _____

3) 큰 도시에서 _____   4) 책 위에 _____

5) 주머니 안에 _____   6) 벽에 _____

7) 풀 위에 _____   8) 공원 안에 _____

9) 한국에 _____   10) 문에 _____

※ 나라 앞에는 the를 사용하지 않아요. the China (X) the Japan (X)

2. 다음 그림을 보고 사람들이 있는 곳을 말해보세요.

❶ the room	❷ the kitchen	❸ the plate	❹ the ceiling
❺ the door	❻ the swimming pool	❼ the party	❽ the sky
❾ the airport	❿ the taxi	⓫ the shopping mall	⓬ work

1) Where is Sara? *She is in the room.*

2) Where is Frank? _____

3) Where is steak? _____

4) Where is a light bulb? _____

5) Where is Jim? _____

6) Where is Carrie? _____

7) Where are people? _____

8) Where is the sun? _____

9) Where are people? _____

10) Where is he? _____

11) Where are you? _____

12) Where is Cathy? _____

3. at, in, on 중 올바른 것을 ( ) 안에 써넣으세요.

1) Frank is studying English (*in*) the classroom.

2) What did you do ( ) Seoul last weekend?

3) I will meet my friend ( ) the coffee shop.

4) Flowers are ( ) the desk.

5) She is sitting ( ) the table.

6) The airplane is flying ( ) the sky.

7) He is standing ( ) the door.

8) Do you live ( ) Cheonan?

9) I am sitting ( ) the floor.

10) My brother works ( ) the post office.

11) Is she sleeping ( ) the desk?

12) The clock is ( ) the wall.

※ in the post office: 우체국 안에서 근무할 때 / at the post office: 단순히 우체국을 방문할 때

at은 '주변에 또는 근처에' 있을 때 사용하는 전치사이고 in은 '~안에' 있을 경우에 사용하는 전치사예요.

4. 다음을 영작해보세요.

1) 너는 가방에 무엇을 갖고 있니? *What do you have in your bag?*

2) 어제 파티에서 무엇을 했니? _____

3) 나는 어제 술집에서 친구를 만났어. _____

4) 그녀는 서울에 살아. _____

5) 너는 보통 집에서 요리를 하니? _____

6) 그림이 벽 위에 있어. _____
[그림: picture]

7) 프랭크는 문 옆에 있어요. _____

8) 저는 캐나다를 여행하고 있어요. _____

9) 은행은 2층에 있어요. _____

10) 너는 학교 안에서 숙제를 할 수 없어. _____

11) 그녀는 버스 정류장에 있어요. _____

12) 나는 일하러 가는 중이에요. _____
['~로 가고 있는': on the way]

'층'이란 단어는 floor를 쓰고 앞에 on을 사용해요. 그래서 '2층에'는 on the second floor라 해요. two floor (X)

5. 다음 그림을 보고 질문에 대답해보세요.

1가지만 있을 경우에는 the 를 사용해요. the living room, the sky, the floor, the sun과 같은 것들이 있어요.

1) Is Frank in the kitchen? *No, he isn't. He is in the living room.*

2) Where is Frank watching TV? _____

3) Where is a cup? _____

4) Is Frank on the sofa? _____

5) Where is coffee? _____

※ 그림에 있는 것을 묘사할 때는 a보단 the를 사용하세요.

6. 다음 괄호 안에 at, in, on 중 알맞은 것을 써넣으세요.

내가 말하는 단어를 상대방이 정확히 알고 있는 경우에는 the 를 사용해요. a hospital = 그냥 병원 the hospital = 서로 알고 있는 병원

1) My brother is a student. He is still (*in*) college.

2) The restaurant is (   ) the second floor.

3) Frank broke his leg. He stayed (   ) the hospital last month.

4) Did you stay (   ) home all day yesterday?

5) Look at the sky! Many stars are (   ) the sky.

6) Frank is studying (   ) the desk.

7. 다음을 영작해보세요.

물리적으로 '~ 안에'란 뜻의 전치사는 in을 사용해요.

1) 그 신발들은 상자 안에 있어요. *The shoes are in the box.*

2) 너의 가방에 보통 무엇을 갖고 다니니? _____

3) 지금 집에 있니?
be동사 자체가 '~있다'란 뜻이 있어요. 또한 be동사가 진행의 의미도 있어요.

4) 나는 발코니 안에서 담배 피우고 있어. _____

5) 왜 탁자에 앉아 있니? _____

6) 너는 창문에 있니? _____

8. 다음 그림을 보고 Frank에 대한 질문에 대답해보세요.

❶	❷	❸	❹
watch, home	stand, hotel	be, information desk	drink, balcony

1) What did Frank do at home yesterday? *Frank watched TV at home yesterday.*

2) Where did Frank stand yesterday? _____

3) Where is Frank now? _____

4) Where is Frank drinking coffee? _____

　※ 그림을 묘사할 때는 the를 사용하세요.

at the hotel
= 호텔 안에서 부터 로비 그리고 호텔 근처까지의 넓은 범위의 장소

in the hotel
= 오직 호텔 건물 내부의 특정한 범위의 장소

9. 다음을 영작해보세요.

1) 나는 너를 천안에서 만날 거야. *I will meet you in Cheonan.*

2) 우리는 어제 서울에 도착했어. _____

3) 그녀는 파리에 살지 않아. _____

4) 나는 팀학원에서 영어 공부를 해. _____

5) 그는 문에 서 있어. _____

6) 나는 의자에 앉는 것을 좋아해. _____

7) 버스는 시청에서 멈춰요. _____
　　[시청: city hall]

8) 통화 중이에요. _____

9) 프랭크는 침대에 앉아 있지 않아요. _____

10) 지금 버스 정류장이니? _____

11) 어제 식당에서 친구를 만났었나요? _____

12) 내년에 L.A에 여행 갈 거예요. _____

13) 수영장에서 수영하는 것을 좋아하나요? _____

14) 나는 큰 도시에 사는 것을 좋아해요. _____

15) 그녀는 오늘 직장에 있지 않아요. _____

16) 어제 길거리에서 넘어졌어. _____

travel to 는 '~로 여행을 가다'란 뜻으로 방향에 초점을 두어서 말을 할 때 사용하고, travel in은 '~ 장소 안을 여행하다'란 뜻으로 장소에 초점을 두어서 말할 때 사용해요.

영어를 말할 때 숨어 있는 주어를 찾아라!

A. 한국어과 영어의 차이점을 정확히 이해해야 합니다.

숨어 있는 주어를 찾아서 말하는 것이 생각보다 어렵기 때문에 항상 의식을 하고 영어를 말해야 합니다.

한 국 어 (주어 생략)	영 어 (주어 넣기)
왜 영어 공부 하세요?	Why do <u>you</u> study English?
저녁으로 뭘 먹었니?	What did <u>you</u> have for dinner?
아침에 일찍 일어나지 않아요.	<u>I</u> don't wake up early.
걔는 축구 좋아해?	Does <u>she</u> or <u>he</u> like to play soccer?
7월에는 비가 많이 와요.	<u>It</u> rains a lot in July.

B. 영어에도 높임말(공손한 표현), 낮은말(일반적인 말)이 있습니다.

영어를 말할 때 처음 보는 사람에게 해서는 안 되는 말들이 있습니다.

give me (X)
get out (X)
want to
eat(X)
위처럼 말하면 듣는 사람이 기분이 안 좋을 수 있어요.

일반적인 말	공손한 말
Give me the bill!	May I have the bill please?
Do you want to eat some chicken?	Would you like to eat some chicken?
Open the door!	Would you mind opening the door?

C. 영어에는 2가지 형태의 동사가 있고 그에 따라 쓰임이 달라집니다.
(be동사와 do동사의 형태변화는 page 221~222 참고)

be동사의 과거형은 주어의 수에 따라 형태가 달라져요.
· 주어 1개: was
· 주어 2개: were

문장형태	주어	be동사 형태	행동동사 형태
평서문	I	I <u>am</u> happy.	I <u>go</u> home.
	You, They, We	They <u>are</u> happy.	You <u>go</u> home.
	She, He, It	She <u>is</u> happy.	He <u>goes</u> home.
부정문	I	I <u>am not</u> happy.	I <u>don't go</u> home.
	You, They, We	They <u>are not</u> happy.	You <u>don't go</u> home.
	She, He, It	She <u>is not</u> happy.	He <u>doesn't go</u> home.
의문문	I	<u>Am I</u> happy?	<u>Do I</u> go home?
	You, They, We	<u>Are they</u> happy?	<u>Do you</u> go home?
	She, He, It	<u>Is she</u> happy?	<u>Does he</u> go home?
과거형	I	I <u>was</u> happy.	I <u>went</u> home.
	You, They, We	They <u>were</u> happy.	You <u>went</u> home.
	She, He, It	She <u>was</u> happy.	He <u>went</u> home.
과거부정문	I	I <u>was</u> not happy.	I <u>didn't go</u> home.
	You, They, We	They <u>were</u> not happy.	You <u>didn't go</u> home.
	She, He, It	She <u>was</u> not happy.	He <u>didn't go</u> home.
과거의문문	I	<u>Was I</u> happy?	<u>Did I</u> go home?
	You, They, We	<u>Were</u> they happy?	<u>Did you</u> go home?
	She, He, It	<u>Was</u> she happy?	<u>Did he</u> go home?

D. borrow는 '빌리다', lend는 '빌려주다'란 뜻입니다.

- borrow: 내가 무언가를 빌리고 싶을 때 사용하는 단어
- lend: 내가 무언가를 빌려줄 때 사용하는 단어

I   borrow   a car.
(빌리다)

Can I <u>borrow</u> your car tonight?

You   lend   me   a car.
(빌려주다)

Can you <u>lend</u> me your car tonight?

> 대가 있게 돈을 빌려주면 loan, 돈을 주면서 물건을 빌리면 rent를 사용하세요.
> · I will <u>rent</u> a car.
> · I will <u>loan</u> money.

E. 〈used to + 동사원형〉은 예전에 했지만 지금은 하지 않을 경우에 사용하는 표현입니다.

I used to smoke. (예전)

I work out everyday. (지금)

- I <u>used to</u> *have* long hair.
- He <u>used to</u> *work* in the factory.
- Sara <u>used to</u> *read* a lot of books.
- I <u>used to</u> *live* in Cheonan.

- Frank <u>used to</u> *be* thin.
- We <u>used to</u> *cook* at home.
- My mother <u>used to</u> *swim*.
- My brother <u>used to</u> *go* shopping a lot.

> used to는 과거형이기 때문에 의문문을 만들때는 〈Did you use to + 동사원형〉의 형태를 사용해요.

F. 〈every + 시간〉에서 every는 '매번'이란 의미가 있습니다.

- everyday = 매일
- every week = 매주
- every Tuesday = 매주 화요일
- every time = 매번
- every morning = 매일 아침
- every summer = 매 여름
- everything = 모든 것
- everybody = 모든 사람
- everywhere = 모든 곳

〈every person〉

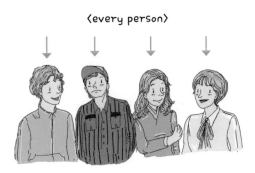

> · 격일: every other day
> · 격주: every other week
> · 일주일에 두 번: two times a week
> · 일주일에 세 번: three time a week

실전연습

1. 아래의 문장을 의문문으로 바꾸어보세요.

의문문을 바꿀때는 행동의 동사에는 Does/Do/Did, 형용사가 나오면 Am/Are/Is의 형태로 써야 해야 해요.

1) He paid for dinner.   *Did he pay for dinner?*

2) She drives a car everyday. _____

3) Frank had a good vacation. _____

4) Sara is smart. _____

5) They worked very hard yesterday. _____

6) People are waiting for Frank. _____

7) He sometimes go on a business trip. _____

8) I am late for work. _____

2. 괄호 안의 단어들을 올바른 순서로 배열해보세요.

be동사와 do동사의 형태변화는 page 221 ~222 참고

1) (She, every, usually, early, gets up, morning.) *She usually gets up early every morning.*

2) (Where, a bus, ticket?, I, buy, do) _____

3) (What, the, arrive, you, at, time, did, airport?) _____

4) (broke, I, week, finger, last, my) _____

5) (Are, the, today?, to, coming, you, party) _____

6) (usually, Does, on, work, Frank, Saturdays?) _____

3. do와 be동사를 활용해서 문장을 영작해보세요.

형용사는 be동사, 행동동사는 do동사를 사용해서 문장을 만들어요.

1) 너는 키가 크니? *Are you tall?*

2) 오늘 너의 일을 끝냈니? _____

3) 화장실이 어디에 있나요? _____

4) 쇼핑몰이 몇 시에 문을 여나요? _____

5) 어제 좋은 시간을 보냈었나요? _____

6) 제가 몇 시에 아침을 먹을 수 있나요? _____

7) 다음 버스 정류장이 어디죠? _____

8) 너의 어머니는 외식을 좋아하니? _____

4. 다음은 프랭크가 예전에 했던 일입니다. used to를 활용해서 문장을 만들어보세요.

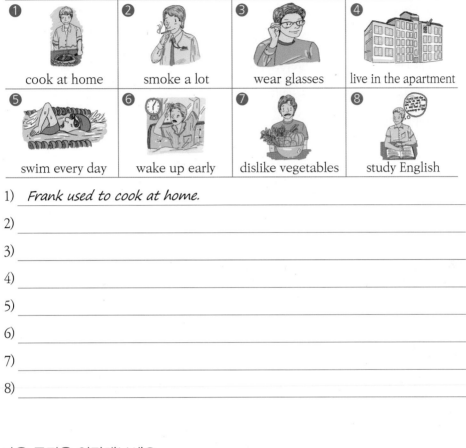

① cook at home
② smoke a lot
③ wear glasses
④ live in the apartment
⑤ swim every day
⑥ wake up early
⑦ dislike vegetables
⑧ study English

used to는 '과거에 했지만 지금은 하지 않는다'란 의미예요. 항상 과거시제로 사용되는 것에 주의하세요.

1) *Frank used to cook at home.*

2) _____

3) _____

4) _____

5) _____

6) _____

7) _____

8) _____

5. 다음 문장을 영작해보세요.

1) 머리 아파요? *Do you have a headache?*

2) 너는 언제 나의 방을 청소할 거니? _____

3) 그 식당이 몇 시에 문을 여나요? _____

4) 금연석이 있나요? _____
   [금연석: non smoking table]

5) 미안해요. _____

6) 지금 피곤해요? _____

7) 오늘 밤에 일찍 잘 건가요? _____

8) 프랭크는 시험을 볼 거야. _____

9) 지금 일하고 있나요? _____

10) 그녀는 보통 커피를 마시나요? _____

금연석은 non-smoking table, 혹은 non-smoking seat이라고 말할 수 있어요. 또한 '통과하다'는 pass를 사용하여 표현할 수 있어요.

117

6. borrow, lend를 사용해서 문장을 만들어보세요.

1) 제가 당신의 우산을 빌려도 될까요? *Can I borrow your umbrella?*

2) 저에게 당신의 차를 빌려줄 수 있나요? _____

3) 나는 너에게 약간의 돈을 빌려줄 거야. _____

4) 프랭크는 너에게 그의 공책을 빌려줄 거야. _____

5) 제가 당신의 열쇠를 빌려도 될까요? _____

6) 내 누나는 나에게 그녀의 노트북을 빌려주었어. _____

7) 프랭크는 어제 내 컴퓨터를 빌렸어. _____

8) 나는 너에게 내 차를 빌려주고 싶지 않아. _____

borrow는 '빌리다', lend는 '빌려주다'란 뜻으로 많이 혼동되는 표현이에요.

7. 다음 한국말을 영어로 바꾸어보세요.

1) 매주 월요일 *every Monday*   2) 매 여름 _____

3) 매번 _____   4) 주말마다 _____

5) 모든 사람 _____   6) 모든 곳 _____

7) 매일 아침 _____   8) 7월마다 _____

9) 11월마다 _____   10) 매일 _____

'매번, 매일'처럼 각각 하는 표현을 사용할 때는 every를 사용하면 돼요.

8. every를 사용해서 영작해보세요.

1) 나는 보통 매주 일요일마다 세차를 해. *I usually wash my car every Sunday.*

2) 저는 매일 아침에 커피를 마셔요. _____

3) 보통 무엇을 매일 하나요? _____

4) 매주 금요일마다 보통 친구들을 만나나요? _____

5) 당신의 엄마는 매일 밤마다 티비를 보나요? _____

6) 겨울마다 스키 타러 가나요? _____

7) 나는 여름마다 보통 캠핑을 가요. _____

8) 나는 내 집에 모든 것을 갖고 있어. _____

9. 다음을 영작해보세요.

1) 아침에 졸린가요? *Are you sleepy in the morning?*

2) 당신의 아버지는 매일 아침을 먹나요?

3) 나는 술을 많이 마시곤 했었지.

4) 차 타고 출근하나요?

5) 캐리는 아이들이 있나요?

6) 당신은 관리자(매니저)인가요?

7) 프랭크는 지금 영어를 가르치고 있지 않아.

8) 책 읽는 것을 좋아하나요?

9) 보통 어디서 친구들을 만나나요?

10) 이 음식은 맛있어요.
[맛있는: delicious, tasty]

11) 지금 친구들과 함께 술 마시고 있나요?

12) 당신의 어머니는 버스 타고 출근하나요?

한국어에서 현재진행형을 항상 '~ 중이야'라고 쓰거나 말하지 않아요. 보통 '운전하고 있어, 술 마시고 있어'와 같은 말도 영어에서는 현재진행형을 사용해야 해요.

10. 다음을 영작해보세요.

1) 너는 피곤하니? *Are you tired?*

2) 당신의 일을 좋아하나요?

3) 당신의 엄마는 부엌에서 요리를 하고 있나요?

4) 너는 언제 외식해?

5) 그는 면접에 떨어졌어?

6) 너는 나의 셔츠를 입었니?

7) 지금 배가 고프니?

8) 그 영화는 재미가 없어.

9) 사라를 결혼식에 초대했었니?

10) 나는 보통 아침에 샌드위치를 만들어.

11) 지금 그 가게 열려 있나요?
[열려 있는: open]

12) 왜 의자에 앉아 있나요?

'초대하다'는 invite, '피곤한'은 tired, '입다'는 put on과 같은 표현을 사용해요. be동사는 '~있다'란 뜻이 있어요. '~ㅆ'이 붙었다고 과거로 생각하면 안 돼요.

※ open은 '열다'란 동사의 뜻도 있지만 '열려 있는'이란 형용사의 뜻도 있어요.
　open이 '열려 있는'이란 뜻으로 쓰일 경우에는 be동사를 사용해요.
　I open the door.　　The door is open.
　　열다(동사)　　　　열려 있는(형용사)

Who do you like? vs Who are you?

....

A. '~인가요?'란 말이 나올 때는 보통 be동사를 사용해서 문장을 만들면 됩니다.

When do you ~ / When are you는 정말 많이 헷갈리는 표현이에요. '~인가요'란 뜻으로 사용되는 경우에는 be동사를 사용해요. 많은 연습을 통해서 익숙해지세요.

의문사	be동사	해 석	단 어
When	am/are/is	언제인가요?	your birthday, next holiday
Where	am/are/is	어딘가요?	your hometown, house, car
Why	am/are/is	왜인가요?	you angry, he happy, I tired
Who	am/are/is	누군가요?	he, that person, I
What	am/are/is	뭔가요?	your name, those houses
How	am/are/is	어떤가요?	you, your father, the weather

B. 문장에 행동하는 의미가 들어갈 경우에는 '행동동사'를 사용해서 문장을 만드세요.

행동동사가 들어가면 문장 앞에 be동사를 사용해서 말을 하면 안 됩니다.
· Who are you meet tonight?
(X)
· Who do you meet? (O)

의문사	시 간	주 어	행동동사	단 어
When	will	I	buy	jacket, clothes, shoes
Where	shall	you	meet	girl or boyfriend, husband, wife
Why	can	we	go to	work, school, train station
Who	does	they	wash	hair, car, feet
What	do	he	do	laundry, homework, chores
How	did	she	read	book, newspaper, magazine
		it		

C. 좋아하는 것을 물어볼 때는 like보단 favorite를 사용하세요.

'좋아하다'는 like, '좋아하는'은 favorite를 사용해야 한다는 것을 잊지 마세요.

- What is your <u>favorite</u> movie?
- What is your <u>favorite</u> dessert?
- Who is your <u>favorite</u> teacher?
- *Who is your <u>favorite</u> singer?
- What is your <u>favorite</u> food?
- What are your <u>favorite</u> sports?

* What is your favoite singer?라고 말하기도 하지만 사람을 물어볼 때는 What보다 Who가 더 바람직합니다.

D. Who가 '누가'란 뜻으로 쓰일 때는 〈Who + 동사〉의 형태로 말하세요.

- Who <u>took</u> my money? (누가)
- Who <u>wants</u> to go to Busan? (누가)
- Who <u>broke</u> my computer? (누가)
- Who <u>needs</u> my help? (누가)
- Who <u>likes</u> to eat pizza? (누가)
- Who <u>booked</u> the hotel? (누가)

E. Would like는 공손한 표현으로, 같은 표현으로는 want가 있습니다.

- Would you like to drink coffee?   = Do you want to drink coffee?
- I would like to stay home tonight.   = I want to stay home tonight.
- I would like to have some fried chicken. = I want to have some fried chicken.
- She would like to see a movie.   = She wants to see a movie.

■ Would like의 의문문은 would를 맨 앞으로 빼면 됩니다.

- Would you like to drink coffee?
- Would you like a piece of cake?
- Would you like to see a movie with me?
- Would you like to go there?

> 처음 보는 사람에게는 want보다는 Would like를 사용하세요. 듣기가 더 좋아요.

> 부정문은 wouldn't like가 아니라 would like not를 써요. 하지만 would like가 공손한 표현이기 때문에 부정문을 잘 쓰지는 않아요.

F. ⟨make + 사람 + 기분⟩의 형태로 많이 쓰입니다.

의 미	주 어	동 사	사 람	기 분
Do	I, you	make	Frank, us	happy, sad
	they, we		Sara, them	angry, bored
Does	she, he		you, me	tired, comfortable
	it		him, her	excited, upset

> make는 많은 의미가 있지만 기본적으로 '~을 만들다'란 생각을 하고 예문을 통해서 천천히 하나씩 배워가세요.

121

실전연습

1. 다음 한국말을 읽고 필요한 의문사를 넣어보세요.

1) 어디 가고 싶어? _____Where_____   2) 뭐 먹고 싶어? _____

3) 언제 집에 갈 거야? _____   4) 왜 영어 공부해? _____

5) 누가 이걸 했어? _____   6) 어떻게 이걸 하지? _____

7) 어디서 키스했어? _____   8) 언제 손 잡았어? _____

9) 왜 그 남자(여자) 만나? _____   10) 어떻게 얘기하지? _____

11) 어제 뭐했어? _____   12) 왜 거기를 갔니? _____

13) 누가 치즈 먹었어? _____   14) 언제 일어났어요? _____

15) 어디 가고 싶니? _____   16) 뭘 그렇게 생각해? _____

> 영어에서 의문사는 문장의 맨 앞에 사용해야 해요.

2. Who가 들어간 아래 질문을 한국말로 해석해보세요.

1) Who took my money? _누가 내 돈을 가져갔니8_

2) Who needs my help? _____

3) Who did you see yesterday? _____

4) Who saw you yesterday? _____

5) Who did you drink with yesterday? _____

> who가 반드시 '누구'란 뜻은 아니에요. '누구랑, 누구를, 누가, 누구에게'와 같이 여러 가지 뜻이 있다는 것을 기억해 주세요.

3. 의문사를 이용해서 질문해보세요.

1) 어제 점심으로 뭘 먹었니? _What did you eat for lunch yesterday?_

2) 지금 어디 가? _____

3) 언제 보통 자나요? _____

4) 뭐 필요해? _____

5) 뭐 먹고 싶니? _____

6) 뭐 사고 싶어? _____

7) 어제 어디 갔었니? _____

8) 왜 영어 공부를 하나요? _____

9) 어제 몇 시에 집에 갔나요? _____

10) 어제 어디서 저녁을 먹었니? _____

> <Who + 동사>의 형태로 쓰일 경우에는 Who를 '누가'로 해석하면 돼요.

4. 다음 그림을 보고 상대방에게 먹고 싶은 것을 권유해보세요.

| ❶ coffee | ❷ cake | ❸ chicken | ❹ tea |
| ❺ beef | ❻ lamb curry | ❼ pork | ❽ peanuts |

누군가에게 권유를 하고 싶을 때는 would like란 표현을 쓰세요. want와 같은 뜻이에요.

1) _Would you like some coffee?_

2) _____

3) _____

4) _____

5) _____

6) _____

7) _____

8) _____

5. 다음 문장을 올바르게 배열해보세요.

1) (birthday?, is, when, your) _When is your birthday?_

2) (time, what, you, yesterday?, go, home, did) _____

3) (need, you, why, do, homework?) _____

4) (father, your, today?, how, is) _____

5) (you, will, when, your, tomorrow?, boyfriend, meet) _____

6) (is, favorite, your, what, fruit?) _____

7) (weekend?, do, usually, do, you, what, the, on) _____

8) (movie, is, your, who, star?, favorite) _____

9) (she, does, a, usually, where, buy, newspaper?) _____

10) (weather, is, how, the, today?) _____

6. 대답을 보고 의문사를 사용해서 질문을 만들어보세요.

'좋아하는 음식, 좋아하는 음악'과 같은 표현은 favorite를 사용해요.
· favorite food
· favorite music (O)
· 좋아하는 음악
: like music (X)

1) _What music do you listen to?_   I listen to hip-pop.
2) _____   I like blue.
3) _____   My father cooks breakfast.
4) _____   My brother makes me bored.
5) _____   I want to travel to Canada.
6) _____   I would like to drink beer.
7) _____   My favorite dessert is cheese cake.
8) _____   I go to work by car.

7. 다음 그림을 보고 우리말로 된 질문을 영작한 후, 질문에 대한 대답을 해보세요.

| ❶ really good | ❷ brownie | ❸ my sister | ❹ February 21st |
| ❺ traveled to Thailand | ❻ call me James | ❼ recommend you rice noodles | ❽ visit Canada |

'~이에요, ~인가요?'란 표현은 〈의문사 + be동사〉의 표현을 사용해요.
'언제인가요?'는 When is,
'무언가요?'는 What is,
'어떤가요?'는 How is와 같은 형태로 사용해요.

1) 지금 파티가 어때?   _How is the party now?_
→ 이 파티는 정말로 좋아.   _The party is really good._

2) 네가 좋아하는 디저트가 뭐니? _____
→ 내가 좋아하는 디저트는 브라우니야. _____

3) 이 사진 속에 있는 여자는 누구니? _____
→ 그녀는 내 여동생이야. _____

4) 너의 생일이 언제니? _____
→ 내 생일은 2월 21일이야. _____

5) 휴가 때 어디로 여행을 했니? _____
→ 휴가 때 태국을 여행했어요. _____

6) 제가 당신을 어떻게 부르죠? _____
→ 제임스라 불러주세요. _____

7) 어떤 음식을 저에게 추천해줄 수 있나요? _____
→ 당신에게 쌀국수를 추천해요. _____

8) 왜 너는 영어 공부를 하니? _____
→ 캐나다를 방문하고 싶어서요. _____

8. 의문사를 사용해서 다음 문장을 영작해보세요.

1) 너는 왜 신발을 사니?　*Why do you buy shoes?*

2) 왜 사라가 내 돈을 가져갔니? _____

3) 저녁으로 무엇을 드시고 싶으세요? _____

4) 누가 내 돈을 가져갔지? _____

5) 누가 내 치즈를 먹었지? _____

6) 누가 숙제가 필요하지? _____

7) 누가 당신을 화나게 하나요? _____

8) 너는 보통 어디에서 피자를 시키니? _____

9) 커피를 좀 드실래요? _____

10) 저랑 같이 저녁식사를 하실래요? _____

11) 어제 뭐했어? _____

12) 여기 근처에 한국 음식점이 어디에 있나요? _____

〈Who + 동사〉에서 who는 '주어가 3인칭 단수'이기 때문에 동사 뒤에 s를 붙여요.
· Who smiles at you?
· Who likes you?
· Who makes you sad?

9. 다음을 영작해보세요.

1) 당신의 생일이 언제인가요?　*When is your birthday?*

2) 어디서 제가 차를 빌릴 수 있죠? _____

3) 프랭크한테 무슨 선물을 사줬니?
[프랭크한테 사주다: buy for Frank] _____

4) 몇 시에 버스가 떠날 건가요? _____

5) 너는 언제 그 인터뷰를 했니?
[그 인터뷰를 하다: take[do] the interview] _____

6) 왜 운전을 빨리 해? _____

7) 누가 너를 편안하게 하니? _____

8) 당신의 스테이크를 어떻게 해드릴까요? _____

9) 너는 왜 돈이 좀 필요하니? _____

10) 보통 몇 시에 저녁을 먹나요? _____

11) 지난 주말에 뭐했어요? _____

12) 어떤 종류의 피자를 먹고 싶나요?
[종류의: kind of] _____

How would you like ~? 는 '어떻게 해 드릴까요?'란 정중한 표현이에요.

비인칭주어 It과 some vs any

A. it은 '그것'을 나타낼 때 사용합니다.

- <u>It</u> might be a snake.
- <u>It</u> is my dog.
- <u>It</u> is my pencil.
- Is <u>it</u> your car?

- Do you want to eat <u>it</u>?
- Can I take <u>it</u>?
- I will buy <u>it</u>.
- I don't like <u>it</u>.

B. 앞에서 말한 내용을 새로 말할 경우에 it을 사용합니다.

Frank *I think I will travel to Hawaii.*

Jenny *I really like <u>it</u>.* (앞에서 말한 travel to Hawaii)

Frank *I think Joohyun is handsome.*

Jenny *Really? I don't agree with <u>it</u>.* (주현이 잘생겼다는 사실)

C. 날씨, 온도를 이야기할 때 it을 사용합니다.

<u>It</u> is sunny.	<u>It</u> is cloudy.	<u>It</u> is snowy.	<u>It</u> is windy.
<u>It</u> is hot.	<u>It</u> is cold.	<u>It</u> is warm.	<u>It</u> is cool.

D. it은 날짜, 요일, 시간 앞에서 사용할 수 있습니다.

What time is it?
It is 7:20 P.M.

What date is it?
It is Tuesday, January 5th.

It is dark.   It is bright.

What day는 '요일'을 물어볼 때, What date는 '날짜'를 물어볼 때 사용하는 표현입니다. 혼동하지 않게 주의해주세요.

E. some과 any는 '약간'이란 뜻으로 some은 긍정문에, any는 부정문에 사용합니다.

- I have some friends.
- I need some information.
- Frank made some mistakes.
- He bought some bread.

- I don't have any friends.
- She doesn't need any information.
- Frank didn't make any mistakes.
- He didn't buy any bread.

의문문에서는 이 공식이 완벽하게 적용되지 않아요.

F. 보통 의문문에서는 any를 사용합니다.

- Do you have any friends?
- Do you have any money?
- Do you know any good restaurants?

- Do you need any help?
- Do you have any siblings?
- Do you know any nice hotels?

G. 질문에 대한 긍정의 대답을 듣고 싶을 때는 some을 사용합니다.

- Did you buy some beer? (듣는 사람이 yes를 말하기를 기대하면서 물어볼 때)
- Did you make some friends in Korea? (한국에서 친구들을 만들었을 거란 긍정의 기대감)
- Do you have some questions? (당연히 질문이 있을 거라고 생각할 때 물어보는 표현)
- Do you have some money? (상대방이 돈이 있을 거란 기대감에 물어보는 표현)

긍정의 대답을 듣고 싶기 때문에 '권유, 요청'을 하는 질문에서 some을 많이 사용합니다.

H. 무언가가 많다는 것을 설명할 때는 a lot of를 사용합니다. a lot of 뒤에는 명사를 넣어서 말을 해야 합니다.

- Do you have a lot of money?
- I like to eat a lot of candies.
- I want to make a lot of money.

- I have a lot of free time.
- We don't have a lot of time.
- She usually meets a lot of people.

a lot of는 셀 수 있는 명사, 없는 명사 둘 다 사용할 수 있습니다. 다만 '의문사' 뒤에는 a lot of를 사용 할 수 없어요.
· How a lot of money do you need?
(X)

실전연습

1. 아래 그림을 보고 오늘의 날씨, 요일을 말해보세요.

1) What day is it today?   *It is Tuesday today.*
2) What season is it?
3) How is the weather today?
4) How is the weather today?
5) What month is it?
6) How is the weather today?
7) How is the weather today?
8) What date is it today?

What day는 '무슨 요일', What date는 '며칠'인지를 물어볼 때 사용하는 표현이에요. 헷갈리지 않게 조심해서 사용하세요.

2. 다음 대화를 보고 <u>it</u>이 가리키는 것을 대화 속에서 찾아서 (   )에 적어보세요.

1) A: Do you want to go on a picnic? B: Yes, I love to do <u>it</u>. (*picnic*)
2) A: What do you think of this ring? B: Good, I would take <u>it</u>. (   )
3) A: You should come home early. B: Okay, I got <u>it</u>. (   )
4) A: What do you think of lamb curry? B: Okay, I will order <u>it</u>. (   )

3. 달력을 보고 질문에 대한 답을 해보세요.

1) What date is it today?   *It is Tuesday June 6th.*
2) What date is it today?
3) What date is it today?
4) What date is it today?
5) What date is it today?
6) What date is it today?

4. It is를 사용해서 문장을 영작해보세요.

1) 12월 달은 춥나요?   *Is it cold in December?*

2) 오늘은 날씨가 흐려요. _____

3) 오늘은 화요일이에요. _____

4) 밖에 비가 내리고 있나요? _____
[비가 내리는: rainy]

5) 오늘은 정말 더워요. _____
[정말: so]

6) 7월은 밖이 밝아요. _____
[밝은: bright]

7) 밖이 너무 어두워요. _____
[너무: too]

8) 오늘은 9월 13일이에요. _____

> outside는
> '밖'이란 뜻이
> 에요.
> '밖이 더워요.'
> 는 It is hot
> outside.라 쓸
> 수 있어요.

5. 다음 그림을 보고 some / any / a lot of 중 알맞은 것을 넣어서 문장을 만들어보세요.

> some, any는
> '약간'이란 뜻
> 이고, a lot
> of는 '많은'이
> 란 뜻으로 셀
> 수 있는 단어
> 에는 many,
> 셀 수 없는 단
> 어에는 much
> 를 쓸 수 있어
> 요.

1) I have (*a lot of*) money.

2) He doesn't have (   ) time.

3) Would you like (   ) coffee?

4) I will not buy (   ) rice for you.

5) Does he have (   ) friends?

6) He is carrying (   ) paper. He has (   ) work.

7) They didn't make (   ) mistakes.

8) I spent (   ) money because we bought (   ) food.

6. it이나 a lot of를 사용해서 다음 문장을 영작해보세요.

a lot of는 명사 앞에서 셀 수 있는 명사와 셀 수 없는 명사 모두에 사용할 수 있어요.

1) 내 친구는 물을 많이 마셔. *My friend drinks a lot of water.*

2) 오늘은 월요일이야? _____

3) 어제 돈을 많이 썼니? _____

4) 왜 너는 여가 시간이 많니? _____

5) 오늘 더워? _____

6) 나는 항상 많은 짐을 갖고 다녀. _____
[짐: stuff]

7) 나의 엄마는 어제 많은 식료품을 샀어. _____
[식료품: groceries]

8) 오늘은 흐린가요? _____

7. 다음 그림을 보고 질문에 대답해보세요.

be동사 자체가 현재진행의 의미가 있을 때가 있어요.
· It is cold now.
· It is windy now.

1) Is it sunny today? *No, it isn't. It is windy today.*

2) Is it cold today? _____

3) Is it Friday today? _____

4) Is it dark now? _____

5) Is it rainy today? _____

6) Is it hot today? _____

8. some, any를 사용해서 아래 문장을 영작해보세요.

a lot of 뒤에 셀 수 없는 명사가 나오면 명사 뒤에 -s를 넣지 않아요.
· a lot of information
· a lot of water
· a lot of time

1) 저는 어떠한 질문도 없어요. *I don't have any questions.*

2) 휴지 좀 건네줄 수 있나요? _____

3) 맥주 좀 드실 건가요? _____

4) 얼음 좀 가져다줄 수 있나요? _____

5) 우리는 지금 어떠한 시간도 없어. _____

6) 그는 집에 어떠한 음식도 없어. _____

9. 다음 문장을 영작해보세요.

1) 이것이 너의 차니? _Is it your car?_

2) 빵 좀 드시겠어요? _____

3) 한국의 겨울은 추워요. _____

4) 그들은 사무실에서 일하고 있나요? _____

5) 내 친구들은 나에게 잘해주지 않아. _____
[잘해주는: kind]

6) 저는 식사를 가볍게 먹고 싶습니다. _____

7) 여기 겨울은 추워요. _____

8) 제가 어디서 화장품을 좀 살 수 있나요? _____

9) 프랭크는 어떠한 아이디어도 갖고 있지 않아. _____

10) 여름에 무엇을 하는 것을 좋아하나요? _____
[뜨거운 물로: with hot water]

11) 뜨거운 물로 샤워하는 것을 좋아하나요? _____

12) 제가 창문을 열어도 될까요? _____

가벼운 식사는 a light meal, 화장품은 cosmetics 이란 단어를 사용해보세요.

10. 다음 문장을 영작해보세요.

1) 저는 체크아웃을 하고 싶어요. _I would like to check out._

2) 신용카드를 사용해도 되나요? _____

3) 무엇을 마시고 싶으세요? _____

4) 이것은 무슨 브랜드인가요? _____

5) 탈의실이 어디에 있나요? _____
[탈의실: the fitting room]

6) 저는 예약을 하지 않았습니다. _____

7) 질문이 있으신가요? _____

8) 오늘은 추워요. 집에 있을 거예요. _____

9) 수요일이에요. 저는 피곤해요. _____

10) 지금 프랭크를 기다리고 있나요? _____

11) 그녀는 집에서 요리하는 것을 좋아하나요? _____

12) 나는 아마도 그것을 살 거야. _____

UNIT

21 it의 용법과 <to + 동사>

easy는 '쉬운'이라는 뜻이고, It is easy는 '쉬워'라는 뜻입니다.
· difficult (어려운)
  It is difficult (어려워)
· nice (좋은)
  It is nice (좋아)

A. It is 뒤에 형용사를 넣으면 앞에 있는 It is는 아무런 의미가 없습니다.

- It is easy. (쉬워)
- It is good. (좋아)
- It is expensive. (비싸)
- It is interesting. (흥미 있어)

- It is hard. (어려워)
- It is impossible. (불가능해)
- It is dangerous. (위험해)
- It is fun. (재미있어)

It is easy studying English. 라고 할 수도 있지만 It is easy to study English. 란 표현이 더 자연스러워요.

B. 주어가 길 경우에 it을 사용하고 뒤에 <to + 동사>를 넣어서 문장을 좀 더 길게 만들 수 있습니다.

- It is easy to study English.
- It is good to see you again.
- It is hard to do the laundry.

- It is nice to talk to you.
- It is difficult to speak English.
- It is not easy to find your house.

C. 시간이나 거리를 나타낼 때는 It takes란 표현으로 말할 수 있습니다.

- It takes 4 hours.
- It takes 4 hours to go to Seoul.
- It takes 4 days.
- It takes 4 days to finish my report.
- It takes a long time to study English.
- It takes a year to get a job.

D. It takes 다음에 문장을 좀 더 길게 만들고 싶다면 〈to + 동사〉를 사용하면 됩니다.

- It takes a week to finish this job.
- It takes an hour to have lunch.
- It doesn't take a long time to go there.
- It takes 30 minutes to go to your house.
- It takes a long time to study English.

> It takes의 과거형은 It took이에요.

E. a lot은 보통 문장의 맨 뒤에 사용하며 very much란 뜻으로 사용합니다.

- I like basketball a lot.
- Carrie likes soccer a lot.
- She likes shopping a lot.
- Did you travel a lot last year?
- I love raining a lot.
- Frank loves chicken a lot.
- He ate a lot.
- He enjoyed swimming a lot.

> a lot은 '~을 많이 해'란 뜻으로 동사 뒤에 사용하고 a lot of는 '~이 많은'이란 뜻으로 명사 앞에 사용해요.

F. 무언가를 달라고 할 때에는 Can I have나 May I have를 사용합니다.

- May[Can] I have some water please?
- Can[May] I have a menu please?
- May[Can] I have some coffee please?
- Can[May] I have some tissue please?

> 이 부분은 앞에서 배웠어요. 그만큼 정말 중요한 표현이기 때문에 꼭 기억하세요. '~을 주세요'를 give me라고 사용하면 상대방이 기분이 나쁠 수 있어요.

G. get은 기본적으로 '~을 얻다'란 뜻을 가지며 상황에 따라 의미가 달라집니다.

He doesn't have a job. → He gets a job. → He has a job now.

- Did you get my message? (get = receive: 받다)
- How can I get to Seoul? (get = go: 가다)
- It is hard to get a job? (get = find: 찾다)
- What did you get for your birthday? (get = receive: 받다)
- Where did you get that skirt? (get = buy: 사다)
- Can you get me some coffee? (get = bring: 가져오다)

> get의 과거형은 got이에요. '~을 받다, 사다, 찾다' 등 여러 가지 뜻이 있어요.

133

실전연습

1. 다음을 영어로 바꾸어보세요.

1) 어려운   *difficult*
2) 쉬워요 _____
3) 더워 _____
4) 좋은 _____
5) 좋아 _____
6) 어려워 _____
7) 더운 _____
8) 비싼 _____
9) 위험한 _____
10) 비싸요 _____
11) 위험해요 _____
12) 추워요 _____

2. 다음 그림을 보고 목적지까지 얼마나 걸리는지 말해보세요.

'~ 걸려요'는 It takes를 사용해서 표현해요. It이 3인칭 단수이기 때문에 take가 아닌 takes로 표현해야 돼요.

1) *It takes 4 hours from here to Seoul.*
[from here to Seoul]

2) _____
[from Korea to Canada]

3) _____
[from the bus stop to there]

4) _____
[to make a friend]

3. 다음 그림을 보고 사람들이 갖고 있는 것을 얻어보세요.

chopsticks, bill, desserts, coffee, ketchup, ~~menu~~, bread, plate

1) *May I have a menu please?*
2) _____
3) _____
4) _____
5) _____
6) _____
7) _____
8) _____

4. 다음 문장을 보고 get의 의미를 찾아서 ◯를 쳐보세요.

1) *How do you usually get to work?*   (receive, (go), find, buy, bring)

2) Where did you get the dress?   (receive, go, find, buy, bring)

3) Is it hard to get a job?   (receive, go, find, buy, bring)

4) Where did you get the free ticket?   (receive, go, find, buy, bring)

5) Can you get me some tea?   (receive, go, find, buy, bring)

6) Did you get my postcard?   (receive, go, find, buy, bring)

5. 다음은 Jenny와 Frank가 항상 하는 일입니다. a lot을 사용해서 말해보세요.

Jenny
2. 영화를 많이 봐.
4. 영어공부를 많이 해.
6. 컴퓨터 게임을 많이 해.
8. 여행을 많이 해.

Frank
1. 물을 많이 마셔.
3. 잠을 많이 자.
5. 일을 많이 해.
7. 말을 많이 해.

a lot of은 '많은'이란 뜻으로 명사 앞에 사용하고 a lot은 '많이'란 뜻으로 보통 동사 뒤에 사용해요.
· I eat a lot of pizza. (많은 피자)
· I eat a lot. (많이 먹어)

1) *Frank drinks water a lot.*
2) _____
3) _____
4) _____
5) _____
6) _____
7) _____
8) _____

6. 〈It is ~ to〉의 형태를 사용해서 문장을 만들어보세요.

1) 물 마시는 것은 쉬워요.   *It is easy to drink water.*

2) 영어 공부하는 것은 어려워요? _____

3) 당신과 말을 해서 좋아요. _____

4) 캐나다로 여행하는 것은 비싼가요? _____

5) 미국에서 사는 것은 비싼가요? _____

6) 낯선 사람들과 이야기하는 것은 위험해요. _____

7) 소주를 많이 마시는 것은 좋지 않아요. _____

8) 늦게 자는 것은 나빠요. _____

It is 뒤에 더 많은 정보를 말할 때는 〈to + 동사〉의 형태를 사용해요.
· It is easy to cook fried rice.
· It is hard to take pictures.

7. 다음 질문을 보고 Carrie가 해야 할 일, 했던 일, 지금 하고 있는 일을 그림을 토대로 대답해보세요.

❶ cook dinner ❷ study English ❸ go shopping ❹ drive a car

❺ wear casual clothes ❻ see a doctor ❼ be tired ❽ brush teeth

last, yesterday, ago와 같은 단어는 과거시제, usually, sometimes, often와 같은 단어는 단순현재, 그리고 tomorrow, next, soon과 같은 단어는 미래시제와 쓰세요.

1) Did Carrie cook dinner last Friday? *Yes, she did. She cooked dinner last Friday.*

2) Is Carrie talking on the phone?

3) Will Carrie drink beer tomorrow?

4) Did Carrie date last weekend?

5) Does Carrie usually dress up?

6) Did Carrie see a doctor yesterday?

7) Is Carrie angry now?

8) Is Carrie brushing her teeth now?

8. 다음 질문을 보고 괄호 안의 힌트를 이용해서 여러분의 생각을 말해보세요.

1) How long does it take to study English? (5 years)

It takes 5 years to study English.

2) How long does it take to travel in New York? (a week)

How long으로 물어보면 보통 대답은 It takes로 해요.

3) How long does it take to fix the computer? (an hour)

4) How long does it take to learn to drive? (a month)

5) How long does it take to find a job? (a year)

6) How long does it take to cook dinner? (30 mins)

9. 다음을 영작해보세요.

1) 디즈니랜드를 어떻게 가야 하나요? *How can I get to Disney Land?*

2) 여기서 사진을 찍을 수 있나요? _____

3) 제가 당신의 주소를 알 수 있을까요? _____

4) 가방을 열어줄 수 있나요? _____

5) 이것은 그룹투어인가요? _____

6) 이번 주 토요일에 예약할 거예요. _____

7) 그녀는 어떠한 동전도 갖고 있지 않아요. _____

8) 골프 투어를 하고 싶으신가요? _____

9) 오토바이를 렌트할 수 있나요? _____

10) 박물관에 가는 것을 좋아하나요? _____

11) 왜 어제 늦게 잤어? _____

12) 어디서 머리를 잘랐니? _____

돈을 지불하고 무언가를 빌릴 때 rent란 동사를 사용하세요. 그리고 정중하게 표현을 할 경우에는 would like를 사용하면 좋아요.

10. 여러 가지 시제를 사용해서 영작해보세요.

1) 사라는 교실에서 쉴 수 없어. *Sara can't relax in the classroom.*

2) 왜 다리를 떨고 있니? _____

3) 누가 지난 일요일에 게임을 했지? _____

4) 오늘 비가 오지 않을 거야. _____

5) 문 좀 닫아주시겠어요? _____

6) 이 가방 좀 들어주시겠어요? _____

7) 그는 그의 여자 친구를 통제할 수 없어. _____

8) 프랭크는 점심 값을 낼 수 있어. _____

9) 사라는 낮잠을 잘 수 있어. _____

10) 일요일마다 서점에서 책을 읽어요. _____

11) 언제 집에 갈 거야? _____

12) 그녀는 어제 너의 폰을 떨어뜨리지 않았어. _____

누군가를 '통제하거나, 다룰 경우'에는 동사는 control, handle을 사용하세요.

can, may 그리고 should

과거형일 경우
에는 could를
사용합니다.
· She could
run fast
last year.
(과거형)

A. can은 내가 할 수 있는 능력을 나타낼 때 사용합니다.

- I can play the piano. (능력)
- Frank can swim. (능력)
- You can cook well. (능력)

- She can speak English. (능력)
- They can run fast. (능력)
- Frank and I can ski. (능력)

cannot을 줄여
서 can't로 말
할 경우 듣는 사
람이 혼동될 수
도 있으니 정
확히 할 수 없
단 말을 할 때는
cannot이라 말
을 하세요.

B. can의 부정문은 cannot, 줄여서 can't라 하고, 의문문의 경우에는 Can을 문장의 맨 앞에 넣습니다.

- She cannot (= can't) run fast.
- He cannot (= can't) read books.
- Can you pass me the salt?
- Can Frank ride a horse?

- I cannot (= can't) see you now.
- Frank cannot (= can't) go on a picnic.
- Can she dance well?
- Can you come here please?

Can I ~는 2
가지 의미가
있지만 대부분
의 사람들은
'부탁, 요청'
의 의미라 생
각을 해요.

C. Can I, Can you의 의문문은 '할 수 있는 능력'과 '부탁, 요청'의 의미가 있습니다.

- Can I drive your car? (내가 너의 차를 운전할 수 있을까? or 차를 운전해도 돼요?)
- Can you help me? (네가 나를 도와줄 수 있을까? or 저를 도와줄래요?)
- Can you pass me the salt? (네가 나에게 소금을 건네줄 수 있을까? or 소금 좀 건네줄래요?)
- Can I use your phone? (내가 너의 핸드폰을 쓸 수 있을까? or 핸드폰 써도 되나요?)

D. Can I ~ 의문문의 혼동을 막기 위해서 Could를 사용할 수 있습니다.

- Could I drive your car?
- Could I have some change?

- Could I read the magazine?
- Could I borrow your pen?

Could I ~는
부탁의 의미가
있어요.

Can, Could,
May I ~
의 차이점은
page 227 참
고

Can I ride your bicycle?

I don't know if you can ride my bicycle.

I think he cannot ride a bicycle.

No, I mean, could I use your bicycle?

Oh~ I see. Of course you could.

E. Could I ~ 대신에 May I ~를 쓰면 더 정중한 표현이 됩니다.

- May I have your phone number?
- May I turn on the light?
- May I sit here?

- May I use your car?
- May I go home early?
- May I smoke here?

F. may는 무언가가 일어날 것 같은 상황일 때 사용하는 말입니다.

- I <u>might</u> see you tonight.
- Frank <u>might</u> watch the movie tomorrow.
- Sara <u>may</u> call you tonight.
- They <u>may</u> travel to Canada.
- We <u>may</u> get up early tomorrow.
- I <u>might</u> buy a new car.

It <u>might</u> rain soon.

> may와 might는 똑같은 표현입니다. 하지만 might는 may의 과거시제로도 사용합니다.

G. 부정문과 의문문은 will, can의 형태와 같이 may 뒤에 not을 붙이거나 문장의 맨 앞에 may를 넣습니다.

- Frank <u>might not</u> see a doctor today. (might 뒤에 not을 붙여요)
- It <u>might rain</u> in the afternoon. (It might rains는 잘못된 표현)
- Sara <u>may not</u> have time. (might not도 같은 표현)
- He <u>may not</u> like to eat chicken. (May 뒤에 not을 붙여요)
- <u>May</u> I go out drinking tonight? (Might I ~란 표현을 쓰지 않아요)

> May I ~는 보통 무언가를 요청하거나 부탁할 때 사용하는 표현으로 '~일지도 몰라'란 뜻이 아니에요.

H. should는 '~해야죠'란 뜻으로 보통 누군가에게 충고나 조언을 할 때 사용합니다.

- I <u>should stay</u> at home tonight. (should + 동사 그대로)
- You <u>should see</u> a doctor. (should + 동사 그대로)
- You <u>should be</u> nice to me. (should + be동사 원형)
- She <u>should travel</u> here. (she should travels는 잘못된 표현)

I. should의 부정문과 의문문은 will, can, may의 형태와 똑같습니다.

- <u>Should</u> I come to the party? (의문문)
- <u>Should</u> we make a party for Frank? (의문문)
- You <u>shouldn't</u> buy some new clothes. (부정문)
- They <u>shouldn't</u> work late. (부정문)
- We <u>shouldn't</u> make a noise in class. (부정문)
- <u>Should</u> he clean his room? (의문문)

실전연습

1. 아래 그림은 프랭크가 자주 하는 일입니다. should나 shouldn't를 사용해서 그에게 충고해보세요.

should보다 강한 표현은 have to입니다. have to는 듣는 사람이 기분이 나쁠 수 있으니 조심해서 사용하세요.

❶ eat too much	❷ wake up early	❸ drink too much	❹ go shopping too much
❺ smoke too much	❻ work hard	❼ sleep too much	❽ drive carefully

1) _You shouldn't eat too much._

2) _____

3) _____

4) _____

5) _____

6) _____

7) _____

8) _____

2. Can, May, Could를 사용해서 상대방에게 부탁을 해보세요.

1) [Can] 제가 지나갈 수 있을까요? _Can I pass by?_

2) [May] 제가 당신에게 질문을 좀 해도 될까요? _____

3) [Could] 제가 여기서 티비를 봐도 되나요? _____

4) [May] 제가 오늘 사무실을 일찍 떠나도 되나요? _____

5) [Could] 책을 좀 건네주실래요? _____

6) [Could] 저에게 종이 좀 가져다줄래요? _____

7) [May] 제가 라디오를 꺼도 될까요? _____

8) [Could] 저에게 연필 좀 가져다줄래요? _____

Can보다 정중한 표현은 Could입니다. 가장 예의 바른 말은 May입니다.

3. [   ]의 단어와 예시에 있는 단어를 사용해서 문장을 만들어보세요.

❶ open the door	❷ difficult	❸ speak English	❹ read newspaper
❺ what, do	❻ drive fast	❼ come to the party	❽ sleep well

1) [Can, you] *Can you open the door please?*

2) [The test, might] _____

3) [My girlfriend, can] _____

4) [May, I] _____

5) [should, I] _____

6) [You, shouldn't] _____

7) [They, might] _____

8) [She, couldn't] _____

4. 다음 질문에 여러분이 대답해보세요.

1) Can you eat raw octopus?

   Yes, I can eat raw octopus. / No, I can't eat raw octopus.

2) Can you swim? _____

3) Can you speak English? _____

4) Can you pass me the pepper? _____

5) Can you play pool? _____

6) Can you cook rice? _____

7) Can you ski in winter? _____

8) Can you drive a car fast? _____

Yes라 대답할 경우에는 긍정의 문장으로, No라 대답할 경우에는 부정의 문장으로 답해주세요.

5. [   ]의 단어를 올바르게 배열하여 질문을 만들고 그에 대한 대답을 영작해보세요.

1) [to, do, want, you, Where, go?]   *Where do you want to go?*

   공원에 가고 싶어요.   *I want to go to a park.*

2) [are, Why, laughing?, you]

   전 행복하니까요.

3) [dishes, Who, the, at ,does, home?]

   아버지가 보통 집에서 설거지를 해요.

4) [did, business, When, on, you, trip?, go, a]

   지난 목요일 날에 출장을 갔었어요.

5) [do, will, What, this, you, weekend?]

   친구들이랑 아마 등산 갈 거예요.

6) [fight, your, did, you, with, Why, husband?]

   남편이 어제 술을 많이 마셨어요.

의문사 다음에 시제를 잘 맞추어서 영작을 해야 해요, 그리고 fight 뒤에 말을 더 길게 할 때는 with를 꼭 같이 써야 해요.

6. [   ]에 있는 힌트를 보고 당신의 아이들에게 충고해보세요.

1) [study hard]   *You should study hard.*

2) [go to bed late]

3) [fight with friends]

4) [clean your room]

5) [swear at people]

6) [drink wine]

누군가에게 충고를 할 때 should를 사용해보세요.

7. 다음을 영작해보세요.

1) 소금 좀 건네줄래요?   *Can you pass me the salt please?*

2) 여기로 와주실래요?

3) 오늘 밤 친구랑 맥주 마실지도 몰라요.

4) 너는 열심히 운동을 해야 해.

8. can, may, should를 사용해서 다음을 영작해보세요.

1) 제가 사진을 찍어드릴까요? *May I take pictures for you?*

2) 오늘 일하러 가면 안 돼요. _____

3) 제가 여기서 무선 인터넷을 써도 될까요? _____
[무선인터넷: WIFI]

4) 너는 이 영화를 봐야 해. _____

5) 제가 당신의 펜을 빌려도 될까요? _____

6) 다음 주에 눈이 올지도 몰라. _____

어떤 일이 일어날지 확실하지 않다면 may = might 을 사용할 수 있습니다.

9. 여러 가지 시제를 활용해서 영작해보세요.

1) 와인 한잔 주실 수 있나요? *Can I have a glass of wine please?*

2) 진짜인가요? _____

3) 제가 어디서 내려야 하나요? _____
[내리다: get off]

4) 당신의 차를 광 내는 것을 좋아하나요? _____
[광 내다: polish]

5) 나는 지금 너의 컴퓨터를 사용하고 있지 않아. _____

6) 내일 비 올지도 몰라. _____

7) 점심값을 내주시겠어요? _____

8) 프랭크는 매주 일요일마다 세차를 하나요? _____

'~해야 하나요'란 뜻으로 should를 사용하세요. What should I do8는 '내가 무엇을 해야 하지8', Should I go there8는 '내가 거기를 가야 하나요8'란 뜻이에요.

10. 다음을 영작해보세요.

1) 그녀는 지금 버스를 기다리고 있나요? *Is she waiting for a bus now?*

2) 너는 문을 닫아야 해. _____

3) 저는 지금 요리하고 있지 않아요. _____

4) 그는 아마도 오늘 피곤할 거야. _____

5) 프랭크는 보통 아침에 신문을 읽어. _____

6) 그는 프랭크랑 쇼핑을 가야 하나요? _____

7) 언제 직업을 찾을 거니? _____

8) 지금 누구랑 술 마시고 있어? _____

'~랑'의 표현은 with를 사용하세요. 특히 '누구랑'이란 표현은 <Who + 문장>의 맨 뒤에 with를 붙여서 말해야 한다는 것을 잊지 마세요.

be동사의 과거형과 There is / There are

A. be동사는 움직이지 않는 상황을 설명할 때 사용하는 동사로 보통 형용사와 함께 사용합니다.

- Frank <u>is</u> tired.
- It <u>is</u> expensive.
- They <u>are</u> tall.
- I <u>am</u> poor.
- <u>Are</u> they happy?
- <u>Is</u> she popular?
- We <u>are</u> cold.

> be동사는 앞의 주어에 따라 am/are/is의 형태로 바뀝니다.

Are you ok?
Yes, I am.

B. be동사의 부정문은 be동사 뒤에 not을 붙이고, 의문문은 be동사를 문장의 맨 앞에 넣습니다.

- <u>Are</u> you single?
- <u>Is</u> she serious?
- <u>Am</u> I late?
- <u>Is</u> it dark outside?
- Frank <u>is not</u> wrong.
- We <u>are not</u> common.
- It <u>is not</u> hot today.
- They <u>are not</u> green.

C. be동사의 과거형은 was 또는 were를 사용합니다.

> 주어가 1개일 경우에는 was, 주어가 여러 개일 경우에는 were를 사용합니다.

- Frank <u>was</u> happy last year.
- <u>Was</u> he nice?
- It <u>was not</u> possible.
- The answer <u>was not</u> clear.
- My father and I <u>were</u> similar.
- <u>Were</u> *you full?
- We <u>were not</u> late.
- <u>Were</u> they fine yesterday?

※ you는 주어가 1개 또는 여러 개이므로 항상 were를 사용하세요.

D. 〈was/were + 동사-ing〉는 무언가를 하고 있었을 경우에 사용하는 말입니다.

> '현재진행형'은 이야기를 더 사실감 있게 말할 때 사용하는 표현입니다.

What <u>was</u> he <u>doing</u> at 1 P.M.?
He <u>was having</u> lunch at the restaurant.

What is he <u>doing</u> now?
He <u>is taking</u> a bus now.

- She <u>was</u> watch<u>ing</u> TV.
- They <u>were</u> wear<u>ing</u> pants.
- <u>Was</u> he liv<u>ing</u> in Canada last year?
- We <u>were</u> not play<u>ing</u> tennis yesterday.
- It <u>was</u> not rain<u>ing</u> yesterday.
- I <u>was</u> not listen<u>ing</u> to you.
- <u>Was</u> your child runn<u>ing</u>?
- What <u>were</u> you do<u>ing</u> yesterday?

E. '~가 있어요'란 표현을 영어에서는 There is / There are를 사용해서 말할 수 있습니다.

There is a car on the street.

There is a bus at the bus stop.

There are some trees on the ground.

무언가를 가리킬 경우에는 It is를 사용해요.
· It is my book.
· It is my car.

There is + 단수명사	There are + 복수명사
There is a train at 7.	There are some pens on the desk.
There is a pizza restaurant near here.	There are some dress shirts here.
There is a hotel near here.	There are some oranges in the basket.

F. there is / there are의 의문문과 부정문은 be동사의 형태와 똑같습니다.

- Is there a Korean restaurant near here?
- Is there a pizza restaurant near here?
- There are not good movies on TV.
- There are some books on the desk.

- There is not a good movie here.
- Are there any dress shirts here?
- Are there any problems now?
- There is not a nice jacket in the shop.

There is not을 줄여서 There isn't, There are not을 줄여서 There aren't 라고 말할 수 있어요.

G. 대상을 가리키거나 주어 자리에 쓰이면 It을, 무언가가 존재한다는 의미로 '~이 있어요'로 쓰일 때는 There is / There are를 사용합니다.

- There is a bus at 11. (버스가 있다는 것을 설명)
- There is cheese on the desk. (치즈가 있다는 것을 설명)
- There are some mistakes in the letter.
- There are good restaurants in Cheonan.

- It is a bus. (대상을 가리킬 때)
- It is cheese. (대상을 가리킬 때)
- It is your mistake. (대상을 가리킬 때)
- They are my books. (대상을 가리킬 때)

H. there is / there are의 과거형은 there was / there were입니다.

- There was an accident here yesterday. (어제 사고가 있었다는 것을 의미)
- There was a party last night. (어젯밤에 파티가 있었다는 것을 의미)
- There were some buildings here last year. (작년에 여기에 빌딩들이 존재했었다는 것을 의미)
- There were some chairs in your room. (너의 방에 몇 개의 의자가 있었다는 것을 의미)

실전연습

1. 괄호 안에 알맞은 be동사를 쓰세요. 단, 시제를 알 수 없는 경우에는 현재형을 쓰세요.

be는 앞에 있는 주어에 따라 형태가 바뀐다는 것을 기억해주세요.

1) I (*was*) angry yesterday.

2) They (　　　　) happy now.

3) We (　　　　) tired now.

4) Sara (　　　　) 25 last year.

5) I (　　　　) in the room.

6) (　　　　) you at the party last night?

7) My shoes (　　　　) expensive.

8) It (　　　　) cold yesterday.

9) Tim (　　　　) in the kitchen.

10) Sara (　　　　) pretty.

2. 다음 문장을 과거형으로 바꾸어보세요.

be의 과거형은 주어가 1개일 경우에는 was, 2개 이상일 경우에는 were로 바꿔서 사용해주세요.

1) Frank is not happy. (yesterday) *Frank was not happy yesterday.*

2) They are in Seoul. (last Monday) _____

3) Is she at the party? (last night) _____

4) Why are you late? (this morning) _____

5) Our room is small. (last year) _____

6) I am sick. (last Tuesday) _____

7) We are tired. (after work) _____

8) I am afraid of dogs. (10 years ago) _____

3. 다음 문장을 과거진행형으로 바꾸어보세요.

과거진행형은 <was/were + 동사ing>의 형태로 사용하세요.

1) She studied hard yesterday. *She was studying hard yesterday.*

2) He went to school yesterday. _____

3) Sara watched TV last night. _____

4) I waited for my girlfriend 2 hours ago. _____

5) They walked in the park yesterday. _____

6) Frank bought some food at 3 P.M. _____

7) It rained this afternoon. _____

8) My brother swam this morning. _____

4. 다음 그림을 보고 [   ]의 사람들이 어디에 있었는지 말해보세요.

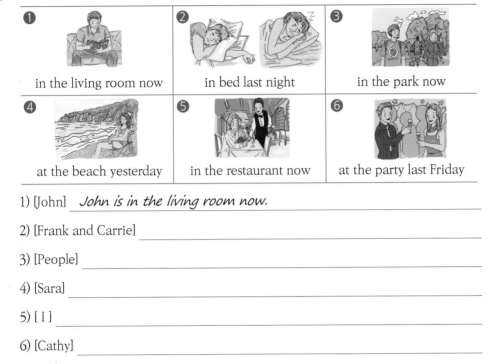

| ❶ in the living room now | ❷ in bed last night | ❸ in the park now |
| at the beach yesterday ❹ | in the restaurant now ❺ | at the party last Friday ❻ |

1) [John] *John is in the living room now.*

2) [Frank and Carrie] _____

3) [People] _____

4) [Sara] _____

5) [I] _____

6) [Cathy] _____

<be동사 + 장소>가 나오는 경우에는 Be동사를 '~에 있다, 머물다(= stay)'로 해석하면 쉽게 이해할 수 있어요.
· I am in bed. = I stay in bed.
· I am in the living room. = I stay in the living room.

5. 과거, 과거진행형을 사용해서 다음 문장을 보고 영작해보세요.

1) 프랭크는 어제 화났었어. *Frank was angry yesterday.*

2) 그는 작년에 천안에 살지 않았어. _____

3) 어제 자정에 잤었니? _____
[자정: midnight]

4) 그는 어제 침대에 있었니? _____
[침대에: in bed]

5) 그들은 피곤했었니? _____

6) 오늘 아침에 왜 늦었었니? _____
[오늘 아침: this morning]

7) 어제 너는 해변에 있지 않았었어. _____

8) 캐리와 프랭크는 도서관에서 공부하고 있었니? _____

9) 프랭크는 어제 회사에 있었니? _____
[회사에: at work]

10) 7시 10분에 신문을 읽고 있었니? _____

11) 너의 바지는 비쌌니? _____

12) 나는 10시에 테니스를 치고 있지 않았어. _____

명사 중에 2개가 쌍으로 있는 단어들은 항상 복수로 사용해야 해요.
pants, glasses, nail clippers, shorts, scissors

6. 괄호 안에 알맞은 be동사를 넣으세요. 필요하다면 부정형을 넣으세요.

1) Where (*were*) you 3 hours ago? / I (*was*) at the post office 3 hours ago.

2) (   ) you 21 this year? / No, I (   ). I am 19.

3) (   ) the weather nice yesterday? / Yes, it (   ) nice yesterday.

4) (   ) you tired last Saturday? / No, I (   ) tired last Saturday.

5) (   ) I late? / Yes, you (   ). Please don't (   ) late again.

6) Why (   ) you angry this morning? / Because I (   ) hungry this morning.

7) (   ) they sleepy now? / No, they (   ). They are fine.

8) (   ) you sick yesterday? / Yes, I (   ). I (   ) in bed yesterday.

7. 다음 그림을 보고 There is / There are를 사용해서 문장을 만들어보세요.

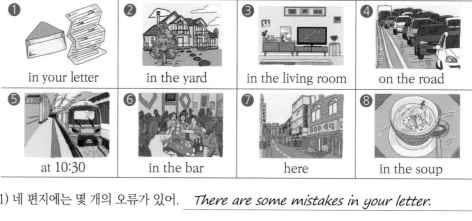

| ❶ in your letter | ❷ in the yard | ❸ in the living room | ❹ on the road |
| ❺ at 10:30 | ❻ in the bar | ❼ here | ❽ in the soup |

1) 네 편지에는 몇 개의 오류가 있어. _There are some mistakes in your letter._

2) 마당에 큰 나무가 있어. _____

3) 거실에는 커다란 TV가 있어요. _____

4) 도로에는 차들이 많아요. _____

5) 10:30에 기차가 있어. _____

6) 술집에는 많은 사람들이 있어. _____

7) 여기에는 많은 식당들이 있어요. _____

8) 머리카락이 내 스프 안에 있어요. _____

8. 다음을 영작해보세요.

1) 차 사고가 있어요. *There is a car accident.*

2) 나의 셔츠 위에 아이스크림 묻었어. _____

3) 서울에는 오래된 빌딩들이 없어요. _____

4) 공원에는 많은 사람들이 있어요. _____

5) 탁자에 사과가 좀 있나요? _____
   ※ 의문문일 때 '좀'은 any를 사용해요.

6) 여기 근처에 좋은 식당들이 있나요? _____

7) 여기에 신발들이 있나요? _____

8) 여기 근처에 호텔들이 있나요? _____

> 한국어에서 '신발, 식당'이라고 말을 해도 영어는 shoes, restaurants 와 같이 복수로 사용하는 경우가 많이 있어요.

9. There is / There are / It is 중 알맞은 것을 ( )에 넣으세요.

1) Don't touch my book. (*It is*) my book.

2) I hurt my eye. (_____) something on my eye.

3) I like to read Frank's story. (_____) very interesting.

4) (_____) any good places to visit near here?

5) Frank will not buy this shirt. (_____) too expensive.

6) Look at the car. (_____) very nice.

> 비싼 것을 표현할 경우에는 expensive, '여기 근처'란 표현은 near here라고 해요.

10. 여러 가지 시제를 이용해서 영작해보세요.

1) 표를 살 수 있나요? *Can I buy a ticket?*

2) 여기 근처에 큰 공원이 있나요? _____

3) 전 양파를 좋아하지 않아요. _____

4) 제 주문을 취소할 수 있나요? _____

5) TV에 좋은 영화가 나와. _____

6) 내 도시에는 공항이 없어요. _____

7) 너는 돈이 좀 필요하니? _____

8) 나는 어제 친구를 만나지 않았어. _____

9) 무엇을 무서워하니? _____

10) 내 차에는 많은 문제들이 있어. _____
    [문제들: problems]

> '무서워하다'는 afraid of 를 사용해요. of를 쓰는 이유는 뒤에 문장을 더 만들기 위해서입니다.

~을 꼭 해야 해 (have to, has to)

You always oversleep.
You have to wake up early.

I woke up late again.
I have to go to work now.

A. '~를 해야 한다'란 말을 하고 싶다면 <u>동사 앞에</u> <u>have to</u>를 사용하세요.

have to는 강한 의미가 있어서 상대방에게 쓰면 기분 나쁘게 들릴 수 있기 때문에 조심해서 사용해야 해요.

주 어	조동사	동 사	단 어
I, We, They, You	have to	wear leave go to speak to	sunglasses, socks office, work, home market, bed, beach manager, boss
She, He, It, Frank	has to	do get up take buy	military service, chores early, at 6 A.M. medicine, airplane dress, house, cosmetics

- I <u>have to</u> study English.
- You <u>have to</u> see the doctor.
- Frank <u>has to</u> buy new shoes.

- She <u>has to</u> go home early.
- We <u>have to</u> work very hard.
- He <u>has to</u> walk home tonight.

B. have to의 부정문과 의문문은 앞에 do 또는 does를 사용합니다.

주어가 3인칭 단수일 경우에는 do 대신에 does를 사용해야 해요.

주 어	부정문
I, We, They, You	don't have to
She, He, It, Frank	doesn't have to

의문문	주 어	조동사
Do	I, We, They, You	have to
Does	She, He, It, Frank	have to

- You <u>don't have to</u> go there.
- She <u>doesn't have to</u> stay up late.
- They <u>don't have to</u> work on Sunday.
- Frank <u>doesn't have to</u> read books.

- <u>Do</u> I have to go there?
- <u>Does</u> she have to stay up late?
- <u>Do</u> they have to work on Sunday?
- <u>Does</u> Frank have to read books?

C. have to의 과거형은 had to를 사용합니다.

주 어	과거형	동 사	단 어
I, We, They, You She, He, It, Frank	had to	wash clean answer walk to	car, hands, dog room, toilet, floor questions, e-mail, phone school, work, library

> had to는 과거형이기 때문에 yesterday, last week과 같이 사용해야 해요.

■ 과거 부정문은 didn't have to를 동사 앞에 넣으면 됩니다.

주 어	부정문	동 사	단 어
I, We They, You	didn't have to	quit sell fight with catch	job, smoking, drinking car, computer co-workers, friends a cold, fish, cockroach

D. don't have to / doesn't have to는 '~할 필요가 없다' 란 표현으로 사용합니다.

No, You <u>don't have to</u> wake up early tomorrow.

(부정: don't have to wake up = '꼭 일찍 일어날 필요는 없다' 는 부드러운 말)

(긍정: have to wake up = 꼭 일찍 일어나야 한다는 의무감)

Do I <u>have to</u> wake up early tomorrow morning?

> have to는 '꼭 ~해야 한다'란 뜻이지만 don't have to는 '~하지 말아야 한다'란 표현보다는 '~할 필요는 없어'란 뜻으로 해석된다는 것을 조심하세요.

E. 자신이 하고자 하는 의지를 나타내는 표현 (조동사의 부정문 축약형은 page 218 참고)

0%　　　　　　50%　　　　　　100% (의지)	
will	will = 단순히 말할 경우
may or might	may = 할 의지가 반 정도 있을 때
should	should = 충고나 조언
have to or must	have to, must = 반드시 해야 함

★ will이 짧은 시간에 대해서 말할 경우에는 의지가 100%가 되지만 먼 시간에 대해서 말을 하면 의지가 약해집니다.

- I will go to Canada next year. (의지가 약함 30%)
- I will buy it. (의지가 강함 100%)
- I will call you tomorrow. (의지가 약함)
- I will call you in 5 mins. (의지가 강함)

실전연습

1. have to 또는 has to를 사용해서 문장을 영작해보세요.

1) 너는 일요일마다 꼭 쉬어야 해. *You have to rest on Sundays.*

2) 프랭크는 안전벨트를 꼭 매야 해. _____
   [안전벨트: seat belt]

3) 그녀는 꼭 천천히 운전을 해야 해. _____

4) 프랭크는 이번에 시험에 반드시 통과해야 해. _____
   [이번에: this time]

5) 나는 내일 아침에 꼭 일찍 일어나야 해. _____

6) 캐리는 토요일에 꼭 일해야 해. _____

7) 프랭크는 저녁을 꼭 해야 해. _____

8) 너는 나에게 꼭 커피를 타줘야 해. _____

'~게'를 표현하고 싶을 때는 형용사 뒤에 ly를 붙여주세요.
· quick: 빠른,
  quickly: 빨리,
· careful:
  조심하는,
  carefully:
  조심스럽게
· slow: 늦은
  slowly: 늦게

2. 다음 문장을 괄호 안의 형태로 바꾸어보세요.

1) Frank has to go home now. (부정문) *Frank doesn't have to go home now.*

2) They have to do some work. (과거형) _____

3) Frank has to travel to Canada. (의문문) _____

4) She doesn't have to study English. (평서문) _____

5) We have to cook dinner. (과거 부정문) _____

6) Carrie has to leave Cheonan. (과거 의문문) _____

3. 다음 문장을 영작해보세요.

1) 나는 내일 꼭 일을 해야 해. *I have to work tomorrow.*

2) 당신은 선물을 살 필요가 없어요. _____

3) 제가 꼭 약간의 음식을 가져와야 하나요? _____

4) 제가 꼭 영어를 말해야 하나요? _____

5) 그녀는 차를 살 필요가 없어요. _____

6) 우리는 반드시 조심해야 해요. _____

   ※ careful은 형용사이기 때문에 be동사를 사용해야 해요.

3인칭 단수일 경우에는 has to, doesn't have to를 사용해야 해요.

4. 다음 그림을 보고 프랭크가 해야 할 일과 하지 말아야 할 일을 have to /
doesn't have to를 사용해서 말해보세요.

❶ call Sara	❷ smoke	❸ wash hands	❹ fight with friends

1) _Frank has to call Sara._

2) _____

3) _____

4) _____

5. 다음 질문을 영어로 바꾸고 괄호 안을 이용해서 대답해보세요.

1) 너는 내일 몇 시에 꼭 일어나야 하니? _What time do you have to wake up tomorrow?_

(7:00) _I have to wake up at 7:00 tomorrow._

2) 당신은 매일 무엇을 꼭 하나요? _____

(brush teeth) _____

3) 어제 꼭 무엇을 해야만 했었나요? _____

(wait for Frank) _____

4) 매일 어디를 꼭 가야 하나요? _____

(go to school) _____

5) 지난주에 꼭 어디를 가야 했었나요? _____

(go to the shopping mall) _____

'양치하다'란 표현은 brush teeth라 해요.

6. 다음 문장을 had to / didn't have to를 사용해서 과거형으로 바꾸어보세요.

1) I worked hard 3 years ago. _I had to work hard 3 years ago._

2) He didn't speak English last year. _____

3) We walked home last night. _____

4) I changed my phone in 2010. _____

5) She didn't go to college. _____

6) Frank took medicine yesterday. _____

had to는 과거형이므로 부정문으로 바꾸려면 didn't have to를 사용해야 해요.

7. [　]의 주어와 그림 안에 있는 동사를 보고 지시에 따라 will, might, should, have to를 사용해서 영작을 해보세요.

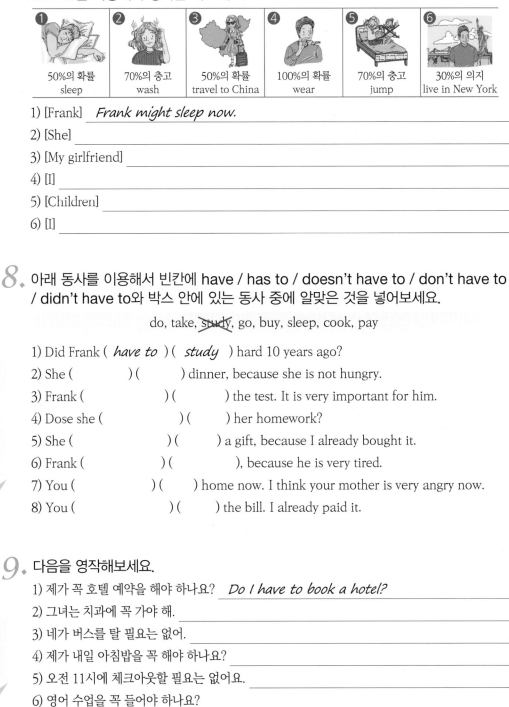

❶	❷	❸	❹	❺	❻
50%의 확률 sleep	70%의 충고 wash	50%의 확률 travel to China	100%의 확률 wear	70%의 충고 jump	30%의 의지 live in New York

1) [Frank] *Frank might sleep now.*

2) [She]

3) [My girlfriend]

4) [I]

5) [Children]

6) [I]

8. 아래 동사를 이용해서 빈칸에 have / has to / doesn't have to / don't have to / didn't have to와 박스 안에 있는 동사 중에 알맞은 것을 넣어보세요.

do, take, ~~study~~, go, buy, sleep, cook, pay

1) Did Frank (*have to*) (*study*) hard 10 years ago?

2) She (   ) (   ) dinner, because she is not hungry.

3) Frank (   ) (   ) the test. It is very important for him.

4) Dose she (   ) (   ) her homework?

5) She (   ) (   ) a gift, because I already bought it.

6) Frank (   ) (   ), because he is very tired.

7) You (   ) (   ) home now. I think your mother is very angry now.

8) You (   ) (   ) the bill. I already paid it.

9. 다음을 영작해보세요.

1) 제가 꼭 호텔 예약을 해야 하나요? *Do I have to book a hotel?*

2) 그녀는 치과에 꼭 가야 해.

3) 네가 버스를 탈 필요는 없어.

4) 제가 내일 아침밥을 꼭 해야 하나요?

5) 오전 11시에 체크아웃할 필요는 없어요.

6) 영어 수업을 꼭 들어야 하나요?

7) 그녀는 꼭 커피를 사야 해요.

8) 그들이 춤출 필요는 없어요.

have to의 과거, 현재형, 부정, 의문문의 형태가 모두 달라요. 어렵지만 중요하니까 꼭 기억해주세요.

'치과에 가다'는 go to the dentist라고 해요.

10. will, might, should, have to를 사용해서 영작해보세요.

1) 나는 내년에 캐나다에 여행 갈 거야. *I will travel to Canada next year.*

2) 내일 비가 올지도 몰라. _____

3) 너는 소주를 마시면 안 돼. _____

4) 그들은 그 비밀을 말하면 안 돼. _____

5) 우리는 외식을 할지도 몰라. _____

6) 그녀는 오늘 밤 너에게 전화할지도 몰라. _____

7) 프랭크는 영어를 꼭 가르쳐야 해. _____

8) 그들은 오늘 밤 영화를 볼거야. _____

9) 나는 너를 위해 저녁을 사야 해. _____

10) 너의 남자친구는 화났을지도 몰라. _____

11) 너는 내일 세차를 꼭 해야 해. _____

12) 그는 내년에 유학 갈 거야. _____
[유학가다: study abroad]

'외식하다'는 eat out, '세차하다'는 wash a car 라고 해요. 영어에서 명사를 말할 때는 사물을 정확히 말을 해야 해요. a car, my car, your car와 같은 형태로 '차'를 표현해요.

11. 다음 그림을 보고 shouldn't, have to를 사용해서 상대방에게 충고를 해 보세요.

① make noise in class ② study English ③ do too much shopping
④ exercise ⑤ eat too much at night ⑥ stay at home

'떠들다'란 표현은 make noise를 사용하세요.

1) *You shouldn't make noise in class.*
2) _____
3) _____
4) _____
5) _____
6) _____

UNIT

25 무언가를 추측할 때

0%	50%	100% (의지)	
I think I will ~	(20~30%)		will = 나의 생각을 말할 때
may or might (50%)			may = 50%의 확률
should (70%)			should = ~해야 한다
must, must be (80-90%)			must, must be = ~임에 틀림없어
be동사, <be + 동사 + ing>			be동사, <be + 동사 + ing> = 상태, 할 일

여러 가지의 조동사를 비교하려면 page 228 참고

- I think Frank is sleeping now. (30~40%)
- Frank might sleep now. (50%)
- I should do my homework. (70%)
- Frank must sleep now. (80%)
- Frank is sleeping now. (100%)

'내 생각에는 ~일 거야'란 뜻이기 때문에 I think 뒤에는 <주어 + will + 동사>의 형태로 쓰여요.

A. 나의 생각을 말하고 싶을 때는 I think를 사용합니다. 이때에는 보통 will을 사용합니다.

- I think he will see a doctor.
- I think it will rain tomorrow.
- I think she will come to the party.
- I think I will stay home tonight.
- I think she will fail the test.

I think I will see a movie.

---

might 대신에 may를 사용해도 똑같은 의미가 된다는 것을 기억하세요.

B. 무언가가 확실하지 않을 경우에는 might를 사용할 수 있습니다.

- Frank might call you tonight.
- It might snow tomorrow.
- He might meet Sara tomorrow.
- She might buy a new computer.

It might rain.

---

must가 때에 따라서는 '반드시'란 의미도 있기 때문에 상황에 따라 잘 판단해야 해요.

C. '~가 틀림없다'란 표현을 말할 때는 must를 사용합니다.

- Frank takes a bus everyday. He must not have a car.
- Sara is always working very hard. She must be at the office.
- Carrie goes to English school everyday. She must speak English well.
- Frank was a basketball player. He must play basketball very well.

D. might, must 뒤에 형용사를 사용할 경우에는 be를 사용합니다.

- You <u>must be</u> tired.
- The party <u>might be</u> fun.
- Carrie <u>might be</u> sleeping now.

- She <u>might be</u> angry.
- Sara <u>must be</u> sick.
- My mother <u>must be</u> working now.

> 지금 하고 있는 상황을 추측할 때는 might, must 뒤에 <be + 동사 + ing>를 사용하세요.

E. must는 have to와 같은 뜻으로 사용되는 경우도 있습니다.

- You <u>must</u> (= have to) wash your car.
- I <u>must</u> (= have to) go to bed early.
- We <u>must</u> (= have to) wear a seat belt.

- He must (= has to) change his socks.
- I <u>must</u> (= have to) have breakfast everyday.
- They <u>must</u> (= have to) get some rest.

> must는 상당히 강하고 딱딱한 말투이므로 말할 때 조심해서 사용하세요.
> must 뒤에는 동사를 그대로 사용해야 해요.
> · He must goes home. (X)

F. must의 부정문은 must 뒤에 not을 사용합니다.

- You <u>must not</u> go there.
- You <u>must not</u> make noise.

- They <u>must not</u> eat raw chicken.
- People <u>must not</u> run here.

G. 이미 예정되어 있거나 결정한 일에 대해서는 be going to를 사용합니다.

> *I am going to take a test tomorrow.*
> (시험 볼 예정이 잡혀 있음)

- I <u>am going to see</u> a movie tonight. (영화 볼 계획이 있음)
- Frank <u>is going to buy</u> a new phone. (새로운 핸드폰을 살 계획이 있음)
- They <u>are going to have</u> lunch together. (점심을 같이 먹을 계획이 있음)
- We <u>are going to meet</u> in the afternoon. (오후에 만날 계획이 있음)

> be going to를 무조건 '~로 가고 있어'라고 해석하면 안 됩니다.
> · I am going to drive to Seoul.: 나는 서울로 가고 있어. (X) 난 서울을 운전해서 갈 거야. (정해져 있음)

H. 무언가가 100% 확실할 때에는 will 또는 be를 사용해서 문장을 말합니다.

- I <u>am</u> playing tennis tomorrow afternoon.
- They <u>are</u> working at 12 o'clock.
- I <u>will</u> buy the ring now.

- Frank <u>is</u> a teacher.
- She <u>is</u> tired. She needs some rest.
- I <u>am</u> going to the party now.

※ will은 정말 가까운 미래에 대해서 말할 경우에만 '반드시'란 뜻이 있어요.

실전연습

1. I think / I don't think를 사용해서 문장을 영작해보세요.

difficult, angry와 같은 형용사가 올 경우에는 be동사를 사용해서 문장을 만들어주세요. will, should, might 뒤에는 be의 형태로 써야 되겠죠?

1) 내 생각에 프랭크는 여기에 올 거야. *I think Frank will come here.*

2) 내 생각에 이것은 어려울 것 같아. _____

3) 내 생각에 너의 아버지는 너에게 곧 전화할 거야. _____

4) 내 생각에 너의 남동생은 시험을 통과할 거야. _____

5) 내가 그것을 할 수 있다고 생각하지 않아. _____

6) 나는 그가 열심히 공부할 거라고 생각하지 않아. _____

7) 내 생각에 나는 열심히 공부할 거야. _____

8) 내 생각에 나는 내일 너의 집을 방문할 거야. _____

9) 내가 영화 보러 갈 거라 생각하지 않아. _____

10) 내 생각에 내일 비가 올 거야. _____

11) 시험은 어려울 거라 생각하지 않아. _____

12) 내 생각에 너는 화날 거야. _____

2. 사라가 할 일을 확률로 적어놓았습니다. 아래 그림을 보고 문장을 만들어보세요.

| ❶ 50% see a doctor | ❷ 100% work at the office | ❸ 100% cook dinner | ❹ 50% travel |
| ❺ 90% be sick | ❻ 50% have a party | ❼ 100% hang out with friends | ❽ 90% be angry |

100%의 확률은 be동사, 90%의 확률은 must be, 50%의 확률은 might를 사용하세요.

1) [tomorrow] *Sara might see a doctor tomorrow.*

2) [next Saturday] _____

3) [tonight] _____

4) [next month] _____

5) [now] _____

6) [tomorrow] _____

7) [this Friday] _____

8) [now] _____

3. 아래 그림을 보고 must be를 사용해서 영작해보세요.

❶	❷	❸	❹	❺	❻
Carrie	John	Tim	Frank	Sara	Cathy
hungry	happy	in the restaurant	depressed	bored	excited

1) *Carrie must be hungry.*
2) _____
3) _____
4) _____
5) _____
6) _____

> must be는 여러분의 추측이 거의 맞는다고 생각할 때 사용하는 표현입니다. be동사가 있으니 뒤에는 형용사를 써주세요.

4. will이나 be going to를 사용해서 아래 문장을 영작해보세요.

1) 내일 뭐할 거니?   *What will you do tomorrow?*
2) 내일 뭐할 예정이니? _____
3) 내일 영화를 볼 예정인가요? _____
4) 내일 친구들과 소풍 갈 거니? _____
5) 내일 서울에 갈 예정인가요? _____
6) 내일 비가 올까요? _____
7) 이번 달에 태국에 갈 예정이니? _____
8) 이번 주에 무엇을 할 예정인가요? _____

> will은 '~을 하려는 나의 의지, be going to는 '~할 예정이야'라고 여러분의 계획을 말할 때 사용하는 표현이에요.

5. 빈칸에 must, be going to, might, have to와 박스 안의 동사들 중에 알맞은 것을 채워 넣으세요. (필요하면 변형 가능)

rain, sell, buy, ~~speak~~, see, wash, work, have

1) Sara has lived in Canada for 10 years. She (*must*) (*speak*) English well.
2) There are a lot of clouds in they sky. It (_____) (_____) soon.
3) I am not sure, Frank (_____) (_____) a gift for you today.
4) You (_____) (_____) your hands before you have meals.
5) (_____) Frank (_____) (_____) this Saturday?
6) Carrie is sick now. She (_____) (_____) a doctor tomorrow.
7) I (_____) (_____) my car.
8) Frank always goes shopping everyday. He (_____) (_____) a lot of money.

6. should / shouldn't / have to / don't have to를 이용해 영작해보세요.

don't have to는 '~할 필요는 없어'란 표현으로 don't need to와 의미가 비슷해요.

1) 양치를 해야 해.   *You should brush your teeth.*

2) 꼭 양치를 해야 해. _____

3) 늦게 자면 안 돼. _____

4) 거기에 갈 필요는 없어. _____

5) 매일 너의 방을 청소해야 해. _____

6) 설거지를 할 필요는 없어. _____

7. have to의 문장을 must의 문장으로 바꾸어보세요.

must는 의미가 상당히 강한 표현이니 말할 때 조심하세요.

1) You have to do your homework.   *You must do your homework.*

2) Frank doesn't have to go there. _____

3) We don't have to visit there. _____

4) Mike has to work hard. _____

5) You have to wear a safety belt. _____

6) I have to meet my mother. _____

8. 다음은 프랭크가 내일 할 예정인 일입니다. 그림을 보고 문장을 만들어보세요.

❶ go to a concert	❷ meet friends	❸ go on a business trip
❹ swim in the pool	❺ work out in the gym	❻ watch TV in the living room

1)   *Frank is going to go to a concert tomorrow.*

2) _____

3) _____

4) _____

5) _____

6) _____

9. 다음을 영작해보세요.

1) 내 생각에 나는 오늘 밤 외식할 거야.   *I think I will eat out tonight.*

2) 너는 프랭크를 알고 있음이 틀림없어. _____

3) 이번 주말에 눈이 올지도 몰라. _____

4) 당신은 손을 씻어야 해요. _____

5) 오늘 나는 쇼핑 갈지도 몰라. _____

6) 오늘 농구를 할 예정이니? _____

7) 지금 어디를 가고 있니? _____

8) 내 부인은 헷갈리고 있음이 틀림없어. _____

9) 나는 내일 일찍 일어나야 해. _____

10) 그녀는 여기서 떠들면 안 돼요. _____
   [떠들다: make noise]

confused
(헷갈리는),
interested
(흥미 있는),
bored
(지루한)처럼
나의 기분을
이야기할 때는
〈동사 + ed〉의
형태로 사용해
요.

10. 다음을 영작해보세요.

1) 너는 여기서 담배를 피우면 절대로 안 돼.   *You must not smoke here.*

2) 지금 어디 가고 있니? _____

3) 어제 친구들을 만났니? _____

4) 오늘 비가 오지 않을 거야. _____

5) 내일 친구들과 영화 보기로 되어 있어. _____

6) 공공장소에서 소리치면 안 돼요. _____
   [공공장소: in public]

11. 다음을 영작해보세요.

1) 나는 지금 커피를 타고 있어.   *I am making coffee now.*

2) 나는 내일 친구들과 전주에 가게 되어 있어. _____

3) 내 여자 친구는 아마도 지금 집에 있을 거야. _____

4) 그는 그 대답을 알고 있음이 틀림없어. _____

5) 그녀는 내 엄마야. _____

6) 프랭크는 자전거를 탈 거야. _____

7) 내일 영어 공부할 예정이니? _____

8) 지금 무엇을 쳐다보고 있니? _____

'커피를 타
다'는 make
coffee,
'자전거를 타
다'는 ride on
a bicycle입
니다. 의미가
다르기 때문에
영어 동사도
다르다는 것을
기억하세요.

be동사, do동사 그리고 명령문

영어에서 동사는 2가지 형태로 되어 있지. be동사와 행동동사(일반동사)의 형태이지.

의문문, 부정문, 평서문의 형태가 문법적으로 달라서 그렇게 구별하는 거구나~

be동사는 보통 형용사 앞에 많이 쓰이고, 일반동사는 행동을 나타내는 동사를 말합니다. '~을 하다'란 뜻으로 do를 대표적으로 사용해요.

A. be동사의 부정문과 일반동사의 부정문

be동사의 부정문	일반동사(Do)의 부정문
I am not	I do not (don't)
You are not	You do not (don't)
They are not	They do not (don't)
We are not	We do not (don't)
She is not	She does not (doesn't)
He is not	He does not (doesn't)
It is not	It does not (doesn't)

- I am not tired today.
- Frank doesn't feel tired.
- She is not driving now.
- He doesn't help me.
- We don't catch a cold.
- They are not tall.
- It doesn't work.

B. be동사의 과거 부정문과 일반동사의 과거 부정문

2가지 동사의 형태에 따라 말하는 방법이 달라지니까 2가지 동사를 잘 기억해두세요.

be동사 과거 부정문	일반동사(Do)의 과거 부정문
I was not	I did not (didn't)
You were not	You did not (didn't)
They were not	They did not (didn't)
We were not	We did not (didn't)
She was not	She did not (didn't)
He was not	He did not (didn't)
It was not	It did not (didn't)

- She didn't call me yesterday.
- I didn't make a reservation.
- She didn't pay with her card.
- We were not angry.
- They didn't use it.
- It was not expensive.
- It didn't rain yesterday.
- She didn't want to talk about it.

(be동사/do동사/조동사의 부정문과 의문문의 차이점을 공부하고 싶다면 page 223~224 참고, 영어의 시제를 정리하고 싶다면 page 225 참고)

C. be동사의 의문문과 일반동사의 의문문

be동사의 의문문	일반동사(Do)의 의문문
Am I	Do I
Are you	Do you
Are they	Do they
Are we	Do we
Is she	Does she
Is he	Does he
Is it	Does it

- <u>Am</u> I late for work?
- <u>Does</u> she usually cook breakfast?
- <u>Do</u> you often go fishing?
- <u>Is</u> he kind?
- <u>Are</u> you happy?
- <u>Do</u> you have NIKE sneakers?
- <u>Is</u> it water-proof?
- <u>Does</u> she speak English?

> be동사의 의문문은 be동사를 문장의 맨 앞으로 보내고, do동사의 의문문은 문장의 맨 앞에 Do/Does를 넣고 <주어 + 동사>의 형태로 말해요.

D. be동사의 과거 의문문과 일반동사의 과거 의문문

be동사 과거 의문문	일반동사(Do)의 과거 의문문
Was I	Did I
Were you	Did you
Were they	Did they
Were we	Did we
Was she	Did she
Was he	Did he
Was it	Did it

- <u>Did</u> you have dessert?
- <u>Did</u> he stay in Busan?
- <u>Were</u> you cold yesterday?
- <u>Did</u> you order some dishes?
- <u>Was</u> it windy yesterday?
- <u>Were</u> you sick yesterday?
- <u>Did</u> you take medicine?
- <u>Did</u> you have dinner?

E. 의문사를 활용한 문장 만들기

- <u>What</u> time does the store open?
- <u>Where</u> is a duty free shop?
- <u>When</u> did you pay the bill?
- <u>What</u> is your room number?
- <u>Where</u> do I order?

- <u>Where</u> were you yesterday?
- <u>Where</u> is the washroom?
- <u>What</u> time did you come home yesterday?
- <u>Why</u> did you cancel your reservation?
- <u>Where</u> can I get some coffee?

> 명령문의 부정문은 be동사와 do동사 관계없이 문장의 맨 앞에 Don't를 사용하면 돼요. 형용사의 명령문은 문장의 맨 앞에 be동사를 넣어주세요.

F. 동사를 그대로 사용하면 강한 말이 됩니다. 부정문은 동사 앞에 Don't을 붙입니다.

- <u>Open</u> the door!
- <u>Eat</u> breakfast!
- <u>Come</u> here!
- <u>Be</u> happy!
- <u>Wash</u> your hands!
- <u>Wait</u> for me!

- <u>Don't make</u> noise!
- <u>Don't be</u> shy!
- <u>Don't run</u> here!
- <u>Don't be</u> late!

엄마: Stop playing smart phone games!
Clean your room and do your homework!
아들: Stop it! I will clean my room soon!

실전연습

1. 다음 문장을 부정문이나 의문문으로 바꾸어보세요.

be동사의 부정
문/의문문과
일반동사의 부
정문/의문문은
형태가 다르다
는 것을 기억해
주세요.

1) I am studying English now. (의문문) _Am I studying English now?_

2) She went home yesterday. (부정문) _____

3) Frank is going to grow trees. (의문문) _____

4) She ate chicken yesterday. (의문문) _____

5) He is tired. (부정문) _____

6) I fought with my brother. (부정문) _____

7) She teaches English in school. (의문문) _____

8) They are playing tennis tomorrow. (부정문) _____

2. 다음 문장을 (   )의 지시에 따라 바꾸어보세요.

· 도시락:
lunch box
· 끝다: quit

1) There are some apples on the table. (과거형) _There were some apples on the table._

2) She usually brings her lunch box. (의문문) _____

3) She needs my help. (부정문) _____

4) Carrie quit smoking last year. (의문문) _____

5) Is Frank crying? (과거형) _____

6) Open the door. (부정문) _____

3. Yes나 No를 사용해서 다음 질문에 대한 대답을 해보세요.

연인이 있고
없고는 중요
하지 않고 미
혼인 사람
을 말할 때는
single을 사용
하세요.
결혼한 사람은
married라고
해요.

1) Are you single? _Yes, I am single._

2) Did you do your homework? _____

3) Is your husband sleepy now? _____

4) Does Sara usually eat breakfast? _____

5) Did you work at the office yesterday? _____

6) Are there good restaurants near here? _____

7) Is everything okay? _____

8) Do you like to go hiking? _____

4. [   ] 안의 단어들을 올바른 순서로 배열해서 문장을 만들어보세요.

1) [did, Where, study, you, English?]   *Where did you study English?*

2) [going, you, tell, to, Are, the secret?] _____

3) [night?, rain, it, Did, last] _____

4) [want, do, When, you, me?, swim, with, to] _____

5) [doesn't, want, tonight. She, out, go, to] _____

6) [your, the, running, at, boyfriend, Is, park?] _____

7) [time, Frank, does, What, up?, wake] _____

8) [going, Is, to, it, tomorrow?, rain] _____

5. 빈칸에 do/does/don't/doesn't/is/am/are 중 알맞은 것을 넣고
괄호 안의 동사의 형태를 바꾸세요.

1) What (*do*) you (*do*) for living? (do)

2) "Where is Frank?" "I (   ) (   ) where he is." (know)

3) What (   ) Frank (   ) now? (do)

4) Where (   ) you (   ) from? (come)

5) I (   ) (   ) soccer now. I am a good soccer player. (play)

6) What is so funny? Why (   ) you (   ) at me? (laugh)

7) What (   ) she (   ) to be? (want)

8) Frank and Sara (   ) (   ) home together now. (go)

· laugh:
크게 웃다
· laugh at:
비웃다

6. 다음 문장을 명령문으로 바꾸어보세요.

1) Can you open the window please?   *Open the window!*

2) Can you turn off the light please? _____

3) Could you bring me coffee please? _____

4) Could you answer my phone please? _____

5) Can you give me some salt please? _____

6) Can you order a pizza for me please? _____

7) Can you be quiet please? _____

8) Could you keep my luggage please? _____

동사를 문장의
맨 앞에 쓰면
강한 말이 돼
요. be동사는
am/are/is로
바뀌지 않고
문장의 맨 앞
에 be를 사용
하면 돼요.

7. 다음 그림을 보고 대답해보세요.

see a play,
see a movie
는 극장에 가
서 영화나 연
극을 본다는
의미가 돼요.
watch a
play, watch
a movie는 장
소보다는 단순
히 보는 것에
초점을 둔 표
현이에요.

1) Where was Frank yesterday?   *Frank was at the movie theater.*

2) What was Frank doing yesterday? _____

3) Who did Frank meet yesterday? _____

4) What did Carrie eat yesterday? _____

5) What did Frank drink yesterday? _____

8. 의문사를 활용해서 영작해보세요.

· 휴가:
vacation
· 버스정류장:
bus stop

1) 몇 시에 은행이 문을 여나요?   *What time does the bank open?*

2) 어디서 커피를 살 수 있죠? _____

3) 화장실이 어디에 있나요? _____

4) 당신이 좋아하는 과일이 뭔가요? _____

5) 여기 근처에 버스 정류장이 어디에 있죠? _____

6) 왜 이 나라를 여행하나요? _____

7) 어디서 약간의 얼음을 얻을 수 있죠? _____

8) 어제 누구를 만났나요? _____

9) 언제 휴가를 다녀왔나요? _____

10) 왜 제가 출장을 가야 하죠? _____
[~해야 하죠: should]

9. 다음 문장을 명령문 형태로 영작해보세요.

'나를 데리러
와'는 pick
me up이라 말
하세요.

1) 문 닫아! *Close the door!*   2) 늦지 마! _____

3) 일찍 집에 들어와! _____

4) 버스 정류장으로 데리러 와! _____

5) 늦게 자지 마! _____   6) 에어컨 틀어! _____

7) 떠들지 마! _____   8) 조심해! _____

10. 부정문, 의문문의 형태로 문장을 영작해보세요.

1) 너는 지금 물을 끓이고 있니?   *Are you boiling water now?*

2) 프랭크는 요리하는 것을 좋아하지 않아. _____

3) 너는 어떤 운동을 하니? _____

4) 그녀는 보통 물을 많이 마시지 않아요. _____

5) 너는 지금 나의 휴대폰을 사용하고 있니? _____

6) 사라는 어제 집에서 안 쉬었어. _____

7) 보통 몇 시에 퇴근을 하나요? _____
[퇴근하다: leave the office]

8) 그녀는 지금 TV를 보고 있지 않아. _____

'쉬다'는 take a rest보다는 rest란 한 단어만 쓰는 것이 더 자연스러워요.

11. (   )에 있는 단어를 사용해서 의문문을 만들고 그 물음에 대답해보세요.

1) 너는 누구를 기다리고 있어?   나는 친구를 기다리고 있어. (wait)
   Who are you waiting for?   I am waiting for my friend.

2) 보고서를 검토했나요?   아직, 검토를 안 했습니다. (check)
   _____

3) 제가 당신을 꼭 기다려야 하나요?   아니요, 저를 기다릴 필요는 없어요. (wait)
[꼭 ~하다: have to]
   _____

4) 무슨 생각을 하고 있어?   너 생각하고 있었지. (think)
   _____

5) 언제 천안을 떠날 거야?   다음 주에 천안을 떠날 거야. (leave)
   _____

leave는 특별한 동사예요. '떠나다'란 뜻도 있고 '놓다'란 뜻도 있어요.
· I will leave you. (난 너를 떠날 거야.)
· You can leave paper here. (여기에 종이를 놓으세요.)

12. 다음 문장을 영작해보세요.

1) 왜 영어 공부하기로 결심했나요?   *Why did you decide to study English?*

2) 제 집을 내일 방문할 예정인가요? _____

3) 케이크를 만들 예정인가요? _____

4) 지금 비가 내리고 있어요. _____

5) 당신의 새로운 선생님은 친절한가요? _____

6) 그들은 세차를 할 예정이야. _____

7) 언제 중국을 여행했니? _____

8) 그녀는 일요일에 일하는 것을 좋아하지 않아. _____

9) 프랭크는 아침을 항상 먹나요? _____

10) 전화가 오고 있어. _____

rain은 명사로 '비'란 뜻도 있지만 동사로 '비가 내리다'란 뜻도 있어요.
· I like to watch rain. (저는 비를 보는 것을 좋아해요.)
· It is raining now. (지금 비가 오고 있어요.)

조동사의 정리

A. will, can, might, should 뒤에는 동사 그대로 사용합니다.

	평서문	부정문	의문문
will = ~할 거야	I will ~	She will not ~	Will you ~
can = ~할 수 있어	She can ~	He cannot ~	Can people ~
might = ~할지도 몰라	They may ~	It may not ~	May you ~
may = might	They might ~	It might not ~	Might you ~
should = ~해야 해	We should ~	Frank should not ~	Should you ~

B. 짧은 시간에 대해서 말할 경우 will은 말하는 사람의 의지를 표현하고, 긴 시간에 대해서 말할 경우에는 단순한 생각을 의미하는 경우가 많습니다.

강한 의지 will

생각 중이야 will

I will do it.
〈짧은 시간〉

I will do homework next month.
〈긴 시간〉

- I <u>will</u> go to America next week. (시간이 길기 때문에 약한 의지를 말할 때 사용)
- We <u>will</u> go out tonight. (시간이 짧기 때문에 강한 의지를 말할 때 사용)
- I think Frank <u>will</u> win the game. (게임에 이길 것 같은 나의 생각을 말할 경우)
- I <u>will</u> buy this ring. (지금 살 거란 강한 의지)
- I <u>will</u> call you tomorrow. (내일 할 거란 의지가 좀 약해짐)

C. can은 '~할 수 있어'란 뜻으로 나의 능력을 보여줄 때 사용합니다.

- I <u>can</u> speak English.
- Frank <u>can</u> make new friends.
- They <u>can</u> run to school fast.
- She <u>can</u> help you.
- He <u>can</u> use a smart phone.
- I <u>can</u> play the piano.

D. 정중한 부탁을 의미할 때는 can 대신에 could를 사용할 수 있습니다.

- <u>Could[Can]</u> you pick up my package please? (could는 요청할 때 사용할 수 있어요.)
- <u>Could[Can]</u> you bring me some milk please? (could는 can보다 요청의 의미가 강해요.)
- <u>Could[Can]</u> you open the door please? (could보다 may를 쓰면 정중한 요청이 돼요.)
- <u>Can</u> I have the bill please? = Give me the bill please.
- <u>Can</u> I have some tissue please? = Give me some tissue please.
- <u>Can</u> I have some water please? = Give me some water please.

> give me보다는 Can I have란 표현을 사용하여 '~ 주세요'라고 말해보세요.

E. might는 '~할지도 모른다'란 뜻으로 may와 의미가 같습니다.

- I <u>might</u> go on a vacation next week.
- My father <u>might</u> go on a business trip.
- I <u>might</u> go to work on this Sunday.

- Frank <u>might</u> call you tonight.
- She <u>might</u> have a blind date.
- He <u>might</u> not go to Seoul.

■ be going to / be -ing / will / might의 비교

- I <u>am going to</u> meet you tonight. (볼 예정)
- I <u>am meeting</u> you tonight. (확신)

- I <u>will meet</u> you tonight. (의지)
- I <u>might meet</u> you tonight. (가능)

> May I는 '~해도 될까요?'란 뜻으로 정중히 물어볼 때 사용해요.
> · May I ask a question?
> · May I have your phone number?

F. should는 누군가에게 충고나 조언을 할 때 사용하는 단어로 좀 더 강하게 말을 하고 싶다면 have to 또는 must를 사용할 수 있습니다.

- You <u>shouldn't</u> run in the hallway.
- She <u>should</u> see a doctor.
- Frank <u>should</u> study hard.
- He <u>must</u> go there.

- You <u>have to</u> be quiet!
- You <u>have to</u> see a doctor.
- Frank <u>has to</u> study hard.
- I <u>must</u> pass the test.

G. I would rather는 '~하는 편이 더 좋아요'란 표현으로, 누군가의 제안을 정중히 거절할 때 사용합니다.

- I am tired. I <u>would rather</u> stay home.
- I <u>would rather</u> drink juice.
- I <u>would rather</u> wait here.
- I <u>would rather</u> get a job.
- <u>I'd rather</u> eat pizza.
- <u>I'd rather</u> live in a small house.

(조동사의 의미를 정리해서 공부하고 싶다면 page 228 참고)

> I'd rather 는 I would rather의 줄임말이에요. 나의 의견을 정중히 말할 때 사용해보세요.

실전연습

1. 다음 [ ]의 힌트를 보고 빈칸에 알맞은 조동사를 넣어서 문장을 완성해보세요.

1) [~해야 해] (*Should*) I go there?

2) [아마도] Sara ( ) play soccer with her friend.

3) [~할 거야] I ( ) call you tomorrow.

4) [~할 수 없어] I ( ) speak English.

5) [~할 수 없어] She ( ) understand it.

6) [~할 거야] I ( ) go to America next week.

조동사의 부정 문은 조동사 뒤에 not을 사용해요.

2. 다음을 영작해보세요.

1) 나는 병원에 가야 해. _I should see a doctor._

2) 문을 열어줄 수 있나요? _____

3) 너는 일요일에 꼭 일해야 해. _____

4) 우리는 아마도 친구들이랑 술 마실 거야. _____

5) 내 생각에 프랭크는 게임에서 이길 거야. _____

6) 프랭크는 일찍 일어나야 해. _____

7) 우리는 오늘 밤에 나갈 거야. _____

8) 오늘 저에게 점심을 사줄 수 있나요? _____

'병원에 가다'는 go to a hospital 이 아닌 see a doctor라고 표현해주세요.

3. 다음 질문을 영작해보고, 그에 대한 대답을 해보세요.

| ❶ 샐러드로 할게요 | ❷ 집에 있을래요 | ❸ 바닥에 앉을래요 | ❹ 신문을 읽을래요 |

1) 스테이크를 드시고 싶나요? _Would you like to have steak?_

No, thanks, _I would rather eat salad._

2) 밖에 나가고 싶나요? _____

No, thanks, _____

3) 여기에 앉고 싶나요? _____

No, thanks, _____

4) TV를 보고 싶나요? _____

No, thanks, _____

would rather 뒤에 는 동사원형을 사용해요.

4. 다음은 내일 프랭크가 할 예정인 일입니다. 그림을 보고 문장을 만들어보세요.

❶ pick up John at the airport
❷ eat out with John
❸ attend the meeting
❹ prepare for the report
❺ drop off John at the hotel
❻ have dinner with his girlfriend

'~을 할 예정이다'란 표현은 be going to를 사용하세요.

1) *Frank is going to pick up John at the airport tomorrow.*

2) _____

3) _____

4) _____

5) _____

6) _____

5. 다음을 영작해보세요.

1) 프랭크가 꼭 일찍 일어나야 해요? *Does Frank have to get up early?*

2) 그녀는 엄마 말을 들어야 해요. _____

3) 내일 무엇을 할 건가요? _____

4) 프랭크는 그의 지갑을 찾을 수 없었어. _____

5) 그는 아마도 파티에 오지 않을 거야. _____

6) 그는 피자를 만들 수 있나요? _____

6. 다음 질문에 대해 긍정적으로 대답해보세요.

1) Should I study English? *Yes, you should study English.*

2) Does she have to do the laundry? _____

3) Could you carry my baggage? _____

4) Should I finish my report today? _____

5) Are you going to go to bed early? _____

6) Will you have lunch with me? _____

7. 다음을 영작해보세요.

1) 메뉴판 좀 갖다줄래요? _Can I have a menu? (Can you give me ~ Can you bring me~)_

2) 내가 뭘 해야 하지? _____

3) 사라가 오늘 밤에 너한테 전화할지도 몰라. _____

4) 내일 비 올지도 몰라. _____

5) 그녀는 친구들을 꼭 만나야 해. _____

6) 물 좀 주실래요? _____

7) 그녀는 세차를 할 수 없어. _____

8) 난 내일 영화 볼 거야. _____

9) 걔네들은 사라를 도와야만 해. _____

10) 그는 출장 갈 예정이야. _____

11) 에이미는 늦을지도 몰라. _____

12) 난 내 방을 꼭 청소해야 해. _____

'~주세요' 라고 말할 때 give me를 사용할 경우에는 꼭 Can you give me ~라고 말하세요.

8. 다음 그림을 보고 May I를 사용해서 질문을 만들어보세요.

1) _May I go home now please?_   2) _____

3) _____   4) _____

5) _____   6) _____

Can I는 '~해도 될까요?' 란 표현으로, 좀 더 정중한 표현은 Could I / May I가 있어요.

9. 다음 문장을 보고 해석해보세요.

1) I can study English. _난 영어 공부를 할 수 있어._

2) Carrie will study English tomorrow. _____

3) Cathy should study English. _____

4) We will not leave tomorrow. _____

5) Frank is not going to study English. _____

6) Sara might study English tomorrow. _____

10. 다음 그림을 보고 조동사를 사용해서 질문을 영작해보세요.

1) _May I ask you some questions?_

2) _____

3) _____

4) _____

5) _____

6) _____

정중히 거절을 할 경우에는 would rather를 사용하세요.

11. 다음 질문에 여러분의 의견을 적어보세요.

1) Should I get the job? _Yes, you should get the job._

2) Will it rain tomorrow? _____

3) Are you going to take a walk in the park? _____

4) Will you go shopping tomorrow? _____

5) Can you drink two bottles of Soju? _____

6) Are you sleepy now? _____

7) Can I call a taxi? _____

8) Should I make noise here? _____

Will you 는 '~할 거니', Are you going to는 '~할 예정이니'란 뜻이지만 한국어에서는 이 두 가지를 크게 구별하지 않아요. 따라서 여러분이 영어로 말할 때는 어떤 표현을 쓸지 잘 생각해봐야 해요.

12. 다음을 영작해보세요.

1) 넌 새 옷을 사야 돼. _You should buy new clothes._

2) 지금 영어 공부를 하고 있니? _____

3) 난 내일 서울에 안 갈 거야. _____

4) 그녀는 좀 더 조심스럽게 운전해야 해. _____
   [좀 더 조심스럽게: more careful]

5) 걔네들은 아마 오늘 밤에 나가지 않을 거야. _____

6) 7시에 나 좀 깨워줄래? _____

7) 넌 여기서 시끄럽게 하면 안 돼. _____

8) 소금 좀 건네줄래요? _____

pass란 단어로 문장을 만들 때는 pass me the salt, pass the salt to me 둘 다 옳은 표현이에요.

28 자주 쓰는 동사 표현 (have, make, do)

A. have는 '~을 갖고 있다'란 뜻이 있습니다. 한국말로 '~있어'란 뜻으로 쓰는 경우가 많습니다. there is / there are와 헷갈리지 마세요.

> have가 '갖고 있다'란 뜻으로 쓰일 경우 진행형을 사용할 수 없어요.
> · I am having a pen. (X)
> · We are not having cars. (X)

- I <u>have</u> money.
- Does Frank <u>have</u> long hair?
- Do you <u>have</u> free time?
- I don't <u>have</u> a job.
- I <u>had</u> a boyfriend last month.

- She <u>has</u> a boyfriend.
- Do you <u>have</u> children?
- He doesn't <u>have</u> a house.
- Do you <u>have</u> a vacation?
- Did she <u>have</u> long hair 2 years ago?

■ 병이나 증상을 나타낼 때 〈have + 병, 증상〉이라고 표현합니다.

> I <u>have</u> a cold.
> I <u>have</u> a headache.
> I <u>have</u> a sore throat.
> I <u>have</u> a fever.

> I am sorry.
> You should see a doctor.

- I <u>have</u> a headache.
- Do you <u>have</u> a cold?
- Frank <u>had</u> a backache.

- My boyfriend <u>has</u> a toothache.
- I <u>have</u> a fever.
- My father <u>has</u> a knee pain.

B. have는 '먹다, 마시다'란 뜻이 있습니다.

> have가 '마시다, 먹다'란 의미로 사용될 경우에는 〈be동사 + having〉으로 쓸 수 있어요.

- Do you want to <u>have</u> lunch with me?
- Try to <u>have</u> a glass of milk.
- I <u>had</u> a great lunch today.

- Where did you <u>have</u> dinner yesterday?
- Did you <u>have</u> a meal?
- <u>Have</u> some cookies.

C. have는 아래와 같은 표현으로 많이 쓰입니다.

- Let's <u>have</u> a party.
- I <u>had</u> an accident.
- <u>Have</u> a nice vacation.
- <u>Have</u> a nice weekend!

- I <u>have</u> a dream.
- She <u>has</u> a baby.
- <u>Have</u> a good trip!
- <u>Have</u> fun!

D. make는 '만들다'란 뜻으로 아래와 같이 사용합니다.

- Frank is <u>making</u> plans.
- I <u>made</u> a shopping list.
- Who <u>made</u> this coffee?
- I usually <u>make</u> a wish on my birthday.
- My wife likes to <u>make</u> a cake.
- My company <u>makes</u> machines.
- Why did you <u>make</u> the same mistake again.
- Did you <u>make</u> a wish?

make	a shopping list
	a project
	a report
	a mistake
	(a) noise
	the bed
	a wish

'영화를 만든다'는 make a movie지만 '사진을 찍는다'는 take a picture를 써요.

E. do는 일반적인 행동을 나타낼 때 사용하는 단어입니다.

- What did you <u>do</u> yesterday? (일반적으로 했던 일)
- What do you <u>do</u> for your living? (일반적으로 하는 일)
- Frank <u>did</u> a lot of things yesterday. (일반적으로 했던 일)
- I always <u>do</u> the same thing. (일반적으로 하는 일)
- I will <u>do</u> it for you. (일반적으로 할 일)

do는 '~을 하다'란 뜻이 절대로 아닙니다. 특정한 동사를 쓸 수 없는 경우에 사용하는 일반적인 행동을 나타내는 단어예요.

F. do는 한국말로 '~하다'란 뜻이지만 한국말과 표현이 다릅니다.

- 나는 축구를 해. → I do soccer. (X) I play soccer. (O)
- 나는 볶음밥을 하고 있어. → I am doing fried rice. (X) I am making fried rice. (O)
- 프랭크는 세차를 하고 있어. → Frank is doing his car. (X) Frank is washing his car. (O)
- 나는 게임을 하고 있어. → I am doing games. (X) I am playing games. (O)

※ 특정한 동사의 행동을 표현할 때는 play, wash, eat 등과 같은 동사를 사용해야 합니다.
한국말에서 '하다'란 뜻이 있다고 모두 do를 사용하면 안됩니다.

■ do는 아래와 같은 경우에 사용하고, 한국말로 '~하다'란 뜻이 됩니다.

- Did you <u>do</u> your <u>homework</u>?
- I don't like to <u>do housework</u>.
- She <u>did exercises</u> yesterday.
- She <u>did</u> her <u>best</u> but she failed the test.
- Can you <u>do</u> me <u>a favor</u>?
- I don't like to <u>do the dishes</u>.

do	housework
	the dishes
	the windows
	the laundry
	homework
	an exercise
	shopping

집안일을 할 때에는 do를 많이 사용해요.
· do the floor
· do the windows
· do the laundry
· do the windows
· do the bathroom

실전연습

1. 다음 그림을 보고 have를 사용해서 문장을 완성해보세요.

❶ 두통	❷ 열	❸ 감기
❹ 요통	❺ 기침	❻ 목 따가움

have는 '갖고 있다'란 뜻이 있어요. 하지만 한국 말에서는 '목 아파, 감기 걸렸어, 시간 없어, 돈 있니?'와 같은 문장을 쓸 때 have를 많이 사용해요.

1) [I] *I have a headache.*

2) [Frank]

3) [I]

4) [Sara]

5) [Carrie]

6) [I]

2. 다음 빈칸에 do, did, does, make, made, making 중 알맞은 것을 써넣으세요.

make는 '만들다'란 뜻이지만 '커피 타다, 실수했어, 예약했어, 친구 사귀었어'와 같은 형태로 많이 쓰여요. 단순히 '만들다'란 뜻으로 기억하지 말고 '없는 것'에서 무언가가 생기면 make를 쓸 수 있다고 생각하세요.

1) "Can you close the door please?" "No, problem! I will (*do*) it."

2) Can you (   ) some coffee for me?

3) I (   ) my best but I failed the test.

4) Are you (   ) a shopping list now?

5) My wife sometimes (   ) the dishes.

6) Carrie (   ) a bed in the morning.

3. 다음을 영작해보세요.

1) 지금 무엇을 만들고 있니? *What are you making now?*

2) 어제 뭘 했니?

3) 내일 숙제를 할 거야.

4) 우리는 점심을 먹고 있어.

5) 저녁으로 무엇을 먹고 싶니?

6) 언제 너는 빨래를 할 거니?

7) 누가 이 케이크를 만들었니?

8) 아침으로 보통 스프를 만드나요?

4. 다음 그림을 보고 프랭크가 무엇을 만들고 있는지 말해보세요.

1) What is Frank making now? *Frank is making a cake now.*

2) What is Frank making now? _____

3) What is Frank making now? _____

4) What is Frank making now? _____

make a bed 란 뜻은 '이불 개다, 이불 깔다'란 2가지 의미가 있어요. 아침에 일어나거나 잠자러 갈 때 '이부자리 = bed를 만든다'라고 생각하면 쉽게 이해할 수 있어요.

5. 다음을 영작해보세요.

1) 떠들지 마세요. *Don't make any moise.*

2) 어제 차 사고 났어. _____

3) 선약을 하셨나요? _____

4) 예약을 하셨나요? _____

5) 어제 즐거운 시간을 가졌나요? _____

6) 아침마다 보통 커피를 타나요? _____

7) 어디서 파티를 가졌니? _____

8) 어제 저는 많은 것을 했어요. _____

'사고'는 accident라고 하고, '즐거운 시간'은 great time, wonderful time이라 말할 수 있어요.

6. 아래 그림은 어제 있었던 일입니다. [   ] 안의 주어에 맞게 영작해보세요.

1) [Carrie] *Carrie did the floor yesterday.*

2) [two girls] _____

3) [Frank] _____

4) [Carrie] _____

5) [Frank] _____

6) [Carrie] _____

do는 집안일을 설명할 때 많이 사용해요.
· do the floor : 바닥을 청소하다
· do the bathroom: 화장실 청소하다
· do the window: 창문을 닦다

177

7. 아래 단어를 보고 have를 사용하여 그림 속의 사람들이 무엇을 하고 있는지 말해보세요.

a great time, a piece of pizza, ~~party~~, a glass of juice, a cup of tea, dinner

1) [We] *We are having a party.*
2) [Frank and Carrie] _____
3) [John and Sara] _____
4) [I] _____
5) [Tim] _____
6) [Cathy and Jina] _____

8. 다음을 영작해보세요.

'~을 하다'가 항상 do를 사용하지 않는다는 것에 주의하세요.

1) 나는 일요일에 보통 축구를 해. *I usually play soccer on Sundays.*
2) 어제 무엇을 했나요? _____
3) 언제 숙제를 할 거니? _____
4) 요리하는 것을 좋아해요? _____
5) 누가 보통 아침밥을 하니? _____
6) 아침에 운동을 하나요? _____
7) 컴퓨터 게임 자주 하나요? _____
8) 어제 농구를 했나요? _____

9. 다음을 영작해보세요.

'호의를 베풀다'란 의미는 Can you help me라 표현할 수도 있지만 do me a favor라고도 해요. favor는 '호의'란 명사로 보통 do와 함께 사용해요.

1) 저에게 호의를 베풀 수 있나요? *Can you do me a favor?*
2) 저는 치과의사와 만날 약속을 하지 않았어요. _____
3) 누가 이 영화를 만들었니? _____
4) 좋은 비행을 하셨나요? _____
5) 저는 보통 쇼핑 목록을 만들어요. _____
6) 제가 당신에게 저녁밥을 해드릴까요? _____
7) 어제 설거지했나요? _____
8) 우리는 어제 파티를 가졌어. _____

10. 그림 속의 사람들이 지금 무엇을 하고 있는지 말해보세요.

❶ salad ❷ laundry ❸ coffee ❹ homework
❺ picture ❻ noodles ❼ fried chicken ❽ dream

1) [Frank] *Frank is making salad now.*
2) [Frank]
3) [Jenny]
4) [Frank and Sara]
5) [Carrie]
6) [Carrie and Sara]
7) [Tim]
8) [John]

샐러드를 만들 때 cook salad라 하지 않아요. cook은 불을 사용해서 요리를 할 때 주로 쓰는 동사이기 때문에 make salad라고 하는 것이 옳은 표현이에요.

11. 다음을 영작해보세요.

1) 나는 기침을 해. 오늘 집에 있을 거야. *I have a cough. I will stay home today.*
2) 나는 어제 아무것도 안 했어.
3) 캐리는 열이 있어. 그녀는 휴식이 좀 필요해.
4) 내가 요리를 했어. 네가 설거지를 해야 해.
5) 프랭크는 어제 집안일을 안 했어.
6) 너의 회사는 무엇을 만드니?
7) 아침에 보통 무엇을 하나요?
8) 나는 널 위해 약간의 샌드위치를 만들었어.

cough를 동사로 사용하면 I coughed a lot yesterday. 명사로 사용하면 I had a cough yesterday. 라 표현할 수 있어요.

12. 다음을 질문을 영작해보고 질문에 대답해보세요.

1) 이 커피를 당신이 만들었나요? *Did you make this coffee?*
   Yes, I made this coffee. / No, I didn't make this coffee.
2) 즐거운 휴가를 보냈나요?
3) 아들이 있나요?
4) 여가시간이 많이 있나요?
5) 소원 빌었어?

명사의 소유격과 지시대명사

A. 명사의 소유격은 〈명사's + 명사〉를 원칙으로 합니다.

명사 – 살아 움직이는 경우: 명사's + 명사
– 살아 움직이지 않는 경우: the 명사 of the 명사

Sara's book	Jane's shoes	the roof of the house	the back of the car

- It is Frank's car. (프랭크는 살아 움직이기 때문에 〈명사's + 명사〉)
- It is my friend's house. (내 친구는 살아 움직이기 때문에 〈명사's + 명사〉)
- Are you going to Sara's school? (사라는 살아 움직이기 때문에 〈명사's + 명사〉)
- I like my brother's camera. (내 형은 살아 움직이기 때문에 〈명사's + 명사〉)
- What is the name of the whiskey. (위스키는 움직이기 않기 때문에 〈the 명사 of the 명사〉)
- Do you know the name of the street? (거리는 움직이기 않기 때문에 〈the 명사 of the 명사〉)

B. 소유대명사는 소유격을 짧게 줄여서 쓰는 말입니다.

> '나의 책'을 짧게 말하면 '내 것', '그녀의 차'를 짧게 말하면 '그녀의 것'으로 한국말로 소유대명사는 '~것'이란 뜻입니다.

주 격	목 적 격	소 유 격	소유 대명사
I have a pen.	They know me.	I like my house.	It is mine.
We have a party.	She needs us.	Do you see our house?	It is ours.
You know Sara.	Frank needs you.	I like your phone.	I like yours.
He likes pizza.	She hits him.	She needs his help.	I like his.
She needs money.	We know her.	I have her book.	It is hers.
They go to school.	She loves them.	You take their money.	It is theirs.
It has two legs.	I like it.	It has its tail.	X

C. 주어와 목적어는 같을 수 없습니다.
그래서 〈단수명사 + self / 복수명사 + selves〉를 붙입니다.

> -self/ -selves를 붙이는 것을 문법용어로 재귀대명사라 하고 '~ 스스로'라 해석합니다.

- I like me. (X)
- We look at us. (X)
- You know you. (X)
- He cut him. (X)
- She loves her. (X)
- They hurt them. (X)
- She likes her. (X)

- I like myself.
- We look at ourselves.
- You know yourself.
- He cut himself.
- She loves herself.
- They hurt themselves.
- She likes herself.

He is looking at himself.

Do you like <u>this</u> phone?	Can you see <u>these</u> pencils?	That is my car. Do you like <u>that</u> car?	Do you want to have <u>those</u> flowers?

D. 가까운 '1개'를 가리킬 경우에는 this를, '여러 개'를 가리킬 경우에는 these를 사용합니다.

- <u>This</u> is my book.
- Do you like <u>this</u> shirt?
- I don't like <u>this</u> picture.
- <u>This</u> hotel is not expensive.

- <u>These</u> are my books.
- Do you like <u>these</u> shoes?
- I don't like <u>these</u> pictures.
- <u>These</u> apples are not fresh.

> '이것'을 나타내는 it, this를 잘 구별해서 사용해야 해요.

E. 멀리 있는 '1개'를 가리킬 경우에는 that을, '여러 개'를 가리킬 경우에는 those를 사용합니다.

- Can you see <u>that</u> person?
- <u>That</u> is my car.
- Can you see <u>that</u> tree?
- Who is <u>that</u> girl?

- Who are <u>those</u> people?
- <u>Those</u> are my friends.
- Can you see <u>those</u> trees?
- Who are <u>those</u> girls?

F. 앞에서 발생한 것을 말할 때는 that을 사용합니다.

- I didn't know <u>that</u>. (앞에서 말한 것을 다시 말할 때)
- <u>That</u> is a good idea. (앞에서 말한 의견을 다시 말할 때)
- <u>That</u> is all right. (앞에서 나온 일을 다시 말할 때)
- <u>That</u>'s nice. (앞에서 행동할 것을 다시 말할 때)

G. 사람을 소개할 때는 this를 사용합니다.

- Who is <u>this</u>?
- <u>This</u> is my brother, Frank.
- <u>This</u> is Tom.
- <u>This</u> is Seoul, capital of Korea.

This is my brother John.

This is Frank.

Hi! Nice to meet you.

- 전화상에서 말을 할 때는 this을 사용합니다.

- Hi, <u>this</u> is Kevin.
- <u>This</u> is John.
- Is <u>this</u> Carrie?
- Who is <u>this</u>?

> 전화는 선으로 연결되어 있다고 생각되었기 때문에 전화상에서는 this를 사용했어요. Who are you?보단 Who is this?가 더 좋은 표현이란 것을 기억해두세요.

H. 〈give/pass/tell/send/bring + 사물 + to 사람〉의 형태로 사용해요.

- Frank <u>gave</u> flowers to me.
- He didn't <u>tell</u> the story to me.
- My father <u>brought</u> a gift to me.

- He <u>passed</u> the spoon to her.
- I didn't <u>send</u> an email to you.
- She will <u>bring</u> a car to me tomorrow.

실전연습

1. 빈칸에 알맞은 주격, 소유격, 목적격, 소유대명사를 넣어보세요.

주 격	소 유 격	목 적 격	소유대명사
I	1) *my*	me	2)
3)	your	you	4)
We	5)	6)	ours
7)	their	them	8)
He	9)	10)	his
11)	12)	her	13)
It	14)	15)	X

2. 다음 문장을 소유대명사로 바꾸어보세요.

소유 대명사는 〈소유격 + 명사〉를 한 단어로 줄여 쓸 때 사용하는 표현이에요.

1) It is his book. *It is his.*

2) It is her book. _____

3) It is my bicycle. _____

4) They are our shoes. _____

5) They are their pens. _____

6) They are your chopsticks. _____

3. 다음 그림을 보고 질문에 맞게 누구의 물건인지를 말해보세요.

〈whose + 명사〉는 '누구의 명사'라는 뜻이에요.
· whose dog: 누구의 개
· whose camera: 누구의 카메라

1) Whose notebook is it? *It is Frank's notebook. - It is his.*

2) Whose dog is it? _____

3) Whose pen is it? _____

4) Whose car is it? _____

5) Whose camera is it? _____

6) Whose money is it? _____

7) Whose beanie is it? _____

8) Whose house is it? _____

4. 다음 대명사를 재귀대명사로 바꾸어보세요.

1) I _myself_   2) He _____   3) She _____

4) We _____   5) They _____   6) You _____

7) It _____   8) He and I _____   9) She and he _____

5. 다음 그림을 보고 ⟨the + 명사 of + the + 명사⟩를 사용해서 영작을 해보세요.

❶	❷	❸
the 지붕 of the 집	the 다리 of the 테이블	이름 of 마을
❹	❺	❻

1) 이 집의 지붕을 볼 수 있나요? _Can you look at the roof of the house?_

2) 나는 테이블의 다리를 고쳐야 해. _____

3) 프랭크는 이 마을의 이름을 알고 싶어 해. _____

4) 종이 위쪽에 당신의 이름을 쓸 수 있나요? _____

5) 이 집의 벽은 하얀색이야. _____

6) 나는 이 영화의 처음 부분을 볼 수 없었어. _____

6. 다음 ( ) 안에 myself, yourself, himself, herself, ourselves, themselves 중 알맞은 것을 넣으세요.

1) I enjoyed (_myself._)

2) We had a great day. We enjoyed (_____).

3) She likes to look at (_____).   4) You hurt (_____) again.

5) He cut (_____).   6) I made it (_____).

7) Frank and Sara looked at (_____).   8) She burned (_____).

7. 다음을 영작해보세요.

1) 나는 너의 부인을 몰라. _I don't know your wife._

2) 이것은 내가 좋아하는 음식이야. _____

3) 나는 내 스스로 베였어. _____

4) 프랭크는 그의 빨간색 셔츠를 좋아해. _____

5) 이 거리의 이름이 무엇인가요? _____

8. that을 사용해서 아래 대화를 영작해보세요.

that은 앞에 있는 표현을 받을 때 사용할 수 있는 표현이에요. It is good.이란 표현보단 That's good.이란 표현이 더 좋아요.

1) Frank: 영화 보러 가고 싶나요? *Would you like to go to the cinema?*

   Carrie: 네, 좋은 생각이에요. *Yes, that's a good idea.*

2) Frank: 난 직업을 찾았어. _____

   Carrie: 좋아요. _____

3) Frank: 나는 여자 친구랑 헤어졌어. _____

   Carrie: 너무 안됐어요. _____

4) Frank: 사라는 내년에 캐나다에 갈 거야. _____

   Carrie: 정말? 전 몰랐었어요. _____

9. 다음을 영작해 보세요.

아름다워: beautiful
사실: true
를 사용해서 영작을 해 보세요.

1) 나는 저것들을 살 거야. *I will buy those things.*

2) 너는 이 치마를 좋아하니? _____

3) 이 꽃들은 아름다워. _____

4) 이분은 내 형이야. _____

5) 그것을 만지지 마! 내 거야. _____

6) 미안해요. 괜찮아요. _____

7) 이것들은 너의 *열쇠니? _____

8) 프랭크는 잘생겼어. 그것은 사실이 아니야! _____

9) 그녀는 스스로 베였어. _____

10) 나는 그를 몰라. _____

* 한국어는 복수명사의 개념이 중요하지 않아요. 열쇠들이란보단 '열쇠'라고 말을 많이 해요.
'열쇠 가져왔어'(O) '열쇠들을 가져왔어'(X) 하지만 영어는 단수명사, 복수명사를 구별해서 사용해야 해요.

10. 주격, 목적격, 소유격을 사용해서 영작해보세요.

'하지만'이란 뜻을 but이라고 해요.

1) 그는 나의 아버지야. 그는 그들을 알아. *He is my father. He knows them.*

2) 나는 맥주를 마셔. 나는 그것이 좋아. _____

3) 그녀는 탐을 좋아하니? → 아니, 그녀는 그를 안 좋아해.

   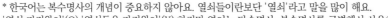

4) 잔은 너를 알아, 하지만 그는 나를 몰라. _____

5) 이것은 우리의 차야. 우리는 그것을 사랑해. _____

6) 그는 우리를 보기 원해. _____

7) 나는 내 스스로 파티를 즐겼어. _____

8) 저것들은 사라의 책이야. 나는 그것들이 좋아. _____

11.
'누구의'라고 표현할 때는 whose를 사용합니다. 〈whose + 명사〉를 사용해서 문장을 영작해보세요.

1) 이것은 누구의 차인가요? *Whose car is this?*

2) 이것은 누구의 공책인가요? _____

3) 이것은 누구의 지갑인가요? _____

4) 이것들은 누구의 책들인가요? _____

5) 저것은 누구의 전화기인가요? _____

6) 이것은 누구의 약인가요? _____

whose는 명사와 함께 사용해요.
· whose books
· whose desk
· whose shoes

12.
다음을 영작해보세요.

1) 나는 보통 내 점심 도시락을 가져와요. *I usually bring my lunch box.*

2) 사라의 책을 만지지 마! 저것은 그녀의 것이야. _____

3) 저것은 나의 아버지의 집이야. 저것은 그의 것이야. _____

4) 나는 책상의 다리를 고칠 거야. _____

5) 저것들은 꽃이야. 나의 어머니는 그들을 좋아해. _____

6) 당신은 당신 스스로를 사랑하나요? _____

7) 이것은 나의 아버지의 가방이야. _____

8) 우리는 너의 누나네 집에 머물렀어. _____
　　　[~ 안에 머무르다: stay in]

영작을 할 때 도시락: lunch box, 고치다: fix를 사용하세요.

13.
〈give/pass/tell/send/bring + 사물 + to 사람〉을 사용해서 문장을 영작해보세요.

1) 나는 너에게 공을 건네줄 거야. *I will pass the ball to you.*

2) 프랭크는 나에게 약간의 정보를 주었어. _____

3) 나의 엄마는 나에게 케이크를 가져다줬어. _____

4) 나는 너에게 메시지를 보낼 거야. _____

5) 그녀는 나에게 그 소식을 말하지 않았어. _____

6) 저에게 표를 건네줄 수 있나요? _____

〈give/pass/tell/send/buy + 사람 + 사물〉의 형태로 표현을 해도 같은 뜻이 돼요.
· I gave Frank some advice. = I gave some advice to Frank.

3형식, 4형식의 동사에 대한 자세한 내용은 page 226 참고

14.
this, that, these, those 중 알맞은 것을 괄호 안에 쓰세요.

①	②	③	④

1) Do you like (*these*) flowers?

2) Where did you buy (____) shoes?

3) Look at (____) trees.

4) Who lives in (____) house?

형용사를 사용할 수 있는 동사들

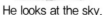
He looks at the sky.

She looks tired.

The chicken smells delicious.

I am smelling flowers.

A. look at과 look의 의미는 다릅니다.

- I like to <u>look at</u> the blue sky. (look at ~을 쳐다보다)
- You <u>look</u> tired. (look ~처럼 보이다)
- Frank is <u>looking at</u> the tall building. (look at ~을 쳐다보다)
- Frank <u>looks</u> angry. (look ~처럼 보이다)

> 여기서 like는 '좋아하다'란 뜻이 아니라 전치사로 '~처럼'이란 뜻입니다.

- ■ look 뒤에는 형용사, look like 뒤에는 명사가 옵니다.

- Frank looks a movie star. (X)
- Cathy looks sad. (O)
- You look a good boy. (X)

- Frank looks like a movie star. (O)
- Cathy looks like sad. (X)
- You look like a good boy. (O)

B. smell 뒤에 있는 단어에 따라 의미가 달라집니다.

- This food <u>smells</u> good. (~ 냄새가 난다)
- I like to <u>smell</u> flowers. (냄새를 맡다)
- The drain <u>smells</u> bad. (~ 냄새가 난다)
- I like to <u>smell</u> my boyfriend's hair. (냄새를 맡다)
- She <u>smells</u> like flowers. (~ 냄새가 난다)

C. 〈feel + 형용사〉는 '~느낌이 들다'란 뜻이에요.

- I <u>feel</u> tired. 저는 피곤한 느낌이 들어요.
- Frank <u>feels</u> bored. 프랭크는 지겨운 느낌이 들어요.
- She <u>doesn't feel</u> sleepy. 그녀는 졸린 느낌이 들지 않아요.
- He <u>feels</u> sorry for me. 그는 나에게 미안함을 느껴요.
- I <u>feel</u> cold. 나는 추운 걸 느껴요.

D. 〈sound + 형용사〉는 '~처럼 들려요'란 뜻이에요.

- You <u>sound</u> mad. 네가 화난 것처럼 들려.
- That <u>sounds</u> fun. 그것은 재미있는 것처럼 들려.
- She <u>sounds</u> jealous. 그녀가 질투하는 것처럼 들려.
- It <u>sounds</u> funny. 그것은 웃긴 것처럼 들려.

E. 〈get + 형용사〉는 '～되다'란 뜻으로 사용합니다.

He is happy.

He gets angry.

He is angry now.

- I had lunch 2 hours ago, but I am getting hungry now.
- I was sick yesterday. I am getting better now.
- It rained yesterday so I got wet.
- We got lost in L.A.
- I will get married next year.
- She likes to get dressed up.

get은 많은 뜻이 있기 때문에 문장을 말할 때 어떤 동사를 써야 할지 모를 때 사용하면 좋은 만능동사예요.

F. get은 '도착하다'란 의미가 있습니다.

I go to work.
I leave home.

I am on the way.
(～에 가고 있어)

I get to work.
I arrive at work.

home을 쓰면 to를 사용하지 않아요.
· get to home (X)
  get home(O)
· go to home (X)
  go home (O)

G. 수량을 나타내는 형용사

I have some water.

I have enough water.

I have a lot of water.

I have too much water.

- I have enough money.
- Carrie doesn't have enough time.
- I ate a lot of chicken.
- She doesn't have any food.
- We have too much work.
- Frank ate too much chicken.

동사 뒤에 too much를 사용하면 '너무 많이 ～했다'란 표현이 돼요.
· She drank coffee too much.
· I worked too much.

H. 숫자에 대해서 말할 때는 한국말을 생각하지 말고 머릿속에 아래 숫자를 기억하세요. 숫자 그대로 읽으면 됩니다.

100	1,000	10,000	100,000	1,000,000	10,000,000
a hundred	a thousand	ten thousand	a hundred thousand	a million	ten million

실전연습

1. 다음 숫자를 보고 직접 말해보세요.

숫자를 읽을 때는 머릿속에 반드시 3개씩 끊어서 읽는 습관을 가지세요.

1) 25 _twenty five_

2) 120 _____

3) 2500 _____

4) 120000 _____

5) 1450000 _____

6) 454000 _____

7) 12450 _____

2. 다음 그림을 보고 문장을 만들어보세요.

❶	❷	❸	❹
nice	hungry	jealous	good
❺	❻	❼	❽
sick	delicious	lonely	bad

형용사 앞에는 be동사를 쓰지만 look, smell, feel, taste와 같은 동사들은 형용사와 같이 사용할 수 있어요.

1) [This car, look] _This car looks nice._

2) [You, look] _____

3) [My girlfriend, sound] _____

4) [This pizza, smell] _____

5) [She, feel] _____

6) [These foods, taste] _____

7) [He, feel] _____

8) [These fish, smell] _____

3. look과 look at을 사용해서 다음을 영작해보세요.

look은 '~처럼 보이다', look at은 '쳐다보다'란 뜻이 있어요.

1) 너 피곤해 보여. _You look tired._

2) 왜 너는 오늘 슬퍼 보이니? _____

3) 프랭크는 화나 보이지 않아. _____

4) 지금 무엇을 보고 있니? _____

5) 그는 지금 너를 쳐다보고 있어. _____

6) 이것은 좋아 보이지 않아. _____

4. look과 look like를 사용해서 다음을 영작해보세요.

1) 너는 영화배우처럼 보여.   *You look like a movie star.*

2) 이것은 피자처럼 보여. _____

3) 프랭크는 우울해 보여. _____

4) 이 문제는 쉬워 보여. _____

5) 내가 공주처럼 보여? _____

6) 너의 남자 친구는 착해 보여. _____

look like에서 like는 '좋아하다'란 뜻이 아니라 전치사이기 때문에 뒤에는 명사를 사용해야 해요.
· look like bananas
· look like cats
· look like a baby

5. 그림을 보고 some / any / enough / a lot of / too much 중 알맞은 것을 골라 문장을 만드세요.

❶ books in the room	❷ sandwiches on the table	❸ coffee in my cup	❹ money
❺ cars on the road	❻ 충분해 time	❼ 충분한 friends	❽ 너무 많아 money

1) [There, be] *There are a lot of books in the room.* _____

2) [There, be] _____

3) [I, have] _____

4) [She, have] _____

5) [There, be] _____

6) [I, have] _____

7) [I, have] _____

8) [she, spend] _____

a lot of(많은)은 명사 뒤에, a lot(많이)는 동사 뒤에 사용하세요.

6. 밑줄 친 get의 뜻과 같은 단어를 박스에서 골라 (   ) 안에 넣어보세요.

become, find, ~~buy~~, put on, bring, receive, arrive, come

1) Where did you <u>get</u> this jacket? (*buy*)

2) What time do you usually <u>get</u> to work? (   )

3) Can you <u>get</u> me some coffee please? (   )

4) What did you <u>get</u> for your birthday? (   )

5) Frank <u>got</u> a new job. (   )

6) When did you <u>get</u> here? (   )

7) Do you like to <u>get</u> dressed up? (   )

8) Sara <u>got</u> sick yesterday. (   )

7. get을 사용해서 문장을 영작해보세요.

get은 여러 가지 뜻이 있지만 '얻다'로 해석하면 어느 정도는 이해할 수 있어요.

1) 나는 직업을 갖고 싶어. _I want to get a job._

2) 내 편지 받았어? _____

3) 내 생각에 나는 배고파질 것 같아. _____

4) 너는 언제 결혼할 거니? _____

5) 당신은 보통 몇 시에 직장에 도착하나요? _____

6) 영어 C 받았어. _____

7) 프랭크는 지루해졌어. _____

8) 나는 더 좋아지고 있어. _____

8. some / any / enough / a lot of / too much 중 알맞은 단어를 사용해서 문장을 만들어보세요.

too는 항상 부정적인 의미가 있어요. '너무 많아서 문제가 생긴다.'란 뜻이 있다는 것을 기억하시고 사용하세요. I am too handsome.은 '너무 잘생겨서 문제가 있다'란 뜻이에요.

1) 저에게 약간의 돈을 빌려줄 수 있나요? _Can you lend me some money?_

2) 나는 어제 맥주를 많이 마셨어. _____

3) 나는 머리가 아파. 어제 너무 많이 잤어. _____

4) 이 차는 힘이 충분하지 않아. _____

5) 너는 어제 일이 많았어. _____

6) 그는 어떤 아이디어도 없어. _____

9. 〈sound/look/taste/smell/feel + 형용사〉 표현을 사용해서 영작해보세요.

taste는 '~~맛이 난다'란 뜻으로 음식을 먹을 때 많이 사용하는 표현이에요.

1) 너 오늘 정말 피곤해 보여. _You look so tired today._

2) 왜 너의 여자 친구는 삐친 것처럼 들려?
[삐친: upset] _____

3) 언제 외로움을 느끼나요?
[외로움: lonely] _____

4) 오늘 나 예뻐 보여? _____

5) 내가 화난 것처럼 들려? _____

6) 이것 맛이 어때요? _____

7) 내 엄마는 화난 것처럼 들려. _____

8) 나는 어제 죄책감이 들었어.
[죄책감: guilty] _____

9) 이 책은 재미있는 것처럼 보여.
[재미있는: fun] _____

10) 이 음식은 맛있는 냄새가 나요.
[맛있는: delicious] _____

10. get과 on the way를 사용해서 아래 문장을 영작해보세요.

1) 나는 출근하고 있어. *I am on the way to work.*

2) 프랭크는 집에 가고 있어. _____

3) 너는 학교에 가고 있니? _____

4) 나는 서울에 가고 있어. _____

5) 보통 몇 시에 집에 가나요? _____

6) 어제 몇 시에 집에 갔니? _____

11. 여러 가지 시제를 활용해서 문장을 만들어보세요.

1) 제가 여기서 버스를 꼭 기다려야 하나요? *Do I have to wait for the bus here?*

2) 오늘 도서관에 갈 거야? _____

3) 캐리는 너랑 저녁을 먹을 예정이야. _____

4) 왜 여기를 여행하고 있나요? _____

5) 너는 숙제를 해야 해. _____

6) 아마 내일 눈이 올 거야. _____

7) 어제 영어 공부를 했었니? _____

8) 이것은 좋아 보이지 않아요. _____

9) 요즘 너무 많이 일하고 있어요. _____
[요즘: these days]

10) 내 생각에 넌 피곤해 보여. _____

12. 지금까지 배운 것을 기초로 여행에서 활용할 수 있는 아래 문장을 영작해보세요.

1) 언제 이 버스가 출발할 건가요? *When will this bus leave?*

2) 이름을 물어봐도 될까요? _____

3) 팀 호텔까지 어떻게 가죠? _____

4) 매우 중요한 일입니다. _____

5) 팀 호텔에 3일간 머물 예정입니다. _____

6) 매표소는 어디에 있나요? _____
[매표소: box office]

7) 물 한 잔을 마셔도 될까요? _____

8) 지금 주문할 수 있나요? _____

'~ 가는 중에'란 표현으로 on the way 앞에는 〈주어 + be동사〉, 뒤에는 '장소'가 나와요.
· I am on the way to school.
: 나는 학교에 가고 있는 중이야.
· They are on the way to a supermarket
: 나는 슈퍼마켓에 가고 있는 중이야.

하지만 '집에 가고 있는 중이야.'는 I am on the way home으로 to를 사용하지 않아요.

'도서관'은 library, '~처럼 보이다'는 look을 사용해요. 특히 look 뒤에는 형용사를 써서 look sleepy (졸려 보여), look angry (화나 보여)란 표현을 쓸 수 있어요.

just, already, yet과 ago

Did you finish your homework?

I just finished my homework.

How about cleaning your room?

I already cleaned my room.

A. just는 '조금 전'이란 뜻으로 무언가를 방금 끝냈을 때 사용할 수 있는 단어입니다.

just는 보통
⟨have + p.p⟩
의 형태와 함
께도 많이 쓰
여요. 과거형
과 의미는 같
아요.

- I <u>just</u> finished my homework.
- She <u>just</u> had dinner.
- They <u>just</u> took a shower.
- You <u>just</u> bought a new car.

- Frank <u>just</u> left the party now.
- I <u>just</u> came here.
- He <u>just</u> turned off a TV.
- He <u>just</u> did the dishes.

B. already는 '이미, 벌써'란 뜻으로 예상보다 먼저 했을 경우에 사용할 수 있는 단어입니다.

- Frank <u>already</u> went to bed.
- I <u>already</u> brushed my teeth.
- Carrie <u>already</u> did the laundry.
- My friend <u>already</u> went to church today.

- She <u>already</u> made dinner for me.
- He <u>already</u> met my girlfriend.
- I <u>already</u> booked a hotel.
- I <u>already</u> went to New York.

C. yet은 '아직'이란 뜻으로 주로 문장의 끝에 위치하며 부정문과 의문문에 사용합니다.

긍정문에서는
yet을 사용하
면 말이 이상
해지니 절대로
쓰지 마세요.

- I didn't do my homework <u>yet</u>.
- Did you arrive <u>yet</u>?
- Frank didn't have dinner <u>yet</u>.
- Did you find your job <u>yet</u>?

- Did you wash your face <u>yet</u>?
- The movie didn't start <u>yet</u>.
- They didn't buy a new computer <u>yet</u>.
- I didn't travel to Pakistan <u>yet</u>.

D. ago는 '전에'란 뜻으로 과거를 이야기할 때 사용합니다.

- I went to China 3 years <u>ago</u>.
- Frank broke up with his girlfriend 2 years <u>ago</u>.
- I worked in a factory 10 months <u>ago</u>.
- I dated my boyfriend 5 years <u>ago</u>.

- She met my father 2 weeks <u>ago</u>.
- I did my homework 2 hours <u>ago</u>.
- I had a car accident 3 weeks <u>ago</u>.
- He was angry 10 hours <u>ago</u>.

※ ago는 과거를 말할 때만 사용하는 단어이기 때문에 미래, 현재와 같이 사용할 수 없습니다.

Sorry mom, I drink a lot *lately*. I will not go to bed *late*.

You *hardly* go to bed early. You never study *hard*!

E. hard는 '열심히, 힘껏', hardly는 '거의 ~ 안 하다'란 뜻입니다.

- I study English <u>hard</u>.
- Do you work <u>hard</u>?
- Does she cook <u>hard</u>?
- Do you kick a ball <u>hard</u>?

- I <u>hardly</u> study English.
- Do you <u>hardly</u> work?
- Does she <u>hardly</u> cook?
- I <u>hardly</u> kick a ball.

> hardly는 항상 부정적인 의미이기 때문에 부정문과 같이 사용하지 않아요.
> · I don't hardly work. (X)
> · I hardly work. (O)

F. late는 '늦게', lately는 '최근에'란 뜻입니다.

- Do you usually go to bed <u>late</u>?
- Do you usually stay up <u>late</u>?
- I got married <u>late</u>.
- Does she like to go home <u>late</u>?

- What movie did you watch <u>lately</u>?
- Did you meet your friends <u>lately</u>?
- I got married <u>lately</u>.
- I traveled to Paris <u>lately</u>.

G. 〈How + 형용사〉를 쓰면 크기와 정도 같은 표현을 물어볼 수 있습니다.

How + 형용사	be동사 문장	do동사 문장
How often (얼마나 자주)	are you angry?	do you go on a picnic?
How old (얼마나 나이 든)	are you?	do I look?
How much (얼마나 많은)	is your phone?	does it cost?
How fast (얼마나 빠른)	is your car?	can you drive?
How tall (얼마나 키가 큰)	are they?	can you build a fence?

- <u>How fast</u> can you drive your car?
- <u>How much</u> is it?
- <u>How much</u> gas do you need?

- <u>How often</u> do you see movies in a month?
- <u>How old</u> are you?
- <u>How deep</u> is the river?

H. 〈How long does it take to + 동사〉의 표현은 '동사하는 데 시간이 얼마나 걸려요'란 의미입니다.

- <u>How long does it take to</u> study English?
- <u>How long does it take to</u> go to Canada?

- <u>How long does it take to</u> cook dinner?
- <u>How long does it take to</u> meet new friends?

실전연습

1. 다음 빈칸에 already, yet, ago 중 알맞은 단어를 넣으세요.

1) I didn't do my homework (*yet*).

2) I (   ) visited New York last year.

3) Did you finish your report (   )?

4) He broke up with his girlfriend 3 days (   ).

5) Frank (   ) booked a hotel.

6) The movie didn't start (   ).

> yet은 부정문과 의문문에만 사용해야 해요. 긍정문에 사용하면 안 돼요.

2. just, already, yet, ago를 사용해서 영작해보세요.

1) 나는 10개월 전에 공장에서 일했어요.   *I worked in a factory 10 months ago.*

2) 나는 이미 양치를 했어. _____

3) 당신은 아직 직업을 못 찾았나요? _____

4) 너는 방금 새로운 차를 샀어. _____

5) 프랭크는 방금 파티에서 떠났어. _____

6) 아직 도착 안 했니? _____

7) 프랭크는 벌써 잠들었어. _____

8) 그들은 방금 샤워를 했어. _____

> I already brushed my teeth.를 영국영어에서는 I have already brushed my teeth.라고도 해요. 이 부분은 다음 단계에서 배우기로 해요.

3. 다음 그림을 보고 문장을 만들어보세요.

1) 프랭크는 거의 노래를 안 불러.   *Frank hardly sings a song.*

2) 보통 늦게 잠을 자나요? _____

3) 그녀는 빵 굽는 것을 좋아해요. _____

4) 나는 최근에 파리를 여행했어. _____

4. 아래 그림을 참고로 〈How + 형용사〉를 사용해서 문장을 만들어보세요.

How는 얼마만큼의 정도를 나타내는 형용사예요. How much, How many, How often 모두 다 크기나 횟수를 나타낼 때 사용해요.

1) 키가 얼마나 돼요? *How tall are you?*
2) 이것은 얼마예요? _____
3) 얼마나 자주 목욕을 하세요? _____
4) 몇 살이세요? _____
5) 얼마나 빨리 달릴 수 있나요? _____
6) 책이 몇 권 필요하시나요? _____

5. 다음 대답을 보고 〈How + 형용사〉를 사용해서 직접 질문을 만들어보세요.

1) *How often do you take a shower?*　I take a shower everyday.
2) _____　My mother is 52 years old.
3) _____　I have 3 best friends.
4) _____　It is $50.
5) _____　I study English 3 times a week.
6) _____　I am 174cm tall.
7) _____　I drink coffee twice a day.
8) _____　I need $70.

once는 한 번, twice는 두 번이란 뜻이 있어요.

6. 다음을 영작해보세요.

1) 캐리는 거의 빨래를 안 해. *Carrie hardly does the laundry.*
2) 프랭크는 아직 도착 안 했어. _____
3) 저는 방금 저녁을 먹었어요. _____
4) 그녀는 30분 전에 일어났어. _____
5) 나는 이미 직업을 찾았어. _____
6) 그 영화는 아직 시작하지 않았어. _____
7) 너 아직 안 도착했니? _____
8) 프랭크는 방금 파티를 떠났어. _____

hardly, seldom, rarely는 모두 부정적인 의미를 갖고 있어요.

7. 그림을 보고 how long을 사용하여 의문문을 만들어보세요.

> How long does it take to ~는 시간을 물어볼 때 사용하는 표현이에요. 거리를 물어볼 때는 How far is it ~을 사용해야 해요.

❶ go to China	❷ cook dinner	❸ finish your project	❹ go to Gwangju

1) *How long does it take to go to China?*

2) _____

3) _____

4) _____

8. 다음 질문에 대해 It takes를 사용해서 답해보세요.

> How long으로 물어보면 대답할 때 〈It takes + 시간〉의 형식으로 표현을 해요.

❶ go to Seoul	❷ find a job	❸ come here	❹ make fried rice
1hour	1년	30분	20분

1) How long does it take to go to Seoul from Cheonan?

It takes an hour to go to Seoul from Cheonan.

2) How long does it take to find a job?

_____

3) How long does it take to come here?

_____

4) How long does it take to make fried rice?

_____

9. 다음 문장을 영작해보세요.

1) 프랭크는 아직 저녁을 먹지 않았어.　*Frank didn't have dinner yet.*

2) 쇼핑 끝나는 데 얼마나 걸리나요? _____

3) 최근에 무슨 영화를 봤었나요? _____

4) 프랭크는 2년 전에 여자 친구랑 헤어졌어. _____

5) 친구를 얼마나 자주 만나나요? _____

6) 저는 (이제) 막 결혼했어요. _____

7) 제가 얼마나 오랫동안 기다려야 하나요? _____

8) 저는 방금 샤워 했어요. _____

196

10. 여러분은 지금 관광 안내소에 있습니다. 아래 지도를 보면서 how long을 사용해서 질문해보세요.

① lake
② park
③ zoo
④ museum
⑤ beach
⑥ palace

> go to는 '가다', get to는 '도착하다'로 두 가지 표현의 의미가 달라요.

1) <u>How long does it take to get to the lake from here?</u>
2) _____
3) _____
4) _____
5) _____
6) _____

11. 의문문을 사용해서 아래 문장을 영작해보세요.

1) 어제 어디에서 머물렀나요? <u>Where did you stay yesterday?</u>

2) 아울렛 매장이 어디에 있나요? _____

3) 어제 누구를 만났나요? _____

4) 언제 저녁을 먹고 싶나요? _____

5) 이 빌딩은 얼마나 크죠? _____

6) 어디서 표를 살 수 있나요? _____

7) 어디서 서울행 기차를 탈 수 있죠? _____
[서울행 기차: train to Seoul]

8) 이 강은 얼마나 깊죠? _____

> 의문문을 만들 때 시제를 잘 맞추어서 말해야 해요.

12. 다음 문장을 영작해보세요.

1) 나는 5년 전에 내 남자친구와 데이트했어. <u>I dated my boyfriend 5 years ago.</u>

2) 여기 근처에 좋은 식당이 있나요? _____
[~ 있나요: Is there ~]

3) 내 친구는 이미 오늘 교회에 갔어. _____

4) 얼마나 자주 친구랑 외식을 하나요? _____

5) 캐리는 이미 빨래를 했어. _____

6) 지하철역까지 가는 데 얼마나 걸리나요? _____

> '지하철역' 은 subway station, '외식하다'는 eat out, '데이트하다' 는 date란 표현을 쓰세요. 특히 '데이트하다' 는 date with 라 하지 않고 <date + 사람> 으로 말해야 해요.

⟨동사 + -ing⟩ vs ⟨동사 + to + 동사⟩의 차이점

A. 아래의 동사 다음에 동사가 새로 나오는 경우에는 동사 앞에 to를 붙여요.

영어	한국말	영어	한국말
want	원하다	plan	계획하다
decide	결심하다	try	노력하다
need	필요하다	refuse	거절하다
forget	잊다	expect	기대하다

- I <u>want to</u> go home.
- She <u>decided to</u> study English.
- Carrie <u>tries to</u> read books.
- Frank <u>refused to</u> go there.

- I <u>plan to</u> go to Canada.
- Frank always <u>forgets to</u> do his homework.
- He <u>expected to</u> finish the project on time.
- You <u>need to</u> rest.

B. 아래의 동사 다음에 동사가 새로 나오는 경우에는 동사 앞에 −ing를 붙여요.

영어	한국말	영어	한국말
enjoy	즐기다	stop	멈추다
mind	꺼리다	finish	끝내다

- I really <u>enjoyed dancing</u>.
- He <u>stopped smoking</u> last year.
- Did you <u>finish doing</u> your job?

- Frank couldn't <u>enjoy sleeping</u> yesterday.
- Do you <u>mind opening</u> the door?
- She couldn't <u>stop eating</u> sweets.

C. 다음 동사 다음에 동사가 새로 나오면 ⟨to + 동사⟩ 또는 ⟨동사 + ing⟩ 둘 다 사용할 수 있어요.

영어	한국말	영어	한국말
like	좋아하다	love	사랑하다
hate	싫어하다	continue	계속하다
prefer	선호하다	begin	시작하다

- I <u>like to eat</u> chicken. or I <u>like eating</u> chicken.
- Frank doesn't <u>love to fish.</u> or Frank doesn't <u>love fishing</u>.
- Why do you <u>hate to study</u>? or Why do you <u>hate studying</u>?
- I will <u>continue to do</u> my project. or I will <u>continue doing</u> my project.
- She <u>prefers to stay</u> home. or She <u>prefers staying</u> home.
- It <u>begins to rain</u> at 5 o'clock. or It <u>begins raining</u> at 5 o'clock.

D. 〈I want + 목적격 + to + 동사〉는 누군가에게 '동사'하라고 말하고 싶을 때 사용하는 표현입니다.

I want you to clean your room.

I want you to cook dinner for me.

- I want Frank to go to bed early.
- Do you want me to stay here?
- She doesn't want me to go to the party.

- I don't want you to leave me.
- My father wants me to be a doctor.

> 〈to + 동사〉
> 의 부정문은
> 〈not to + 동
> 사〉를 사용해
> 요.
> · I told you
> not to go
> there.
> · I advise him
> not to drink
> too much.

E. 〈동사 + 사람 + to + 동사〉를 쓰는 동사

주어	동사	사람	동사	단어
Frank	told	me	to bring	some paper.
I	expect	you	to pass	the test.
Sara	asked	her boyfriend	to study	English.
My teacher	advised	me	to get	the job.

- Frank told you to wait here.
- I expect him to quit smoking.
- She asked me to lift some baggage.

- My father advised me to study English.
- Frank advises me not to do that.
- We expected Tom not to come to the party.

> · He makes
> me order
> pizza. (O)
> · He makes
> me to order
> pizza. (X)

F. 〈make + 사람 + 동사/형용사〉의 형태로 될 경우에는 '~로 만든다'로 해석을 하세요.

- Who makes you laugh?
- You make me tired.
- My friends make me drink a lot.

- Frank made me work very hard.
- My mom always makes me busy.
- You always make me angry.

G. 〈Let + 사람 + 동사〉의 형태로 사용될 경우에 let은 '~을 시키다'란 의미로 해석하세요.

- Let me finish my speaking.
- Let her go.
- Let me tell you something.
- Let Sara do her homework.

- Let me check.
- Let it go.
- Let me know.
- Let him sleep.

실전연습

1. 다음 그림을 보고 really enjoy를 사용해서 문장을 만들어보세요.

really(정말)
는 무언가를
강조할 때 사
용하는 표현으
로 '리얼리'라
고 읽으면 안
돼요.
'릴리'와 같은
발음으로 읽어
야 해요.

| ① fish | ② watch movies | ③ sleep |
| ④ dance | ⑤ drink coffee | ⑥ talk to you |

1) [I] _I really enjoy fishing._

2) [Frank] _____

3) [Sara] _____

4) [He] _____

5) [She] _____

6) [I] _____

2. [   ] 안의 동사를 〈to + 동사〉 또는 〈동사 + ing〉 형태로 넣어 문장을 완성하세요.

1) When did you stop (_smoking_)? [smoke]

2) Frank doesn't want (   ) to Canada. [go]

3) Why did you forget (   ) your homework? [do]

4) I finished (   ) my report yesterday. [do]

5) Do you mind (   ) the window? [open]

6) She decided (   ) a new car. [buy]

7) Why did you decide (   ) coffee bean? [sell]

8) It stopped (   ) 2 hours ago. [rain]

'잘 읽었어,
잘 봤어.'와
같은 표현을
영어로 바꿀
때는 well을
사용하지 않아
요. well은 단
순히 '동사를
잘한다'란 뜻
이 강하고, 무
언가를 정말로
재미있게 했
다면 enjoy를
사용하는 것이
더 좋아요.

3. 아래에 있는 문장을 영작해보세요.

1) 아침에 일찍 일어나는 것을 좋아하나요? _Do you like to wake up early in the morning?_

2) 홍콩으로 여행을 가고 싶나요? _____

3) 나는 정말로 너의 책을 잘 읽었어. _____

4) 나에게 돈 보내는 것 잊지 마. _____

5) 오늘 밤에 무엇을 하고 싶니? _____

6) 방 청소하는 것을 끝냈니? _____

7) 나는 너를 기다리는 것을 꺼리지 않아. _____

8) 나는 너를 여기서 만날 것을 기대하지 않았어. _____

4. 다음 [ ]에 있는 동사를 사용해서 문장을 만들어보세요.

1) [finish, do] 너의 일을 하는 것을 끝냈니? *Did you finish doing your job?*

2) [like, walk] 나는 비 오는 날에 걷는 것을 좋아하지 않아.

_____

3) [like, cook] 그녀는 요리하는 것을 좋아하지 않아.

_____

4) [refuse, help] 프랭크는 나를 도와주기를 거부했어.

_____

5) [mind, smoke] 너는 여기서 담배 피우는 것을 꺼리니?

_____

6) [plan, go] 내 형은 대학교에 갈 계획이야. _____

7) [avoid, talk] 프랭크는 나랑 이야기하는 것을 피해. _____

8) [need, go] 넌 다이어트를 할 필요가 있어. _____

> need to는 '~할 필요가 있어'란 뜻으로 보통 have to와 비슷한 의미를 갖고 있어요.

5. 〈give/pass/tell/teach + 사물 + to + 사람〉의 표현으로 아래 예시와 같이 문장을 만들어보세요.

1) Can you pass me the salt please? *Can you pass the salt to me please?*

2) I didn't tell you the story. _____

3) She will give you some homework. _____

4) I taught you English last year. _____

5) Carrie can't give me a reason. _____

6) Frank gave me a gift yesterday. _____

> give me a book = give a book to me, tell me the story = tell the story to me는 모두 똑같은 의미에요.

6. 아래 문장을 〈동사 + to동사〉 또는 〈동사 + 동사 + ing〉를 사용해서 영작해보세요.

1) 나는 일찍 자고 싶어. *I want to go to bed early.*

2) 너는 아직 담배를 안 끊었니? _____

3) 나는 내 컴퓨터를 끄는 것을 까먹었어. _____

4) 그는 태국에서 여행하는 것을 정말로 즐겼어. _____

5) 왜 너는 여기 오기로 결심을 했니? _____

6) 왜 너는 영어 공부를 포기했니? _____
   [포기하다: give up]

7) 나는 일찍 일어나려고 노력해. _____

8) 프랭크는 너랑 이야기하는 것을 정말로 즐겼어. _____

> 〈동사 + to동사〉는 '미래에 ~할 것'이란 뜻으로 해석을 하고 〈동사 + 동사 + ing〉는 '동사하는 것'이라고 해석을 하면 이해하기 쉬워요.

7. 〈I want you to + 동사〉의 형태를 사용해서 영작해보세요.

'기억하다'는
remember를
사용하세요.
memorize는
'암기하다'란
뜻이에요.

1) 나는 네가 나에게 저녁을 사기를 원해. _I want you to buy me dinner._

2) 나는 네가 숙제를 하기를 원해. _____

3) 나는 네가 비밀을 알기를 원하지 않아. _____

4) 나는 네가 나를 떠나지 않기를 원해. _____

5) 나는 네가 나의 이름을 기억하기를 원해. _____

6) 나는 네가 나에게 멋진 재킷을 사주기를 원해. _____

7) 나는 네가 행복해지기를 원해. _____

8) 나는 네가 물을 많이 마시기를 원해. _____

8. 다음 그림을 보고 Let을 사용해서 직접 영작해보세요.

〈Let + 목적
어 + 동사〉의
형태로 사용을
해야 해요.

1) 내가 자를게. _Let me cut it._

2) 내가 도와줄게. _____

3) 내가 그녀에게 말할게. _____

4) 내가 설거지할게. _____

5) 내가 가방을 들어줄게. _____

6) 내가 그것을 할게. _____

9. 다음을 영작해보세요.

'불평하다'는
complain,
'~할 줄 알았
다'는 expect
를 사용하세
요.

1) 사라는 나에게 호텔을 예약해달라고 부탁했어. _Sara asked me to book a hotel._

2) 나는 네가 프랭크랑 결혼할 줄 알았어. _____
   [~할 줄 알았어: expected]

3) 어제 남자 친구랑 데이트하는 것을 즐겼나요? _____

4) 계속 영어 공부를 할 건가요? _____

5) 불평 좀 그만할 수 있나요? _____
   [불평하다: complain]

6) 내 친구는 나랑 농구할 것을 거절했어. _____

10. How often을 사용해서 질문을 만들어보고 질문에 직접 답해보세요.

1) 하루에 얼마나 자주 양치를 하나요? *How often do you brush your teeth a day?*
   I brush my teeth 3 times a day.

2) 하루에 얼마나 자주 커피를 마시나요?

3) 얼마나 자주 친구랑 술을 마시나요?

4) 얼마나 자주 머리를 감나요?

5) 일 년에 얼마나 자주 해외여행을 하나요?

6) 한 달에 얼마나 자주 영화관에서 영화를 보나요?

11. Would you mind ~를 사용해서 질문을 만들고 질문에 답해보세요.

1) 저에게 사진을 찍어주시는 것을 꺼리시나요? *Would you mind taking a picture of me?*
   아니요, 꺼리지 않아요. *No, I wouldn't mind.*

2) 저의 가방을 보관하는 것을 꺼리시나요?
   아니요, 전혀요.

3) 창문을 닫는 것을 꺼리시나요?
   네, 저는 꺼려요.

4) 여기서 담배 피우는 것을 꺼리시나요?
   네, 저는 꺼려요.

12. 다음은 많이 쓰는 여행 표현이에요. 직접 문장을 만들어보세요.

1) 이 나라의 사이즈를 모릅니다. *I don't know sizes in this country.*

2) 다른 색깔은 없나요?
   [다른 색깔: another color]

3) 택시로 관광할 수는 있나요?

4) 어디서 차를 빌릴 수 있나요?

5) 다음 공연은 언제 시작하나요?

6) 방을 바꿀 수 있나요?

PLUS

부록

APPENDIX

● **명사: 어떤 물건이나 사람의 이름을 뜻하는 단어**

   e.g.) boy, water, girl, Frank, bottle, love, English, Korea

  - 셀 수 있는 명사(가산명사): desk, person, cat, phone, bottle, book

  - 셀 수 없는 명사(불가산명사): water, love, sand, cake, friendship, money

    ▶ 보통의 명사는 셀 수 있는 명사, 셀 수 없는 명사의 뜻을 다 갖고 있음

   a friendship: 교우관계 / friendship: 우정

  - We have a close friendship. (우리는 친한 사이이다)

  - Friendship is more important than love. (우정은 사랑보다 더 중요해)

  - I don't have any money.   - Do you want a glass of water?

● **대명사: 사람이나, 동물, 사물의 이름을 대신하여 나타내는 말**

   e.g.) I, you, we, they, she, he, it,

  1인칭 단수: I   1인칭 복수: we   2인칭 단수·복수: you   3인칭 복수: they

  3인칭 단수: she, he, it (3인칭 단수의 경우 일반동사 뒤에 s, es를 사용)

  - I like you.   - She likes me.   - Does he like you?

  - Frank needs money   - We go to school.   - It has four legs.

● **be동사: 형용사를 꾸며줄 때 사용하는 동사**

   e.g.) be, am, are, is, was, were, been

  - I am tall.   - She is happy.   - I was tired yesterday.

  - They are angry.   - We were sleepy.   - He was born in Cheonan.

● **일반동사: 행동을 나타내는 동사**

   e.g.) run, eat, study, feel, hit, go, close, open, call, talk, watch

  - Do you run to school?   - Did you open the door?

  - Does he feel happy?   - I don't like to talk to you.

  - Why did you become a chef?   - What does she like to eat?

● **조동사: 동사를 도와주는 단어로 조동사 뒤에는 동사원형을 사용**

   e.g.) do, can, should, must, will, be going to, have to, might

  - I can speak English.   - You should go there.

  - She will give you some money.   - They must wear a safety belt.

  - He has to do his homework.   - It might rain tomorrow.

● 형용사: 명사를 꾸며주는 단어로 형용사 단독으로 쓰이는 경우 be동사와 같이 사용

e.g.) beautiful, fast, slow, nice, wonderful, expensive, good, tired
- I have a beautiful girlfriend.   - Frank is tired now.
- Are you afraid of dogs?   - They are not nice to me.
- It is difficult to solve the problem.   - Are you tired of your job?

● 부사: 형용사나 동사를 꾸며주는 단어로 〈형용사 + ly〉 또는 형용사와 같은 형태

e.g.) slowly, newly, quickly, easily, softly, deeply, nicely, late, fast
- Can you speak slowly?   - Take a breath deeply.
- Did you wake up late?   - I usually wake up early.
- You are running fast.   - You can solve the problem easily.

● 빈도부사: 횟수를 나타내는 단어

e.g.) always, often, usually, sometimes, hardly, seldom, rarely, never
- How often do you drink coffee?   - I seldom go to a library.
- I sometimes meet my friends.   - She never drinks Soju.
- He always goes to work by car.   - They usually listen to music.

● 관사: 명사만 꾸며주는 단어

a/an/the를 말한다.
a/an은 셀 수 있는 명사 앞에서 1개 또는 사물에 대한 정의를 나타낼 때 사용
the는 듣고 말하는 사람이 서로 알고 있거나 특정한 대상을 가리킬 때 사용
- I have a dog.   - I made a cake for you.
- Look at the sky!   - She eats an apple in the morning.
- I took the dog for a walk.   - I had an egg for breakfast today.

● 단수: 1개를 나타내는 단어

e.g.) Frank, she, he, a dog, a desk, a pencil, it, a book
- He is a doctor.   - She wants to be a teacher.
- Frank likes to eat fried chicken.   - I heard a dog barking.
- The cat looks sad.   - A pencil is broken.

● 복수: 2개 이상을 나타내는 단어

e.g.) we, they, Frank and Sara, books, people, cups
- We are in the classroom.   - Frank and Sara are kind people.
- Dogs have four legs.   - There are many cups on the table.

● **주어**: 문장에 맨 처음 오는 단어로 해석할 경우 '−은, −는, −이, −가'를 사용

- Korea will be a strong country.
- It is difficult to study English.
- My friends are nice to my father.
- Sara likes to eat fried chicken.

● **동사**: 주어 뒤에 나오는 단어로 보통 행동동사와 be동사로 나누어진다.

- Where did you run yesterday?
- Who is the man next to Frank?
- Can you swim fast?
- I am tired. I will stay at home.

● **목적어**: 동사 뒤에 나오는 단어로 주어와 의미가 다른 단어를 말한다.

- Do you like your girlfriend?
- Where did you find my keys?
- I usually cook dinner for my father.
- I bought a nice coat yesterday.

● **보어**: 동사 뒤에 나오는 단어로 주어와 의미가 같은 단어를 말한다.

- Do you feel tired now?
- I want to be a great person.
- Were you sleepy yesterday?
- When will you become a father?

● **소유격**: 소유를 의미하는 단어로 해석 시 '〜의'로 해석한다.

e.g.) my, your, his, her, its, their, us, Frank's, Carrie's
- This is my father.
- Who ate my cheese?
- It is Sara's car.
- Her watch is expensive.

● **목적격**: 주격대명사가 동사 뒤에 오는 경우

e.g.) me, you, them, us, him, her, it
- Where did you meet her yesterday?
- Frank made us happy.
- Listen to her!
- Do you like me?

● **문장**: 〈주어 + 동사〉로 이루어진 말

- She doesn't want to study English.
- My brother is an engineer.
- Why are you driving so fast?
- I took an interview yesterday.

● **전치사**: 명사, 대명사 앞에 놓여 다른 명사, 대명사를 연결해주는 단어

e.g.) about, of, in, at, behind, to, from, on
- I am afraid of snakes.
- It is made in Korea.
- Are you in front of the building?
- This story is about Korean war.

● 접속사: 문장(절)과 문장(절)을 연결해 주는 단어 (절 = 〈주어 + 동사〉로 구성된 말)

e.g.) and, but, so, however, also, while, before, after

- I slept after I finished my homework.
- I like chicken and pizza.
- She brushed her teeth before she slept.
- Kevin drinks coffee but I don't.

● 동사원형: 동사의 형태가 바뀌지 않는 단어

e.g.) run, go, be, study, eat, have, order, walk, talk

- She wants to be a singer.
- He shouldn't quit his job.
- Frank has to go on a diet.
- She won't date me.

● 시제: 시간의 흐름에 따라 진행되는 문장을 의미

- Did you study English yesterday? (과거)
- What are you doing now? (현재진행)
- It might rain tomorrow. (미래)
- I usually eat breakfast. (단순현재)

● 단순현재: 보통 일어나는 일, 사실, 습관 등을 표현한 문장

- She doesn't like to cook at home.
- They like to take a nap.
- The Earth goes around the Sun.
- She goes to school.

● 과거: 예전에 일어났던 일을 나타내는 문장

e.g.) would, could, might, should, had to, was, were, needed, ran, talked, drank

- Frank drank a lot of water yesterday.
- We couldn't sleep well yesterday.
- I was a student 3 years ago.
- He worked hard yesterday.

● 미래: 앞으로 일어날 일에 대해서 말하는 문장 (조동사 + 동사원형)

e.g.) will + 동사, be going to + 동사, be + 동사 ing

- It will rain tomorrow.
- Frank is working tomorrow.
- My father is going to see a movie tonight.
- They will be playing tennis soon.

● 현재진행: 지금 현재 하고 있는 것을 묘사하는 문장

e.g.) am/are/is + 동사 - ing

- I am doing my homework now.
- Frank is sleeping now.
- What are you doing now?
- They are walking in the park.

- 현재분사: 〈동사 + ing〉의 형태로 형용사적 의미가 있는 단어

  e.g.) studying, sleeping, going, hitting, cooking
  - I like the man walking in the park.
  - Frank saw a bird singing in the morning.
  - Frank is skiing now.
  - I am playing the piano.

- 과거진행: 과거에 하고 있던 것을 묘사하는 문장으로 보통 2개의 문장이 같이 옵니다.

  e.g.) was/were + 동사 - ing
  - She was cleaning the room.
  - They were having breakfast at 8 yesterday.
  - We were playing soccer game.
  - I was watching TV last night.

- 과거분사: 〈동사 + ed〉 또는 불규칙의 형태로 형용사적 의미가 있는 단어

  e.g.) drunk, walked, taken, covered, caught, written, built, excited, interested
  - This house was built 3 years ago.
  - I am so drunk now.
  - Are you interested in English?
  - I was caught by police.

- 동명사: 〈동사 + ing〉의 형태로 명사적 의미가 있는 단어

  e.g.) writing, fixing, brushing, doing, eating, going, being
  - Doing homework is hard.
  - Eating late night is bad for your health.
  - Did you finish doing your report?
  - I enjoyed playing table tennis.

- 비교급: 서로를 비교하는 뜻으로 형용사, 부사에만 쓸 수 있는 단어

  e.g.) more expensive, taller, heavier, more tired, more expensive
  - This pizza is bigger than yours.
  - Frank is taller than Carrie.
  - It is more expensive.
  - They are more beautiful.

- 최상급: 최고를 의미하는 뜻으로 형용사, 부사에만 쓸 수 있다. 단어 앞에 the를 사용

  e.g.) the highest, the biggest, the tallest, the most expensive, the most handsome
  - This mountain is the highest in Korea.
  - That is the most expensive handbag.
  - Frank is the most handsome guy.
  - It is the biggest pizza in Korea.

- **to부정사**: 〈to + 동사〉의 형태로 동사가 명사, 형용사, 부사처럼 쓰이는 단어

  e.g.) to go, to eat, to live, to run, to study, to drink, to meet
  - I went there to meet Frank.
  - He decided to go to Canada.
  - Frank goes to Seoul to meet his friend.
  - I have no money to spend.

- **수동태**: 〈be + 과거분사〉의 의미로 주어가 어떤 일을 당한다는 의미의 문장

  e.g.) (is, are, am) broken, (was, were) built, (be동사) fixed
  - The window is broken.
  - I was born in Cheonan.
  - The butter is made from milk.
  - She will be married to Frank.

- **관계대명사**: 문장처럼 쓰이는 형용사

  e.g.) 명사 + (that, which, who) + 주어 + 동사 / 명사 + (that, which, who) + 동사 + 목적어(보어)
  - It is the hotel that[which] we stayed at last year.
  - I ate the bread that[which] you bought yesterday.
  - Look at the man that[who] is wearing jeans.
  - Do you know the person that[who] lives next to you?

- **의문문**: 물어볼 때 사용하는 문장으로 be동사와 일반동사의 의문문에 따라 형태가 다릅니다.
  - Are you tired of your job?
  - Does your sister have a job?
  - Is he working hard at the office?
  - Did you wash your car yesterday?

- **부가의문문**: 확인을 하기 위해 한 번 더 물어보는 의문문
  - Frank is tired now, isn't he?
  - They will go home, won't they?
  - We should clean our room, shouldn't we?
  - She likes to eat chicken, doesn't she?

- **명령문**: 주어가 생략된 문장으로 명령을 할 때 사용
  - Give me some money!
  - Open the door now!
  - Be nice to your sister!
  - Do your homework!

- **가정법**: 일어날 수 없는 일을 상상해서 말할 때 사용하며 보통 〈If + 과거형, 과거문장〉 형태로 쓰입니다.
  - If I had a girlfriend I would go to see a movie with her.
  - If I were rich, I could help you.
  - If I spoke English well, I would be a tour guide.
  - If Frank were home, I would visit his house.

3인칭 단수·복수 구별하기

(page 25 관련내용)

- 1인칭: 내가 포함된 경우를 1인칭이라 하며 I는 1인칭 단수, we는 1인칭 복수라 합니다.

- 2인칭: 너를 가리키는 경우를 2인칭이라 하며 you(너는)는 2인칭 단수,
  you(너희들)는 2인칭 복수라 합니다. 2인칭 단수와 복수는 형태가 같습니다.

- 3인칭: 나와 너가 아닌 상대방을 3인칭이라 하며 Frank, A cat, He, She, It, Seoul,
  A book과 같은 사람 또는 사물 1개를 가리키는 경우를 3인칭 단수,
  내가 포함이 안 된 사람 또는 여러 가지 사물들(They, Cats, Cities, People,
  Dogs)을 3인칭 복수라 합니다.

■ 다음 빈칸에 인칭을 구별해보세요.

1) I: *1인칭 단수*

2) Frank: *3인칭 단수*

3) Sara:

4) We:

5) They:

6) Seoul:

7) Cats:

8) Books:

9) Frank and I:

10) They:

11) Dogs:

12) A map:

13) Water:

14) People:

15) She and I:

16) You:

17) Your book:

18) Paper:

19) My friends:

20) My father:

21) Pencils:

22) Sara and John:

23) He and I:

24) My phone:

25) My cat and I:

26) Seoul and Cheonan:

27) The key:

28) She and I:

29) Jenny:

30) The space:

31) My plans:

32) You guys:

단어 + s 발음 연습하기 ········ APPENDIX

(page 30, 42, 48 관련내용)

● 〈단어 + s〉로 끝나는 경우에 뒤에 있는 s 발음은 /iz/, /s/ and /z/ 3가지로 납니다.

1) 다음 아래의 철자로 끝나는 단어들은 /iz/ 발음이 납니다.
- 단어 + c: races, pieces, dices
- 단어 + x: fixes, foxes, boxes
- 단어 + ss: kisses, misses, bosses
- 단어 + ch: churches, teaches, punches
- 단어 + s: nurses, buses, rises
- 단어 + z: amazes, prizes, freezes
- 단어 + sh: dishes, finishes, wishes
- 단어 + ge: changes, ages, judges

2) 마지막 단어가 무성음(p, t, k, f, th)로 끝나는 단어들은 /s/ 발음이 납니다.
- 단어 + p: cups, sleeps, helps
- 단어 + k: cooks, drinks, picks
- 단어 + th: myths, months, mouths
- 단어 + t: hats, writes, hits
- 단어 + f: beliefs, graphs, cliffs

3) 마지막 단어가 유성음(b, d, g, l, m, n, ng, r, v, y, the) 그리고 모음으로 끝나는 단어들은 /z/ 발음이 납니다.
- 단어 + b: crabs, rubs, cubs
- 단어 + g: bags. pigs, sings
- 단어 + m: dreams, drums, plums
- 단어 + ng: strings, kings, belongs
- 단어 + v: gloves, drives, knives
- 단어 + 모음: sees, bees, peas
- 단어 + d: cards, ends, rides
- 단어 + l: hills, feels, deals
- 단어 + n: runs, drains, beans
- 단어 + r: wears, bears, tears
- 단어 + y: plays, says, boys

/s/	/z/	/iz/
weeks	beds	buses
backs	fans	matches
pants	dogs	wishes
ships	leaves	boxes
cliffs	words	kisses
graphs	plays	dishes
books	crabs	changes

부록 동사 과거형 발음

APPENDIX

(page 54, 57 관련내용)

● 동사 마지막 알파벳이 t, d로 끝나는 경우에는 /id/ 발음을 내세요.
- wanted   - ended   - needed
- loaded   - added   - floated

● 동사 마지막 알파벳이 무성음[p, x, f, s, ch, sh, k]로 끝나는 경우에는 /t/ 발음을 내세요.
- watched   - liked   - washed
- laughed   - hoped   - missed

● 동사 마지막 알파벳이 유성음[나머지 알파벳인 경우]이면 /d/ 발음을 내세요.
- played   - planned   - chewed
- showed   - filled   - fried

/id/	/d/	/t/
handed	chewed	hoped
ended	climbed	fixed
sorted	glued	washed
floated	climbed	patched
planted	proved	wished
needed	quizzed	hiked

(page 30, 42 관련내용)

1) s만 붙이기

- **명사 + s (복수)**
  apple → apples   book → books   phone → phones   cup → cups

- **동사 + s (3인칭 단수, he, she, it, Frank)**
  need → needs   eat → eats   pick → picks   stand → stands

2) −s/−sh/−ch/−x/−ss로 끝나는 단어 뒤에는 + es

- **명사 + es (복수)**
  bus → buses   church → churches   box → boxes   brush → brushes
  dish → dishes   address → addresses   coach → coaches   fox → foxes

- **동사 + es (3인칭 단수, he, she, it, Frank)**
  kiss → kisses   brush → brushes   watch → watches   fix → fixes

  예외) potato → potatoes   tomato → tomatoes
  do → does   go → goes   have → has

3) −f 또는 −fe로 끝나는 단어는 f를 −ves로 바꾸기
shelf → shelves   wife → wives   knife → knives   thief → thieves
예외 (모음 + f) roof → roofs   cliff → cliffs   grief → griefs   leaf → leaves

4) −y로 끝나는 단어(자음 + 모음 + y)는 y를 ies로 바꾸기

- **명사 + es (복수)**
  story → stories   city → cities   family → families   baby → babies

- **동사 + es (3인칭단수, he, she, it, Frank)**
  try → tries   fly → flies   marry → marries   copy → copies

참고 −y로 끝나는 단어에 과거형 ed를 붙이는 경우 −y → −ied

study → studied   fly → flied   marry → married   try → tried

예외) say → said

● −ay, −ey, −oy, −uy(모음 + y)로 끝나는 단어는 y가 i로 바뀌지 않습니다.

play → played   enjoy → enjoyed   stay → stayed
buy → buys   enjoy → enjoys   survey → surveys

추가 −ing

● 동사 −ing(enjoy, go, eat, study)

study → studying   enjoy → enjoying   go → going   eat → eating
sleep → sleeping   drink → drinking   look → looking

● −e로 끝나는 동사(skate, write, come)는 e 삭제 후 ing로 바꾸기

make → making   come → coming   skate → skating   smile → smiling
have → having   take → taking   dance → dancing   write → writing

● −ie로 끝나는 동사는 ie를 y로 바꾼 후 ing를 넣습니다.

die → dying   tie → tying   lie → lying

● 〈자음 + 모음 + 자음〉으로 끝나면 자음을 하나 더 추가 후 −ing를 넣습니다.
(2음절 이상의 단어의 경우에는 뒤에 강세가 있어야 이 규칙이 적용됨)

단어	자음	모음	자음	자음		단어 형태
run	r	u	n	n	ing	running
swim	sw	i	m	m	ing	swimming
get	g	e	t	t	ing	getting
stop	st	o	p	p	ing	stopping
plan	pl	a	n	n	ing	planning

● 〈모음 + 모음 + 자음〉일 경우에는 〈단어 + −ing〉를 사용하세요.

need → needing   wait → waiting   see → seeing   eat → eating

축약형

(page 72, 91, 94 관련내용)

많은 영어권 사람들은 축약형을 사용합니다. 영어를 빨리 말하거나 글을 쓰다 보면 단어가 연음되거나 짧아지는 것이지요. 즉 I am을 빠르게 말을 하다 보면 I'm, He is는 He's라고 하는 것을 의미합니다.

● be동사의 축약형

일반형	축약형	예 문
I am	I'm	I am tired now. → I'm tired now.
You are	You're	You are angry. → You're angry.
We are	We're	We are happy. → We're happy.
They are	They're	They are tall. → They're tall.
He is	He's	He is a teacher. → He's a teacher.
She is	She's	She is my friend. → She's my friend.
It is	It's	It is my house. → It's my house.

● 조동사의 축약형

일반형	축약형	예 문
I will	I'll	I'll be late for school tomorrow.
He would	He'd	He'd like a salad.
She will	She'll	She'll buy a gift for me.
I would rather	I'd rather	I'd rather stay at home tonight.

Why did you do that? → Why'd you do that?

We would like to see it. → We'd like to see it.

That will be enough. → That'll be enough.

● 의문사의 축약형은 의문사 뒤에 be동사를 사용할 때 쓰입니다.

Who is your favorite singer? → Who's your favorite singer?

What is your name? → What's your name?

When is your birthday? → When's your birthday?

Where are you going now? → Where're you going now?

How are you doing today? → <u>How're</u> you doing today? (How're은 자주 쓰이지 않음)

Why are you angry now? → <u>Why're</u> you angry now? (Why're은 자주 쓰이지 않음)

부정문 축약형
(page 151 관련내용)

● be동사의 축약형

일반형	축약형	예 문
I am not	I'm not *	I'm not handsome.
You are not	You aren't	You aren't nice to me.
We are not	We aren't	We aren't tired now.
They are not	They aren't	They aren't your friends.
He is not	He isn't	He isn't drinking wih Frank now.
She is not	She isn't	She isn't studying now.
It is not	It isn't	It isn't a cat.
I was not	I wasn't	I wasn't late for school yesterday.
You were not	You weren't	You weren't at home yesterday.

* I amn't이라고 말을 할 수 없습니다.

● 조동사 부정문 축약형

일반형	축약형	예 문
I will not	I won't	I won't be late for school tomorrow.
He would not	He wouldn't	He wouldn't like a salad.
She will not	She won't	She won't buy a gift for me.
I can not	I can't	I can't understand it.
He should not	He shouldn't	He shouldn't go home late.
I did not	I didn't	I didn't know that.
I do not	I don't	I don't like to go there.
She does not	She doesn't	She doesn't want to meet Frank.

● Let's는 Let us의 축약형입니다.

- Let's(Let us) meet at 7 P.M. tomorrow.
- Let's(Let us) go to Seoul this weekend.
- Let's(Let us) go on a picnic.
- Let's(Let us) study English at Tim school.

불규칙 동사표

(page 60, 64 관련내용)

동사원형 Base Form	과거형 Past Simple	과거분사형 Past Participle
be	was, were	been
become	became	become
begin	began	begun
break	broke	broken
bring	brought	brought
build	built	built
buy	bought	bought
catch	caught	caught
choose	chose	chosen
come	came	come
cost	cost	cost
cut	cut	cut
do	did	done
draw	drew	drawn
drive	drove	driven
drink	drank	drunk
eat	ate	eaten
fall	fell	fallen
feel	felt	felt
fight	fought	fought
find	found	found
fly	flew	flown
forget	forgot	forgotten
get	got	*got (sometimes gotten)
give	gave	given
go	went	gone
grow	grew	grown
hang	hung	hung
have	had	had
hear	heard	heard
hide	hid	hidden
hit	hit	hit
hold	held	held
hurt	hurt	hurt
keep	kept	kept

*got(영국식 발음), gotten(미국식 발음)

동사원형 Base Form	과거형 Past Simple	과거분사형 Past Participle
know	knew	known
leave	left	left
lend	lent	lent
let	let	let
lose	lost	lost
make	made	made
meet	met	met
pay	paid	paid
put	put	put
read	read* [red]	read* [red]
ride	rode	ridden
ring	rang	rung
run	ran	run
say	said* [sed]	said* [sed]
see	saw	seen
sell	sold	sold
send	sent	sent
show	showed	showed or shown
sing	sang	sung
sit	sat	sat
sleep	slept	slept
speak	spoke	spoken
spend	spent	spent
stand	stood	stood
swim	swam	swum
take	took	taken
teach	taught	taught
tell	told	told
think	thought	thought
throw	threw	thrown
understand	understood	understood
wake	woke	woken
wear	wore	worn
win	won	won
write	wrote	written

* 발음 주의

(page 114, 116 관련내용)

인칭	평서문	부정문	의문문
1인칭 단수	I go to school.	I don't go to school.	Do I go to school?
1인칭 복수	We need money.	We don't need money.	Do we need money?
1인칭 복수	We feel angry now.	We don't feel angry now.	Do we feel angry now?
2인칭 단수	You look happy.	You don't look happy.	Do you look happy?
2인칭 단수	You want to sleep.	You don't want to sleep.	Do(Don't) you want to sleep?
2인칭 복수	You guys want to drink water.	You guys don't want to drink water.	Do you guys want to drink water?
3인칭 단수	She has a book.	She doesn't have a book.	Does she have a book?
3인칭 단수	Carrie wants to buy a house.	Carrie doesn't want to buy a house.	Does Carrie want to buy a house?
3인칭 단수	He likes to rest.	He doesn't like to rest.	Does(Doesn't) he like to rest?
3인칭 단수	Frank sometimes goes home late.	Frank often doesn't go home late.	Does(Doesn't) Frank often go home late?
3인칭 복수	They usually cook breakfast.	They usually don't cook breakfast.	Do they usually cook breakfast?
3인칭 복수	Frank and Sara have cars.	Frank and Sara don't have cars.	Do(Don't) Frank and Sara have cars?

■ 다음 문장을 (   )에 있는 형태의 문장으로 바꾸어보세요.

1) Do you want to drink water? (평서문) _____

2) She goes to school everyday. (의문문) _____

3) Frank needs my help. (부정문) _____

4) They don't listen to me. (평서의문문) _____

5) We usually go to bed at 11. (의문문) _____

6) I feel tired now. (부정문) _____

7) The cat has four legs. (의문문) _____

8) My children always take showers. (부정문) _____

9) They usually go to school by car. (의문문) _____

10) Does Sara cook lunch? (평서문) _____

인칭	평서문	부정문	의문문(부정의문문)
1인칭 단수	I am tired.	I am not tired.	Am I tired?
1인칭 단수	I am going home now.	I am not going home now.	Am I going home now?
1인칭 복수	We are happy.	We are not happy.	Are we happy?
1인칭 복수	We are taking showers.	We are not taking showers.	Aren't we taking showers?
2인칭 단수	You are angry.	You are not angry.	Are you angry?
2인칭 단수	You guys are sick.	You guys aren't sick.	Aren't you guys sick?
2인칭 복수	You guys are studying English now.	You guys are not studying English now.	Are you guys studying English now?
3인칭 단수	She is my sister.	She is not my sister.	Is she my sister?
3인칭 단수	He is afraid of dogs.	He is not afraid of dogs.	Is he afraid of dogs?
3인칭 복수	She and he are drinking water now.	She and he aren't drinking water now.	Aren't she and he drinking water now?
3인칭 단수	My cat is walking in the park now.	My cat isn't walking in the park now.	Isn't my cat walking in the park now?
3인칭 단수	Carrie is very kind.	Carrie is not very kind.	Isn't Carrie very kind?
3인칭 복수	They are working at the office.	They are not working at the office.	Are they working at the office?

■ 다음 문장을 (　　　)에 있는 형태의 문장으로 바꾸어보세요.

1) There is a problem. (의문문) _____

2) I am going to the party tonight. (의문문) _____

3) You are not my friend. (평서문) _____

4) Am I late for class? (평서문) _____

5) Frank is home. (부정문) _____

6) Sara and I are not happy. (평서문) _____

7) They are not singers. (평서문) _____

8) Are you a student? (부정의문문) _____

9) He and I are skinny. (부정문) _____

10) Many people are running on the road. (의문문) _____

부정문 만드는 법

(page 162 관련내용)

● be동사, 조동사 그리고 do동사의 부정문 만드는 법

be동사는 보통 형용사 앞에 많이 쓰이고, 일반동사는 행동을 나타내는 동사를 말합니다.
'～을 하다'란 뜻으로 do를 대표적으로 사용해요. 조동사는 동사 앞에 동사를 도와주는 말로 be동사와
부정문, 의문문의 형태가 같습니다.

– be동사의 부정문과 일반동사의 부정문 –

be동사의 부정문	조동사의 부정문	일반동사(do)의 부정문
I am not	I will not (won't)	I do not (don't)
You are not	You can not (can't)	You do not (don't)
They are not	They may not (mayn't)*	They do not (don't)
We are not	We should not (shouldn't)	We do not (don't)
She is not	She must not (mustn't)	She does not (doesn't)
He is not	He might not (mightn't)*	He does not (doesn't)
It is not	*(mayn't/mightn't는 잘 쓰지 않음)	It does not (doesn't)

- I am not tired today. (be동사 부정문)   - They are not tall. (be동사 부정문)
- She is not my girlfriend. (be동사 부정문)   - You shouldn't go there. (조동사 부정문)
- I won't travel to New York. (조동사 부정문)   - He doesn't help me. (일반동사 부정문)
- We don't catch a cold. (일반동사 부정문)

● be동사, 조동사의 과거부정문과 일반동사의 과거부정문

be동사의 과거 부정문	조동사의 과거 부정문	일반동사(do)의 과거 부정문
I was not	I would not (wouldn't)	I did not (didn't)
You were not	You could not (couldn't)	You did not (didn't)
They were not	They might not (mightn't)*	They did not (didn't)
We were not	We should not (shouldn't)	We did not (didn't)
She was not	*(must는 과거형이 없음)	She did not (didn't)
He was not	*(mightn't는 잘 쓰지 않음)	He did not (didn't)
It was not		It did not (didn't)

- It was not expensive. (be동사 과거형의 부정문)
- She didn't call me yesterday. (일반동사 과거형의 부정문)
- He couldn't study hard. (조동사 과거형의 부정문)
- I didn't make a reservation. (일반동사 과거형의 부정문)
- She wouldn't take a walk yesterday. (조동사 과거형의 부정문)

● be동사, 조동사 그리고 do동사의 의문문 만드는 법

be동사, 조동사는 주어와 동사의 위치를 바꾸면 의문문이 됩니다.
하지만 일반동사의 의문문은 문장의 맨 앞에 Do/Does/Did를 넣으면 의문문이 됩니다.

− be동사의 부정문과 일반동사의 의문문 −

be동사의 의문문	조동사의 의문문	일반동사(do)의 의문문
Am I ~ Are you ~ Are they ~ Are we ~ Is she ~ Is he ~ Is it ~	Will I ~ Can you ~ May they ~ Should we ~ Must she ~ Might he ~	Do I ~ Do you ~ Do they ~ Do we ~ Does she ~ Does he ~ Does it ~

- Am I tired today? (be동사 의문문)   - Are they tall? (be동사 의문문)
- Is she my girlfriend? (be동사 의문문)   - Should you go there? (조동사 의문문)
- Will he travel to New York? (조동사 의문문)
- Does he cook breakfast everyday for you? (일반동사 의문문)
- Do we need more time? (일반동사 의문문)

● be동사, 조동사의 과거의문문과 일반동사의 과거의문문

be동사의 과거 의문문	조동사의 과거 의문문	일반동사(do)의 과거 의문문
Was I ~ Were you ~ Were they ~ Were we ~ Was she ~ Was he ~ Was it ~	Would I ~ Could you ~ Might they ~ Should we ~ *(must는 과거형이 없음)	Did I ~ Did you ~ Did they ~ Did we ~ Did she ~ Did he ~ Did it ~

- Was it expensive? (be동사 과거형의 의문문)
- Did she call you yesterday? (일반동사 과거형의 의문문)
- Could he study hard yesterday? (조동사 과거형의 의문문)
- Did you make a reservation? (일반동사 과거형의 의문문)
- Would she take a walk yesterday? (조동사 과거형의 의문문)

시제	예문	자주 쓰이는 단어들
단순현재 (자주 일어나는 일)	- I (always) go to work at 8. - Do you go to work at 8? - Frank doesn't go to work at 8. - Does John go to work at 8? - She doesn't go to work at 8.	always every never often seldom sometimes usually normally
현재 진행형 (지금 하고 있는 일)	- I am going to Seoul now. - Are you going to work now? - Is Frank going to school right now? - They are not going to work at the moment. - Look! Frank is going home.	just now right now now at the moment Listen! Look!
과거형 (과거에 있었던 일에 대해서 이야기할 때)	- Frank went to school yesterday. - She didn't go to work last Friday. - Did you go to school 2 days ago? - Amy went home 2 minutes ago. - I didn't go to school last Monday.	yesterday 2 minutes ago in 2000 last Saturday the other day

과거 진행형
(과거의 특정시점에
일어난 일)
	- Frank was sleeping when his phone rang.
	- My brother was not cleaning his room
	  during that time.
	- Were they studying English?
	- What were you doing?
	- Frank and Carrie were not eating during
	  the lesson.
		When
		while
		as long as
		during that time

미래형 (앞으로 할 일)	- I will study English tomorrow. - Frank will not buy a new car. - Will you go to Seoul tomorrow? - Will they go to Seoul next month? - I think Frank will come here.	tomorrow next (year, month) probably I think perhaps

3형식/4형식 동사 바꾸기

(page 185 관련내용)

● give/write/send/show/tell/pass/read/bring/lend 등의 단어들은
〈주어 + 동사 + 목적어 + to + 사람〉으로 바꾸어 쓸 수 있습니다.
전달되는 의미가 있는 단어는 to를 사용한다고 생각하세요.

· I gave Frank a book. → I gave a book <u>to</u> Frank.

· He told me a good story. → He told a good story <u>to</u> me.

· She showed me the picture. → She showed the picture <u>to</u> me.

· Frank brought me a gift. → Frank brought a gift <u>to</u> me.

· I read my brother the story. → I read the story <u>to</u> my brother.

· Carrie wrote me a love letter. → Carrie wrote a love letter <u>to</u> me.

● make/buy/cook/get/order 등의 단어들은 〈주어 + 동사 + 목적어 + for + 사람〉
으로 바꾸어 쓸 수 있습니다. 무언가를 해주는 의미가 있는 동사는 for를 사용한다고
생각하세요.

· I will buy you a book. → I will buy a book <u>for</u> you.

· My mother made me dinner. → My mother made dinner <u>for</u> me.

· I will get you some coffee. → I will get some coffee <u>for</u> you.

· He ordered me the book. → He ordered the book <u>for</u> me.

· My mother cooked me lunch. → My mother cooked lunch <u>for</u> me.

can, could, may의 차이점

(page 138 관련내용)

● **can**: 능력과 부탁의 의미가 모두 있기 때문에 듣는 사람이 헷갈려할 수 있습니다.

  1) Can I drive your car? (제가 당신의 차를 운전할 수 있을까요?)
    * 운전을 할 수 있는 능력인지, 부탁인지 아리송해요.
  2) Can I drink a glass of water? (제가 물을 한 잔 마실 수 있을까요?)
    * 물을 마실 수 있는 능력인지, 부탁인지 아리송해요.
  3) Can I go home? (제가 집에 갈 수 있을까요?)
    * 집에 갈 수 있는 능력인지, 허락인지 아리송해요.

● **could**: 항상 부탁의 의미가 있기 때문에 듣는 사람이 헷갈려하지 않습니다.

  1) Could I drive your car? (제가 당신의 차를 운전해도 될까요?)
  2) Could I drink a glass of water? (제가 물을 한 잔 마셔도 될까요?)
  3) Could I go home? (제가 집에 가도 될까요?)

● **may**: 항상 부탁의 의미로 아주 정중한 표현입니다.

  1) May I drive your car? (당신의 차를 사용해도 괜찮을까요?)
  2) May I drink a glass of water? (제가 물을 한잔 마셔도 괜찮을까요?)
  3) May I go home? (제가 집에 가도 괜찮을까요?)

(page 156, 169 관련내용)

조동사 형태	예문	의미
can/could	• I can speak English. • Can you speak Korean? • Frank could not drive a car when he was young. • Carrie could eat 3 pizzas when she was young.	can: ~할 수 있어, 　~해도 되나요? could: ~할 수 있었어, 　~해도 괜찮나요?
will/would	• What will you do tomorrow? • I would run in the morning but I am lazy. • I will not buy you fried chicken. • Will Frank come here tomorrow?	will: ~할 거야 would: ~하려고 했었는데
may/might	• It may rain tomorrow. • Frank might not do his homework. • May I use your phone please? • She might go home soon.	may = might: ~일지도 몰라 might (과거시제): ~이었을지도 몰라 May I: ~ (제가) ~해도 괜찮나요? Might I: 안 됨!
shall/should	• You should study hard. • You should not go there. • What should I do? • Shall we go out?	shall should: ~해야 해
will be going to be -ing	• I will study English tomorrow. • I am going to study English tomorrow. • I am studying English tomorrow. • She is not studying English tomorrow.	will: ~할 거야 be going to / be -ing: ~할 건데

1) 유럽으로 여행 갈 예정이니? _____

2) 그녀는 나에게 자주 전화하지 않아. _____

3) 프랭크는 캐리를 위해 저녁밥을 꼭 해야 해? _____

4) 캐리는 쇼핑을 좋아하나요? _____

5) 너는 거기에 갈 필요가 없어. _____

6) 왜 팀 학원에 일찍 왔나요? _____

7) 난 지금 서울에 가고 있어. _____

8) 저녁으로 뭘 먹을래요? (공손하게) _____

9) 영화 보는 것을 좋아해요? _____

10) 나랑 같이 점심 먹을래? _____

11) 넌 오늘 밤에 나가지 말아야 돼. _____

12) 난 내일 서울에 가지 않을 거야. _____

13) 캐시는 영어 공부해야 해요. _____

14) 캐리는 너랑 저녁을 먹지 않을 거야. _____

15) 지금 자고 있나요? _____

16) 왜 내 컴퓨터를 쓰고 있는데? _____

17) 뭐라고 말했어? _____

18) 아침으로 보통 무엇을 먹나요? _____

19) 캐나다까지 얼마나 걸리나요? _____

20) 왜 나를 쳐다보고 있는데? _____

21) 사라는 내일 아마 영어를 공부할 거야. _____

22) 지금 뭐해? _____

23) 그녀는 이 선물을 아마도 좋아할 거야. _____

24) 소금 좀 건네줄래요? _____

25) 7시에 나 좀 깨워줄래? _____

26) 그녀는 볶음밥을 요리할 수 있어. _____

27) 프랭크는 영어를 가르치곤 했지. _____

28) 내일 일하러 갈 예정이니? _____

29) 나는 피자를 먹을 필요가 없어. _____

30) 우리는 서로 알아야 해. _____

31) 프랭크는 책을 더 읽을 필요가 있어. _____

32) 프랭크는 세차할지도 몰라. _____

33) 넌 정장을 입을 필요가 없어. _____

34) 넌 여기서 시끄럽게 하면 안 돼. _____

35) 도서관에 갈 거야? _____

36) 지금 떠나고 싶어? _____

37) 프랭크는 보통 열심히 일하나요? _____

38) 너는 내 지갑을 찾았니? _____

39) 어디서 남자 친구를 처음으로 만났니? _____

40) 아빠한테 무슨 선물을 사야 하지? _____

■ 다음은 여행에서 많이 사용하는 표현들입니다. 영작을 해보고 연습해보세요.

1) 잘 주무셨나요?
[좋은 잠: a good sleep]

2) 만나뵙게 되어 기쁩니다.

3) 무슨 말인지 모르겠어요.

4) 저도 그렇게 생각해요.

5) 도와주셔서 고맙습니다.
[너의 도움: your help]

6) 와인 한 잔 더 주세요.

7) 뭐라고 했나요?

8) 제 짐을 찾을 수가 없어요.
[짐: baggage]

9) 저한테 연락 줄 수 있나요?
[연락하다: contact]

10) 시내 지도가 있나요?
[시내 지도: a city map]

11) 좋은 식당을 추천해줄 수 있나요?
[추천하다: recommend]

12) 여기에 앉아도 될까요?

13) 사진을 찍어도 될까요?
[사진 찍다: take pictures]

14) 성함을 물어봐도 될까요?
[성함: name]

15) 여기서 담배를 피워도 될까요?
[담배 피우다: smoke]

16) 오렌지 주스 있나요?

17) 화장실은 어디에 있나요?

18) 공항까지 얼마나 걸리나요?

19) 지금 몇 시죠?

20) 빈방 있나요?
[빈방: empty rooms]

21) 신용카드도 받나요?
[신용카드: a credit card]

22) 언제 아침식사가 되나요?

23) 예약을 했습니다.
[예약: reservation]

24) 뭘 좀 먹고 싶어요.
[뭘 먹다: eat something]

25) 저 스웨터를 보여줄 수 있나요?
[보여주다: show]

26) 더 천천히 말씀해주세요.
[천천히: slowly]

27) 창문을 열어도 됩니까?

28) 문제가 생겼어요.
[문제: a problem]

29) 길을 잃어버렸습니다.
[길 잃은: lost]

30) 이 가방을 맡아줄 수 있나요?
[맡아주다: keep]

31) 다른 자리로 바꿀 수 있나요? _____
[자리: seat]

32) 헤드폰이 고장입니다. _____
[고장이다: not working]

33) 담요를 한 장 더 주실래요? _____
[담요: blanket]

34) 예약을 변경하고 싶어요. _____
[변경하다: change]

35) 창가 측 좌석을 부탁합니다. _____
[창가 측 좌석: a window seat]

36) 여행으로 여기에 왔습니다. _____
[여행, 관광: sightseeing]

37) 혼자 여행하고 있습니다. _____
[혼자: alone]

38) L.A에 있는 프랭크 호텔에 묵을 거예요. _____
[묵다: stay at]

39) 이것이 귀국 항공권입니다. _____
[귀국 항공권: the return ticket]

40) 3박을 예약했어요. _____
[3박: three nights]

41) 메뉴판을 갖다주실 수 있나요? _____
[메뉴판: a menu]

42) 어떤 종류의 요리인가요? _____
[요리: dish]

43) 그냥 구경 중이에요. _____
[구경 중이다: looking around]

44) 좀 깎아주실 수 있나요? _____
[깎아주다: give a discount]

45) 저 바지를 좀 보고 싶어요. _____
[바지: pants]

46) 시드니에 가는 버스는 어디서 탈 수 있나요? _____
[버스를 타다: catch a bus]

47) 표를 어디서 살 수 있죠? _____
[표: ticket]

48) 미터기를 켜줄 수 있나요? _____
[미터기: the meter]

49) 오렌지 주스를 주실 수 있나요? _____

50) 돼지고기로 주세요. _____
[돼지고기: pork]

51) 담요를 주실 수 있나요?

52) 베개가 있나요?
[베개: a pillow]

53) 커피 좀 리필해주시겠어요?
[리필하다: refill]

54) 맥주 한 캔 더 주세요.
[맥주 한 캔: another can of beer]

55) 의자를 뒤로 젖혀도 될까요?
[뒤로 젖히다: put ... back]

56) 의자를 앞으로 당겨 주시겠어요?
[의자를 당기다: bring up the seat]

57) 저는 휴가차 여행 왔어요.

58) 프랭크 호텔에 3일 동안 있을 거예요.
[3일 동안: for 3 days]

59) 인터넷을 어떻게 이용하죠?
[이용하다: use]

60) 수건을 좀 더 갖다줄 수 있나요?
[갖다주다: bring]

WORDS

암기
단어장

		영어단어	한글 뜻	한글 예시	영어 예시
1		I	[대] 나는 (1인칭 단수) (한국어를 말할 때 많이 생략되는 단어)	① 나는, 저는 ② 제가, 내가 (한국어에서 I는 보통 생략해서 말하기 때문에 영작할 때 주의해야 하는 단어)	① I ② I
2		you	[대] 너는, 당신은 (2인칭 단수 복수) (한국어를 말할 때 많이 생략되는 단어)	① 너는, 너희들은 ② 당신, 당신들, 여러분들 (한국어에서 You는 보통 생략해서 말하기 때문에 영작할 때 주의해야 하는 단어)	① You ② You
3		we	[대] 우리, 저희 (1인칭 복수)	① 우리 ② 저희 (나를 포함한 사람과 사물에 사용할 수 있는 단어)	① We ② We
4		they	[대] 그들, 그것들 (3인칭 복수) (사람 및 사물에도 사용할 수 있는 단어)	① 그들, 그것들, 사람들 ② 쟤들, 얘들, 저것들	① They ② They
5		she	[대] 그녀, 쟤(여자) (3인칭 단수)	① 그녀 ② 쟤(여자) (사람과 동물(암컷)에 사용할 수 있는 단어)	① She ② She
6		he	[대] 그, 쟤(남자) (3인칭 단수)	① 그, 그분 ② 쟤(남자) (사람과 동물(수컷)에 사용할 수 있는 단어)	① He ② He
7		it	[대] 그것, 이것 (3인칭 단수)	① 그것 ② 이것 (앞에 말한 것 또는 현재 가리키고 있는 사물, 동물)	① It ② It
8		like	[동] 좋아하다	① (나는) 좋아해. ② (우리는) 좋아해. ③ 그들은 좋아해.	① I like ② We like ③ They like

		영어단어	한글 뜻	한글 예시	영어 예시
9		give	[동] (건네)주다	① 나는 준다. ② 너는 준다. ③ 그녀는 준다. (3인칭 단수의 경우에는 동사 뒤에 -s 또는 -es를 붙여요)	① I give ② You give ③ She gives
10		study	[동] 공부하다	① 저는 공부해요. ② 당신은 공부해요. ③ 그녀는 공부해요. (3인칭 단수의 경우에는 동사 뒤에 -s 또는 -es를 붙여요)	① I study ② You study ③ She studies
11		sleep	[동] (잠을) 자다	① 나는 잔다. ② 당신은 잔다. ③ 그녀는 잔다.	① I sleep. ② You sleep. ③ She sleeps.
12		have	[동] (무언가를 갖고) 있다	① 저는 갖고 있어요. ② 당신은 있어. ③ 그녀는 있어. (have 뒤에 s가 붙으면 has가 됩니다)	① I have ② You have ③ She has
13		take	[동] (무언가를) 가져가다	① 나는 가져간다. ② 너는 가져간다. ③ 그는 가져간다.	① I take ② You take ③ He takes
14		see	[동] (눈으로 인식해서) 보다	① 나는 본다. ② 당신은 본다. ③ 그녀는 본다.	① I see ② You see ③ She sees
15		go to ~	[동] ~로 가다 (보통 한 장소에서 다른 장소로 갈 때 사용)	① 나는 ~로 간다. ② 당신은 ~로 간다. ③ 그녀는 ~로 간다. (집에 가는 경우에는 go home이라고 합니다.)	① I go to ~ ② You go to ~ ③ She goes to ~
16		eat	[동] 먹다	① 저는 식사해요. ② 당신은 식사해요. ③ 그녀는 먹어요.	① I eat ② You eat ③ She eats

		영어단어	한글 뜻	한글 예시	영어 예시
17		cook	[동] 요리하다	① 나는 요리해. ② 당신은 요리해. ③ 그녀는 요리해.	① I cook ② You cook ③ She cooks
18		fries	[명] [c] 튀김들	① 나는 튀김들을 먹어. ② 너는 튀김들을 먹어. ③ 그녀는 튀김들을 먹어.	① I eat fries. ② You eat fries. ③ She eats fries.
19		cookies	[명] [c] 쿠키들 (《명사 + s)를 사용하면 명사의 복수를 뜻합니 다.)	① 나는 쿠키들을 먹어. ② 당신은 쿠키들을 먹어. ③ 그는 쿠키들을 먹어요.	① I eat cookies. ② You eat cookies. ③ He eats cookies.
20		cake	[명] [c] 케이크 [u] (음식) 케이크	① 나는 케이크(하나)를 먹어요. ② 너는 케이크(하나)를 먹어요. ③ 그는 케이크(하나)를 먹어요.	① I eat a cake. ② You eat a cake. ③ He eats a cake.
21		the	[정관사] 그(것), 이(것) (앞에 말한 것 또는 서로 알고 있는 사람·사물에 사용)	① 나는 이 튀김들을 좋아해. ② 너는 이 케이크를 좋아해. ③ 그녀는 이 케이크를 좋아해.	① I like the fries. ② You like the cake. ③ She likes the cake.
22		noodles	[명] [c] 국수 (단수보단 주로 복수를 사용)	① 나는 국수들을 요리해요. ② 당신은 국수들을 요리해. ③ 그녀는 국수들을 요리해요.	① I cook noodles. ② You cook noodles. ③ She cooks noodles.
23		chicken soup	[명] [u] 삼계탕, 닭고기 수프	① 나는 삼계탕을 요리해. ② 당신은 삼계탕을 요리해. ③ 그는 삼계탕을 요리해. (삼계탕을 요리해 = make란 동사를 쓸 수 도 있어요.)	① I cook(make) chicken soup. ② You cook(make) chicken soup. ③ He cooks(makes) chicken soup.
24		rice	[명] [u] 쌀, 벼	① 나는 쌀을 요리해. ② 당신은 쌀을 요리해. ③ 그는 밥을 해.	① I cook rice. ② You cook rice. ③ He cooks rice.

		영어단어	한글 뜻	한글 예시	영어 예시
25		money	[명] [u] 돈	① 나는 돈을 줘. ② 당신은 돈을 줘. ③ 그녀는 돈을 줘.	① I give money. ② You give money. ③ She gives money.
26		book	[명] [c] 책	① 나는 책을 (한 권) 줘. ② 당신은 책을 (한 권) 줘요. ③ 그는 책을 (한 권) 줘요.	① I give a book. ② You give a book. ③ He gives a book.
27		candy candies	[명] [c] 사탕(들) [u] 사탕, 초콜릿류 (《명사 + s》를 사용하면 명사의 복수를 뜻합니 다.)	① 난 캔디들을 줘. ② 넌 캔디들을 줘. ③ 그는 캔디를 (하나) 줘.	① I give candies. ② You give candies. ③ He gives a candy.
28		English	[명] [u] 영어	① 나는 영어를 공부해. ② 너는 영어를 공부해. ③ 그는 영어를 공부해.	① I study English. ② You study English. ③ He studies English.
29		history	[명] [u] 역사	① 나는 역사를 공부해. ② 당신은 역사 공부를 해. ③ 그는 역사 공부를 해요.	① I study history. ② You study history. ③ He studies history.
30		at seven 7	7시에 (at은 짧은 시간 앞에 사 용하는 단어)	① 나는 7시에 잠을 자. ② 너는 7시에 요리를 해. ③ 그는 7시에 공부를 해.	① I sleep at 7. ② You cook at 7. ③ He studies at 7.
31		at eight 8	8시에 (at은 짧은 시간 앞에 사 용하는 단어)	① 나는 8시에 국수를 먹어. ② 너는 8시에 잠을 자. ③ 그녀는 8시에 공부를해.	① I eat noodles at 8. ② You sleep at 8. ③ She studies at 8.
32		tree trees	[명] [c] 나무, 나무들 (《명사 + s》를 사용하면 명사의 복수를 뜻합니 다.)	① 나는 나무(하나)를 봐. ② 너는 나무(하나)를 봐. ③ 그녀는 나무(하나)를 봐.	① I see a tree. ② You see a tree. ③ She sees a tree.

		영어단어	한글 뜻	한글 예시	영어 예시
33		plans	[명] [c] (앞으로 하려는) 계획, 약속	① 나는 약속(들)이 있어. ② 너는 계획이 (하나) 있어. ③ 그는 약속(들)이 있어요.	① I have plans. ② You have a plan. ③ He has plans. (a plan = 계획을 갖고 있다, plans = 내가 할 약속이 있다)
34		car	[명] [c] 자동차	① 저는 차(한 대)가 있어요. ② 당신은 차(한 대)가 있어요. ③ 그녀는 차(한 대)가 있어요.	① I have a car. ② You have a car. ③ She has a car.
35		test	[명] [c] 시험, 검사	① 나는 (하나) 시험을 봐요. ② 너는 (하나) 시험을 봐요. ③ 그녀는 (하나의) 시험을 봐.	① I take a test. ② You take a test. ③ She takes a test.
36		shower	[명] [c] 샤워, 샤워기	① 나는 샤워(한 번)를 해. ② 당신은 샤워(한 번)를 해. ③ 그는 샤워(한 번)를 해.	① I take a shower. ② You take a shower. ③ He takes a shower.
37		class	[명] [c] 수업, 학급	① 나는 수업(하나)을 들어. ② 너는 수업(하나)을 들어. ③ 그녀는 수업(하나)을 들어.	① I take a class. ② You take a class. ③ She takes a class.
38		movie	[명] [c] 영화 (see a movie = '극장 구경을 하다'라는 뜻 입 니다.)	① 나는 (극장에서) 영화 봐 ② 너는 (극장에서) 영화 봐. ③ 그는 (극장에서) 영화 봐.	① I see a movie. ② You see a movie. ③ He sees a movie.
39		girlfriend	[명] [c] 여자친구	① 나는 여자 친구가 있어. ② 너는 여자 친구가 있어. ③ 그는 여자 친구가 있어.	① I have a girlfriend. ② You have a girlfriend. ③ He has a girlfriend.
40		school	[명] [c] 학교(장소)	① 저는 학교에 가요. ② 너는 학교에 간다. ③ 그는 학교에 가요.	① I go to school. ② You go to school. ③ He goes to school.

		영어단어	한글 뜻	한글 예시	영어 예시
41		church	[명] [c] 교회	① 나는 교회에 간다. ② 너는 교회에 간다. ③ 그는 교회에 가요.	① I go to church. ② You go to church. ③ He goes to church. (go 뒤에 s가 붙으면 = goes)
42		a	[관사] 하나의 (글 속에 처음 언급되는 단수형 명사 앞에 쓰임)	① 나는 나무(하나)를 봐. ② 너는 나무(하나)를 봐. ③ 그녀는 나무(하나)를 봐.	① I see a tree. ② You see a tree. ③ She sees a tree.
43		work	[명] [u] 일, 직장, 직업	① 저는 회사에 가요. ② 당신은 회사에 가요 ③ 그는 회사에 가요.	① I go to work. ② You go to work. ③ He goes to work.
44		fried rice	[명] [u] 볶음밥	① 나는 볶음밥이 좋아. ② 당신은 볶음밥을 좋아해. ③ 그녀는 볶음밥을 좋아해.	① I like fried rice. ② You like fried rice. ③ She likes fried rice.
45		pasta	[명] [u] 파스타	① 나는 파스타를 요리해. ② 너는 파스타를 요리해. ③ 그녀는 파스타를 요리해.	① I cook pasta. ② You cook pasta. ③ She cooks pasta.
46		house	[명] [c] 집	① 저는 집이 (한 채) 있어요. ② 당신은 집이 (한 채) 있어요. ③ 그는 집이 (한 채) 있어요.	① I have a house. ② You have a house. ③ He has a house.
47		tacos	[명] [c] 타코	① 저는 타코들을 요리해요. ② 당신은 타코들을 요리해요. ③ 그녀는 타코들을 요리해요.	① I cook tacos. ② You cook tacos. ③ She cooks tacos.
48		boyfriend	[명] [c] 남자 친구	① 나는 남자 친구가 있어. ② 너는 남자 친구가 있어. ③ 그녀는 남자 친구가 있어.	① I have a boyfriend. ② You have a boyfriend. ③ She has a boyfriend.

Day 7

		영어단어	한글 뜻	한글 예시	영어 예시
49	**1**	one	[명] [u] 하나	① 나는 자동차가 1대이다. ② 너는 자동차가 1대이다. ③ 그는 자동차가 1대이다.	① I have one car. ② You have one car. ③ He has one car.
50	**2**	two	[명] [u] 둘	① 나는 형이 둘 있어. ② 너는 형이 둘 있어. ③ 그녀는 오빠가 둘 있어.	① I have two brothers. ② You have two brothers. ③ She has two brothers.
51	**3**	three	[명] [u] 셋	① 나는 차가 3대 있어. ② 너는 3대의 차가 있어. ③ 그는 차가 3대 있어.	① I have three cars. ② You have three cars. ③ He has three cars.
52	**4**	four	[명] [u] 넷	① 나는 4를 좋아해. ② 너는 4를 좋아해. ③ 그녀는 4를 좋아해.	① I like four. ② You like four. ③ She likes four.
53	**5**	five	[명] [u] 다섯	① 나는 전화기가 다섯 대야. ② 너는 전화기를 다섯 대 갖고 있어. ③ 그녀는 전화기가 다섯 대야.	① I have five phones. ② You have five phones. ③ She has five phones.
54	**6**	six	[명] [u] 여섯	① 나는 여섯을 좋아해. ② 너는 여섯을 좋아해. ③ 그녀는 여섯을 좋아해.	① I like six. ② You like six. ③ She likes six.
55	**7**	seven	[명] [u] 일곱	① 나는 책이 7권이야. ② 너는 책이 7권이야. ③ 그는 7권의 책이 있어.	① I have seven books. ② You have seven books. ③ He has seven books.
56	**8**	eight	[명] [u] 여덟	① 나는 8개의 양파를 먹어. ② 너는 8개의 양파를 먹어. ③ 그녀는 8개의 양파를 먹어.	① I eat eight onions. ② You eat eight onions. ③ She eats eight onions.

		영어단어	한글 뜻	한글 예시	영어 예시
57	**9**	nine	[명] [u] 아홉	① 나는 사탕 9개가 있어. ② 너는 사탕이 9개가 있어. ③ 그녀는 사탕 9개가 있어.	① I have nine candies. ② You have nine candies. ③ She has nine candies.
58	**10**	ten	[명] [u] 열	① 나는 10개의 사탕들을 먹어. ② 너는 사탕 10개를 먹어. ③ 그는 사탕 10개를 먹어.	① I eat ten candies. ② You eat ten candies. ③ He eats ten candies.
59	**11**	eleven	[명] [u] 열하나	① 나는 집이 11개야. ② 너는 11개의 집이 있어. ③ 그녀는 집이 11개 있어.	① I have eleven houses. ② You have eleven houses. ③ She has eleven houses.
60	**12**	twelve	[명] [u] 열둘	① 나는 펜이 12개야. ② 너는 12개의 펜을 갖고 있어. ③ 그녀는 펜이 12개야.	① I have twelve pens. ② You have twelve pens. ③ She has twelve pens.
61		o'clock	[부] 정각	① 나는 10시 정각에 자. ② 너는 10시 정각에 자. ③ 그녀는 10시 정각에 자.	① I sleep at ten o'clock. ② You sleep at ten o'clock. ③ She sleeps at ten o'clock.
62		in	[전] ~ 안에	① 나는 침대 안에서 잔다. ② 너는 침대 안에서 자. ③ 그녀는 침대 안에서 자요.	① I sleep in bed. ② You sleep in bed. ③ She sleeps in bed.
63	January	January	[명] [u] 1월 (보통 앞에 in을 사용)	① 저는 1월을 좋아해요. ② 당신은 1월을 좋아해요. ③ 그는 1월을 좋아해요.	① I like January. ② You like January. ③ He likes January.
64	February	February	[명] [u] 2월 (보통 앞에 in을 사용)	① 저는 2월에 학교에 가요. ② 당신은 2월에 학교에 가요. ③ 그녀는 2월에 학교에 가요.	① I go to school in February. ② You go to school in February. ③ She goes to school in February.

		영어단어	한글 뜻	한글 예시	영어 예시
65	March	March	[명] [u] 3월 (보통 앞에 in을 사용)	① 나는 3월을 좋아해. ② 너는 3월을 좋아해. ③ 그녀는 3월을 좋아해.	① I like March. ② You like March. ③ She likes March.
66	April	April	[명] [u] 4월 (보통 앞에 in을 사용)	① 저는 4월에 공부를 해요. ② 당신은 4월에 공부를 해요. ③ 그녀는 4월에 공부를 해요.	① I study in April. ② You study in April. ③ She studies in April.
67	May	May	[명] [u] 5월 (보통 앞에 in을 사용)	① 나는 5월에 케이크를 먹어. ② 넌 5월에 케이크를 먹어. ③ 그녀는 5월에 케이크를 먹어.	① I eat a cake in May. ② You eat a cake in May. ③ She eats a cake in May.
68	June	June	[명] [u] 6월 (보통 앞에 in을 사용)	① 난 6월이 좋아. ② 넌 6월이 좋아. ③ 그는 6월을 좋아해.	① I like June. ② You like June. ③ He likes June.
69		rain	[동] 비가 오다 (주어는 It을 쓴다)	① 6월에 비가 와요. ② 4월에 비가 와요. ③ 3월에 비가 와요.	① It rains in June. ② It rains in April. ③ It rains in March.
70		a lot	[부] 많이	① 저는 잠을 많이 자요. ② 당신은 많이 먹어요. ③ 그녀는 요리를 많이 해요.	① I sleep a lot. ② You eat a lot. ③ She cooks a lot.
71		my	[대] 나의 (한국말에서는 '우리'란 말로 사용)	① 나의(우리) 책 ② 나의(우리) 학교 ③ 나의(우리) 여자친구	① My book ② My school ③ My girlfriend
72		birthday	[명] [c] 생일	① 나는 내 생일이 좋아. ② 너는 생일 케이크(하나)를 좋아해. ③ 그녀는 생일 케이크(하나)를 좋아해.	① I like my birthday. ② You like a birthday cake. ③ She likes a birthday cake.

		영어단어	한글 뜻	한글 예시	영어 예시
73		will	[조] ~할 거야 (미래시제에 쓰임)	① 나는 요리할 거야. ② 너는 학교에 갈 거야. ③ 그녀는 영어 공부를 할 거야.	① I will cook. ② You will go to school. ③ She will study English.
74		meet	[동] 만나다	① 나는 나의 여자친구를 만날 거야. ② 너는 프랭크를 만날 거야. ③ 그녀는 사라를 만날 거야.	① I will meet my girlfriend. ② You will meet Frank. ③ She will meet Sara.
75		snow	[동] 눈이 내리다 (보통 주어 자리에 It을 사용)	① 눈이 내려. ② 눈이 내릴 거야.	① It snows. ② It will snow.
76		hot	[형] 더운, 뜨거운	① 나는 뜨거운 스프가 좋아. ② 너는 뜨거운 스프를 좋아해. ③ 그녀는 뜨거운 스프를 좋아해요.	① I like hot soup. ② You like hot soup. ③ She likes hot soup.
77		flower	[명] [c] 꽃	① 나는 꽃 한 송이를 준다. ② 당신은 꽃들을 준다. ③ 그녀는 꽃들을 준다.	① I give a flower. ② You give flowers. ③ She gives flowers.
78		bloom	[동] (꽃이) 피다	① 꽃 한 송이가 핀다. ② 꽃들이 핀다.	① A flower blooms. ② Flowers bloom.
79		Frank	[명] 사람이름 프랭크	① 프랭크는 양파들을 좋아해. ② 프랭크는 닭을 요리한다. ③ 프랭크는 영화(한 편)을 봐.	① Frank likes onions. ② Frank cooks chicken. ③ Frank sees a movie.
80		pizza	[명] [c] 피자	① 나는 피자를 먹어. ② 너는 피자를 먹어. ③ 그녀는 피자를 먹어요.	① I eat pizza. ② You eat pizza. ③ She eats pizza.

		영어단어	한글 뜻	한글 예시	영어 예시
81		fries	[명] [c] 튀김들	① 나는 튀김을 요리해. ② 너는 튀김을 해요. ③ 그녀는 튀김을 요리해.	① I cook fries. ② You cook fries. ③ She cooks fries.
82		and	[접] 그리고	① 나는 피자와 생선을 좋아해. ② 당신은 양파들과 생선을 좋아해요. ③ 그녀는 튀김들과 쿠키들을 좋아해.	① I like pizza and fish. ② You like onions and fish. ③ She likes fries and cookies.
83		on	[전] ~ 위에	① 나는 그 침대 위에서 자. ② 너는 그 침대 위에서 자. ③ 그녀는 그 침대 위에서 자.	① I sleep on the bed. ② You sleep on the bed. ③ She sleeps on the bed.
84		see movies	영화 보러 가다	① 나는 영화 보러 가. ② 너는 영화 보러 가. ③ 그녀는 영화 보러 가.	① I see movies. ② You see movies. ③ She sees movies.
85		cinema	[명] [c] 영화관	① 나는 그 영화관에 가요. ② 너는 그 영화관에 가. ③ 그녀는 그 영화관에 가요.	① I go to the cinema. ② You go to the cinema. ③ She goes to the cinema.
86		onions	[명] [c] 양파 (《명사 + s)를 사용하면 명사의 복수를 뜻합니다.)	① 나는 양파를 좋아해. ② 너는 양파를 좋아해. ③ 그는 양파를 좋아해.	① I like onions. ② You like onions. ③ He likes onions.
87		bed	[명] [u] 잠, 잠자리	① 나는 9시에 자러 가. ② 너는 10시에 자러 가. ③ 그녀는 11시에 자러 가.	① I go to bed at 9. ② You go to bed at 10. ③ She goes to bed at 11.
88		sky	[명] [u] 하늘 (보통 the와 같이 사용)	① 나는 하늘을 봐요. ② 너는 하늘을 봐. ③ 그는 하늘을 봐요.	① I see the sky. ② You see the sky. ③ He sees the sky.

		영어단어	한글 뜻	한글 예시	영어 예시
89		fish	[명] [c] 물고기 [u] (음식) 생선	① 나는 물고기들을 좋아해. ② 당신은 생선들을 좋아해요. ③ 그녀는 물고기들을 좋아해	① I like fish. ② You like fish. ③ She likes fish.
90		him	[대] 그를, 그에게	① 나는 그를 좋아해. ② 당신은 그를 좋아해. ③ 그녀는 그를 좋아해.	① I like him. ② You like him. ③ She likes him.
91		her	[대] 그녀를, 그녀에게	① 나는 그녀를 봐. ② 너는 그녀를 봐. ③ 그는 그녀를 봐.	① I see her. ② You see her. ③ He sees her.
92		us	[대] 우리를, 우리에게	① 당신은 우리를 봐요. ② 프랭크는 우리를 봐. ③ 그녀는 우리를 봐.	① You see us. ② Frank sees us. ③ She sees us.
93		them	[대] 그들을, 그들에게	① 나는 그들을 봐. ② 너는 그들을 봐. ③ 그녀는 그들을 봐.	① I see them. ② You see them. ③ She sees them.
94		me	[대] 나를, 나에게	① 너는 나를 좋아해. ② 그녀는 나를 좋아해. ③ 쟤들은 나를 좋아해.	① You like me. ② She likes me. ③ They like me.
95		it	[대] 그것을, 그것에게 (주격과 목적격이 같은 형태)	① 나는 그것을 갖고 있어. ② 당신은 그것이 있어요. ③ 그녀는 그것을 갖고 있어.	① I have it. ② You have it. ③ She has it.
96		you	[대] 너(당신)를, 너(당신)에게 (주격과 목적격이 같은 형태)	① 나는 너를 좋아해. ② 그녀는 너를 좋아해. ③ 우리는 너를 좋아해.	① I like you. ② She likes you. ③ We like you.

		영어단어	한글 뜻	글 예시	영어 예시
97		love	[동] 사랑하다 (정말) 좋아하다	① 나는 피자를 사랑해. ② 너는 피자를 사랑해. ③ 그녀는 피자를 사랑해.	① I love pizza. ② You love pizza. ③ She loves pizza.
98		dog(s)	[명] [c] 개(들) (명사 -s는 명사의 복수를 뜻합니다.)	① 나는 개들을 너무 사랑해. ② 너는 개들을 사랑해. ③ 그녀는 개(한 마리)를 사랑해.	① I love dogs. ② You love dogs. ③ She loves a dog.
99		wheel(s)	[명] [c] 바퀴(들) (명사 -s는 명사의 복수를 뜻합니다.)	① 나는 바퀴 1개가 있어. ② 너는 바퀴들이 있어. ③ 그 차는 4개의 바퀴가 있어.	① I have a wheel. ② You have wheels. ③ The car has four wheels.
100		travel with	[동] ~와 함께 여행하다	① 나는 프랭크랑 여행을 해. ② 너는 프랭크랑 여행을 해. ③ 그는 프랭크랑 여행을 해.	① I travel with Frank. ② You travel with Frank. ③ He travels with Frank.
101		restaurant	[명] [c] 식당	① 나는 식당(한 곳)에 가. ② 당신은 식당(한 곳)에 가요. ③ 그녀는 식당(한 곳)에 갑니다.	① I go to a restaurant. ② You go to a restaurant. ③ She goes to a restaurant.
102		hotel	[명] [c] 호텔	① 나는 호텔(한 곳)을 예약해. ② 너는 호텔(한 곳)을 예약해. ③ 그는 호텔(한 곳)을 예약해.	① I book a hotel. ② You book a hotel. ③ He books a hotel.
103		breakfast	[명] [u] 아침	① 나는 아침을 먹어요. ② 당신은 아침을 먹어요. ③ 그는 아침을 먹어요.	① I eat breakfast. ② You eat breakfast. ③ He eats breakfast.
104		everyday	[형] 매일의	① 나는 매일 아침을 먹는다. ② 너는 매일 아침을 먹는다. ③ 그녀는 매일 아침을 먹는다.	① I eat breakfast everyday. ② You eat breakfast everyday. ③ She eats breakfast everyday.

		영어단어	한글 뜻	글 예시	영어 예시
105		headache	[명] [c] 두통	① 나는 두통이 있어. ② 너는 두통이 있어. ③ 그녀는 두통이 있어.	① I have a headache. ② You have a headache. ③ She has a headache.
106		fever	[명] [c] 열	① 나는 열이 나. ② 너는 열이 나. ③ 그는 열이 나.	① I have a fever. ② You have a fever. ③ He has a fever.
107		stomachache	[명] [c] 배가 아픔, 체했음	① 나는 복통이 있어. ② 너는 복통이 있어. ③ 그녀는 복통이 있어요.	① I have a stomachache. ② You have a stomachache. ③ She has a stomachache.
108		lunch	[명] [u] 점심	① 나는 점심을 해. ② 너는 점심을 요리해. ③ 그는 점심을 요리해.	① I cook lunch. ② You cook lunch. ③ He cooks lunch.
109		dinner	[명] [u] 저녁	① 나는 저녁을 먹어요. ② 당신은 저녁을 먹어요. ③ 그녀는 저녁을 먹어요.	① I eat dinner. ② You eat dinner. ③ She eats dinner.
110		ticket	[명] [c] 표	① 나는 표(하나)를 예약해. ② 너는 표(하나)를 예약해. ③ 그는 표(하나)를 예약해.	① I book a ticket. ② You book a ticket. ③ He books a ticket.
111		parents	[명] [c] 부모님	① 나는 내 부모님과 여행을 해. ② 너는 내 부모님과 여행을 해. ③ 그는 내 부모님과 여행을 해.	① I travel with my parents. ② You travel with my parents. ③ He travels with my parents.
112		brother	[명] [c] 형, 남동생, 오빠	① 나는 내 남동생과 여행을 해. ② 너는 내 오빠와 여행을 해. ③ 그녀는 나의 형과 여행을 해.	① I travel with my brother. ② You travel with my brother. ③ She travels with my brother.

		영어단어	한글 뜻	글 예시	영어 예시
113		train station	[명] [c] 기차역	① 나는 기차역에 간다. ② 당신은 그 기차역에 가요. ③ 그녀는 기차역에 가요.	① I go to a train station. ② You go to the train station. ③ She goes to a train station.
114		wash	[동] 씻다	① 나는 나의 손들을 씻어요. ② 당신은 세차를 해요. ③ 그녀는 (그녀의) 손을 씻어요.	① I wash my hands. ② You wash (your) car. ③ She washes (her) hands.
115		hair	[명] [u] 머리카락	① 나는 나의 머리를 감아요. ② 당신은 머리를 감아요. ③ 그녀는 머리를 감아요.	① I wash my hair. ② You wash (your) hair. ③ She washes (her) hair.
116		hand(s)	[명] [c] 손(들) (명사 -s는 명사의 복수 를 뜻합니다.)	① 저는 저의 손을 씻어요. ② 너는 내 손을 잡아. ③ 그녀는 내 손을 잡아요.	① I wash my hands. ② You take my hands. ③ She takes my hands.
117		shopping center	[명] [c] 쇼핑센터	① 저는 쇼핑센터에 가요. ② 당신은 쇼핑센터에 가요. ③ 그는 쇼핑센터에 가요.	① I go to a shopping center. ② You go to a shopping center. ③ He goes to a shopping center.
118		sister	[명] [c] 누나, 언니, 여동생	① 나는 누나가 (하나) 있어. ② 너는 여동생이 (하나) 있어. ③ 그녀는 언니가 (하나) 있어.	① I have a sister. ② You have a sister. ③ She has a sister.
119		friend(s)	[명] [c] 친구(들)	① 저는 친구들을 만나요. ② 너는 친구들을 만나요. ③ 그녀는 친구들을 만나요.	① I meet friends. ② You meet friends. ③ She meets friends.
120		carry	[동] 나르다, (무언가를) 갖고 다니다	① 저는 (나의) 가방을 갖고 다녀요. ② 너는 책들을 날라. ③ 그녀는 (그녀의) 가방을 갖고 다녀.	① I carry (my) bag. ② You carry books. ③ She carries (her) bag.

		영어단어	한글 뜻	글 예시	영어 예시
121		help	[동] 도와주다	① 나는 너를 도와줘. ② 너는 나를 도와줘. ③ 그녀는 나를 도와줘.	① I help you. ② You help me. ③ She helps me.
122		rest	[동] 쉬다, 휴식하다	① 저는 쉬어요. ② 당신은 쉬어요. ③ 그는 쉬어요.	① I rest. ② You rest. ③ He rests.
123		cash	[명] [u] 현금	① 저는 현금을 좋아해요. ② 너는 현금을 좋아해. ③ 그녀는 현금을 좋아해요.	① I like cash. ② You like cash. ③ She likes cash.
124		face	[명] [c] 얼굴	① 저는 저의 얼굴을 씻어요. ② 너는 (너의) 얼굴을 씻어. ③ 그는 (그의) 얼굴을 씻어요.	① I wash my face. ② You wash (your) face. ③ He washes (his) face.
125		change	[동] 바꾸다	① 나는 나의 차를 바꿔요. ② 당신은 책(한 권)을 바꿔요. ③ 그는 책(한 권)을 바꿔요.	① I change my car. ② You change a book. ③ He changes a book.
126		agree with	[동] ~ 말에 동의하다	① 나는 그의 말에 동의해. ② 너는 그녀의 말에 동의해. ③ 그녀는 우리의 말에 동의해.	① I agree with him. ② You agree with her. ③ She agrees with us.
127		clean	[동] 청소하다, 치우다	① 나는 그 책상을 치워. ② 당신은 식당(하나)를 청소해. ③ 그는 호텔(하나)를 청소해.	① I clean the desk. ② You clean a restaurant. ③ He cleans a hotel.
128		need	[동] 필요하다	① 저는 현금이 필요해요 ② 당신은 돈이 필요해요. ③ 그는 돈이 필요해.	① I need cash. ② You need money. ③ He needs money.

		영어단어	한글 뜻	글 예시	영어 예시
129		coffee	[명] [u] 커피	① 나는 커피를 타. ② 당신은 커피를 타요. ③ 그녀는 커피를 타.	① I make coffee. ② You make coffee. ③ She makes coffee.
130		dish	[명] [c] 접시	① 나는 접시들을 씻어. ② 당신은 접시들을 씻어요. ③ 그는 설거지를 해.	① I wash the dishes. ② You wash the dishes. ③ He washes the dishes.
131		room	[명] [c] 방	① 나는 방이 (하나) 있어. ② 당신은 그 방을 청소해. ③ 그녀는 그 방을 청소해.	① I have a room. ② You clean the room. ③ She cleans the room.
132		bathroom	[명] [c] 욕실, 화장실 (보통 the를 사용합니다.)	① 나는 (그) 화장실을 청소해. ② 너는 (그) 욕실을 청소해. ③ 그녀는 (그) 욕실을 청소해.	① I clean the bathroom. ② You clean the bathroom. ③ She cleans the bathroom.
133		thirteen	[명] [u] 열셋 (시간 앞에는 It is를 사용하세요)	① 저는 13을 좋아해요. ② 당신은 13을 좋아해요. ③ 그는 13을 좋아해요.	① I like thirteen. ② You like thirteen. ③ He likes thirteen.
134		fourteen	[명] [u] 열넷 (시간 앞에는 It is를 사용하세요)	① 7시 14분이에요. ② 3시 14분이에요. ③ 8시 14분이에요.	① It is seven fourteen. ② It is three fourteen. ③ It is eight fourteen.
135		fifteen	[명] [u] 열다섯 (시간 앞에는 It is를 사용하세요)	① 5시 15분이에요. ② 3시 15분이에요. ③ 11시 15분이에요.	① It is five fifteen. ② It is three fifteen. ③ It is eleven fifteen.
136		sixteen	[명] [u] 열여섯 (시간 앞에는 It is를 사용하세요)	① 9시 16분이에요. ② 1시 16분이에요. ③ 12시 16분이에요.	① It is nine sixteen. ② It is one sixteen. ③ It is twelve sixteen.

		영어단어	한글 뜻	글 예시	영어 예시
137	**17**	seventeen	[명] [u] 열일곱 (시간 앞에는 It is를 사용하세요)	① 6시 17분이에요. ② 10시 17분이에요. ③ 2시 17분이에요.	① It is six seventeen. ② It is ten seventeen. ③ It is two seventeen.
138	**18**	eighteen	[명] [u] 열여덟 (시간 앞에는 It is를 사용하세요)	① 2시 18분이에요. ② 3시 18분이에요. ③ 7시 18분이에요.	① It is two eighteen. ② It is three eighteen. ③ It is seven eighteen.
139	**19**	nineteen	[명] [u] 열아홉 (시간 앞에는 It is를 사용하세요)	① 5시 19분이에요. ② 10시 19분이에요. ③ 1시 19분이에요.	① It is five nineteen. ② It is ten nineteen. ③ It is one nineteen.
140	**20**	twenty	[명] [u] 스물 (시간 앞에는 It is를 사용하세요)	① 6시 20분이에요. ② 8시 20분이에요. ③ 4시 20분이에요.	① It is six twenty. ② It is eight twenty. ③ It is four twenty.
141		eat-ate	[동] 먹다 [과거] 먹었다 (eat의 과거형은 ate입니다.)	① 나는 치킨을 먹었어요. ② 너는 국수를 먹어. ③ 그녀는 국수를 먹는다.	① I ate chicken. ② You eat noodles. ③ She eats noodles.
142		today	[부] 오늘	① 나는 오늘 치킨을 먹었어. ② 너는 오늘 점심을 요리해. ③ 그는 오늘 저녁을 먹었어.	① I ate chicken today. ② You cook lunch today. ③ He ate dinner today.
143		hit	[동] 때리다 [과거] 때렸다 (hit의 과거형은 hitted가 아니라 hit입니다.)	① 나는 너를 때려. ② 당신은 그를 때려요. ③ 그는 나를 때려.	① I hit you. ② You hit him. ③ He hits me.
144		steal	[동] 훔치다	① 나는 책 한 권을 훔쳐. ② 너는 책 한 권을 훔쳐. ③ 그는 책 한 권을 훔쳐요.	① I steal a book. ② You steal a book. ③ He steals a book.

		영어단어	한글 뜻	글 예시	영어 예시
145		garbage	[명] [u] 쓰레기	① 나는 쓰레기를 갖고 있어. ② 너는 쓰레기를 갖고 있니? ③ 그녀가 쓰레기를 갖고 있나요?	① I have garbage. ② Do you have garbage? ③ Does she have garbage?
146		take out	[동] 가지고 나가다, 버리다	① 나는 쓰레기를 버려. ② 너는 쓰레기를 버리니? ③ 그녀는 쓰레기를 버리나요?	① I take out garbage. ② Do you take out garbage? ③ Does she take out garbage?
147		check in(to)	[동] (~ 안에 들어가기 위해) 확인하다 (호텔, 공항에 많이 쓰임)	① 나는 호텔에 체크인해. ② 너는 호텔에 체크인하니? ③ 그녀는 호텔에 체크인하니?	① I check in(to) a hotel. ② Do you check in(to) a hotel? ③ Does she check in(to) a hotel?
148		text	[동] 문자를 보내다	① 나는 너에게 문자를 보내. ② 너는 나에게 문자를 보내. ③ 그녀는 나에게 문자를 보내.	① I text you. ② You text me. ③ She texts me.
149		put	[동] (무언가를) 놓다, 올려놓다	① 나는 돈을 놓아. ② 너는 책(한 권)을 올려놓아. ③ 그녀는 책(한 권)을 놓아.	① I put money. ② You put a book. ③ She puts a book.
150		buy	[동] (물건 등을) 사다	① 나는 프라이드치킨을 사. ② 너는 프라이드치킨을 사니? ③ 그는 프라이드치킨을 사니?	① I buy fried chicken. ② Do you buy fried chicken? ③ Does he buy fried chicken?
151		look for	[동] (무언가를) 찾다	① 나는 남자 친구를 찾아. ② 너는 여자 친구를 찾니? ③ 프랭크는 호텔을 찾나요?	① I look for a boyfriend. ② Do you look for a girlfriend? ③ Does Frank look for a hotel?
152		open	[동] (가게, 창문 등 을) 열다	① 그 쇼핑센터는 9시에 여나요? ② 그 쇼핑센터는 10시에 여나요? ③ 그 쇼핑센터는 11시에 여나요?	① Does the shopping center open at 9? ② Does the shopping center open at 10? ③ Does the shopping center open at 11?

		영어단어	한글 뜻	글 예시	영어 예시
153		drink drank	[동] (술, 물, 주스) 마시다 (drink를 단독으로 쓰면 '술 마시다'란 말이 됩니다.)	① 저는 주스를 마셔요. ② 당신은 물을 마시나요? ③ 그녀는 물을 마시나요?	① I drink juice. ② Do you drink water? ③ Does she drink water?
154		watch	[동] (시간을 기울여) 보다, 지켜보다	① 나는 너를 지켜봐. ② 너는 나를 지켜보니? ③ 그녀는 그를 지켜보나요?	① I watch you. ② Do you watch me? ③ Does she watch him?
155		want	[동] ~ 하고 싶다, 원하다 (want 뒤에는 〈to + 동사〉를 사용합니다.)	① 저는 커피를 원해요. ② 당신은 커피를 원하나요? ③ 그녀는 커피를 원하니?	① I want coffee. ② Do you want coffee? ③ Does she want coffee?
156		can	[조] (의문문) ~해줄래요? (평서문) ~할 수 있다	① 나는 요리를 할 수 있어. ② 너는 요리를 할 수 있어. ③ 그녀는 요리를 할 수 있어.	① I can cook. ② You can cook. ③ She can cook.
157		do does	[동] (동작, 행위, 집안일을) 하다 (3인칭 단수의 경우에는 does를 사용해요.)	① 나는 설거지를 해. ② 너는 설거지를 해? ③ 그녀는 설거지를 해. (설거지는 접시를 많이 닦기 때문에 dishes를 사용해요.)	① I do the dishes. ② Do you do the dishes? ③ She does the dishes.
158		my	[소유격] 나의	① 나는 내 책을 좋아해. ② 너는 내 차를 좋아하니? ③ 그녀는 내 차를 좋아하나요?	① I like my book. ② Do you like my car? ③ Does she like my car?
159		your	[소유격] 너의	① 나는 너의 차를 씻을 수 있어. ② 너는 너의 현금이 필요하니? ③ 그녀는 너의 컴퓨터를 가져 갈 수 있어.	① I can wash your car. ② Do you need your cash? ③ She can take your computer.
160		our	[소유격] 우리의	① 나는 우리의 집을 사. ② 너는 우리의 돈이 필요하니? ③ 그녀는 우리의 책들이 필요 하니?	① I buy our house. ② Do you need our money? ③ Does she need our books?

		영어단어	한글 뜻	글 예시	영어 예시
161		their	[소유격] 그들의	① 나는 그들의 쌀을 가져가. ② 너는 그들의 책들을 가져가니? ③ 그는 그들의 케이크를 가져가니?	① I take their rice. ② Do you take their books? ③ Does he take their cake?
162		her	[소유격] 그녀의	① 나는 그녀의 삼계탕을 먹었어. ② 너는 그녀의 치즈를 먹었어. ③ 그는 그녀의 밥을 먹었어.	① I ate her chicken soup. ② You ate her cheese. ③ He ate her rice.
163		his	[소유격] 그의	① 나는 그의 주스를 마셨어. ② 너는 그의 물을 마셨어. ③ 그녀는 그의 물을 마셨어.	① I drank his juice. ② You drank his water. ③ She drank his water.
164		its	[소유격] 그것의	① 나는 그것의 바퀴를 봐. ② 너는 그것의 바퀴들을 봐. ③ 그는 그것의 바퀴를 봐.	① I see its wheel. ② You see its wheels. ③ He sees its wheel.
165		table	[명] [c] 탁자	① 나는 탁자를 만들 수 있어. ② 너는 탁자를 만들 수 있어. ③ 그녀는 탁자를 만들 수 있어.	① I can make a table. ② You can make a table. ③ She can make a table.
166		help	[명] [u] 도움	① 나는 너의 도움이 필요해? ② 너는 나의 도움이 필요해? ③ 그녀는 그의 도움이 필요해?	① Do I need your help? ② Do you need my help? ③ Does she need his help?
167		drink	[명] [c] 음료수, 술	① 나는 음료수를 원해. ② 너는 음료수가 필요하니? ③ 그녀는 음료수를 원하니?	① I want a drink. ② Do you need a drink? ③ Does she want a drink?
168		please	[감] (정중하게 부탁할 때 하는 말) 제발, 정말, ~요	① 저는 스프를 원해요. ② 저는 치킨을 원해요. ③ 저는 튀김을 원해요.	① I want soup please. ② I want chicken please. ③ I want fries please.

		영어단어	한글 뜻	글 예시	영어 예시
169		phone	[명] [c] 전화기	① 저는 제 전화기를 바꿔요. ② 너는 너의 전화기를 바꾸니? ③ 그녀는 그녀의 전화기를 바꾸니?	① I change my phone. ② Do you change your phone? ③ Does she change her phone?
170		spoon	[명] [c] 숟가락	① 나는 그 숟가락을 사요. ② 너는 숟가락 1개를 살 수 있니? ③ 그녀는 숟가락 1개가 필요해?	① I buy the spoon. ② Can you buy a spoon? ③ Does she need a spoon?
171		pencil	[명] [c] 연필	① 너는 연필(하나)가 필요하니? ② 그들은 연필들이 필요해? ③ 그녀는 연필이 있어.	① Do you need a pencil? ② Do they need pencils? ③ She has a pencil.
172		computer	[명] [c] 컴퓨터	① 나는 컴퓨터 1개를 살 수 있어. ② 너는 내 컴퓨터를 가져가. ③ 그는 그의 컴퓨터를 청소하니?	① I can buy a computer. ② You take my computer. ③ Does he clean his computer?
173		kitchen	[명] [c] 부엌 (보통 the와 같이 사용)	① 나는 부엌에 가. ② 너는 부엌 안에서 요리해. ③ 그녀는 부엌 안에서 요리해. ('~ 안에서'는 in을 사용하세요)	① I go to the kitchen. ② You cook in the kitchen. ③ She cooks in the kitchen.
174		break	[동] 부수다, 깨뜨리다	① 나는 컴퓨터를 부숴. ② 그들은 컴퓨터 1대를 부수니? ③ 그녀는 컴퓨터 1대를 부수나요?	① I break a computer. ② Do they break a computer? ③ Does she break a computer?
175		clothes	[명] [복수] 옷, 의복 (clothes가 '옷'이란 뜻이면 항상 복수를 사용합니다.)	① 나는 옷을 사요. ② 너는 옷을 사니? ③ 그녀는 옷을 사니?	① I buy clothes. ② Do you buy clothes? ③ Does she buy clothes?
176		handbag	[명] [c] 손가방, 핸드백	① 나는 손가방이 필요해. ② 너는 핸드백이 필요하니? ③ 그는 핸드백이 필요하니?	① I need a handbag. ② Do you need a handbag? ③ Does he need a handbag?

		영어단어	한글 뜻	글 예시	영어 예시
177		wallet	[명] [c] (지폐, 카드 등을 넣는) 지갑	① 나는 너의 지갑을 가져가. ② 너는 그들의 지갑을 가져가니? ③ 그녀는 그의 지갑을 가져가니?	① I take your wallet. ② Do you take their wallet? ③ Does she take his wallet?
178		heart	[명] [c] (감정, 사랑의) 마음	① 나는 너의 마음을 훔쳐. ② 너는 그의 마음을 훔쳐. ③ 그녀는 우리의 마음을 훔쳐.	① I steal your heart. ② You steal his heart. ③ She steals our hearts.
179		ring	[명] [c] 반지	① 나는 너의 반지를 좋아해. ② 너는 반지 1개를 갖고 있니? ③ 그녀는 나의 반지를 가져가니?	① I like your ring. ② Do you have a ring? ③ Does she take my ring?
180		skirt	[명] [c] 치마, 스커트	① 나는 치마 1벌을 사. ② 너는 너의 치마를 세탁하니? ③ 그녀는 그녀의 치마를 세탁 하니?	① I buy a skirt. ② Do you wash your skirt? ③ Does she wash her skirt?
181		toilet	[명] [c] 변기(통), 화장실	① 나는 그 변기를 청소해. ② 너는 그 변기를 청소해? ③ 그는 그 변기를 청소할 수 있어.	① I clean the toilet. ② Do you clean the toilet? ③ He can clean the toilet.
182		trash	[명] [u] 쓰레기	① 나는 쓰레기를 가지고 나가. ② 너는 쓰레기를 갖고 나갈 수 있니? ③ 그녀는 쓰레기를 갖고 나가.	① I take out trash. ② Can you take out trash? ③ She takes out trash.
183		early	[형, 부] (기간, 사건 등 의) 이른, 일찍	① 나는 일찍 체크인을 해. ② 너는 일찍 체크인을 하니? ③ 그녀는 일찍 체크인을 하나요?	① I check in early. ② Do you check in early? ③ Does she check in early?
184		late	[형, 부] (예정, 보통보다) 늦은, 늦게	① 그들은 늦게 체크인을 해. ② 당신은 늦게 체크인을 할 수 있어요. ③ 그는 늦게 체크인을 해요.	① They check in late. ② You can check in late. ③ He checks in late.

		영어단어	한글 뜻	글 예시	영어 예시
185		at noon	정오에	① 나는 정오에 점심을 해. ② 제가 정오에 체크인을 할 수 있나요? ③ 그녀는 정오에 점심을 먹어.	① I cook lunch at noon. ② Can I check in at noon? ③ She eats lunch at noon.
186		hairstyle	[명] [c] 머리 모양, 헤어스타일	① 나는 너의 머리 모양이 좋아. ② 너는 나의 머리 모양을 좋아하니? ③ 그녀는 그의 머리 모양을 좋아해.	① I like your hairstyle. ② Do you like my hairstyle? ③ She likes his hairstyle.
187		pen	[명] [c] 펜	① 제가 당신의 펜을 가져가도 될까요? ② 너는 펜 1개를 사. ③ 나는 그녀의 펜이 필요해.	① Can I take your pen? ② You buy a pen. ③ I need her pen.
188		bank	[명] [c] 은행	① 그 은행은 9시에 여나요? ② 너는 그 은행에 간다. ③ 그녀는 그 은행에 가.	① Does the bank open at 9? ② You go to the bank. ③ She goes to the bank.
189		store	[명] [c] 가게	① 나는 그 가게를 열어. ② 너는 그 가게에 가. ③ 그녀는 그 가게를 열어.	① I open the store. ② You go to the store. ③ She opens the store.
190		sunblock	[명] [u] 선크림	① 나는 선크림을 내 얼굴 위에 발라. ② 너는 선크림을 사니? ③ 그녀는 선크림이 필요해요.	① I put sunblock on my face. ② Do you buy sunblock? ③ She needs sunblock.
191		bottle	[명] [c] 병	① 나는 병 1개를 책상 위에 놓아. ② 너는 병 1개가 필요하니? ③ 그녀는 병 1개가 필요해.	① I put a bottle on the desk. ② Do you need a bottle? ③ She needs a bottle.
192		tip	[명] [c] 팁, 봉사료	① 나는 팁을 줘. ② 당신은 팁을 줘요. ③ 그는 팁을 주나요?	① I give a tip. ② You give a tip. ③ Does he give a tip?

		영어단어	한글 뜻	글 예시	영어 예시
193		gift	[명] [c] 선물	① 나는 선물을 살 수 있어. ② 당신은 선물을 사나요? ③ 그는 선물을 사나요?	① I can buy a gift. ② Do you buy a gift? ③ Does he buy a gift?
194		menu	[명] [c] 메뉴판 (menu는 음식이 아니라 메뉴판입니다.)	① 제가 메뉴판을 얻을 수 있나요? ② 당신은 메뉴판이 필요한가요? ③ 제가 그 메뉴판을 가져가도 되나요?	① Can I have a menu please? ② Do you need a menu? ③ Can I take the menu please?
195		free time	[명] [u] 여가시간, 자유시간	① 저는 자유시간이 있어요. ② 당신은 여가시간이 있나요? ③ 그녀는 여가시간이 있나요?	① I have free time. ② Do you have free time? ③ Does she have free time?
196		receipt	[명] [c] 영수증	① 저는 영수증이 필요해요. ② 너 영수증 필요해? ③ 그는 영수증이 필요한가요?	① I need a receipt. ② Do you need a receipt? ③ Does he need a receipt?
197		dress	[명] [c] 드레스, 원피스	① 나는 원피스를 사. ② 너는 나의 원피스를 좋아하니? ③ 그녀는 드레스를 찾고 있니?	① I buy a dress. ② Do you like my dress? ③ Does she look for a dress?
198		homework	[명] [u] 숙제	① 나는 내 숙제를 해요. ② 우리는 우리의 숙제를 해요. ③ 그는 그의 숙제를 해요.	① I do my homework. ② We do our homework. ③ He does his homework.
199		window	[명] [c] 창문	① 저는 그 창문을 열 수 있어요. ② 너는 창문 하나를 열 수 있니? ③ 너는 그 창문을 열 수 있니?	① I can open the window. ② Can you open a window? ③ Can you open the window?
200		drive drove	[동] 운전하다 [과거] 운전했다 (과거형이 불규칙으로 바뀌는 동사는 외워야 해요.)	① 저는 차를 운전했어요. ② 당신은 차를 운전할 수 있나요? ③ 그녀는 운전을 좋아하나요?	① I drove a car ② Can you drive a car? ③ Does she like to drive a car?

		영어단어	한글 뜻	글 예시	영어 예시
201		sit sat	[동] 앉다, 앉았다	① 나는 의자 위에 앉았어. ② 너는 의자 위에 앉았어. ③ 프랭크는 의자 위에 앉아.	① I sat on the chair. ② You sat on the chair. ③ Frank sits on the chair.
202		speak to spoke to	[동] (목소리를 써서 ~ 에게) 말하다 [과거] 말했다	① 나는 너에게 말을 해. ② 너는 나에게 말했어. ③ 그녀는 나에게 말했어.	① I speak to you. ② You spoke to me. ③ She spoke to me.
203		enjoy	[동] (시간 또는 무언 가를 하면서) 즐기다	① 나는 그 영화를 즐겨. ② 너는 그 영화를 즐겨. ③ 그녀는 그 영화를 즐겨.	① I enjoy the movie. ② You enjoy the movie. ③ She enjoys the movie.
204	가나다	Korean	[명] [u] 한국어	① 나는 한국말을 할 수 있어. ② 너는 한국어를 말할 수 있어. ③ 그는 한국어를 말할 수 있어.	① I can speak Korean. ② You can speak Korean. ③ He can speak Korean.
205	你好吗?	Chinese	[명] [u] 중국어	① 나는 중국어를 말할 수 있어. ② 그는 중국어를 말할 수 있어. ③ 그녀는 중국어를 말할 수 있 어요.	① I can speak Chinese. ② He can speak Chinese. ③ She can speak Chinese.
206		party	[명] [c] 파티	① 저는 그 파티를 즐겨요. ② 당신은 그 파티를 즐기나요? ③ 그녀는 그 파티에 가나요?	① I enjoy the party. ② Do you enjoy the party? ③ Does she go to the party?
207		dancing	[명] [u] 춤, 춤추는 것	① 당신은 춤을 좋아하나요? ② 프랭크는 춤을 좋아하나요? ③ 그녀는 춤추는 것을 좋아하 나요?	① Do you like dancing? ② Does Frank like dancing? ③ Does she like dancing?
208		fishing	[명] [u] 낚시	① 저는 낚시를 즐겨요. ② 당신은 낚시를 즐기나요? ③ 그는 낚시를 좋아하나요?	① I enjoy fishing. ② Do you enjoy fishing? ③ Does he like fishing?

		영어단어	한글 뜻	글 예시	영어 예시
209		office	[명] [c] 사무실 ('사무실에서'는 at the office라 해요)	① 저는 사무실에서 일해요. ② 당신은 사무실에서 일해요. ③ 그녀는 사무실에서 일하나요?	① I work at the office. ② You work at the office. ③ Does she work at the office?
210		factory	[명] [c] 공장 ('공장 안에서'는 in the factory라 해요)	① 저는 공장 안에서 일해요. ② 당신은 공장 안에서 일하나요? ③ 그녀는 공장 안에서 일하나요?	① I work in the factory. ② Do you work in the factory? ③ Does she work in the factory?
211		shop	[명] [c] 가게, 상점	① 나는 상점에서 일해. ② 너는 상점에서 일하니? ③ 그녀는 상점에서 일하나요?	① I work in the shop. ② Do you work in the shop? ③ Does she work in the shop?
212		stay	[동] (다른 곳에 가지 않고 계속) 있다, 머무르다	① 저는 호텔에 머물러요. ② 당신은 호텔에 머무나요? ③ 그는 호텔에 머무나요? (그 호텔에 = at the hotel)	① I stay at the hotel. ② Do you stay at the hotel? ③ Does he stay at the hotel?
213		stop	[동] 멈추다, 그만두다	① 저는 낚시를 그만둬요. ② 너는 낚시를 그만둘 수 있니? ③ 그는 낚시를 그만둬요.	① I stop fishing. ② Can you stop fishing? ③ He stops fishing.
214		break broke	[동] 깨다 [과거]깼다	① 나는 창문 1개를 깼어. ② 너는 내 폰을 부수었어. ③ 그는 너의 차를 부수었어.	① I broke a window. ② You broke my phone. ③ He broke your car.
215		smoking	[명] [u] 담배 피우는 것, 흡연	① 나는 담배를 끊었어. ② 너는 담배를 끊을 수 있니? ③ 그는 담배를 좋아해요.	① I stop smoking. ② Can you stop smoking? ③ He likes smoking.
216		rules	[명] [c] 규칙 ('규칙'이란 뜻으로 쓰이면 rules처럼 복수를 사용)	① 나는 규칙을 어겼어. ② 당신은 규칙을 위반하나요? ③ 그는 그 규칙을 깼어.	① I broke rules. ② Do you break rules? ③ He broke the rules.

		영어단어	한글 뜻	글 예시	영어 예시
217		cup	[명] [c] 컵	① 나는 컵이 1개 필요해. ② 너는 컵이 1개 필요하니? ③ 그는 컵이 1개 필요하니?	① I need a cup. ② Do you need a cup? ③ Does he need a cup?
218		promise	[명] [c] (~해야 할) 약속	① 나는 약속을 깼어. ② 당신은 약속을 깼어요. ③ 그녀는 약속을 어겼어.	① I broke a promise. ② You broke a promise. ③ She broke a promise.
219		wake up	[동] (잠에서) 깨다, 정신을 차리다	① 나는 6시에 일어나. ② 당신은 8시에 일어나나요? ③ 그녀는 7시에 일어나나요?	① I wake up at 6. ② Do you wake up at 8? ③ Does she wake up at 7?
220		pass	[동] (시험을) 통과하다	① 저는 그 시험을 통과해요. ② 당신은 그 시험을 통과해요. ③ 그녀는 그 시험을 통과해.	① I pass the test. ② You pass the test. ③ She passes the test.
221		finish	[동] 끝내다	① 저는 저의 숙제를 끝내요. ② 그는 그의 숙제를 끝내니? ③ 그녀는 그녀의 숙제를 끝내나요?	① I finish my homework. ② Does he finish his homework? ③ Does she finish her homework?
222		miss	[동] (버스, 공을) 놓치다	① 저는 그 버스를 놓쳐요. ② 당신은 그 버스를 놓쳐요. ③ 그녀는 그 버스를 놓쳐요.	① I miss the bus. ② You miss the bus. ③ She misses the bus.
223		brush	[동] (치아, 구두, 옷을) 솔질하다	① 나는 내 구두들을 솔질해. ② 너는 너의 구두들을 솔질해. ③ 그녀는 그녀의 신발들을 솔질해.	① I brush my shoes. ② You brush your shoes. ③ She brushes her shoes.
224		marry	[동] 결혼하다 (with를 사용하지 마세요.)	① 나는 너와 결혼해. ② 너는 나와 결혼해. ③ 그녀는 그와 결혼하니?	① I marry you. ② You marry me. ③ Does she marry him?

	영어단어	한글 뜻	글 예시	영어 예시
225	try	[동] 노력, 시도하다 (try 뒤에 to를 넣고 동사를 더 사용하세요)	① 나는 치킨을 먹으려고 시도해. ② 너는 저녁을 하려고 노력해. ③ 그녀는 점심을 하려고 노력해.	① I try to eat chicken. ② You try to cook dinner. ③ She tries to cook lunch.
226	fly to	[동] (비행기를 타고) ~로 날아가다	① 나는 서울로 비행기 타고 가. ② 너는 서울로 비행기 타고 가. ③ 그녀는 서울로 비행기 타고 가요.	① I fly to Seoul. ② You fly to Seoul. ③ She flies to Seoul.
227	cry	[동] 울다	① 나는 울어. ② 당신은 울어요. ③ 그녀는 울어요.	① I cry. ② You cry. ③ She cries.
228	play	[동] (야구, 게임 등을) 하다	① 저는 그 게임을 해요. ② 당신은 그 게임을 할 수 있나요? ③ 그는 그 게임을 하나요?	① I play the game. ② Can you play the game? ③ Does he play the game?
229	always	[부] 항상 (보통 일반동사 앞에 사용)	① 나는 항상 6시에 일어나. ② 너는 항상 6시에 일어나. ③ 그녀는 항상 6시에 일어나.	① I always wake up at 6. ② You always wake up at 6. ③ She always wakes up at 6.
230	often	[부] 자주 (보통 일반동사 앞에 사용)	① 나는 자주 파스타를 먹어. ② 너는 자주 요리를 하니? ③ 그녀는 자주 규칙을 어기니?	① I often eat pasta. ② Do you often cook? ③ Does she often break rules?
231	usually	[부] 보통 (보통 일반동사 앞에 사용)	① 저는 보통 9시에 일어나요. ② 당신은 보통 국수를 요리해요. ③ 그녀는 보통 아침을 요리해.	① I usually wake up at 9. ② You usually cook noodles. ③ She usually cooks breakfast.
232	sometimes	[부] 가끔씩 (보통 일반동사 앞에 사용)	① 나는 가끔 내 숙제를 해. ② 너는 가끔 술을 마셔. ③ 그녀는 가끔 영어를 말해.	① I sometimes do my homework. ② You sometimes drink. ③ She sometimes speaks English.

		영어단어	한글 뜻	글 예시	영어 예시
233	Seldom ✓	seldom	[부] 거의 ~ 안 하다 (부정의 의미로 사용)	① 나는 거의 아침을 안 먹어. ② 너는 거의 점심을 안 해. ③ 그녀는 거의 저녁을 안 먹어.	① I seldom eat breakfast. ② You seldom cook lunch. ③ She seldom eats dinner.
234		never	[부] 절대로 (부정의 의미로 사용)	① 저는 절대로 한국 여행을 안 해요. ② 너는 절대로 아이스크림을 안 먹어. ③ 그녀는 절대로 컵을 안 깨.	① I never travel to Korea. ② You never eat ice cream. ③ She never breaks a cup.
235		go to bed	잠자리에 들다, 잠을 자다	① 저는 보통 일찍 잠자리에 들어요. ② 너는 늦게 잠자리에 드니? ③ 그녀는 늦게 잠을 자니?	① I usually go to bed early. ② Do you go to bed late? ③ Does she go to bed late?
236		midnight	[명] [u] 자정	① 나는 자정에 잠자러 가. ② 너는 자정에 잠자러 가니? ③ 그녀는 자정에 자니?	① I go to bed at midnight. ② Do you go to bed at midnight? ③ Does she go to bed at midnight?
237	THAILAND	Thailand	[명] [u] 태국	① 나는 태국으로 여행을 가. ② 너는 자주 태국을 가니? ③ 그녀는 보통 태국을 가니?	① I travel to Thailand. ② Do you often go to Thailand? ③ Does she usually go to Thailand?
238		Canada	[명] [u] 캐나다	① 저는 캐나다로 여행 가고 싶어요. ② 너는 캐나다로 여행 가는 것을 좋아하니? ③ 그녀는 자주 캐나다로 여행 가니?	① I want to travel to Canada. ② Do you like to travel to Canada? ③ Does she often travel to Canada?
239		Europe	[명] [u] 유럽	① 나는 절대로 유럽으로 여행을 안 가. ② 너는 유럽을 좋아하니? ③ 그녀는 가끔씩 유럽으로 여행을 가나요?	① I never travel to Europe. ② Do you like Europe? ③ Does she sometimes travel to Europe?
240		summer	[명] [u] 여름 (summer 앞에 in을 넣어서 '여름에'가 됩니다)	① 나는 여름에 야구를 해. ② 너는 여름에 일찍 일어나. ③ 그녀는 여름을 좋아해.	① I play baseball in summer. ② You wake up early in summer. ③ She likes summer.

		영어단어	한글 뜻	글 예시	영어 예시
241		winter	[명] [u] 겨울 (winter 앞에 in을 넣어서 '겨울에'가 됩니다)	① 나는 겨울이 좋아. ② 당신은 겨울을 좋아하나요? ③ 그녀는 겨울에 자는 것을 좋아해.	① I like winter. ② Do you like winter? ③ She likes to sleep in winter.
242		baseball	[명] [u] 야구	① 나는 항상 야구를 해. ② 너는 자주 야구를 하니? ③ 그녀는 절대로 야구를 안 해.	① I always play baseball. ② Do you often play baseball? ③ She never plays baseball.
243		children	[명] (child의 복수) 아이들	① 나는 자주 아이들과 놀아. ② 당신은 아이들이 있나요? ③ 그녀는 아이들과 노나요?	① I often play with children. ② Do you have children? ③ Does she play with children?
244		piano	[명] [c] 피아노 ('피아노를 치다'는 play the piano로 표현해요.)	① 나는 피아노를 쳐. ② 당신은 피아노를 칠 수 있나요? ③ 그녀는 보통 피아노를 쳐.	① I play the piano. ② Can you play the piano? ③ She usually plays the piano.
245	Monday	Monday	[명] [u] 월요일 (Monday 앞에는 on을 넣어서 '월요일에'가 됩니다.)	① 너는 월요일이 좋니? ② 나는 항상 월요일에 체육관에 가. ③ 월요일이야. (It is + 요일 = ~ 이에요)	① Do you like Monday? ② I always go to the gym on Monday. ③ It is Monday.
246	Tuesday	Tuesday	[명] [u] 화요일 (Tuesday 앞에는 on을 넣어서 '화요일에'가 됩니다.)	① 당신은 화요일을 좋아하나요? ② 그는 화요일에 자주 요리해. ③ 화요일이야. (It is + 요일 = ~ 이에요)	① Do you like Tuesday? ② He often cooks on Tuesday. ③ It is Tuesday.
247	Wednesday	Wednesday	[명] [u] 수요일 (Wednesday 앞에는 on을 넣어서 '수요일에'가 됩니다.)	① 당신은 수요일을 좋아하나요? ② 그녀는 보통 수요일에 술을 마셔. ③ 수요일이야. (It is + 요일 = ~ 이에요)	① Do you like Wednesday? ② She usually drinks on Wednesday. ③ It is Wednesday.
248	Thursday	Thursday	[명] [u] 목요일 (Thursday 앞에 on을 넣어서 '목요일에'가 됩니다.)	① 나는 목요일에 영어 공부해. ② 당신을 목요일에 친구를 만나나요? ③ 목요일이에요. (It is + 요일 = ~이에요)	① I study English on Thursday. ② Do you meet friends on Thursday? ③ It is Thursday.

		영어단어	한글 뜻	글 예시	영어 예시
249	Friday	Friday	[명] [u] 금요일 (Friday 앞에 on을 넣어서 '금요일에'가 됩니다.)	① 나는 절대로 금요일에 요리를 안 해. ② 너는 보통 금요일에 술을 마시니? ③ 금요일이야. (It is +요일 = ~ 이에요)	① I never cook on Friday. ② Do you usually drink on Friday? ③ It is Friday.
250	Saturday	Saturday	[명] [u] 토요일 (Saturday 앞에 on을 넣어서 '토요일에'가 됩니다.)	① 나는 자주 토요일에 여행을 해. ② 나는 토요일에 보통 늦게 잠자러 가. ③ 토요일이에요. (It is +요일 = ~ 이에요)	① I often travel on Saturday. ② I usually go to bed late on Saturday. ③ It is Saturday.
251	Sunday	Sunday	[명] [u] 일요일 (Sunday 앞에 on을 넣어서 '일요일에'가 됩니다.)	① 나는 일요일에 영화를 봐. ② 당신은 보통 일요일에 커피를 마시나요? ③ 일요일이야. (It is + 요일 = ~ 이에요)	① I see a movie on Sunday. ② Do you usually drink coffee on Sunday? ③ It is Sunday.
252	week	week	[명] [c] (월요일~일요일까지의) 주, 일주일	① 나는 힘든 일주일을 보내요. ② 너는 힘든 주를 보내나요? ③ 그는 힘든 일주일을 보내요. (힘든: hard)	① I have a hard week. ② Do you have a hard week? ③ He has a hard week.
253	think of	think of	[동] (생각, 사람, 방법 등을) 생각하다	① 나는 너를 생각해. ② 너는 나를 생각하니? ③ 그녀는 나를 절대로 생각 안 해.	① I think of you. ② Do you think of me? ③ She never thinks of me.
254	apple	apple	[명] [c] 사과 (일반적인 사과는 apples라 합니다.)	① 나는 사과 1개를 먹어. ② 너는 사과들을 요리해. ③ 그녀는 자주 사과들을 먹나요?	① I eat an apple. ② You cook apples. ③ Does she often eat apples?
255	game	game	[명] [c] 게임 (우리가 말하는 게임은 computer games라 합니다.)	① 나는 자주 컴퓨터 게임을 해. ② 너는 자주 게임들을 하니? ③ 그녀는 절대로 컴퓨터 게임을 안 해.	① I often play computer games. ② Do you often play games? ③ She never plays computer games.
256	business trip	business trip	[명] [c] 출장 (go on과 같이 사용해서 '출장 가다'란 뜻)	① 나는 자주 출장을 가. ② 그녀는 가끔씩 출장을 가요. ③ 우리는 거의 출장을 안 가요.	① I often go on a business trip. ② She sometimes goes on business trips. ③ We seldom go on busness trips.

		영어단어	한글 뜻	글 예시	영어 예시
257		walk	[동] 걷다	① 나는 학교에 걸어가. ② 너는 학교로 걸어가는 걸 좋아하니? ③ 그녀는 걸어서 직장에 가니?	① I walk to school. ② Do you like to walk to school? ③ Does she walk to work?
258		picnic	[명] [c] 소풍 (go on과 자주 사용하는 단어입니다.)	① 나는 자주 소풍을 가. ② 너는 소풍을 가니? ③ 그녀는 자주 소풍을 가.	① I often go on picnics. ② Do you go on picnics? ③ She often goes on picnics.
259		weekend	[명] [c] 주말	① 주말에 여행을 하나요? ② 저는 주말을 좋아해요. ③ 당신은 주말을 좋아하나요?	① Do you travel on weekends? ② I like weekends. ③ Do you like weekends?
260		meeting	[명] [c] 회의	① 저는 회의가 있어요. ② 당신은 회의가 있나요? ③ 그녀는 회의가 있나요?	① I have a meeting. ② Do you have a meeting? ③ Does she have a meeting?
261		letter	[명] [c] 편지	① 나는 편지 한 통을 써. ② 당신은 자주 편지를 쓰나요? ③ 그녀는 절대로 편지를 안 써요.	① I write a letter. ② Do you often write letters? ③ She never writes letters.
262		talk to	[동] ~에게 이야기하다, 수다를 떨다	① 나는 보통 그에게 얘기해. ② 너는 항상 나에게 얘기해. ③ 그녀는 나에게 절대로 얘기를 안 해.	① I usually talk to him. ② You always talk to me. ③ She never talks to me.
263		send	[동] (메시지, 우편 등을) 보내다	① 나는 항상 편지를 보내. ② 너는 자주 편지를 보내니? ③ 그녀는 절대로 편지를 안 보내요.	① I always send letters. ② Do you often send letters? ③ She never sends letters.
264		gym	[명] [c] 체육관	① 나는 체육관에 가. ② 너는 체육관에 가니? ③ 그녀는 거의 체육관에 안 가.	① I go to the gym. ② Do you go to the gym? ③ She seldom goes to the gym.

		영어단어	한글 뜻	글 예시	영어 예시
265		ice cream	[명] [u] 아이스크림	① 나는 아이스크림을 만들어. ② 당신은 아이스크림을 좋아하나요? ③ 그는 자주 아이스크림을 먹어요.	① I make ice cream. ② Do you like ice cream? ③ He often eats ice cream.
266		drinking	[명] [u] 술 마시는 것	① 저는 자주 술 마시러 가요. ② 너는 술 마시러 가고 싶니? ③ 그녀는 술 마시는 것을 좋아하나요?	① I often go drinking. ② Do you want to go drinking? ③ Does she like drinking?
267		cooking	[명] [u] 요리하는 것	① 저는 요리를 즐겨요. ② 당신은 요리를 즐기나요? ③ 그녀는 요리를 좋아해요.	① I enjoy cooking. ② Do you enjoy cooking? ③ She likes cooking.
268		teach	[동] 가르치다	① 나는 영어를 가르쳐. ② 너는 영어를 가르치니? ③ 그녀는 영어를 가르치니?	① I teach English. ② Do you teach English? ③ Does she teach English?
269		baggage	[명] [u] 짐, 수화물	① 저는 짐이 있어요. ② 당신은 짐이 있나요? ③ 그녀는 짐을 갖고 있나요?	① I have baggage. ② Do you have baggage? ③ Does she have baggage?
270		email	[명] [c] 이메일	① 당신은 저에게 이메일을 보낼 수 있나요? ② 당신은 그에게 이메일을 보낼 수 있나요? ③ 나는 너에게 이메일을 보낼 수 있어.	① Can you send me an email? ② Can you send him an email? ③ I can send you an email.
271		make	[동] (누군가가 ~이 되도록) 하다, 만들다	① 나는 당신을 행복하게 만들어요. ② 너는 나를 행복하게 하니? ③ 그녀는 너를 행복하게 해요.	① I make you happy. ② Do you make me happy? ③ She makes you happy.
272		side dish	[명] [c] 안주, 곁들임 요리	① 저는 안주를 만들 수 있어요. ② 당신은 안주를 먹는 것을 좋아하나요? ③ 그는 안주를 만드는 것을 좋아하나요?	① I can make a side dish. ② Do you like to eat side dishes? ③ Does he like to make side dishes?

		영어단어	한글 뜻	글 예시	영어 예시
273		keep kept	[동] 보관하다 [과거] 보관했다	① 당신은 저의 짐을 보관해줄 수 있나요? ② 저는 당신의 짐을 보관해줄 수 있어요. ③ 그녀는 너의 짐을 맡아줄 수 있어.	① Can you keep my baggage? ② I can keep your baggage. ③ She can keep your baggage.
274		turn on	[동] (기계, 가전제품 등을) 켜다	① 나는 라디오를 켜요. ② 너는 라디오를 켤 수 있니? ③ 그녀는 라디오를 켤 수 있어.	① I turn on the radio. ② Can you turn on the radio? ③ She can turn on the radio.
275		call	[동] (사람, 사물을) 부르다, 전화하다	① 나는 여자 친구를 불러 . ② 당신은 저를 프랭크라 부를 수 있어요. ③ 그녀는 항상 자정에 나한테 전화해.	① I call my girlfriend. ② You can call me Frank. ③ She always calls me at midnight.
276		water	[명] [u] 물	① 당신은 물 마시고 싶나요? ② 나는 자주 물을 마셔. ③ 그녀는 보통 물을 마시나요?	① Do you want to drink water? ② I often drink water. ③ Does she usually drink water?
277		tissue	[명] [c] 티슈, 화장지	① 당신은 화장지 1개를 갖고 있나요? ② 나는 티슈 1장이 필요해. ③ 프랭크는 티슈 1장이 필요해.	① Do you have a tissue? ② I need a tissue. ③ Frank needs a tissue.
278		radio	[명] [c] 라디오	① 나는 그 라디오를 켜. ② 당신은 그 라디오를 킬 수 있나요? ③ 그는 자주 그 라디오를 켜.	① I turn on the radio. ② Can you turn on the radio? ③ He often turns on the radio.
279		air conditioner	[명] [c] 에어컨	① 나는 항상 에어컨을 켜. ② 당신은 에어컨을 켜줄 수 있나요? ③ 그는 에어컨을 켜요.	① I always turn on an air conditioner. ② Can you turn on an air conditioner? ③ He turns on an air conditioner.
280		here	[부] 여기로	① 너는 여기에 올 수 있어? ② 그녀는 여기에 오고 싶어 해. ③ 그는 여기에 오고 싶어 해.	① Can you come here? ② She wants to come here. ③ He wants to come here.

		영어단어	한글 뜻	글 예시	영어 예시
281		washroom	[명] [c] (공공건물의) 화장실, 세면장	① 나는 화장실에 가. ② 제가 화장실에 가도 되나요? ③ 그는 화장실에 가요.	① I go to the washroom. ② Can I go to the washroom? ③ He goes to the washroom.
282		patio	[명] [c] (집 뒤쪽에 있는) 테라스	① 저는 테라스에서 점심을 먹어요. ② 당신은 테라스에서 먹을 수 있어. ③ 그녀는 테라스에서 요리를 해. ('테라스에서'는 on the patio라 말합니다.)	① I eat lunch on the patio. ② You can eat on the patio. ③ She cooks on the patio.
283		order	[동] 주문하다	① 나는 피자 1개를 주문해. ② 제가 파스타를 주문해도 될까요? ③ 그는 가끔씩 피자 1개를 주문해.	① I order a pizza. ② Can I order pasta? ③ He sometimes orders a pizza.
284		picture	[명] [c] 그림, 사진	① 나는 사진들을 찍고 싶어. ② 너는 사진들을 찍고 싶니? ③ 그녀는 항상 사진들을 찍어.	① I want to take pictures. ② Do you want to take pictures? ③ She always takes pictures.
285		hat	[명] [c] (밀짚, 털 같은) 모자	① 나는 모자가 필요해. ② 당신은 모자 쓰는 것을 좋아하나요? ③ 그는 모자 쓰는 것을 좋아해.	① I need a hat. ② Do you like to put on a hat? ③ He likes to put on a hat.
286		this one	[명] (가까운 것을 가리키는) 이것	① 나는 이것을 좋아해. ② 너는 이것을 사고 싶니? ③ 그는 이것을 사고 싶니?	① I like this one. ② Do you want to buy this one? ③ Does he want to buy this one?
287		waiter	[명] [c] 웨이터	① 나는 웨이터 한 명을 불러. ② 너는 웨이터 한 명을 불러. ③ 그는 가끔 웨이터 한 명을 불러.	① I call a waiter. ② You call a waiter. ③ He sometimes calls a waiter.
288		taxi	[명] [c] 택시	① 당신은 저에게 택시를 불러 줄 수 있나요? ② 제가 당신에게 택시를 불러 줄 수 있어요. ③ 그는 항상 택시를 타.	① Can you call me a taxi? ② I can call you a taxi. ③ He always takes a taxi.

		영어단어	한글 뜻	글 예시	영어 예시
289		swim	[동] 수영하다	① 나는 수영을 할 수 있어. ② 너는 수영을 할 수 있니? ③ 그는 수영을 하나요?	① I can swim. ② Can you swim? ③ Does he swim?
290		might	[조] 아마도, ~할지도	① 나는 네가 좋아질 것 같아. ② 너는 아마도 그 파티에 갈 거야. ③ 그는 아마도 일찍 잘 거야.	① I might like you. ② You might go to the party. ③ He might go to bed early.
291		soccer	[명] [u] 축구	① 저는 축구를 즐겨요. ② 당신은 축구를 할 수 있어요. ③ 그는 아마도 축구를 할 거야.	① I enjoy soccer. ② You can play soccer. ③ He might play soccer.
292		tennis	[명] [u] 테니스	① 나는 테니스를 칠 수도 있어. ② 너는 테니스를 칠 수 있니? ③ 그는 가끔씩 테니스를 쳐요.	① I might play tennis. ② Can you play tennis? ③ He sometimes plays tennis.
293		golf	[명] [u] 골프	① 나는 골프 치는 것을 좋아해. ② 당신은 저와 골프를 치고 싶나요? ③ 그는 가끔씩 골프를 친다.	① I like to play golf. ② Do you want to play golf with me? ③ He sometimes plays golf.
294		laundry	[명] [u] 세탁물(빨래), 세탁해놓은 것들 (빨래)	① 저는 보통 그 빨래를 해요. ② 당신은 그 빨래를 할 수 있나요? ③ 그는 가끔씩 그 빨래를 해.	① I usually do the laundry. ② Can you do the laundry? ③ He sometimes does the laundry.
295		America	[명] [u] 미국	① 나는 미국에 가고 싶어. ② 당신은 미국으로 여행을 가고 싶나요? ③ 그는 가끔씩 미국으로 여행 가요.	① I want to go to America. ② Do you want to travel to America? ③ He sometimes travels to America.
296		read	[동] (눈으로 또는 소리 내어) 읽다	① 저는 책 한 권을 읽을 수 있어요. ② 당신은 그 책을 읽을 수 있어요. ③ 그녀는 책들을 읽을 수 있어.	① I can read a book. ② You can read the book. ③ She can read books.

		영어단어	한글 뜻	글 예시	영어 예시
297		visit	[동] 방문하다	① 저는 아마도 당신의 집을 방문할 거예요. ② 너는 나의 사무실을 방문할 수 있어. ③ 그는 아마도 여기를 방문할지도 몰라.	① I might visit your home. ② You can visit my office. ③ He might visit here.
298		bring brought	[동] 가져오다, 데려오다 [과거] 가져왔다, 데려왔다	① 당신은 저에게 메뉴판을 가져다줄 수 있나요? ② 당신은 저에게 커피를 가져다줄 수 있나요? ③ 제가 당신에게 펜을 갖다드릴까요? (정중한 표현)	① Can you bring me a menu? ② Can you bring me coffee? ③ May I bring you a pen?
299		museum	[명] [c] 박물관	① 저는 박물관을 가고 싶어요. ② 너 박물관 가고 싶어? ③ 그는 그 박물관을 거의 방문하지 않아요.	① I want to go to a museum. ② Do you want to go to a museum? ③ He seldom visits the museum.
300		backpack	[명] [c] 배낭	① 나는 배낭을 갖고 다녀. ② 제가 당신에게 배낭을 가져다드릴까요? (정중한 표현) ③ 저는 자주 배낭을 사요.	① I carry a backpack. ② May I bring you a backpack? ③ I often buy a backpack.
301		passport	[명] [c] 여권	① 저는 여권이 필요해요. ② 당신은 여권이 필요한가요? ③ 제가 당신의 여권을 봐도 될까요? (정중한 표현)	① I need a passport. ② Do you need a passport? ③ May I have your passport?
302		message	[명] [c] 메시지	① 저는 당신에게 메시지 1개를 보내요. ② 당신은 메시지 1개를 갖고 있나요? ③ 저는 당신에게 그 메시지를 보내요.	① I send you a message. ② Do you have a message? ③ I send you the message.
303		letter	[명] [c] 편지	① 나는 편지를 써. ② 너는 편지를 쓰니? ③ 그녀는 편지를 쓰니?	① I write a letter. ② Do you write a letter? ③ Does she write a letter?
304		salt	[명] [u] 소금	① 당신은 나에게 그 소금을 건네줄 수 있나요? ② 제가 그 소금을 가져도 될까요? (정중한 표현) ③ 나는 소금을 스프 안에 넣어.	① Can you pass me the salt? ② May I have the salt please? ③ I put salt in the soup.

Day 39

		영어단어	한글 뜻	글 예시	영어 예시
305		bland	[형] 싱거운, 맛이 안 나는 (형용사 앞에는 be동사를 사용하세요)	① 저는 싱거운 스프 먹는 것을 좋아해요. ② 당신은 싱거운 삼계탕을 먹나요? ③ 그는 밍밍한 스프를 먹나요?	① I like to eat bland soup. ② Do you eat bland chicken soup? ③ Does he eat bland soup?
306		bill	[명] [c] (식당의) 계산서	① 저는 그 계산서가 필요해요. ② 당신은 저에게 그 계산서를 가져다줄 수 있나요? ③ 제가 그 계산서를 받을 수 있을까요?	① I need the bill. ② Can you bring me the bill? ③ Can I have the bill?
307		happy	[형] 행복한	① 너는 나를 행복하게 해. ② 그는 너를 행복하게 만들어. ③ 프랭크는 나를 행복하게 해.	① You make me happy. ② He makes you happy. ③ Frank makes me happy.
308		angry	[형] 화난	① 당신은 저를 화나게 해요. ② 그는 나를 화나게 만들어. ③ 그녀는 너를 화나게 하니?	① You make me angry. ② He makes me angry. ③ Does she make you angry?
309		sad	[형] 슬픈	① 너는 나를 슬프게 만들어. ② 프랭크는 그녀를 슬프게 만들어. ③ 그는 나를 슬프게 해.	① You make me sad. ② Frank makes her sad. ③ He makes me sad.
310		special	[형] 특별한	① 저는 특별한 음식을 먹고 싶어요. ② 그는 특별한 음식을 요리해. ③ 너는 특별한 음식을 먹고 싶니? ('음식'은 dish라고 해요.)	① I want to eat a special food. ② He cooks a sepcial dish. ③ Do you want to eat a special dish?
311		pepper	[명] [u] 후추	① 당신은 저에게 후추를 건네줄 수 있나요? ② 너는 그 후추를 갖고 있니? ③ 그는 후추가 필요한가요?	① Can you pass me the pepper? ② Do you have the pepper? ③ Does he need pepper?
312		name	[명] [c] 이름	① 나는 너의 이름을 불러. ② 내 아빠는 나의 이름을 불러. ③ 그녀는 그녀의 이름을 좋아해요.	① I call your name. ② My father calls my name. ③ She likes her name.

		영어단어	한글 뜻	글 예시	영어 예시
313		story	[명] [c] 이야기	① 당신은 나에게 이야기를 만들어요. ② 너는 이야기 하나를 말해. ③ 그녀는 나에게 그 이야기를 말해.	① You make me a story. ② You tell a story. ③ She tells me the story.
314		secret	[명] [c] 비밀	① 저는 당신에게 그의 비밀을 말해요. ② 프랭크는 그녀에게 그 비밀을 말해. ③ 당신은 나에게 당신의 비밀을 말할 수 있나요?	① I tell you his secret. ② Frank tells her the secret. ③ Can you tell me your secret?
315		eat out	[동] 외식하다	① 저는 당신과 함께 외식하고 싶어요. ② 당신은 저와 외식하고 싶으세요? ③ 그는 자주 외식을 해.	① I want to eat out with you. ② Do you want to eat out with me? ③ He often eats out.
316		juice	[명] [u] 주스	① 너는 주스를 마시고 싶니? ② 그는 나에게 주스를 갖다줄 수 있어. ③ 저는 주스를 마시고 싶어요.	① Do you want to drink juice? ② He can bring me juice. ③ I want to drink juice.
317		leave left	[동] (어떤 물건을) 놓고 오다, 놓고 내리다 [과거] 놓고 왔다, 놓고 내렸다	① 나는 택시에 내 핸드폰을 놓고 내렸어. ② 그는 버스에 그의 핸드폰을 놓고 내렸어. ③ 나는 내 차에 내 열쇠를 놓고 왔어.	① I left my phone in the taxi. ② He left his phone in the bus. ③ I left my key in my car.
318		tonight	[부] 오늘 밤에	① 나는 오늘 밤에 일찍 자요. ② 그는 오늘 밤에 외식할 수 있어. ③ 그녀는 아마도 오늘 밤에 집에 있을 거야.	① I go to bed early tonight. ② He can eat out tonight. ③ She might stay home tonight.
319		alone	[형] 혼자서	① 그는 혼자 공부하는 것을 좋아하나요? ② 나는 혼자 먹고 싶어. ③ 그녀는 보통 혼자 영화(한 편)을 보나요?	① Does he like to study alone? ② I want to eat alone. ③ Does she usually see a movie alone?
320		door	[명] [c] 문 (보통 the와 같이 사용합니다)	① 나는 문을 열 수 있어. ② 제가 그 문을 열어도 될까요? ③ 나는 그 문을 부수었어.	① I can open the door. ② May I open the door? ③ I broke the door.

		영어단어	한글 뜻	글 예시	영어 예시
321		use	[동] 사용하다	① 제가 당신의 전화를 써도 될까요? ② 제가 당신의 자동차를 써도 될까요? ③ 제가 당신의 컴퓨터를 써도 될까요?	① May I use your phone? ② May I use your car? ③ May I use your computer?
322		nap	[명] [c] 낮잠	① 나는 낮잠을 자고 싶어. ② 당신은 낮잠을 자나요? ③ 그는 낮잠 자는 것을 좋아하나요?	① I want to take a nap. ② Do you take a nap? ③ Does he like to take a nap?
323		tea	[명] [u] (마시는) 차	① 나는 차를 마시고 싶어. ② 그는 차를 마시고 싶어 하니? ③ 그는 차를 마시고 싶어 해.	① I want to drink tea. ② Does he want to drink tea? ③ He wants to drink tea.
324		job	[명] [c] 일, 직업	① 너는 직업을 찾니? ② 나는 직업을 원해. ③ 그는 직업을 원하니?	① Do you look for a job? ② I want a job. ③ Does he want a job?
325		sell	[동] (물건을) 팔다	① 나는 책 한 권을 팔아. ② 너는 종이를 파니? ③ 그녀는 책 한 권을 팔아.	① I sell a book. ② Do you sell paper? ③ She sells a book.
326		paper	[명] [u] 종이	① 너는 종이를 자르니? ② 너는 종이를 갖고 있니? ③ 그녀는 종이를 쓰지 않아.	① Do you cut paper? ② Do you have paper? ③ She doesn't use paper.
327		that	[대] (멀리 있는 1개를 가리킬 때) 저것	① 나는 저 차를 사고 싶어. ② 그는 저 펜이 필요하지 않아. ③ 그녀는 저 남자를 보지 않아.	① I want to buy that car. ② He doesn't need that pen. ③ She doesn't see that man.
328		morning	[명] [u] 아침	① 나는 아침에 요리를 해. ② 너는 아침에 요리를 하니? ③ 그녀는 아침에 요리를 해요.	① I cook in the morning. ② Do you cook in the morning? ③ She cooks in the morning.

		영어단어	한글 뜻	글 예시	영어 예시
329		afternoon	[명] [u] 오후	① 나는 오후에 낮잠을 자. ② 너는 오후에 공부를 해. ③ 그는 오후에 운전을 해요.	① I take a nap in the afternoon. ② You study in the afternoon. ③ He drives in the afternoon.
330		evening	[명] [u] 저녁	① 저는 저녁에 술을 마셔요. ② 너는 저녁에 술을 마시니? ③ 그는 저녁에 술을 마시나요?	① I drink in the evening. ② Do you drink in the evening? ③ Does he drink in the evening?
331		night	[명] [c] 밤	① 저는 밤에 티비를 안 봐요. ② 너는 저녁에 공부를 하니? ③ 그는 밤에 먹지 않아.	① I don't watch TV at night. ② Do you study at night? ③ He doesn't eat at night.
332		drink drank	[동] (음료, 술) 마시다 [과거] 마셨다	① 나는 가끔씩 술을 마셔. ② 그는 가끔씩 우유를 마셔요. ③ 그녀는 술 마시는 것을 안 좋아해.	① I sometimes drink. ② He sometimes drinks milk. ③ She doesn't like to drink.
333		come (to)	[동] (~ 쪽으로) 오다	① 당신은 여기에 오고 싶나요? ② 너는 그 파티에 오고 싶니? ③ 그녀는 그 파티에 오지 않아.	① Do you want to come here? ② Do you want to come to the party? ③ She doesn't come to the party.
334		beer	[명] [u] 맥주	① 너는 맥주를 마시고 싶니? ② 그녀는 맥주를 안 좋아해. ③ 저는 자주 맥주를 사요.	① Do you want to drink beer? ② She doesn't like beer. ③ I often buy beer.
335		green tea	[명] [u] 녹차	① 저는 녹차를 안 마셔요. ② 그는 자주 녹차를 사요. ③ 그녀는 녹차를 마시지 않아.	① I don't drink green tea. ② He often buys green tea. ③ She doesn't drink green tea.
336		bread	[명] [u] 빵	① 저는 항상 빵을 먹어요. ② 당신은 항상 빵을 먹나요? ③ 그녀는 빵 먹는 것을 좋아하지 않아.	① I always eat bread. ② Do you always eat bread? ③ She doesn't like to eat bread.

		영어단어	한글 뜻	글 예시	영어 예시
337		wife	[명] [c] 부인	① 저는 부인이 있어요. ② 당신은 당신의 부인을 좋아하나요? ③ 그는 부인을 갖고 있지 않아.	① I have a wife. ② Do you like your wife? ③ He doesn't have a wife.
338		husband	[명] [c] 남편	① 내 남편은 항상 우유를 마셔. ② 당신은 남편이 있나요? ③ 그녀는 그녀의 남편을 좋아해요.	① My husband always drinks milk. ② Do you have a husband? ③ She likes her husband.
339		stock(s)	[명] [c] 주식	① 당신은 당신의 주식들을 팔고 싶나요? ② 저는 주식들을 사고 싶어요. ③ 그녀는 그녀의 주식들을 팔지 않아.	① Do you want to sell your stocks? ② I want to buy stocks. ③ She doesn't sell her stocks.
340		yesterday	[부] 어제	① 나는 어제 닭을 먹었어요. ② 그는 어제 주스를 마셨어요. ③ 그녀는 어제 커피를 마셨어.	① I ate chicken yesterday. ② He drank juice yesterday. ③ She drank coffee yesterday.
341	30	thirty	[명] [u] 30	① 저는 30을 좋아해요. ② 당신은 30을 좋아하나요? ③ 그녀는 30장의 종이가 있어.	① I like thirty. ② Do you like thirty? ③ She has thirty papers.
342	40	forty	[명] [u] 40	① 나는 40을 좋아해. ② 프랭크는 40을 좋아해. ③ 나는 40권의 책이 있어.	① I like forty. ② Frank likes forty. ③ I have forty books.
343	50	fifty	[명] [u] 50	① 나는 50명의 친구가 있어. ② 10시 50분이에요. ③ 5시 50분이에요.	① I have fifty friends. ② It is ten fifty. ③ It is five fifty.
344	60	sixty	[명] [u] 60	① 나는 60명의 사람을 봐. ② 너는 60명의 사람을 보니? ③ 그는 60명의 사람을 안 봐.	① I see sixty people. ② Do you see sixty people? ③ He doesn't see sixty people.

		영어단어	한글 뜻	글 예시	영어 예시
345	**70**	seventy	[명] [u] 70	① 나는 70을 좋아하지 않아. ② 그녀는 70을 좋아하지 않아. ③ 그는 70대의 차를 갖고 있지 않아.	① I don't like seventy. ② She doesn't like seventy. ③ He doesn't have seventy cars.
346	**80**	eighty	[명] [u] 80	① 저는 80을 안 좋아해요. ② 너는 80을 좋아하니? ③ 그녀는 80을 좋아하지 않아.	① I don't like eighty. ② Do you like eighty? ③ She doesn't like eighty.
347	**90**	ninety	[명] [u] 90	① 나는 90원이 있어. ② 너는 90원이 있니? ③ 그는 90원이 없어. (없어 = 갖고 있지 않아)	① I have ninety won. ② Do you have ninety won? ③ He doesn't have ninety won.
348	**100**	a hundred	[명] [c] 100	① 나는 100원이 필요해. ② 너는 100원이 있니? ③ 나는 100명의 사람들을 봐.	① I need a hundred won. ② Do you have a hundred won? ③ I see a hundred people.
349		son	[명] [c] 아들	① 저는 아들이 둘이에요. ② 그는 3명의 아들이 있어. ③ 그녀는 아들 (1명)이 없어.	① I have two sons. ② He has three sons. ③ She doesn't have a son.
350		jogging	[명] [u] 조깅	① 저는 아침에 조깅을 가요. ② 너는 아침에 조깅을 가니? ③ 그녀는 아침에 조깅을 안 해.	① I go jogging in the morning. ② Do you go jogging in the morning? ③ She doesn't go jogging in the morning.
351		subway	[명] [c] 지하철 (subway 앞에는 the를 사용하세요.)	① 나는 지하철을 타지 않아. ② 너는 자주 지하철을 타니? ③ 그녀는 지하철을 타지 않아.	① I don't take the subway. ② Do you often take the subway? ③ She doesn't take the subway.
352		basketball	[명] [u] 농구 [c] 농구공	① 너는 농구를 할 수 있니? ② 저는 가끔씩 농구를 해요. ③ 그는 농구하는 것을 좋아하지 않아.	① Can you play basketball? ② I sometimes play basketball. ③ He doesn't like to play basketball.

		영어단어	한글 뜻	글 예시	영어 예시
353		last year	[부] 작년	① 나는 작년에 피자를 먹었어. ② 그는 작년에 피자를 먹었어. ③ 그녀는 작년에 피자를 먹었어요.	① I ate pizza last year. ② He ate pizza last year. ③ She ate pizza last year.
354		ago	[부] ~ 전에	① 저는 2주 전에 스프를 먹었어요. ② 그는 1주일 전에 국수를 먹었어. ③ 그녀는 2주 전에 주스를 마셨어.	① I ate soup 2 weeks ago. ② He ate noodles a week ago. ③ She drank juice 2 weeks ago.
355		draw	[동] (그림, 설계) 그리다	① 나는 가끔씩 그림을 그려. ② 당신은 거의 그림들을 안 그려요. ③ 그는 보통 그림들을 그려요.	① I sometimes draw pictures. ② You seldom draw pictures. ③ He usually draws pictures.
356		ride	[동] (말, 자전거, 오토바이, 기차, 차 등에) 타다	① 저는 기차를 탈 수 있어요. ② 당신은 차를 타는 것을 좋아해요? ③ 그녀는 기차를 탈 수 있어.	① I can ride a train. ② Do you like to ride a car? ③ She can ride a train.
357		bicycle(s)	[명] [c] 자전거	① 저는 자전거 타는 것을 좋아해요. ② 그녀는 자주 자전거를 타요. ③ 그는 자전거를 갖고 있지 않아요.	① I like to ride bicycles. ② She often rides a bicycle. ③ He doesn't have a bicycle.
358		hour(s)	[명] [c] 시간	① 저는 2시간이 필요해요. ② 그는 3시간 전에 물을 마셨어요. ③ 당신은 2시간 전에 국수를 먹었어요.	① I need 2 hours. ② He drank water 3 hours ago. ③ You ate noodles 2 hours ago.
359		Yoga	[명] [u] 요가	① 저는 저녁에 요가를 해요. ② 당신은 요가하는 것을 좋아하나요? ③ 그는 요가하는 것을 좋아하지 않아요.	① I do Yoga in the evening. ② Do you like to do Yoga? ③ He doesn't like to do Yoga.
360		person people	[명] [c] 사람 [명] 사람들	① 나는 사람들을 만나. ② 당신은 사람들을 만나는 것을 좋아하나요? ③ 그녀는 사람들을 만나는 것을 좋아하지 않아.	① I meet people. ② Do you like to meet people? ③ She doesn't like to meet people.

		영어단어	한글 뜻	글 예시	영어 예시
361		question(s)	[명] [c] 질문	① 저는 질문들이 있어요. ② 당신은 질문이 하나 있나요? ③ 그는 질문이 1개 있어.	① I have questions. ② Do you have a question? ③ He has a question.
362		pig(s)	[명] [c] 돼지	① 나는 돼지들을 볼 수 있어. ② 너는 돼지들을 보니? ③ 프랭크는 돼지들을 봐요.	① I can see pigs. ② Do you see pigs? ③ Frank sees pigs.
363		milk	[명] [u] 우유	① 저는 우유를 마셔요. ② 당신은 우유 마시는 것을 좋아하나요? ③ 그는 우유를 마시지 않아.	① I drink milk. ② Do you like to drink milk? ③ He doesn't drink milk.
364		camera(s)	[명] [c] 카메라	① 저는 카메라가 2개예요. ② 저는 저의 카메라를 팔고 싶지 않아요. ③ 그녀는 그녀의 카메라를 팔고 싶어 해.	① I have two cameras. ② I don't want to sell my camera. ③ She wants to sell her camera.
365		girl(s)	[명] [c] 여자	① 저는 여자들과 이야기해요. ② 당신은 여자들과 이야기하는 것을 좋아하나요? ③ 그는 여자들과 이야기하지 않아.	① I talk to girls. ② Do you like to talk to girls? ③ He doesn't talk to girls.
366		beef	[명] [u] 소고기	① 저는 소고기 먹는 것을 좋아해요. ② 그녀는 소고기 먹는 것을 좋아하니? ③ 그는 소고기 먹는 것을 좋아하지 않아.	① I like to eat beef. ② Does she like to eat beef? ③ He doesn't like to eat beef.
367		take out	[동] (~로부터) 가지고 나가다	① 저는 그 쓰레기를 버려요. ② 그는 그 쓰레기를 버려요. ③ 나는 항상 그 쓰레기를 버려.	① I take out the trash. ② He takes out the trash. ③ I always take out the trash.
368		plastic bag	[명] [c] 비닐봉지	① 당신은 비닐봉지 1개가 필요한가요? ② 저는 당신에게 비닐봉지 1개를 줘요. ③ 당신은 나에게 비닐봉지 1개를 줄 수 있나요?	① Do you need a plastic bag? ② I give you a plastic bag. ③ Can you give me a plastic bag?

		영어단어	한글 뜻	글 예시	영어 예시
369		3 bottles of	[명] 3병의 ~	① 저는 맥주 3병을 마셔요. ② 당신은 소주 3병을 마실 수 있나요? ③ 그녀는 맥주 3병을 마실 수 있어.	① I drink 3 bottles of beer. ② Can you drink 3 bottles of Soju? ③ She can drink 3 bottles of beer.
370		a can of	[명] 한 캔의 ~	① 저는 맥주 1캔을 마실 수 있어요. ② 당신은 저에게 맥주 1캔을 줄 수 있나요? ③ 그녀는 막걸리 1캔을 마실 수 있어. (막걸리: rice wine)	① I can drink a can of beer. ② Can you give me a can of beer? ③ She can drink a can of rice wine.
371		2 cups of	[명] 두 컵의 ~	① 저는 물 2컵을 마셨어요. ② 그녀는 주스 2컵을 마시고 싶어 해요. ③ 저는 하루에 커피 2잔을 마셔요.	① I drank 2 cups of water. ② She wants to drink 2 cups of juice. ③ I drink 2 cups of coffee (in) a day.
373		wood	[명] [u] 목재	① 저는 목재가 필요해요. ② 당신은 목재를 사나요? ③ 그녀는 목재를 사용하나요?	① I need wood. ② Do you buy wood? ③ Does she use wood?
374		iron	[명] [u] 철, 쇠	① 저는 철을 부셔요. ② 우리는 쇠가 필요해요. ③ 그녀는 쇠가 필요하지 않아.	① I break iron. ② We need iron. ③ She doesn't need iron.
375		plastic	[명] [u] 플라스틱	① 저는 플라스틱이 필요해요. ② 그는 플라스틱이 필요하지 않아요. ③ 그녀는 플라스틱을 사용해.	① I need plastic. ② He doesn't need plastic. ③ She uses plastic.
376		weather	[명] [u] 날씨	① 저는 항상 날씨를 확인해요. ② 당신은 좋은 날씨를 좋아하나요? (좋은: good) ③ 그는 날씨를 확인하지 않아.	① I always check the weather. ② Do you like good weather? ③ He doesn't check the weather.
377		advice	[명] [u] 충고	① 저는 항상 당신에게 충고를 줘요. ② 당신은 저에게 충고를 줄 수 있나요? ③ 그녀는 내 충고를 받아들이지 않아.	① I always give you advice. ② Can you give me advice? ③ She doesn't take my advice.

		영어단어	한글 뜻	글 예시	영어 예시
378		information	[명] [u] 정보	① 저는 정보가 필요해요. ② 당신은 정보가 필요하나요? ③ 그는 그 정보를 원하지 않아요.	① I need information. ② Do you need information? ③ He doesn't want the information.
379	NEWS	news	[명] [u] 뉴스	① 저는 그 소식을 들어요. ② 그는 그 소식을 듣는 것을 좋아하지 않아. ③ 그녀는 그 소식을 듣지 않아. ((들려오는 소리를) 듣다: hear)	① I listen to the news. ② He doesn't like to listen to news. ③ She doesn't hear the news.
380		traffic	[명] [u] 교통량	① 저는 교통체증을 좋아하지 않아요. ② 당신은 교통체증을 좋아하지 않아요. ③ 그녀는 교통체증을 좋아하지 않아요. (교통체증: traffic jams)	① I don't like traffic jams. ② You don't like traffic jams. ③ She doesn't like traffic jams.
381		music	[명] [u] 음악	① 나는 음악 듣는 것을 좋아해. ② 당신은 음악 듣는 것을 좋아하나요? ③ 그녀는 가끔씩 음악을 들어.	① I like to listen to music. ② Do you like to listen to music? ③ She sometimes listens to music.
382		furniture	[명] [u] 가구	① 저는 가구가게에 가요. ② 당신은 가구를 사나요? ③ 그녀는 자주 가구가게에 가요. (가게 = shop, store)	① I go to a furniture shop. ② Do you buy furniture? ③ She often goes to a furniture shop.
383		keyboard	[명] [c] 키보드, 건반	① 저는 키보드를 연주할 수 있어요. ② 저는 새로운 키보드가 필요해요. ③ 그녀는 새로운 키보드를 사고 싶나요? (새로운: new)	① I can play the keyboard. ② I need a new keyboard. ③ Does she want to buy a new keyboard?
384		air	[명] [u] 공기	① 나는 신선한 공기가 필요해. ② 너는 신선한 공기를 원하니? ③ 그녀는 신선한 공기가 필요해. (신선한: fresh)	① I need fresh air. ② Do you want fresh air? ③ She needs fresh air.
385	SUGAR	sugar	[명] [u] 설탕	① 저는 저의 커피 안에 설탕을 넣기를 원해요. ② 당신은 설탕 먹는 것을 좋아하나요? ③ 그녀는 설탕을 쓰지 않아.	① I want to add sugar in my coffee. ② Do you like to eat sugar? ③ She doesn't use sugar.

		영어단어	한글 뜻	글 예시	영어 예시
386		potato(es)	[명] [c] 감자	① 저는 감자들을 튀겨요. ② 당신은 저에게 감자를 줄 수 있나요? ③ 그녀는 감자들을 요리하지 않아. (튀기다 = fry)	① I fry potatoes. ② Can you give me potatoes? ③ She doesn't cook potatoes.
387		pork	[명] [u] 돼지고기 (돼지는 pig, 돼지고기는 pork라 합니다.)	① 저는 오늘 돼지고기를 먹고 싶어요. ② 당신은 돼지고기를 요리할 수 있나요? ③ 그녀는 돼지고기를 거의 먹지 않아요.	① I want to eat pork today. ② Can you cook pork? ③ She seldom eats pork.
388		river	[명] [c] 강	① 저는 그 강에서 수영할 수 있어요. ② 당신은 항상 그 강에서 수영을 해요. ③ 그녀는 그 강을 쳐다보는 것을 좋아해요.	① I can swim in the river. ② You always swim in the river. ③ She likes to watch the river.
389		box(es)	[명] [c] 상자	① 당신은 저에게 그 상자를 건네줄 수 있나요? ② 당신은 상자들이 필요한가요? ③ 그녀는 3개의 상자들이 필요해요.	① Can you pass me the box? ② Do you need boxes? ③ She needs three boxes.
390		city cities	[명] [c] 도시	① 나는 도시에서 사는 것을 좋아해. ② 너는 도시에서 살고 싶니? ③ 그녀는 그 도시에서 사는 것을 좋아하지 않아요. (살다 = live in)	① I like to live in cities. ② Do you want to live in a city? ③ She doesn't like to live in the city.
391		wish(es)	[명] [c] 소원	① 저는 소원 하나를 만들어요. ② 그녀는 3가지 소원이 있어. ③ 그는 항상 소원을 빌어요.	① I make a wish. ② She has 3 wishes. ③ He always makes a wish.
392		cat(s)	[명] [c] 고양이	① 나는 고양이가 있어. ② 당신은 고양이가 1마리가 있나요? ③ 당신은 당신의 고양이와 노는 것을 좋아하나요?	① I have a cat. ② Do you have a cat? ③ Do you like to play with your cat?
393		listen to	[동] (남의 충고, 귀 기울여) 듣다, 경청하다	① 저는 항상 저의 엄마 말을 들어요. ② 너는 절대로 그녀 말을 듣지 않아. ③ 그녀는 나의 말을 듣지 않아.	① I always listen to my mom. ② You never listen to her. ③ She doesn't listen to me.

		영어단어	한글 뜻	글 예시	영어 예시
394		leg(s)	[명] [c] 다리	① 저는 2개의 다리들을 갖고 있어요. ② 나는 긴 다리들을 갖고 있어. ③ 그녀는 긴 다리들을 갖고 있나요?	① I have two legs. ② I have long legs. ③ Does she have long legs?
395		cheese	[명] [u] 치즈	① 난 치즈를 안 좋아해. ② 넌 자주 치즈를 먹어. ③ 그녀는 치즈를 좋아하지 않아요.	① I don't like cheese. ② You often eat cheese. ③ She doesn't like cheese.
396		2 slices of	[명] 2조각의	① 저에게 2조각의 치즈를 줄 수 있나요? (저에게 주세요 = Can I have) ② 당신은 가끔씩 2조각의 치즈를 사요. ③ 그녀는 2조각의 치즈를 사고 싶어해요.	① Can I have 2 slices of cheese? ② You sometimes buy 2 slices of cheese. ③ She wants to buy 2 slices of cheese.
397		a carton of	[명] 1곽, 통의 ~	① 저는 우유 1통을 마셔요. ② 저에게 우유 1통을 줄 수 있나요? (저에게 주세요 = Can I have) ③ 그녀는 우유 1통을 마시고 싶어 해요.	① I drink a carton of milk. ② Can I have a carton of milk? ③ She wants to drink a carton of milk.
398		3 bowls of	[명] 3그릇의 ~	① 저는 밥 3그릇을 먹었어요. ② 저는 밥 3그릇을 원해요. ③ 그녀는 막걸리 3사발을 마실 수 있어요. (막걸리 = rice wine)	① I ate 3 bowls of rice. ② I want 3 bowls of rice. ③ She can drink 3 bowls of rice wine.
399		tuna	[명] [u] 참치	① 저는 참치 1캔을 사요. ② 당신은 4캔의 참치가 필요하나요? ③ 그녀는 3캔의 참치를 먹을 수 있어.	① I buy a can of tuna. ② Do you need 4 cans of tuna? ③ She can eat 3 cans of tuna.
400		kiwi(s)	[명] [c] 키위	① 나는 키위들을 사. ② 너는 키위들을 먹는 것을 좋아해? ③ 그녀는 키위들을 팔지 않아.	① I buy kiwis. ② Do you like to eat kiwis? ③ She doesn't sell kiwis.
401		beef	[명] [u] 소고기	① 너 소고기 먹고 싶어? ② 나는 소고기를 요리하는 것을 좋아해. ③ 그녀는 소고기를 안 먹어.	① Do you want to eat beef? ② I like to cook beef. ③ She doesn't eat beef.

		영어단어	한글 뜻	글 예시	영어 예시
402		face(s)	[명] [c] 얼굴	① 나는 항상 내 얼굴을 씻어. ② 그는 선크림을 그의 얼굴에 발라. (바르다 = put) ③ 너는 나의 얼굴을 좋아하니?	① I always wash my face. ② He puts sunblock on his face. ③ Do you like my face?
403		card(s)	[명] [c] 카드	① 당신은 전화카드가 있나요? ② 저는 신용카드가 있어요. ③ 저는 신용카드가 없어요. (신용카드 = credit card)	① Do you have a phone card? ② I have a credit card. ③ I don't have a credit card.
404		at hotels	호텔에서 (at은 넓은 장소로 '~에서'로 해석하세요.)	① 저는 보통 호텔에 머물러요. ② 그는 호텔에 머무르지 않아. ③ 그녀는 호텔에 머물고 싶어 해요.	① I usually stay at hotels. ② He doesn't stay at hotels. ③ She wants to stay at hotels.
405		sleep slept	[동] 잠자다 [과거] 잠잤다	① 저는 어제 잤어요. ② 그녀는 어제 잤어요. ③ 그는 자고 싶어 해.	① I slept yesterday. ② She slept yesterday. ③ He wants to sleep.
406		rest rested	[동] (편하게) 쉬다 [과거] 쉬었다	① 저는 쉬고 싶어요. ② 그녀는 쉬는 것을 좋아하니? ③ 그는 쉬고 싶어 해.	① I want to rest. ② Does she like to rest? ③ He wants to rest.
407		perfume	[명] [u] 향수	① 저는 향수를 사고 싶어요. ② 너 향수 뿌리는 것 좋아해? ③ 그녀는 향수 뿌리는 것을 좋아하나요? (향수를 뿌리다 = wear)	① I want to buy perfume. ② Do you like to wear perfume? ③ Does she like to wear perfume.
408		with	[전] ~와 함께	① 저는 프랭크와 술 마시는 것을 좋아해요. ② 저는 나의 아이들과 놀아요. ③ 나는 너랑 쇼핑 가는 것이 좋아.	① I like to drink with Frank. ② I play with my children. ③ I like to go shopping with you.
409		here	[부] 여기에	① 너 여기에 올 수 있어? ② 나는 여기에 살아. ③ 그녀는 여기에 사나요?	① Can you come here? ② I live here. ③ Does she live here?

		영어단어	한글 뜻	글 예시	영어 예시
410		first	[형] 첫 (번)째의	① 나는 첫 번째 아들을 좋아해. ② 너는 너의 첫 번째 아들을 좋아해? ③ 3월 1일이에요.	① I like my first son. ② Do you like your first son. ③ It is March first.
411		second	[형] 두 (번)째의	① 나는 나의 둘째 딸을 좋아해. ② 나의 둘째 아들은 치킨을 사랑해. ③ 2월 2일이에요.	① I like my second daughter. ② My second son loves chicken. ③ It is February second.
412		third	[형] 세 (번)째의	① 난 세 번째 아들을 좋아해. ② 넌 너의 세 번째 아들을 좋아하니? ③ 3월 3일이에요.	① I like my third son. ② Do you like your third son? ③ It is March third.
413		fourth	[형] 네 (번)째의	① 2월 4일이에요. ② 3월 4일이에요. ③ 5월 4일이에요.	① It is February fourth. ② It is March fourth. ③ It is May fourth.
414		fifth	[형] 다섯 (번)째의	① 1월 5일이야. ② 6월 5일이야. ③ 3월 5일이야.	① It is January fifth. ② It is June fifth. ③ It is March fifth.
415		sixth	[형] 여섯 (번)째의	① 5월 6일이야. ② 4월 6일이야. ③ 1월 6일이야.	① It is May sixth. ② It is April sixth. ③ It is January sixth.
416		seventh	[형] 일곱 (번)째의	① 6월 7일이야. ② 3월 7일이야. ③ 4월 7일이야.	① It is June seventh. ② It is March seventh. ③ It is April seventh.
417		eighth	[형] 여덟 (번)째의	① 6월 8일이야 ② 2월 8일이야. ③ 5월 8일이야.	① It is June eighth. ② It is February eighth. ③ It is May eighth.

		영어단어	한글 뜻	글 예시	영어 예시
418		annoy annoyed	[동] 짜증나게 하다 [과거] 짜증나게 했다	① 넌 나를 짜증나게 했어. ② 너의 친구는 나를 짜증나게 해. ③ 나는 너를 짜증나게 하는 것을 좋아해.	① You annoyed me. ② Your friend annoys me. ③ I like to annoy you.
419		marry married	[동] 결혼하다 [과거] 결혼했다	① 저는 작년에 그녀와 결혼했어요. ② 그녀는 나랑 결혼하고 싶어 하지 않아. ③ 그는 나랑 결혼하고 싶어 해. (marry 뒤에는 with를 쓰면 안돼요.)	① I married her last year. ② She doesn't want to marry me. ③ He wants to marry me.
420		work worked	[동] 일하다 [과거] 일했다	① 나는 일하는 것을 안 좋아해. ② 그는 지난달에 일했어. ③ 그녀는 보통 금요일에 일해.	① I don't like to work. ② He worked last month. ③ She usually works on Friday.
421		wash washed	[동] (물로) 씻다 [과거] 씻었다	① 나는 내 발들을 씻는 것을 좋아해. ② 그녀는 그녀의 얼굴을 씻었어요. ③ 그는 거의 그의 얼굴을 씻지 않아.	① I like to wash my feet. ② She washed her face. ③ He seldom washes his face.
422		dance danced	[동] 춤추다 [과거] 춤췄다	① 너는 나와 춤을 추고 싶니? ② 그는 어제 춤을 추었어. ③ 그녀는 춤추는 것을 멈췄어.	① Do you want to dance with me? ② He danced yesterday. ③ She stopped dancing.
423		play played	[동] (게임, 놀이 등을) 하다, 놀다 [과거] 했다, 놀았다	① 당신은 카드 게임들을 하는 것을 좋아하나요? ② 나는 어제 농구를 했어. ③ 그는 농구를 하는 것을 좋아해요.	① Do you like to play card games? ② I played basketball yesterday. ③ He likes to play basketball.
424		brush brushed	[동] (빗질, 붓, 칫솔질 등을) 하다 [과거] (빗질, 칫솔질 등을) 했다	① 저는 어제 양치질을 했어요. ② 그는 그의 신발들을 솔질했어요. ③ 그녀는 항상 그녀의 머리를 빗어.	① I brushed my teeth yesterday. ② He brushed his shoes. ③ She always brushes her hair.
425		stay stayed	[동] (그대로) 있다 [과거] (그대로) 있었다	① 나는 어제 집에 있었어. ② 당신은 여기에 머무를 수 있나요? ③ 그는 빌딩 안에 머물렀어.	① I stayed at home yesterday. ② Can you stay here? ③ He stayed in the building.

		영어단어	한글 뜻	글 예시	영어 예시
426		clean cleaned	[동] (깨끗이) 닦다 [과거] 청소했다	① 그는 그의 방을 청소했어. ② 너는 너의 방을 청소할 수 있니? ③ 우리는 우리의 책상을 청소했어.	① He cleaned his room. ② Can you clean your room? ③ We cleaned our desk.
427		enjoy enjoyed	[동] (시간, 파티 등을) 즐기다. (즐겁게 무언가를) 하다 [과거] 즐겼다	① 나는 그 영화를 보는 것을 즐겼어. ② 그는 어제 저녁을 잘 먹었어. ③ 그는 그 책을 즐겁게 읽었어. ('즐겁게 무언가를 했다'의 뜻의 동사는 enjoy를 사용하세요.)	① I enjoyed watching the movie. ② He enjoyed dinner yesterday. ③ He enjoyed reading the book.
428		start started	[동] 시작하다 [과거] 시작했다	① 나는 새로운 일을 시작했어. ② 그는 나한테 이야기하기 시작했어. ③ 그녀는 9시에 그녀의 일을 시작해. (새로운 = new)	① I started a new job. ② He started to talk to me. ③ She starts her work at 9.
429		want wanted	[동] 원하다 [과거] 원했다	① 저는 아침을 먹고 싶어요. ② 그는 집에 가고 싶어요. ③ 그녀는 자고 싶지 않아요. (집에 가다 = go home입니다. go to home이라 하지 않아요.)	① I want to eat breakfast. ② He wants to go home. ③ She doesn't want to sleep.
430	Like	like liked	[동] 좋아하다 [과거] 좋아했다	① 당신은 새로운 신발들을 좋아하나요? ② 그는 그의 차를 좋아하니? ③ 그녀는 그녀의 전화기를 좋아하지 않아.	① Do you like new shoes? ② Does he like his car? ③ She doesn't like her phone.
431		love loved	[동] 사랑하다, (정말) 좋아하다 [과거] 사랑했다	① 당신은 술 마시는 것을 사랑하나요? ② 그녀는 담배 피우는 것을 사랑하지 않아. ③ 당신은 요리하는 것을 사랑하나요?	① Do you love drinking? ② She doesn't love smoking. ③ Do you love cooking?
432		study studied	[동] 공부하다 [과거] 공부했다	① 너는 보통 공부를 하니? ② 그녀는 어제 공부를 했어. ③ 그는 지난달에 영어 공부를 했어.	① Do you usually study? ② She studied yesterday. ③ He studied English last month.
433		try to tried to	[동] 시도, 노력하다 [과거] 노력했다	① 나는 영어를 말하기로 노력했어. ② 나는 자려고 노력했어. ③ 그녀는 지난밤에 자려고 노력했어.	① I tried to speak English. ② I try to sleep. ③ She tried to sleep last night.

		영어단어	한글 뜻	글 예시	영어 예시
434		talk to talked to	[동] 수다를 떨다 [과거] 수다를 떨었다	① 나는 사람들과 이야기하는 것을 좋아해. ② 그는 나에게 이야기를 했어. ③ 그녀는 너에게 이야기를 하고 싶어 해.	① I like to talk to people. ② He talked to me. ③ She wants to talk to you.
435		stop stopped	[동] 그만두다 [과거] 그만두었다	① 나는 낚시를 그만두었어. ② 너는 담배 피우는 것을 그만두었니? ③ 그는 술 마시는 것을 그만두었어.	① I stopped fishing. ② Did you stop smoking? ③ He stopped drinking.
436		copy copied	[동] 복사하다, 베끼다 [과거] 복사했다, 베꼈다	① 나는 그 서류(종이)를 복사할 수 있어. ② 그는 그 해답을 베꼈어. ③ 당신은 그 서류(종이)를 복사할 수 있니?	① I can copy the paper. ② He copied the answer. ③ Can you copy the paper?
437		watch watched	[동] 지켜보다 [과거] 지켜봤다	① 나는 TV 보는 것을 좋아해. ② 그는 TV 보는 것을 좋아하지 않아. ③ 그녀는 그 영화를 보았어.	① I like to watch TV. ② He doesn't like to watch TV. ③ She watched the movie.
438		pick picked	[동] (무언가를) 집어 들다, 고르다 [과거] 골랐다	① 저는 그 케이크를 골랐어요. ② 그는 7을 골랐어. ③ 그는 그 빨간색 차를 골랐어.	① I picked the cake. ② He picked seven. ③ He picked the red car.
439		need needed	[동] 필요하다 [과거] 필요했다	① 저는 당신의 도움이 필요했어요. ② 그녀는 어제 돈이 필요했었어요. ③ 너는 얼음이 필요하니?	① I needed your help. ② She needed money yesterday. ③ Do you need ice?
440		look at looked at	[동] 쳐다보다 [과거] 쳐다봤다	① 너는 나를 쳐다보니? ② 그는 하늘을 쳐다보았어. ③ 나는 그녀를 쳐다보았어.	① Do you look at me? ② He looked at the sky. ③ I looked at her.
441	July	July	[명] [u] 7월	① 저는 그녀와 7월에 결혼했어요. ② 그는 7월에 여행을 했어. ③ 너는 7월을 좋아하니?	① I married her in July. ② He traveled in July. ③ Do you like July?

		영어단어	한글 뜻	글 예시	영어 예시
442	**August**	August	[명] [u] 8월	① 그는 8월에 열심히 일했어. ② 나는 8월에 집에 있었어. ③ 당신은 8월을 좋아하나요?	① He worked hard in August. ② I stayed home in August. ③ Do you like August?
443	**September**	September	[명] [u] 9월	① 그녀는 9월달을 좋아하지 않아. ② 저는 9월달에 여행을 갔었어요. ③ 당신은 9월을 좋아하나요?	① She doesn't like September. ② I went traveling in September. ③ Do you like September?
444	**October**	October	[명] [u] 10월	① 저는 10월을 좋아해요. ② 그는 10월에 영어 공부를 했어. ③ 너는 10월을 좋아하니?	① I like October. ② He studied English in October. ③ Do you like October?
445	**November**	November	[명] [u] 11월	① 나는 11월에 등산을 갔었어. ② 그녀는 11월을 좋아하지 않아요. ③ 너는 11월을 좋아하니?	① I went hiking in November. ② She doesn't like November. ③ Do you like November?
446	**December**	December	[명] [u] 12월	① 저는 12월에 서울로 여행을 했었어요. ② 그는 12월을 좋아하지 않아. ③ 너는 12월을 좋아하니?	① I traveled to Seoul in December. ② He doesn't like December. ③ Do you like December?
447		hard	[형] 어려운	① 이것은 어려워요. ② 영어는 어려워요. ③ 이것은 어렵지 않아요.	① It is hard. ② English is hard. ③ It is not hard.
448		daughter	[명] [c] 딸	① 나는 2명의 딸들이 있어. ② 너는 너의 딸을 사랑하니? ③ 그는 딸이 하나가 있나요?	① I have two daughters. ② Do you love your daughter? ③ Does he have a daughter?
449		search searched	[동] 조사하다 [과거] 조사했다	① 저는 그녀의 가방을 조사했어요. ② 그는 그 빌딩을 조사했어. ③ 저는 보통 인터넷을 찾아요.	① I searched her bag. ② He searched the building. ③ I usually search the Internet.

		영어단어	한글 뜻	글 예시	영어 예시
450		climb climbed	[동] 오르다, 올라가다 [과거] 올랐다, 올라갔다	① 저는 이 나무에 올라가고 싶어요. ② 너는 이 나무에 올라갈 수 있어? ③ 그는 이 차에 올라갈 수 있어.	① I want to climb the tree. ② Can you climb the tree? ③ He can climb the car.
451		learn learned	[동] 배우다 [과거] 배웠다	① 나는 춤을 배웠어. ② 너는 한국어를 배웠어. ③ 그녀는 영어를 배웠어.	① I learned dancing. ② You learned Korean. ③ She learned English
452		fix fixed	[동] (미국식)고치다 (영국식) 고정시키다 [과거] 고쳤다, 고정시켰다	① 너는 내 차를 고칠 수 있니? ② 그는 너의 폰을 고칠 수 있어요. ③ 나는 나의 컴퓨터를 고쳤어.	① Can you fix my car? ② He can fix your phone. ③ I fixed my computer.
453		plant planted	[동] (식물) 심다 [과거] 심었다	① 나는 나무 1개를 심었어. ② 너는 사과나무 1개를 심었어. ③ 그는 나무 1개를 심지 않았어요.	① I planted a tree. ② You planted an apple tree. ③ He didn't plant a tree.
454		add added	[동] 첨가하다 [과거] 첨가했다	① 저는 스프 안에 소금을 넣었어요. ② 그는 커피 안에 설탕을 넣었어요. ③ 그녀는 스프 안에 물을 넣었어요.	① I added salt into the soup. ② He added sugar into the coffee. ③ She added water into the soup.
455		month(s)	[명] [c] 달	① 나는 지난달에 학교에 갔어. ② 너는 2달 전에 집에 갔어. ③ 그는 지난달에 그의 차를 씻었어(세차했어).	① I went to school last month. ② You went home 2 months ago. ③ He washed his car last month.
456		well	[부] (무언가를 완전히) 잘	① 저는 영어를 잘 말할 수 있어요. ② 그는 공부를 잘할 수 있어요. ③ 그녀는 요리를 잘할 수 있어.	① I can speak English well. ② He can study well. ③ She can cook well.
457		shirt(s)	[명] [c] 셔츠	① 저는 저의 셔츠를 빨았어요. ② 너는 너의 셔츠를 항상 빨아. ③ 그는 그의 셔츠를 빨았어.	① I washed my shirt. ② You always wash your shirt. ③ He washed his shirt.

		영어단어	한글 뜻	글 예시	영어 예시
458		so	[부] 정말, 많이	① 그는 정말 빨리 말해. ② 나는 어제 정말 빨리 먹었어. ③ 그는 정말 빨리 요리했어. (정말 빨리 = so fast)	① He speaks so fast. ② I ate so fast yesterday. ③ He cooked so fast.
459		break broke	[동] 부수다 [과거] 부셨다	① 나는 절대로 약속들을 깨지 않아. ② 그는 그 약속을 깼어. ③ 그녀는 절대로 그 규칙들을 어기지 않아.	① I never break promises. ② He broke the promise. ③ She never breaks the rules.
460		leave left	[동] (물건을 어딘가에) 놓고 오다 [과거] 놓고 왔다	① 나는 나의 폰을 택시에 놓고 왔어. ② 너는 너의 폰을 버스에 놓고 내렸어. ③ 그는 그의 열쇠들을 그의 차에 놓고 내렸어.	① I left my phone in a taxi. ② You left your phone in a bus. ③ He left his keys in his car.
461		sit sat	[동] 앉다 [과거] 앉았다	① 나는 그 의자에 앉았어. ② 너는 여기에 앉고 싶니? ③ 제가 여기에 앉을 수 있나요?	① I sat on the chair. ② Do you want to sit here? ③ Can I sit here?
462		tell told	[동] 말하다 [과거] 말했다	① 그는 그 비밀을 말했어. ② 나는 그 비밀을 말하고 싶지 않아. ③ 그는 비밀을 말하지 않아.	① He told the secret. ② I don't want to tell the secret. ③ He doesn't tell the secret.
463		pay paid	[동] (물건, 서비스등의 대가를) 내다, 지불하다	① 나는 그 계산서를 지불했어. ② 그는 그 계산서를 지불했어. ③ 그녀는 그 계산서를 내고 싶어 해.	① I paid the bill. ② He paid the bill. ③ She wants to pay the bill.
464		keep kept	[동] (뒤에 하는 동사를) 계속 하다	① 나는 계속 잤어. ② 너는 계속 공부할 수 있어. ③ 그는 계속 일했어.	① I kept sleeping. ② You can keep studying. ③ He kept working.
465		see saw	[동] 보다 [과거] 봤다	① 나는 너를 어제 봤어. ② 나는 너와 같이 영화를 보고 싶어. ③ 그는 그 경기를 어제 봤어.	① I saw you yesterday. ② I want to see a movie with you. ③ He saw the match yesterday.

		영어단어	한글 뜻	글 예시	영어 예시
466		have had	[동] 먹다 [과거] 먹었다	① 저는 보통 12시에 점심을 먹어요. ② 그는 어제 저녁을 먹었어요. ③ 그녀는 스테이크를 먹고 싶어 해.	① I usually have lunch at 12. ② He had dinner yesterday. ③ She wants to have steak.
467		go went	[동] 가다 [과거] 갔었다	① 저는 집에 가고 싶어요. ② 너는 낚시를 가고 싶니? ③ 그는 여행을 가지 않아요. (여행 가다 = go on a trip)	① I want to go home. ② Do you want to go fishing? ③ He doesn't go on a trip.
468		give gave	[동] 주다 [과거] 주었다	① 나는 그에게 돈을 주었어. ② 그녀는 나에게 그 책을 주었어요. ③ 나의 아버지는 자주 나에게 돈을 줘.	① I gave him money. ② She gave me the book. ③ My father often gives me money.
469		take took	[동] (사람을) 데려가다 [과거] (사람을) 데려갔다	① 나는 너를 학교로 데려가. ② 그는 나를 천안으로 데려갔어요. ③ 그녀는 당신을 교회로 데려가나요?	① I take you to school. ② He took me to Cheonan. ③ Does she take you to church?
470		become became	[동] ~ 되다 [과거] ~이 되었다	① 나는 아빠가 되었어. ② 나는 선생님이 되고 싶어. ③ 그녀는 엄마가 되었어.	① I became a father. ② I want to become a teacher. ③ She became a mother.
471		bring brought	[동] (물건을) 가져다주다 [과거] 가져다주었다	① 그는 나에게 그 코트를 가져다주었어. ② 나는 너에게 그 핸드폰을 가져다줄 수 있어. ③ 그녀는 도시락을 가져왔어. (도시락 = lunch box)	① He brought me the coat. ② I can bring you the phone. ③ She brought a lunch box.
472		build built	[동] 짓다, 건설하다 [과거]지었다, 건설했다	① 나는 작년에 집을 지었어. ② 너는 집을 짓고 싶니? ③ 그녀는 그녀의 집을 지었어.	① I built a house last year. ② Do you want to build a house? ③ She built her house.
473		buy bought	[동] 사다, 사주다 [과거] 샀다, 사줬다	① 나는 차를 사고 싶어. ② 그는 그녀에게 책 1권을 사줬어. ③ 그녀는 나에게 저녁을 사줬어요.	① I want to buy a car. ② He bought her a book. ③ She bought me dinner.

		영어단어	한글 뜻	글 예시	영어 예시
474		catch caught	[동] 잡다 [과거] 잡았다	① 저는 물고기 1마리를 잡았어요. ② 너는 그것을 잡을 수 있니? ③ 그는 어제 감기에 걸렸어.	① I caught a fish. ② Can you catch it? ③ He caught a cold yesterday.
475		come came	[동] 오다 [과거] 왔다	① 당신은 여기에 오고 싶나요? ② 봄이 늦게 왔다. ③ 그는 학교에 늦게 왔다. (늦게 = late)	① Do you want to come here? ② Spring came late. ③ He came to school late.
476		draw drew	[동] 그리다 [과거] 그렸다	① 그는 나의 집을 그렸어. ② 그녀는 그의 얼굴을 그렸어. ③ 너는 보통 나무들을 그려.	① He drew my house. ② She drew his face. ③ You usually draw trees.
477		drive drove	[동] 운전하다 [과거] 운전했다	① 그는 정말 빠르게 운전했어. ② 너는 운전을 할 수 있니? ③ 그는 택시를 몰아.	① He drove so fast. ② Can you drive? ③ He drives a taxi.
478		fight with fought with	[동] (사람과) 싸우다 [과거] 싸웠다	① 나는 나의 친구와 싸웠어. ② 너는 너의 친구들과 거의 싸우지 않아. ③ 그녀는 어제 나와 싸웠어.	① I fought with my friend. ② You seldom fight with your friends. ③ She fought with me yesterday.
479		find found	[동] (잃어버린 것을) 찾다 [과거] 찾았다	① 그는 그의 열쇠를 찾았어. ② 나는 나의 핸드폰을 찾았어. ③ 그녀는 그녀의 직업을 찾았어요.	① He found his key. ② I found my phone. ③ She found her job.
480		fly flew	[동] (하늘을) 날다 [과거] 날았다	① 나는 하늘을 날고 싶어. ② 그는 어제 뉴욕으로 날아갔어요. ③ 우리는 저번 달에 서울로 날아갔어.	① I want to fly in the sky. ② He flew to New York yesterday. ③ We flew to Seoul last month.
481		meet met	[동] 만나다 [과거] 만났다	① 저는 어제 저의 친구를 만났어요. ② 그녀는 그를 어제 만났어. ③ 너는 그녀를 어제 만났니?	① I met my friend yesterday. ② She met him yesterday. ③ Did you meet her yesterday?

		영어단어	한글 뜻	글 예시	영어 예시
482		sell sold	[동] (물건을) 팔다 [과거] 팔았다	① 나는 나의 컴퓨터를 팔았어. ② 너는 너의 차를 팔았니? ③ 그녀는 그녀의 책을 팔았어.	① I sold my computer. ② Did you sell your car? ③ She sold her book.
483		feel felt	[동] 느끼다 [과거] 느꼈다	① 나는 행복을 느꼈어. ② 너는 행복을 느끼니? ③ 그녀는 행복을 느껴.	① I felt happy. ② Do you feel happy? ③ She feels happy.
484		speak spoke	[동] (말을) 말하다 [과거] (말을) 말했다	① 나는 너에게 말을 해. ② 당신은 그녀에게 말을 하고 싶나요? ③ 그녀는 나에게 말하지 않아.	① I speak to you. ② Do you want to speak to her? ③ She doesn't speak to me.
485		arm(s)	[명] [c] 팔 (I broke my arm은 '나는 내 팔을 부러뜨렸어'란 뜻이 아니에요. break: 부러지다)	① 나는 나의 팔이 부러졌어. ② 그녀는 그녀의 팔이 부러졌어요. ③ 그는 그의 팔이 부러졌어.	① I broke my arm. ② She broke her arm. ③ He broke his arm.
486		heart	[명] [c] 마음, 가슴	① 너는 내 마음을 아프게 했어. ② 저는 그의 마음을 아프게 했어요. ③ 그녀는 제 마음을 아프게 했어요.	① You broke my heart. ② I broke his heart. ③ She broke my heart.
487		at the desk	[구] 책상(근처)에서	① 나는 책상에서 공부를 해. ② 그는 책상에서 공부를 했어. ③ 그녀는 책상에서 공부했어.	① I study at the desk. ② He studied at the desk. ③ She studied at the desk.
488		on the chair	[구] 의자(위)에서	① 나는 의자에 앉아 있었어. ② 너는 그 의자에 보통 앉아. ③ 그녀는 그 의자에 앉았어.	① I sat on the chair. ② You usually sit on the chair. ③ She sat on the chair.
489		joke(s)	[명] [c] 농담	① 나는 농담(들)을 해. ② 너는 농담(들)을 하는 것을 좋아하니? ③ 그녀는 절대로 농담(들)을 하지 않아.	① I tell jokes. ② Do you like to tell jokes? ③ She never tells jokes.

		영어단어	한글 뜻	글 예시	영어 예시
490		lie(s)	[명] [c] 거짓말	① 나는 거짓말을 말해. ② 나는 거짓말하는 것을 좋아하지 않아. ③ 그녀는 거짓말을 자주 말하나요?	① I tell a lie. ② I don't like to tell lies. ③ Does she often tell lies?
491		popcorn	[명] [u] 팝콘	① 나는 팝콘을 만들고 싶어. ② 너는 팝콘을 먹니? ③ 그녀는 저에게 팝콘을 사주나요?	① I want to make popcorn. ② Do you eat popcorn? ③ Does she buy me popcorn?
492		bill(s)	[명] [c] 계산서	① 계산서 좀 저에게 건네주시겠어요? ② 제가 그 계산서를 계산하고 싶어요. ③ 그녀는 나에게 그 계산서를 주었다.	① Can you pass me the bill? ② I want to pay the bill. ③ She gave me the bill.
493		match(es)	[명] [c] 경기, 시합	① 나는 축구 경기 보는 것을 좋아해. ② 그녀는 그 경기를 어제 봤어. ③ 저는 테니스 경기를 보는 것을 좋아해요.	① I like to watch soccer matches. ② She watched the match yesterday. ③ I like to watch tennis matches.
494		nice day	[명] [c] 좋은 날	① 저는 좋은 하루를 보내요. ② 너는 좋은 날을 즐겼어. ③ 그녀는 좋은 날을 가졌어.	① I have a nice day. ② You enjoyed a nice day. ③ She had a nice day.
495		date	[명] [c] 연애, 데이트	① 너는 데이트가 있니? ② 나는 오늘 데이트가 있었어. ③ 그녀는 어제 데이트를 했었어요.	① Do you have a date? ② I have a date today. ③ She had a date yesterday.
496		hospital	[명] [c] 병원	① 나는 병원에 입원해. ② 너는 그 병원을 방문했어. ③ 그녀는 오늘 병원에 갔었어.	① I stay in a hospital. ② You visited the hospital. ③ She went to the hospital today.
497		wedding	[명] [c] 결혼식	① 나는 너에게 결혼 선물을 주었어. ② 나는 너의 결혼식에 갔어. ③ 그녀는 나의 결혼식에 왔어.	① I gave you a wedding gift. ② I went to your wedding. ③ She came to my wedding.

		영어단어	한글 뜻	글 예시	영어 예시
498		reason(s)	[명] [c] 이유	① 저는 이유가 있어요. ② 당신은 저에게 그 이유를 말해줄래요? ③ 그녀는 이유가 있어.	① I have a reason. ② Can you tell me the reason? ③ She has a reason.
499		hard liquor	[명] [u] 독한 술	① 나는 독한 술을 좋아해. ② 너는 독한 술을 마시니? ③ 그는 독한 술을 마시고 싶어하니?	① I like hard liquor. ② Do you drink hard liquor? ③ Does he want to drink hard liquor?
500		black tea	[명] [u] 홍차	① 저는 홍차 마시는 것을 좋아해요. ② 당신은 저와 함께 홍차를 마시고 싶나요? ③ 그녀는 거의 홍차를 마시지 않아요.	① I like to drink black tea. ② Do you want to drink black tea with me? ③ She seldom drinks black tea.
501		give up gave up	[동] (하는 일을) 포기하다, 끊다 [과거] 포기했다	① 나는 그녀를 포기했어. ② 너는 공부를 포기했니? ③ 그녀는 여행을 포기했어.	① I gave her up. ② Did you give up studying? ③ She gave up traveling.
502		get dressed up	[동] (옷을) 차려입다	① 나는 가끔씩 옷을 차려입어. ② 그녀는 옷을 빼 입는 것을 좋아해요. ③ 그는 가끔씩 옷을 차려입어.	① I sometimes get dressed up. ② She likes to get dressed up. ③ He sometimes gets dressed up.
503		snack(s)	[명] [c] 간식	① 나는 간식 먹는 것을 좋아해. ② 너는 간식들을 좋아하니? ③ 그녀는 절대로 간식들을 먹지 않아.	① I like to eat snacks. ② Do you like snacks? ③ She never eats snacks.
504		doctor(s)	[명] [c] 의사	① 저는 자주 의사를 봐요. ② 그녀는 가끔씩 병원에 가요. ③ 그는 절대로 병원에 안가. <small>(see a doctor를 한국말로 하면 '병원에 가다'란 뜻이 됩니다.)</small>	① I often see a doctor. ② She sometimes sees a doctor. ③ He never sees a doctor.
505		take a walk	[동] 산책하다	① 나는 산책하는 것을 좋아해. ② 너는 너의 개와 산책하는 것을 좋아하니? ③ 그는 저와 산책을 하고 싶어해요.	① I like to take a walk. ② Do you like to take a walk with your dog? ③ He wants to take a walk with me.

		영어단어	한글 뜻	글 예시	영어 예시
506		bake baked	[동] (빵을) 굽다 [과거] 구웠다	① 저는 빵 굽는 것을 좋아해요. ② 당신은 자주 빵을 굽나요? ③ 그는 빵을 굽지 않아.	① I like to bake bread. ② Do you often bake bread? ③ He doesn't bake bread.
507		spend spent	[동] (돈, 시간을) 쓰다 [과거] 썼다	① 나는 돈을 써요. ② 너는 시간을 쓰니? ③ 그녀는 돈을 쓰지 않아.	① I spend money. ② Do you spend time? ③ She doesn't spend money.
508		dislike	[동] 싫어하다 (영어에서의 hate는 한국어로 '증오하다'란 뜻에 가깝습니다.)	① 저는 그를 좋아하지 않아요. ② 그녀는 낚시를 싫어해요. ③ 나는 피자 먹는 것을 싫어해.	① I dislike him. ② She dislikes fishing. ③ I dislike to eat pizza.
509		not	[부] ~ 아니다	① 나는 거기에 가지 않아. ② 그는 어제 자지 않았어. ③ 그녀는 어제 공부하지 않았어요.	① I do not go there. ② He did not sleep yesterday. ③ She did not study yesterday.
510		grow grew	[동] (사람, 동식물이) 자라다 [과거] 자랐다	① 나는 나무를 길러. ② 너는 나무들을 기르고 싶니? ③ 그는 식물들을 기르니? (식물: plant(s))	① I grow trees. ② Do you want to grow trees? ③ Does he grow plants?
511		hang hung	[동] 걸다, 매달다 [과거] 걸었다, 매달았다	① 저는 셔츠를 옷걸이에 걸었어요. ② 그는 그의 코트를 옷걸이에 걸었어. ③ 나는 벽에 그림을 걸었어. (옷걸이: rack)	① I hung a shirt on the rack. ② He hung his coat on the rack. ③ I hung a picture on the wall.
512		hear heard	[동] (들려오는 소리, 귀에) 듣다, 들리다 [과거] 들었다, 들렸다	① 너는 그 소식을 들었니? ② 나는 그 소식을 듣지 못했어. ③ 그는 그 소식을 들었어.	① Did you hear the news? ② I didn't hear the news. ③ He heard the news.
513		hide hid	[동] 숨기다 [과거] 숨겼다	① 나는 나의 돈을 숨겼어. ② 너는 나의 책을 숨겼니? ③ 그녀는 너의 돈을 숨겼어.	① I hid my money. ② Did you hide my book? ③ She hid your money.

		영어단어	한글 뜻	글 예시	영어 예시
514		know knew	[동] (무언가를) 알다 [과거] 알았다	① 나는 너를 알았어. ② 너는 프랭크를 아니? ③ 그는 너를 아니?	① I knew you. ② Do you know Frank? ③ Does he know you?
515		make made	[동] 만들다 [과거] 만들었다	① 저는 약속을 해요. ② 저에게 저녁을 만들어줄 수 있나요? ③ 그녀는 여기서 친구들을 사귀었어.	① I make a promise. ② Can you make me dinner? ③ She made friends here.
516		tomato(es)	[명] [c] 토마토	① 나는 너의 토마토들을 먹지 않았어. ② 너는 토마토들을 먹고 싶니? ③ 그녀는 토마토들을 사지 않았어.	① I didn't eat your tomatoes. ② Do you want to eat tomatoes? ③ She didn't buy tomatoes.
517		coat(s)	[명] [c] 코트	① 나는 새로운 코트가 필요해. ② 너는 새로운 코트를 샀어. ③ 그녀는 항상 코트를 입어.	① I need a new coat. ② You bought a new coat. ③ She always wears a coat.
518		suit(s)	[명] [c] 양복, 수트	① 저는 수트를 입는 것을 좋아해요. ② 너는 나에게 수트를 사줄 수 있니? ③ 그녀는 나의 양복을 좋아해.	① I like to wear suits. ② Can you buy me a suit? ③ She likes my suit.
519		noise	[명] [u] 소음	① 나는 떠들었다. ② 너는 항상 떠들어. ③ 그녀는 어제 떠들었어.	① I made noise. ② You always make noise. ③ She made noise yesterday.
520		concert(s)	[명] [c] 연주회, 콘서트	① 나는 콘서트 가는 걸 좋아해. ② 너는 그 콘서트를 즐겼어. ③ 그녀는 콘서트 가는 걸 좋아해요.	① I like to go to a concert. ② You enjoyed the concert. ③ She likes to go to concerts.
521		wall(s)	[명] [c] 벽, 담	① 나는 그 벽을 때렸어. ② 너는 벽 위에 있는 그림을 볼 수 있어. ③ 그는 어제 벽을 때렸어.	① I hit the wall. ② You can see a picture on the wall. ③ He hit the wall yesterday.

		영어단어	한글 뜻	글 예시	영어 예시
522		lemonade	[명] [u] 레몬에이드	① 저는 레몬에이드 마시는 걸 좋아해요. ② 당신은 레몬에이드를 만들 수 있나요? ③ 그녀는 나에게 레몬에이드를 사줬어.	① I like to drink lemonade. ② Can you make lemonade? ③ She bought me lemonade.
523		quit	[동] (무언가를) 끊다, 그만두다 [과거] 끊었다, 그만뒀다	① 나는 담배를 끊었어. ② 너는 담배를 끊고 싶니? ③ 그는 담배를 끊고 싶지 않아.	① I quit smoking. ② Do you want to quit smoking? ③ He doesn't want to quit smoking.
524		wear wore	[동] (쓰고/끼고/신고) 있다 [과거] (쓰고/끼고/신고) 있었다	① 저는 넥타이 매는 것을 좋아해요. ② 당신은 양복을 입는 것을 좋아하나요? ③ 그녀는 보통 자켓을 입어요.	① I like to wear ties. ② Do you like to wear suits? ③ She usually wears a jacket.
525		cosmetics	[명] (주로 복수명사) 화장품	① 너는 화장품 사는 것을 좋아하니? ② 그는 그녀에게 화장품을 사줬어. ③ 그녀는 내 화장품을 가져갔어요.	① Do you like to buy cosmetics. ② He bought her cosmetics. ③ She took my cosmetics.
526		fine(s)	[명] [c] 벌금	① 저는 벌금을 냈어요. ② 당신은 벌금을 냈어요. ③ 그는 벌금 내는 것을 좋아하지 않아.	① I paid the fine. ② You paid the fine. ③ He doesn't like to pay fines.
527		towel(s)	[명] [c] 수건	① 너는 타월을 갖고 있니? ② 나는 약간의 타월들을 원해. ③ 그녀는 저의 타월을 썼어요.	① Do you have a towel? ② I want some towels. ③ She used my towel.
528		umbrella(s)	[명] [c] 우산	① 나는 내 우산을 버스 안에 놓고 왔어. ② 너는 우산이 있니? ③ 그는 새로운 우산을 샀어.	① I left my umbrella in a bus. ② Do you have an umbrella? ③ He bought a new umbrella.
529		jeans	[명] (보통 복수로 쓰임) 청바지	① 저는 청바지 입는 것을 좋아해요. ② 그는 새로운 청바지를 샀어. ③ 당신은 저에게 청바지를 사줄 수 있나요?	① I like to wear jeans. ② He bought new jeans. ③ Can you buy me jeans?

		영어단어	한글 뜻	글 예시	영어 예시
530		pants	[명] [c] (보통 복수로 쓰임) 바지	① 저는 어제 저의 바지를 씻었어요. ② 당신은 새로운 바지가 필요해요. ③ 그녀는 가끔씩 바지를 입어.	① I washed my pants yesterday. ② You need new pants. ③ She sometimes wears pants.
531		vacation(s)	[명] [c] 방학, 휴가	① 나는 휴가가 필요해. ② 그는 휴가를 갔어. ③ 너는 휴가가 필요하니?	① I need a vacation. ② He went on a vacation. ③ Do you need a vacation?
532		discount(s)	[명] [c] 할인	① 저에게 할인해줄 수 있나요? ② 나는 너에게 할인해줄 거야. ③ 저는 할인점을 좋아해요.	① Can you give me a discount? ② I will give you a discount. ③ I like discount shops.
533		jacket(s)	[명] [c] 재킷	① 저는 자주 재킷을 입어요. ② 너는 재킷이 필요하니? ③ 그는 새로운 재킷을 샀어.	① I often wear a jacket. ② Do you need a jacket? ③ He bought a new jacket.
534		bus stop	[명] [c] 버스 정류장	① 너는 어제 버스정류장에 서 있었니? ② 나는 버스정류장에 서 있어. ③ 그는 버스정류장에 서 있었어요.	① Did you stand at the bus stop yesterday? ② I stand at the bus stop. ③ He stood at the bus stop.
535		post office	[명] [c] 우체국	① 너는 프랭크를 우체국에서 만났니? ② 그는 우체국 안에서 일해. ③ 그는 저를 우체국에서 만났어요.	① Did you meet Frank at the post office? ② He works in the post office. ③ He met me at the post office.
536		long	[형] (길이, 거리) 긴	① 나는 긴 다리를 갖고 있어. ② 그는 긴 하루를 보냈어. ③ 그녀는 긴 머리를 갖고 있어.	① I have long legs. ② He had a long day. ③ She has long hair.
537		stand	[동] 서다, 서 있다 [과거] 서 있었다	① 나는 길 위에 서 있어. ② 그녀는 길 위에 서 있었어. ③ 그는 식당에 서 있었어. (on the road = 길거리 위에)	① I stand on the road. ② She stood on the road. ③ He stood at the restaurant.

		영어단어	한글 뜻	글 예시	영어 예시
538		outside	[부] (건물) 밖에서	① 저는 밖으로 나갔어요. ② 당신은 밖에 나가고 싶나요? ③ 저는 밖에서 놀고 싶어요.	① I went outside. ② Do you want to go outside? ③ I want to play outside.
539		again	[부] 다시, 한 번 더	① 나는 그것을 다시 하고 싶어. ② 그는 그것을 다시 했어. ③ 나는 그것을 다시 하지 않아.	① I want to do it again. ② He did it again. ③ I don't do it again.
540		get on got on	[동] (교통수단) 올라타다 [과거] 올라탔다	① 너는 지하철을 탔었니? ② 그는 그 버스를 올라탔어. ③ 그는 그 기차를 타지 않았어.	① Did you get on the subway? ② He got on the bus. ③ He didn't get on the train.
541		park	[명] [c] 공원	① 너는 어제 그 공원에 갔니? ② 그녀는 공원에 가는 것을 좋아해. ③ 그는 프랭크를 그 공원에서 만났어.	① Did you go to the park yesterday? ② She likes to go to a park. ③ He met Frank at the park.
542		luggage	[명] [u] (여행용) 짐	① 나는 너의 짐을 날랐어. ② 너는 너의 짐을 자주 나르니? ③ 너는 어제 너의 짐을 날랐니?	① I carried your luggage. ② Do you often carry your luggage? ③ Did you carry your luggage yesterday?
543		lose lost	[동] 잃어버리다 [과거] 잃어버렸다	① 저는 저의 가방을 잃어버렸어요. ② 당신은 당신의 가방을 잃어버렸나요? ③ 프랭크는 그의 가방을 잃어버렸어.	① I lost my bag. ② Did you lose your bag? ③ Frank lost his bag.
544		subway	[명] [c] 지하철	① 나는 그 지하철을 탔어. ② 너는 그 지하철을 기다리니? ③ 그는 그 지하철을 탔어.	① I took the subway. ② Do you wait for the subway? ③ He took the subway.
545		miss missed	[동] (기차, 버스) 놓치다 [과거] 놓쳤다	① 너는 그 버스를 놓쳤니? ② 그녀는 그 기차를 놓쳤어. ③ 프랭크는 그 기차를 놓치지 않았어.	① Did you miss the bus? ② She missed the train. ③ Frank didn't miss the train.

		영어단어	한글 뜻	글 예시	영어 예시
546		put on put on	[동] (옷, 외투) 입다 [과거] (옷, 외투) 입었다	① 나는 코트를 입어. ② 그는 바지를 어제 입었어. ③ 그녀는 치마를 입나요?	① I put on a coat. ② He put on pants yesterday. ③ Does she put on a skirt?
547		advice	[명] [u] 충고, 조언	① 나는 너의 조언이 필요해. ② 너는 나의 조언이 필요하니? ③ 그녀는 충고가 필요해.	① I need your advice. ② Do you need my advice? ③ She needs advice.
548		choose chose	[동] 고르다, 선택하다 [과거] 골랐다, 선택했다	① 나는 선물을 고를 수 없어. ② 그는 그의 직업을 골랐어. ③ 그들은 호텔을 고르지 않았어요.	① I cannot choose a gift. ② He chose his job. ③ They didn't choose a hotel.
549		bath	[명] [c] 목욕	① 나는 목욕하는 것을 좋아해. ② 그는 목욕을 했어. ③ 당신은 목욕을 했나요?	① I like to take baths. ② He took a bath. ③ Did you take a bath?
550		have a date	[구] 데이트를 하다 데이트가 있다	① 나는 데이트가 있어. ② 너는 데이트가 있니? ③ 그녀는 데이트가 있어.	① I have a date. ② Do you have a date? ③ She has a date.
551		forget forgot	[동] 까먹다 [과거] 까먹었다	① 나는 너의 이름을 까먹었어. ② 그는 나를 까먹었어. ③ 그녀는 그녀의 숙제를 까먹었어.	① I forgot your name. ② He forgot me. ③ She forgot her homework.
552		present(s)	[명] [c] 선물	① 나는 선물을 샀어. ② 그는 나에게 선물을 줬어. ③ 그녀는 선물을 샀어.	① I bought a present. ② He gave me a present. ③ She bought a present.
553		project(s)	[명] [c] 계획, 일	① 나는 프로젝트가 있어. ② 우리는 새로운 프로젝트를 시작했어. ③ 그는 새로운 프로젝트를 시작했어.	① I have a project. ② We started a new project. ③ He started a new project.

		영어단어	한글 뜻	글 예시	영어 예시
554		shall	[조] (I, we에 많이 쓰임) ~할래요?	① 우리 커피 마실래요? ② 제가 운전할까요? ③ 우리 나갈까요?	① Shall we drink coffee? ② Shall I drive? ③ Shall we go out?
555		light(s)	[명] [c] 전등	① 나는 그 전등을 켰어. ② 당신은 그 전등을 켜줄 수 있나요? ③ 그는 그 전등을 켰어.	① I turn on the light. ② Can you turn on the light? ③ He turned on the light.
556		manager	[명] [c] 관리인, 매니저	① 나는 매니저랑 얘기해. ② 그녀는 매니저랑 이야기했어요. ③ 당신은 매니저랑 이야기했나요?	① I talk to the manager. ② She talked to the manager. ③ Did you talk to the manager?
557		red	[형] 빨간	① 나는 빨간 차를 좋아해. ② 너는 빨간 차를 좋아하니? ③ 당신은 빨간 차가 있나요?	① I like a red car. ② Do you like a red car? ③ Do you have a red car?
558		exercise(s)	[명] [u] 운동	① 나는 운동이 좀 필요해. ② 너는 운동이 좀 필요하니? ③ 그녀는 운동이 좀 필요하니?	① I need some exercise. ② Do you need some exercise? ③ Does she need some exercise?
559		makeup	[명] [c] 화장	① 나는 화장하는 것을 좋아해. ② 넌 화장을 했니? ③ 그녀는 화장을 안 좋아해.	① I like to put on makeup. ② Did you put on makeup? ③ She doesn't like makeup.
560		arrive	[동] 도착하다	① 나는 서울에 도착했어. ② 그녀는 천안에 도착했어. ③ 그는 공항에 도착하지 않았어요.	① I arrived in Seoul. ② She arrived in Cheonan. ③ He didn't arrive at the airport.
561		go shopping	[구] 쇼핑가다	① 나는 보통 쇼핑을 가. ② 너는 쇼핑 가는 것을 좋아하니? ③ 그는 쇼핑을 안 갔어.	① I usually go shopping. ② Do you like to go shopping? ③ He didn't go shopping.

	영어단어	한글 뜻	글 예시	영어 예시
562	new	[형] 새로운	① 나는 새로운 직업이 필요해. ② 그는 새 집을 샀어. ③ 그는 새 여자 친구가 있어.	① I need a new job. ② He bought a new house. ③ He has a new girlfriend.
563	tonight	[부] 오늘 밤에	① 나는 오늘 밤에 쉴 거야. ② 그는 오늘 밤에 술을 마실 거야. ③ 그녀는 오늘 밤에 나를 만날 거야.	① I will rest tonight. ② He will drink tonight. ③ She will meet me tonight.
564	put out put out	[동] (불, 담배를) 끄다 [과거] 껐다	① 너는 담뱃불을 끌 수 있니? ② 그녀는 담뱃불을 껐어. ③ 그는 담뱃불을 끄지 않았어.	① Can you put out the cigarette? ② She put out the cigarette. ③ He didn't put out the cigarette.
565	meet met	[동] 만나다 [과거] 만났다	① 나는 너를 만날 거야. ② 너는 프랭크를 만났니? ③ 프랭크는 그의 친구들을 만났어.	① I will meet you. ② Did you meet Frank? ③ Frank met his friends.
566	live in lived in	[동] (~에) 살다 [과거] (~에) 살았다	① 나는 서울에 살았어. ② 너는 천안에 사니? ③ 그녀는 인천에 살았어.	① I lived in Seoul. ② Do you live in Cheonan? ③ She lived in Incheon.
567	high school(s)	[명] [c] 고등학교	① 나는 고등학교에 가. ② 너는 너의 고등학교를 좋아하니? ③ 너는 고등학교에 가니?	① I go to high school. ② Do you like your high school? ③ Do you go to high school?
568	country countr(ies)	[명] [c] 나라, 시골	① 너는 너의 나라를 좋아하니? ② 나는 나의 나라를 좋아해. ③ 그녀는 시골에 살아.	① Do you like your country? ② I like my country. ③ She lives in the country.
569	who	[의문사] 누가, 누구, 누구를	① 너는 누구를 좋아하니? ② 너는 누구를 만났니? ③ 너는 어제 누구를 보았니?	① Who do you like? ② Who did you meet? ③ Who did you see yesterday?

		영어단어	한글 뜻	글 예시	영어 예시
570		when	[의문사] 언제	① 언제 너는 그를 만났니? ② 언제 너는 잠자리에 가니? ③ 언제 너는 점심을 먹을 거니?	① When did you meet him? ② When do you go to bed? ③ When will you eat lunch?
571		where	[의문사] 어디서, 어디에	① 너는 어디에 사니? ② 너는 어제 어디에 갔었니? ③ 우리는 어디서 만날 거니?	① Where do you live? ② Where did you go yesterday? ③ Where will we meet?
572		why	[의문사] 왜	① 왜 너는 나를 사랑하니? ② 왜 너는 여행을 하니? ③ 왜 너는 영어 공부를 하니?	① Why do you love me? ② Why do you travel? ③ Why do you study English?
573		what	[의문사] 무엇이, 무엇을	① 당신은 무엇을 좋아하나요? ② 당신은 무엇을 먹고 싶나요? ③ 너는 무엇을 사고 싶니?	① What do you like? ② What do you want to eat? ③ What do you want to buy?
574		how	[의문사] 어떻게	① 너는 어떻게 여기에 왔니? ② 제가 어떻게 스키를 타죠? ③ 제가 어떻게 운전을 하죠?	① How did you come here? ② How can I ski? ③ How can I drive?
575		animal(s)	[명] [c] 동물	① 나는 동물들을 좋아해. ② 너는 동물들을 좋아하니? ③ 그녀는 동물들을 돌봐.	① I like animals. ② Do you like animals? ③ She takes care of animals.
576		ceiling	[명] [c] 천장	① 나는 천장을 고칠 거야. ② 너는 천장을 쳐다볼 수 있니? ③ 그녀는 천장을 고쳤어.	① I will fix the ceiling. ② Can you look at the ceiling? ③ She fixed the ceiling.
577		roof	[명] [c] 지붕	① 너는 지붕에 올라갈 수 있니? ② 나는 지붕을 고칠 거야. ③ 그는 지붕을 고칠 수 있어.	① Can you go up the roof? ② I will fix the roof. ③ He can fix the roof.

		영어단어	한글 뜻	글 예시	영어 예시
578		sun	[명] [u] 태양, 햇볕	① 나는 태양을 쳐다봐. ② 그는 태양을 쳐다봤어. ③ 그녀는 태양을 쳐다보지 않았어.	① I look at the sun. ② He looked at the sun. ③ She didn't look at the sun.
579		floor	[명] [c] 바닥	① 나는 바닥을 청소해. ② 당신은 바닥을 청소할 수 있나요? ③ 그녀는 자주 바닥을 청소해.	① I clean the floor. ② Can you clean the floor? ③ She often cleans the floor.
580		world all over the world	[명] [c] 세계 전 세계를	① 나는 전 세계를 여행할 거야. ② 너는 전 세계를 여행했니? ③ 그녀는 전 세계를 여행할 수 없어.	① I will travel all over the world. ② Did you travel all over the world? ③ She can't travel all over the world.
581		city hall	[명] [c] 시청	① 나는 시청에 가. ② 너는 시청에서 일해. ③ 언제 너는 시청에 갔었니?	① I go to the City Hall. ② You work in the City Hall. ③ When did you go to the City Hall?
582		map(s)	[명] [c] 지도	① 나는 지도를 그려. ② 제가 지도를 얻을 수 있을까요? ③ 당신은 지도가 있나요?	① I draw a map. ② Can I have a map? ③ Do you have a map?
583		ocean in the ocean	[명] [c] 바다 바다에서	① 나는 바다에서 수영을 할 수 있어. ② 우리는 가끔씩 바다에 가. ③ 그녀는 바다를 봐.	① I can swim in the ocean. ② We sometimes go to the ocean. ③ She sees the ocean.
584		student(s)	[명] [c] 학생	① 나는 나의 학생들을 좋아해. ② 학생들은 학교에 가. ③ 나는 나의 학생들을 만났어.	① I like my students. ② Students go to school. ③ I met my students.
585		blue	[형] 파란, 푸른	① 나는 파란 집을 좋아해. ② 너는 파란 차를 갖고 있니? ③ 그는 파란 가방을 원해.	① I like a blue house. ② Do you have a blue car? ③ He wants a blue bag.

		영어단어	한글 뜻	글 예시	영어 예시
586		cucumber	[명] [c] 오이	① 나는 오이 1개를 잘랐어. ② 그녀는 오이 1개를 잘랐어. ③ 왜 너는 오이 1개를 잘랐니?	① I cut a cucumber. ② She cut a cucumber. ③ Why did you cut a cucumber?
587		spring	[명] [u] 봄	① 저는 봄을 좋아해요. ② 저는 봄에 꽃 보는 것을 좋아해요. ③ 저는 봄에 소풍 가는 것을 좋아해요.	① I like spring. ② I like to see flowers in spring. ③ I like to go on a picnic in spring.
588		sports	[명] [u] 운동	① 너는 운동을 좋아하니? ② 저는 종종 운동을 해요. ③ 무슨 운동을 좋아하세요?	① Do you like sports? ② I often play sports. ③ What sports do you like?
589		vegetable	[명] [c] 야채	① 저는 거의 야채를 안 먹어요. ② 당신은 야채를 살 수 있나요? ③ 그녀는 야채를 샀어.	① I seldom eat vegetables. ② Can you buy vegetables? ③ She bought vegetables.
590		season	[명] [c] 계절	① 너는 무슨 계절을 좋아하니? ② 너는 무슨 계절을 싫어하니? ③ 한국은 4계절이 있어.	① What season do you like? ② What season do you dislike? ③ Korea has four seasons.
591		kind of	[구] ~ 종류의	① 당신은 무슨 종류의 음식을 좋아하나요? ② 당신은 무슨 종류의 영화를 좋아하나요? ③ 당신은 무슨 종류의 운동을 좋아하나요?	① What kind of food do you like? ② What kind of movies do you like? ③ What kind of sports do you like?
592		hobby (hobbies)	[명] [c] 취미	① 나는 취미를 갖고 있지 않아. ② 너는 취미가 있니? ③ 그녀는 취미가 없어.	① I don't have a hobby. ② Do you have a hobby? ③ She doesn't have a hobby.
593		talk with	[구] ~와 이야기하다	① 나는 너의 엄마와 함께 이야기했어. ② 너는 나와 이야기하는 것을 좋아해. ③ 그는 그의 친구들과 함께 이야기했어.	① I talked with your mother. ② You like to talk with me. ③ He talked with his friends.

		영어단어	한글 뜻	글 예시	영어 예시
594		movie theater(s)	[명] [c] 영화관	① 나는 영화관에 가. ② 그는 영화관에 갔어. ③ 그들은 영화관을 좋아해.	① I go to a movie theater. ② He went to a movie theater. ③ They like movie theaters.
595		shout at	[동] (~에) 소리치다	① 나는 그에게 소리쳤어. ② 그는 나에게 소리치지 않았어요. ③ 그녀는 항상 나에게 소리쳐.	① I shouted at him. ② He didn't shout at me. ③ She always shouts at me.
596		recommend	[동] 추천하다	① 저에게 좋은 식당을 추천해 줄 수 있나요? ② 저에게 좋은 술집을 추천해 줄 수 있나요? ③ 저에게 좋은 음식을 추천해 줄 수 있나요?	① Can you recommend a good restaurant to me? ② Can you recommend a nice pub to me? ③ Can you recommend a good dish to me?
597		refund	[명] [c] 환불	① 너는 환불을 원하니? ② 나는 환불을 원해. ③ 제가 환불을 할 수 있나요?	① Do you want a refund? ② I want a refund. ③ Can I get a refund?
598		check in	[동] (호텔, 공항) 들어가다	① 너는 몇 시에 체크인을 했니? ② 언제 체크인을 했나요? ③ 저는 체크인을 하고 싶어요.	① What time did you check in? ② When did you check in? ③ I want to check in.
599		very	[부] 매우, 많이	① 저는 매우 빨리 먹어요. ② 그녀는 매우 빨리 말해요. ③ 프랭크는 매우 빨리 운전해.	① I eat very fast. ② She speaks very fast. ③ Frank drives very fast.
600		hard	[형] 열심히	① 나는 열심히 영어 공부해. ② 너는 열심히 등산을 하니? ③ 그녀는 열심히 일하나요?	① I study English hard. ② Do you go hiking hard? ③ Does she work hard?
601		go around went around	[동] 주변을 돌다 [과거] 주변을 돌았다	① 나는 자주 나의 마을 주변을 돌아. ② 지구는 태양 주변을 돌아. ③ 그녀는 그 가게 주변을 돌아.	① I often go around my town. ② The Earth goes around the Sun. ③ She goes around the store.

		영어단어	한글 뜻	글 예시	영어 예시
602		rise	[동] (해, 달이) 뜨다	① 해가 뜬다. ② 달이 뜬다. ③ 해가 어제 떴어.	① The Sun rises. ② The Moon rises. ③ The Sun rose yesterday.
603		downtown	[부] 시내	① 나는 시내에 갈 거야. ② 너는 어제 시내에 갔었니? ③ 어떻게 제가 시내에 갈 수 있나요?	① I will go downtown. ② Did you go downtown yesterday? ③ How can I go downtown?
604		show	[명] [c] 쇼	① 나는 그 쇼를 보고 싶어. ② 언제 그 쇼가 시작하나요? ③ 너는 그 쇼를 좋아하니?	① I want to watch the show. ② When does the show start? ③ Do you like the show?
605		take a bus took a bus	[동] 버스를 타다 [과거] 버스를 탔다	① 저는 보통 버스를 타요. ② 어제 버스를 탔나요? ③ 어디서 제가 그 버스를 탈 수 있나요?	① I usually take a bus. ② Did you take a bus yesterday? ③ Where can I take the bus?
606		market	[명] [c] 시장	① 저는 자주 그 시장에 가요. ② 그녀는 그 시장에서 쇼핑을 해요. ③ 그는 그 시장 주변을 돌아다녀요.	① I often go to the market. ② She goes shopping at the market. ③ He goes around the market.
607		take	[동] 사람을 데려가다	① 제가 당신을 서울로 데려갈 거예요. ② 그는 당신을 부산에 데려갈 거예요. ③ 나는 프랭크를 팀 스쿨에 데려갈 거야.	① I will take you to Seoul. ② He will take you to Busan. ③ I will take Frank to Tim School.
608		rent a car	[동] 차를 렌트하다	① 너는 어디서 차를 렌트했니? ② 나는 차를 렌트할 거야. ③ 우리는 차를 렌트하지 않았어요.	① Where did you rent a car? ② I will rent a car. ③ We didn't rent a car.
609		outlet store(s)	[명] [c] 할인 매장	① 나는 그 할인 매장 가는 것을 좋아해요. ② 저는 보통 그 할인 매장에서 쇼핑을 해요. ③ 당신은 그 할인 매장을 가고 싶나요?	① I like to go to the outlet store. ② I usually go shopping at the outlet store. ③ Do you want to go to the outlet store?

		영어단어	한글 뜻	글 예시	영어 예시
610		go sightseeing	[동] 관광하다	① 나는 관광 가는 것을 좋아해. ② 그녀는 서울에서 관광을 갔었어요. ③ 그들은 L.A에서 관광을 했어요.	① I like to go sightseeing. ② She went sightseeing in Seoul. ③ They went sightseeing in L.A
611		visit visited	[동] 방문하다 [과거] 방문했다	① 나는 박물관을 방문할 거야. ② 당신은 작년에 L.A를 방문했었나요? ③ 그녀는 지난달에 서울을 방문했어요.	① I will visit a museum. ② Did you visit L.A last year? ③ She visited Seoul last month.
612		check out checked out	[동] 체크아웃하다 [과거] 체크아웃했다	① 제가 늦게 체크아웃할 수 있나요? ② 당신은 몇 시에 체크아웃할 건가요? ③ 저는 11시에 체크아웃할 거예요.	① Can I check out late? ② What time will you check out? ③ I will check out at 11.
613		leave left	[동] 떠나다 [과거] 떠났다	① 나는 천안을 떠났다. ② 나는 너를 떠날 거야. ③ 그녀는 나를 떠날 거야.	① I left Cheonan. ② I will leave you. ③ She will leave me.
614		mistake	[명] [c] 실수	① 너는 실수를 했어. ② 나는 실수를 하지 않았어. ③ 왜 너는 실수를 했니?	① You made a mistake. ② I didn't make a mistake. ③ Why did you make a mistake?
615		transfer	[동] 갈아타다	① 나는 버스를 갈아타. ② 너는 그 전철을 갈아타. ③ 그녀는 기차를 갈아타.	① I transfer to a bus. ② You transfer to the subway. ③ She transfers to a train.
616		pick up picked up	데리러 가다 [과거] 데리러 갔다	① 당신은 저를 팀 학원으로 데리러 올 수 있나요? ② 나는 너를 데리러 갈 거야. ③ 그는 나를 7시에 버스 정류장으로 데리러 올 거야.	① Can you pick me up at Tim School? ② I will pick you up. ③ He will pick me up at 7 at the bus stop.
617		dream dreamed	[동] 꿈꾸다 [과거] 꿈을 꾸었다	① 저는 당신에 대해서 꿈을 꾸었어. ② 당신은 어제 꿈을 꾸었나요? ③ 저는 보통 꿈을 꾸어요.	① I dreamed about you. ② Did you dream yesterday? ③ I usually dream.

		영어단어	한글 뜻	글 예시	영어 예시
618		wait for waited for	[동] (누군가) 기다리다 [과거] (누군가) 기다렸다	① 나는 너를 기다렸어. ② 누가 너를 기다려? ③ 그녀는 나를 기다렸어.	① I waited for you. ② Who do you wait for? ③ She waited for me.
619		wash a car	[동] 세차하다	① 언제 당신은 당신의 차를 세차하나요? ② 저는 어제 저의 차를 세차했어요. ③ 그는 그의 차를 세차할 거야.	① When do you wash your car? ② I washed my car yesterday. ③ He will wash his car.
620		drive to work	[동] 운전해서 직장에 가다	① 저는 보통 운전해서 직장에 가요. ② 당신은 운전해서 직장에 가나요? ③ 나는 어제 운전해서 직장에 가지 않았어.	① I usually drive to work. ② Do you drive to work? ③ I didn't drive to work yesterday.
621		skip skipped	[동] (수업, 식사를) 건너뛰다 [과거] 건너뛰었다	① 나는 보통 아침을 걸러. ② 어제 아침을 걸렀니? ③ 그녀는 수업을 땡땡이 치고 싶어 해.	① I usually skip breakfast. ② Did you skip breakfast? ③ She wants to skip a class.
622		work worked	[동] 작동되다 [과거] 작동되었다	① 내 컴퓨터는 작동하지 않아. ② 내 핸드폰은 작동하지 않아. ③ 내 차는 작동하지 않아.	① My computer doesn't work. ② My phone doesn't work. ③ My car doesn't work.
623		leave left	[동] (물건) 두고 오다 [과거] (물건) 두고 왔다	① 나는 버스 안에 내 핸드폰을 두고 왔어. ② 그녀는 그녀의 가방을 버스 안에 놓고 왔어. ③ 너는 너의 핸드폰을 사무실 안에 놓고 왔었니?	① I left my phone in the bus. ② She left her bag in the bus. ③ Did you leave your phone in the office?
624		give a discount	[동] 할인해주다	① 나는 너에게 할인해줄 거야. ② 당신은 저에게 할인을 해줄 수 있나요? ③ 나는 할인이 필요해요.	① I will give you a discount. ② Can you give me a discount? ③ I need a discount.
625		tall	[형] 키가 큰, 높은	① 나는 키가 커. ② 그는 키가 커. ③ 그녀는 키가 커.	① I am tall. ② He is tall. ③ She is tall.

		영어단어	한글 뜻	글 예시	영어 예시
626		easy	[형] 쉬운	① 이것은 쉬워. ② 이것은 쉽지 않아. ③ 이것은 쉽니?	① It is easy. ② It is not easy. ③ Is it easy?
627		big	[형] (치수, 양) 큰	① 그 피자는 커. ② 내 셔츠는 커. ③ 내 피자는 크지 않아.	① The pizza is big. ② My shirt is big. ③ My pizza is not big.
628		pretty	[형] 예쁜	① 너는 예쁘니? ② 나는 예쁘지 않아. ③ 그녀는 예뻐.	① Are you pretty? ② I am not pretty. ③ She is pretty.
629		strong	[형] 강한	① 나의 아버지는 강해. ② 프랭크는 강하지 않아. ③ 너는 강하니?	① My father is strong. ② Frank is not strong. ③ Are you strong?
630		old	[형] 오래된, 늙은	① 내 차는 오래되었어. ② 프랭크는 늙지 않았어. ③ 내 핸드폰은 오래되었어.	① My car is old. ② Frank is not old. ③ My phone is old.
631		young	[형] 젊은	① 나는 젊어. ② 너는 젊니? ③ 그는 젊니?	① I am young. ② Are you young? ③ Is he young?
632		sleepy	[형] 졸린	① 나는 졸려. ② 너는 졸리니? ③ 프랭크는 졸리니?	① I am sleepy. ② Are you sleepy? ③ Is Frank sleepy?
633		small	[형] 작은	① 나의 집은 작아. ② 너는 작니? ③ 나는 작지 않아.	① My house is small. ② Are you small? ③ I am not small.

Day 80

		영어단어	한글 뜻	글 예시	영어 예시
634		cute	[형] 귀여운	① 나의 여자 친구는 귀여워. ② 나의 고양이는 귀여워. ③ 프랭크는 귀엽지 않아.	① My girlfriend is cute. ② My cat is cute. ③ Frank is not cute.
635		bad	[형] 나쁜, 상한	① 이 음식은 상했어. ② 프랭크는 나쁘지 않아. ③ 제가 나쁜가요?	① This(The) food is bad. ② Frank is not bad. ③ Am I bad?
636		large	[형] (규모, 양) 큰, 많은	① 나는 큰 피자를 갖고 있어. ② 너는 큰 피자를 좋아하니? ③ 그녀는 큰 차를 갖고 있어.	① I have a large pizza. ② Do you like a large pizza? ③ She has a large car.
637		true	[형] 사실인	① 그것은 사실이 아니야. ② 그 뉴스는 사실이 아니야. ③ 그것은 사실이니?	① It is not true. ② The news is not true. ③ Is it true?
638		sure	[형] 확실한	① 나는 확실하지 않아. ② 너는 확실하니? ③ 그 소식은 확실하지 않아.	① I am not sure. ② Are you sure? ③ The news is not sure.
639		without	[전] ~ 없이, ~ 빼고	① 나는 우유를 뺀 커피를 원해. ② 그는 양파들을 뺀 샌드위치를 원해. ③ 나는 너 없이 살 수가 없어.	① I want coffee without milk. ② He wants a sandwich without onions. ③ I cannot live without you.
640		ice	[명] [u] 얼음	① 나는 약간의 얼음이 필요해. ② 얼음은 차가워. ③ 너는 약간의 얼음이 필요해?	① I need some ice. ② Ice is cold. ③ Do you need some ice?
641		cream	[명] [u] 크림	① 나는 크림을 만들어. ② 너는 크림을 만드니? ③ 그녀는 크림을 좋아하지 않아요.	① I make cream. ② Do you make cream? ③ She doesn't like cream.

		영어단어	한글 뜻	글 예시	영어 예시
642		whipped	[형] 거품이 일어나는	① 나는 생크림을 좋아해. ② 너는 생크림을 갖고 있니? ③ 저는 약간의 생크림이 필요해요.	① I like whipped cream. ② Do you have whipped cream? ③ I need some whipped cream.
643		mustard	[명] [u] 겨자, 머스터드	① 제가 겨자를 좀 얻을 수 있을까요? ② 너는 머스터드를 좋아하니? ③ 당신은 머스터드가 좀 필요하나요?	① May I have some mustard? ② Do you like mustard? ③ Do you need some mustard?
644		hungry	[형] 배고픈	① 너는 배가 고프니? ② 왜 너는 배가 고파? ③ 저는 배가 고프지 않아요.	① Are you hungry? ② Why are you hungry? ③ I am not hungry.
645		smart	[형] 똑똑한	① 당신은 똑똑한가요? ② 너의 형은 똑똑하니? ③ 나는 똑똑하지 않아.	① Are you smart? ② Is your brother smart? ③ I am not smart.
646		lazy	[형] 게으른	① 프랭크는 게으르니? ② 왜 너는 게으르니? ③ 나는 게으르지 않아.	① Is Frank lazy? ② Why are you lazy? ③ I am not lazy.
647		bored	[형] 지겨운	① 프랭크는 지겨워. ② 내 친구는 지겨워. ③ 너는 지겹니?	① Frank is bored. ② My friend is bored. ③ Are you bored?
648		difficult	[형] 어려운	① 그 시험은 어려워. ② 사랑은 어려워. ③ 너는 어려워.	① The test is difficult. ② Love is difficult. ③ You are difficult.
649		salesperson	[명] [c] 판매원	① 저는 판매원이에요. ② 프랭크는 판매원인가요? ③ 너는 판매원이니?	① I am a salesperson. ② Is Frank a salesperson? ③ Are you a salesperson?

		영어단어	한글 뜻	글 예시	영어 예시
650		painter	[명] [c] 화가	① 저는 화가예요. ② 내 여자 친구는 화가예요. ③ 그녀는 화가가 아니야.	① I am a painter. ② My girlfriend is a painter. ③ She is not a painter.
651		engineer	[명] [c] 기술자	① 당신은 기술자인가요? ② 프랭크는 기술자인가요? ③ 저는 기술자예요.	① Are you an engineer? ② Is Frank an engineer? ③ I am an engineer.
652		office worker	[명] [c] 사무원	① 저는 사무원이에요. ② 당신은 사무원인가요? ③ 그녀는 사무원이 아니에요.	① I am an office worker. ② Are you an office worker? ③ She is not an office worker.
653		server	[명] [c] (식당에서) 서빙하는 사람	① 저는 서버예요. ② 당신은 서버인가요? ③ 그녀는 서버가 아니야.	① I am a server. ② Are you a server? ③ She is not a server.
654		black	[형, 명] 검은, 검은색	① 나는 검은색 차를 갖고 있어. ② 너는 검은색을 좋아하니? ③ 내 양복은 검어.	① I have a black car. ② Do you like black? ③ My suit is black.
655		expensive	[형] 비싼	① 내 핸드폰은 비싸. ② 내 차는 비싸지 않아. ③ 너의 가방은 비싸니?	① My phone is expensive. ② My car is not expensive. ③ Is your bag expensive?
656		outgoing	[형] 활발한	① 나는 활발하지 않아. ② 너의 어머니는 활발하시니? ③ 너는 활발하니?	① I am not outgoing. ② Is your mother outgoing? ③ Are you outgoing?
657		sick	[형] 아픈	① 나는 아파. ② 너는 아프니? ③ 그녀는 아프지 않아.	① I am sick. ② Are you sick? ③ She is not sick.

		영어단어	한글 뜻	글 예시	영어 예시
658		really	[부] 진짜로, 정말로	① 너는 정말로 재미있어. ② 그 시험은 정말로 쉬워. ③ 내 친구는 정말로 귀여워.	① You are really fun. ② The test is really easy. ③ My friend is really cute.
659		beef	[명] [u] 소고기	① 너는 소고기를 좋아하니? ② 어제 너는 소고기를 먹었니? ③ 나는 거의 소고기를 안 먹어.	① Do you like beef? ② Did you eat beef yesterday? ③ I seldom eat beef.
660		beans	[명] [c] 콩들	① 나는 콩들을 먹는 것을 좋아하지 않아. ② 왜 너는 콩들을 싫어하니? ③ 너는 콩들을 좋아하니?	① I don't like to eat beans. ② Why do you dislike beans? ③ Do you like beans?
661		burrito	[명] [c] 부리토	① 너는 부리토를 원하니? ② 저는 부리토들을 먹는 것을 좋아해요. ③ 제가 어디서 부리토들을 먹을 수 있나요?	① Do you want a burrito? ② I like to eat burritos. ③ Where can I eat burritos?
662		tired	[형] 피곤한	① 너는 피곤하니? ② 프랭크는 피곤하니? ③ 저는 피곤하지 않아요.	① Are you tired? ② Is Frank tired? ③ I am not tired.
663		great	[형] 좋은, 엄청난	① 당신은 좋아요. ② 이 소식은 좋아요. ③ 너의 차는 좋아.	① You are great. ② The news is great. ③ Your car is great.
664		heavy	[형] 무거운	① 내 가방은 무거워. ② 내 핸드폰은 무겁지 않아. ③ 내 가방은 무겁지 않아.	① My bag is heavy. ② My phone is not heavy. ③ My bag is not heavy.
665		poor	[형] 가난한	① 프랭크는 가난해. ② 나는 가난해. ③ 너는 가난하니?	① Frank is poor. ② I am poor. ③ Are you poor?

		영어단어	한글 뜻	글 예시	영어 예시
666		abroad	[부] 해외에서, 해외로	① 저는 해외에서 공부하고 싶어요. ② 당신은 해외에서 공부하고 싶나요? ③ 나는 해외로 여행하고 싶어.	① I want to study abroad. ② Do you want to study abroad? ③ I want to travel abroad.
667		full	[형] 배부른, 가득 찬	① 너는 배가 부르니? ② 저는 배가 불러요. ③ 그녀는 배가 부르지 않아요.	① Are you full? ② I am full. ③ She is not full.
668		thin	[형] 얇은, 마른	① 내 남자 친구는 말랐어. ② 나는 마른 남자를 안 좋아해. ③ 프랭크는 안 날씬해.	① My boyfriend is thin. ② I don't like a thin man. ③ Frank is not thin.
669		different	[형] 다른	① 우리는 달라. ② 우리는 다르지 않아. ③ 그들은 달라.	① We are different. ② We are not different. ③ They are different.
670		run	[동] 달리다	① 보통 너는 언제 뛰니? ② 프랭크는 어제 달렸어. ③ 너는 왜 어제 달렸니?	① When do you usually run? ② Frank ran yesterday. ③ Why did you run yesterday?
671		do	[동] (숙제를) 하다	① 나는 나의 숙제를 할 거야. ② 너는 어제 숙제를 했니? ③ 그녀는 그녀의 숙제를 하는 것을 좋아하지 않아.	① I will do my homework. ② Did you do your homework yesterday? ③ She doesn't like to do her homework.
672		stuff	[명] [u] 물건, 것들	① 이것은 내 것이야. ② 그것은 너의 물건이니? ③ 이것은 그녀의 물건이야.	① It is my stuff. ② Is it your stuff? ③ It is her stuff.
673		shopping list	[명] [c] 쇼핑 목록	① 나는 쇼핑 목록을 만들어. ② 너는 쇼핑 목록을 만들었니? ③ 너는 언제 쇼핑 목록을 만들 거니?	① I make a shopping list. ② Did you make a shopping list? ③ When will you make a shopping list?

		영어단어	한글 뜻	글 예시	영어 예시
674		do did	[동] (집안일) 하다 [과거] (집안일) 했다	① 나의 아버지는 자주 바닥을 닦아. ② 나는 창문 닦는 것을 좋아하지 않아. ③ 너는 부엌을 청소할 수 있니?	① My father often does the floor. ② I don't like to do the windows. ③ Can you do the kitchen?
675		charger	[명] [c] 충전기	① 너는 충전기가 필요하니? ② 나는 충전기를 찾을 수 없어. ③ 그녀는 그녀의 충전기를 잃어버렸어.	① Do you need a charger? ② I cannot find a charger. ③ She lost her charger.
676		chore	[명] [c] 집안일, 허드렛일	① 너는 허드렛일하는 것을 좋아하니? ② 너는 집안일을 할 수 있니? ③ 나의 아버지는 가끔씩 집안일을 해.	① Do you like to do chores? ② Can you do chores? ③ My father sometimes does chores.
677		housework	[명] [u] 집안일	① 누가 집안일을 하니? ② 나는 집안일하는 것을 좋아하지 않아. ③ 나의 아버지는 보통 집안일을 해.	① Who does housework? ② I don't like to do housework. ③ My father usually does housework.
678		grass	[명] [u] 풀	① 나는 풀을 잘라. ② 너는 풀을 잘랐니? ③ 너는 언제 풀을 잘랐니?	① I cut grass. ② Did you cut grass? ③ When did you cut grass?
679		sing sang	[동] 노래하다 [과거] 노래했다	① 나는 노래하는 것을 좋아해. ② 너는 언제 노래를 부르니? ③ 프랭크는 어제 노래를 불렀어요.	① I like to sing a song. ② When do you sing a song? ③ Frank sang a song yesterday.
680		ring rang	[동] (전화벨) 울리다 [과거] (전화벨) 울렸다	① 나의 전화기는 울렸어. ② 저의 전화기는 울리지 않았어요. ③ 너의 전화벨이 울렸니?	① My phone rang ② My phone didn't ring. ③ Did your phone ring?
681		hurt hurt	[동] 아프다 [과거] 아팠다	① 나의 발들이 아파. ② 나의 손이 아파. ③ 나의 눈이 아파.	① My feet hurt. ② My hand hurts. ③ My eye hurts.

		영어단어	한글 뜻	글 예시	영어 예시
682		improve improved	[동] 나아지다 [과거] 나아졌다	① 나의 영어는 나아졌어. ② 어떻게 제가 영어를 향상시키죠? ③ 나의 영어는 향상되지 않아.	① My English improved. ② How can I improve my English? ③ My English doesn't improve.
683		join joined	[동] 가입하다 [과거] 가입했다	① 저는 영어 학원에 등록할 거예요. ② 그녀는 요가 수업을 등록했어요. ③ 저는 춤 동아리에 가입할 거예요.	① I will join an English school. ② She joined a yoga class. ③ I will join a dancing club.
684		sandwich	[명] [c] 샌드위치	① 나는 샌드위치를 먹을 거야. ② 저는 어제 샌드위치를 먹었어요. ③ 나는 너에게 샌드위치를 사줬어.	① I will have a sandwich. ② I had a sandwich yesterday. ③ I bought you a sandwich.
685		souvenir	[명] [c] 기념품	① 나는 기념품을 살 거야. ② 그는 저에게 기념품을 사줬어요. ③ 그녀는 저에게 기념품을 줬어요.	① I will buy a souvenir. ② He bought me a souvenir. ③ She gave me a souvenir.
686		combo meal	[명] [c] 세트 메뉴	① 저는 세트 메뉴를 원해요. ② 너는 세트 메뉴를 시켰니? ③ 저는 세트 메뉴 안 좋아해요.	① I want a combo meal. ② Did you order a combo meal? ③ I don't like combo meals.
687		cancel canceled	[동] 취소하다 [과거] 취소했다	① 나는 나의 표를 취소할 거야. ② 너는 너의 표를 취소했니? ③ 나는 나의 주문을 취소했어.	① I will cancel my ticket. ② Did you cancel your ticket? ③ I canceled my order.
688		excited	[형] 들뜬, 신난	① 당신은 신났나요? ② 너는 언제 들뜨니? ③ 나는 들뜨지 않아.	① Are you excited? ② When are you excited? ③ I am not excited.
689		grumpy	[형] 짜증내는, 신경질적인	① 왜 너는 신경질적이니? ② 프랭크는 신경질적이야. ③ 나는 짜증을 안 내.	① Why are you grumpy? ② Frank is grumpy. ③ I am not grumpy.

		영어단어	한글 뜻	글 예시	영어 예시
690		lonely	[형] 외로운	① 당신은 외로운가요? ② 그녀는 외롭지 않아. ③ 너는 왜 외롭니?	① Are you lonely? ② She is not lonely. ③ Why are you lonely?
691		check checked	[동] 확인하다 [과거] 확인했다	① 저는 예약을 확인할 거예요. ② 당신은 저의 숙제를 확인해 줄 수 있나요? ③ 그녀는 나의 숙제를 확인했어요.	① I will check the reservation. ② Can you check my homework? ③ She checked my homework.
692		ask asked	[동] 물어보다 [과거] 물어보았다	① 나는 그녀에게 물어봤어. ② 프랭크는 나에게 물어봤어. ③ 사라는 나의 이름을 나에게 물어보지 않았어.	① I asked her. ② Frank asked me. ③ Sara didn't ask me my name.
693		close closed	[동] (문, 커튼) 닫다 [과거] 닫았다	① 당신은 당신의 눈을 감을 수 있나요? ② 나는 내 사업을 닫았어. ③ 그녀는 그 문을 닫지 않았어.	① Can you close your eyes? ② I closed my business. ③ She didn't close the door.
694		smoke smoked	[동] 담배 피우다 [과거] 담배 피웠다	① 나는 담배 피우는 것을 좋아하지 않아. ② 너는 담배를 피우니? ③ 제가 여기서 담배를 피울 수 있나요?	① I don't like to smoke. ② Do you smoke? ③ Can I smoke here?
695		smile smiled	[동] 웃음 짓다 [과거] 웃음 지었다	① 언제 너는 웃음 짓니? ② 나는 보통 웃음을 지어. ③ 그는 거의 미소 짓지 않아.	① When do you smile? ② I usually smile. ③ He seldom smiles.
696		hope hoped	[동] 희망하다 [과거] 희망했다	① 나는 너를 보기를 희망해. ② 프랭크는 여자 친구를 만나기를 바라. ③ 그녀는 직업을 찾기를 희망해요.	① I hope to see you. ② Frank hopes to meet a girlfriend. ③ She hopes to find a job.
697		set set	[동] 설정하다 [과거] 설정했다	① 너는 식탁을 차릴 수 있어? ② 어떻게 제가 저의 컴퓨터를 설정하죠? ③ 그는 알람을 설정했어.	① Can you set a table? ② How can I set my computer? ③ He set the alarm.

		영어단어	한글 뜻	글 예시	영어 예시
698		die died	[동] 죽다 [과거] 죽었다	① 나는 죽고 싶지 않아. ② 너는 언제 죽을 거니? ③ 그녀는 죽고 싶지 않아.	① I don't want to die. ② When will you die? ③ She doesn't want to die.
699		tie tied	[동] (끈으로) 묶다 [과거] 묶었다	① 그녀는 그녀의 구두끈을 매었어. ② 나는 나의 구두끈을 맬 수 없어. ③ 너는 너의 구두끈을 매었니?	① She tied her shoes. ② I cannot tie my shoes. ③ Did you tie your shoes?
700		some	[형] 약간	① 나는 약간의 돈이 필요해. ② 너는 약간의 커피를 원하니? ③ 그녀는 약간의 물을 마셨어.	① I need some money. ② Do you want some coffee? ③ She drank some water.
701		any	[형] 어떠한	① 나는 어떠한 돈도 없어. ② 그녀는 어떠한 책도 갖고 있지 않아. ③ 그는 어떠한 시간도 없어.	① I don't have any money. ② She doesn't have any books. ③ He doesn't have any time.
702		plate	[명] [c] 접시, 그릇	① 제가 접시를 얻을 수 있나요? ② 당신은 접시가 필요한가요? ③ 그는 약간의 접시를 살 거야.	① Can I have a plate? ② Do you need a plate? ③ He will buy some plates.
703		would like	[동] ~하고 싶다	① 저는 닭고기를 좀 원해요. ② 그는 약간의 소고기를 원해. ③ 그녀는 약간의 후식을 원해.	① I would like some chicken. ② He would like some beef. ③ She would like some dessert.
704		hang out hung out	[동] (~과) 시간을 보내다 [과거] 시간을 보냈다	① 나는 어제 친구들과 시간을 보냈어. ② 그녀는 그녀의 친구들과 어울리는 것을 좋아해. ③ 너는 너의 친구들과 노는 것을 좋아하니?	① I hung out with my friends yesterday. ② She likes to hang out with her friends. ③ Do you like to hang out with your friends?
705		brown	[형] 갈색의	① 나의 머리카락은 갈색이야. ② 나의 신발은 갈색이야. ③ 나의 차는 갈색이 아니야.	① My hair is brown. ② My shoes are brown. ③ My car is not brown.

		영어단어	한글 뜻	글 예시	영어 예시
706		run to ran to	[동] ~로 달려가다 [과거] ~로 달려갔다	① 나는 너에게 달려가. ② 너는 학교로 달려가니? ③ 왜 너는 일터로 달려갔니?	① I run to you. ② Do you run to school? ③ Why did you run to work?
707		at a bar	[명] [c] 술집에서	① 저는 그녀를 술집에서 만났어요. ② 그녀는 가끔씩 술집에서 술을 마셔. ③ 나는 나의 친구들을 어제 술집에서 만났어.	① I met her at a bar. ② She sometimes drinks at a bar. ③ I met my friends at a bar yesterday.
708		living room	[명] [c] 거실	① 당신은 거실에서 무엇을 하나요? ② 저는 거실에서 자는 것을 좋아해요. ③ 그는 거실에서 잤어.	① What do you do in the living room? ② I like to sleep in the living room. ③ He slept in the living room.
709		on the phone	[구] 전화 통화 중	① 저는 전화 통화해요. ② 너는 전화 통화하니? ③ 프랭크는 전화 통화해.	① I talk on the phone. ② Do you talk on the phone? ③ Frank talks on the phone.
710		in the shopping mall	[구] 쇼핑몰 안에서	① 나는 쇼핑몰 안에 있어. ② 그녀는 쇼핑몰 안에 있어. ③ 그녀는 쇼핑몰 안에서 구경 다녀.	① I am in the shopping mall. ② She is in the shopping mall. ③ She looks around in the shopping mall.
711		ball cap	[명] [c] 야구 모자	① 나는 야구 모자를 쓰는 것을 좋아해. ② 그는 그의 야구 모자를 잃어버렸어. ③ 너는 어디서 그 야구 모자를 샀니?	① I like to wear ball caps. ② He lost his ball cap. ③ Where did you buy the ball cap?
712		underwear	[명] [u] 속옷	① 나는 속옷을 입어. ② 그는 속옷을 샀어. ③ 그녀는 속옷이 필요해.	① I wear underwear. ② He bought underwear. ③ She needs underwear.
713		return returned	[동] 반환하다 [과거] 반환했다	① 나는 이 책을 반환하고 싶어. ② 너는 나의 펜을 돌려줬니? ③ 제가 그 차를 어디서 반납할 수 있나요?	① I want to return the book. ② Did you return my pen? ③ Where can I return the car?

		영어단어	한글 뜻	글 예시	영어 예시
714		corner	[명] [c] 모서리, 모퉁이	① 저는 모퉁이에 있어요. ② 너는 모퉁이에 있니? ③ 프랭크는 모퉁이에 있지 않아요.	① I am at the corner. ② Are you at the corner? ③ Frank is not at the corner.
715		airport	[명] [c] 공항	① 나는 공항에 가. ② 그녀는 공항에 가지 않았어. ③ 왜 너는 공항에 갔니?	① I go to the airport. ② She didn't go to the airport. ③ Why did you go to the airport?
716		home	[명] [c] 집, 가정	① 당신은 언제 집에 갔나요? ② 그녀는 집에 가지 않았어. ③ 나는 집에 곧 갈 거야.	① When did you go home? ② She didn't go home. ③ I will go home soon.
717		building	[명] [c] 빌딩	① 저는 빌딩 안에 있어요. ② 당신은 빌딩 안에 있나요? ③ 그는 빌딩 안에 없어요.	① I am in the building. ② Are you in the building? ③ He is not in the building.
718		library	[명] [c] 도서관	① 저는 그 도서관에 갈 거예요. ② 그녀는 그 도서관에 가고 싶지 않아요. ③ 그는 그 도서관에 있어.	① I will go to the library. ② She doesn't want to go to the library. ③ He is at the library.
719		way	[명] [c] 방법, 길	① 우리는 이 길로 갈 거야. ② 저는 방법을 몰라요. ③ 그녀는 방법을 찾을 거야.	① We will take this way. ② I don't know the way. ③ She will find the way.
720		ceiling	[명] [u] 천장	① 저는 천장을 고칠 거예요. ② 그 천장은 높아. ③ 나는 천장을 쳐다봤어.	① I will fix the ceiling. ② The ceiling is high. ③ I looked at the ceiling.
721		swimming pool	[명] [c] 수영장	① 나는 수영장 안에 있어. ② 당신은 수영장에 있나요? ③ 그 수영장은 6시에 열어요.	① I am in the swimming pool. ② Are you in the swimming pool? ③ The swimming pool opens at 6.

		영어단어	한글 뜻	글 예시	영어 예시
722		summer	[명] [u] 여름	① 너는 여름을 좋아하니? ② 저는 여름에 수영하는 것을 좋아해요. ③ 그녀는 여름에 등산을 가요.	① Do you like summer? ② I like to swim in summer. ③ She goes hiking in summer.
723		birthday	[명] [c] 생일	① 너의 생일이 언제니? ② 오늘은 내 생일이야. ③ 너는 너의 생일을 좋아하니?	① When is your birthday? ② Today is my birthday. ③ Do you like your birthday?
724		on the way	[전] ~ 도중에, ~에 가는 중	① 저는 가고 있어요. ② 당신은 집에 가는 길인가요? ③ 그는 학교에 가는 중인가요?	① I am on the way. ② Are you on the way home? ③ Is he on the way to school?
725		classroom	[명] [c] 교실	① 저는 교실 안에 있어요. ② 당신은 교실 안에 있나요? ③ 그는 교실 안에 있지 않아.	① I am in the classroom. ② Are you in the classroom? ③ He isn't in the classroom.
726		coffee shop	[명] [c] 커피숍	① 저는 자주 커피숍에 가요. ② 너는 커피숍에서 너의 친구를 만났니? ③ 저는 어제 커피숍에 갔어요.	① I often go to a coffee shop. ② Did you meet your friend at the coffee shop? ③ I went to a coffee shop yesterday.
727		airplane	[명] [c] 비행기	① 저는 비행기를 탔어요. ② 너는 언제 비행기를 타니? ③ 너는 어디서 비행기들을 볼 수 있니?	① I took an airplane. ② When do you take an airplane? ③ Where can you see airplanes?
728		next to	[전] ~ 옆에	① 나의 집은 도서관 옆에 있어. ② 나는 네 옆에 있어. ③ 그녀는 내 집 옆에 있어요.	① My house is next to a library. ② I am next to you. ③ She is next to my house.
729		college	[명] [c] 대학교	① 나는 대학교에 가. ② 당신의 대학교는 어디에 있나요? ③ 저는 저의 대학교를 좋아하지 않아요.	① I go to college. ② Where is your college? ③ I don't like my college.

		영어단어	한글 뜻	글 예시	영어 예시
730		stars	[명] [c] 별들	① 나는 하늘에 있는 별들을 봐. ② 너는 별들을 볼 수 있니? ③ 나는 어제 별들을 봤어.	① I see stars in the sky. ② Can you see stars? ③ I saw stars yesterday.
731		balcony	[명] [c] 발코니	① 저는 발코니 위에서 담배를 피워요. ② 당신은 발코니 위에서 담배를 피울 수 있나요? ③ 당신은 발코니 위에서 담배를 피웠나요?	① I smoke on the balcony. ② Can you smoke on the balcony? ③ Did you smoke on the balcony?
732		fall down	[동] 넘어지다	① 저는 어제 넘어졌어요. ② 너는 왜 넘어졌니? ③ 그녀는 넘어졌다.	① I fell down yesterday. ② Why did you fall down? ③ She fell down.
733		give gave	[동] ~에게 ...을 주다 [과거] 줬다	① 나는 너에게 돈을 줘. ② 그녀는 나에게 숙제를 줬어. ③ 당신은 나에게 그 표를 줄 수 있나요?	① I give you money. ② She gave me homework. ③ Can you give me the ticket?
734		have had	[동] (밥, 식사) 먹다 (음료수) 마시다 [과거] 먹었다	① 저는 저녁을 먹었어요. ② 너는 점심을 먹었니? ③ 그녀는 커피를 마셨어.	① I had dinner. ② Did you have lunch? ③ She had coffee.
735		mind	[동] 언짢아하다, 신경 쓰이다	① 저는 신경 쓰이지 않아요. ② 당신은 신경이 쓰이나요? ③ 그녀는 담배 피우는 것 신경이 쓰이나요?	① I don't mind. ② Do you mind? ③ Does she mind smoking?
736		was	[동] (단수 주어, be의 과거) ~였다	① 저는 행복했어요. ② 그녀는 행복했어요. ③ 프랭크는 졸리지 않았어.	① I was happy. ② She was happy. ③ Frank was not sleepy.
737		were	[동] (복수 주어, be동사 과거) ~였다	① 우리는 피곤했어. ② 그들은 배가 고팠어. ③ 너는 행복했었어.	① We were tired. ② They were hungry. ③ You were happy.

		영어단어	한글 뜻	글 예시	영어 예시
738		lend lent	[동] 빌려주다 [과거] 빌려줬다	① 나는 너에게 약간의 돈을 빌려줄 거야. ② 그녀는 나에게 그녀의 차를 빌려줬어. ③ 그는 나에게 그의 책을 빌려주지 않아.	① I will lend you some money. ② She lent me her car. ③ He doesn't lend me his book.
739		borrow borrowed	[동] 빌리다 [과거] 빌렸다	① 제가 당신의 책을 빌릴 수 있나요? ② 제가 당신의 폰을 빌릴 수 있나요? ③ 그녀는 약간의 돈을 빌렸어.	① Can I borrow your book? ② Can I borrow your phone? ③ She borrowed some money.
740		used to	[동] ~ 하곤 했다	① 나는 영어 공부를 하곤 했어. ② 그녀는 서울에 살곤 했었지. ③ 캐리는 요리를 하곤 했었지.	① I used to study English. ② She used to live in Seoul. ③ Carrie used to cook.
741		used to swim	[동] 수영하곤 했다	① 나는 수영을 하곤 했어. ② 프랭크는 수영을 하곤 했어. ③ 사라는 수영을 하곤 했어.	① I used to swim. ② Frank used to swim. ③ Sara used to swim.
742		everyday	[형] 매일의	① 나는 매일 학교에 간다. ② 너는 매일 커피를 마시니? ③ 그녀는 매일 그녀의 방을 청소해.	① I go to school everyday. ② Do you drink coffee everyday? ③ She cleans her room everyday.
743		every week	[명] 매주	① 나는 매주 등산을 가. ② 그녀는 매주 서울에 간다. ③ 그는 매주 쇼핑을 해.	① I go hiking every week. ② She goes to Seoul every week. ③ He goes shopping every week.
744		every time	매번	① 프랭크는 매번 바빠요. ② 그녀는 매번 먹어요. ③ 그는 매번 잔다.	① Frank is busy every time. ② She eats every time. ③ He sleeps every time.
745		everything	[대] 모든 것	① 나는 모든 것을 알아. ② 너는 모든 것을 갖고 있니? ③ 그녀는 모든 것을 원해.	① I know everything. ② Do you have everything? ③ She wants everything.

Day 94

		영어단어	한글 뜻	글 예시	영어 예시
746		everybody	[대] 누구나	① 누구나 요리를 할 수 있어. ② 누구나 영어 공부를 할 수 있어. ③ 누구나 잘 수 있어.	① Everybody can cook. ② Everybody can study English. ③ Everybody can sleep.
747		everywhere	[부] 모든 곳	① 나는 천안 안에 있는 모든 곳을 갈 수 있어. ② 그녀는 한국 안에 있는 모든 곳을 갔었어. ③ 그는 너와 함께 모든 곳을 가.	① I can go everywhere in Cheonan. ② She went everywhere in Korea. ③ He goes everywhere with you.
748		finger	[명] [c] 손가락	① 나는 내 손가락을 베었어. ② 그녀의 손가락이 부러졌어. ③ 내 손가락이 다쳤어.	① I cut my finger. ② She broke her finger. ③ My finger hurts.
749		smoke a lot	[동] 담배를 많이 피우다	① 너는 왜 담배를 많이 피우니? ② 저는 담배를 많이 피우지 않아요. ③ 그녀는 담배를 많이 피워.	① Why do you smoke a lot? ② I don't smoke a lot. ③ She smokes a lot.
750		non smoking seat	[명] [c] 금연석	① 저는 금연석을 원해요. ② 너는 금연석을 원하니? ③ 당신은 금연석이 있나요?	① I want a non smoking seat. ② Do you want a non smoking seat? ③ Do you have a non smoking seat?
751		notebook	[명] [c] 공책	① 제가 당신의 공책을 빌릴 수 있나요? ② 저는 저의 공책을 잃어버렸어요. ③ 저는 약간의 공책들을 살 거예요.	① Can I borrow your notebook? ② I lost my notebook. ③ I will buy some notebooks.
752		go skiing	[동] 스키 타러 가다	① 당신은 스키 타는 것을 좋아하나요? ② 저는 스키 타러 갈 거예요. ③ 그녀는 스키 타러 가지 않을 거예요.	① Do you like to go skiing? ② I will go skiing. ③ She will not go skiing.
753		delicious	[형] 정말 맛있는	① 이 햄버거는 맛있어요. ② 저는 맛있는 음식을 먹는 것을 좋아해요. ③ 너의 음식은 맛있지 않아.	① This hamburger is delicious. ② I like to eat delicious food. ③ Your food is not delicious.

		영어단어	한글 뜻	글 예시	영어 예시
754		tasty	[형] 맛있는	① 그 피자는 맛나. ② 이 음식은 맛나. ③ 이것은 맛나지 않아.	① The pizza is tasty. ② This food is tasty. ③ It is not tasty.
755		fail failed	[동] 실패하다, 떨어지다 [과거] 실패했다	① 저는 저의 인터뷰에 떨어졌어요. ② 그녀는 그 시험에 떨어졌어. ③ 저는 그 시험에 떨어지지 않을 거예요.	① I failed my interview. ② She failed the test. ③ I will not fail the test.
756		next	[형] 다음	① 다음 주에 무엇을 할 거니? ② 나는 너를 다음에 볼 거야. ③ 그는 다음 주에 집에 갈 거예요.	① What will you do next week? ② I will see you next time. ③ He will go home next week.
757		holiday	[명] [c] 휴가, 휴일	① 너는 휴가들을 즐기니? ② 그녀는 그 휴가를 원해. ③ 다음번 휴가가 언제인가요?	① Do you enjoy holidays? ② She wants the holiday. ③ When is the next holiday?
758		magazine	[명] [c] 잡지	① 그녀는 자주 잡지들을 읽어. ② 나는 잡지 한 권이 필요해. ③ 그는 잡지 한 권을 사고 싶어 해요.	① She often reads magazines. ② I need a magazine. ③ He wants to buy a magazine.
759		singer	[명] [c] 가수	① 너는 가수니? ② 나는 가수야. ③ 그 가수는 노래를 잘해.	① Are you a singer? ② I am a singer. ③ The singer sings well.
760		dessert	[명] [u] 후식	① 저는 보통 저녁 후에 후식을 먹어요. ② 당신은 후식을 먹고 싶나요? ③ 그녀는 디저트를 만들 수 있어요.	① I usually eat dessert after dinner. ② Do you want to eat dessert? ③ She can make dessert.
761		book booked	[동] 예약하다 [과거] 예약했다	① 나는 호텔을 예약할 거야. ② 너는 그 표를 예약했니? ③ 그는 그 호텔을 예약하지 않았어.	① I will book a hotel. ② Did you book the ticket? ③ He didn't book the hotel.

		영어단어	한글 뜻	글 예시	영어 예시
762		upset	[형] 삐친, 속상한	① 제 여자 친구는 삐쳤어요. ② 너는 화났니? ③ 나는 속상하지 않아.	① My girlfriend is upset. ② Are you upset? ③ I am not upset.
763		comfortable	[형] 편안한	① 저는 편안함을 느껴요. ② 그녀는 편안하지 않아요. ③ 내 집은 편안해요.	① I feel comfortable. ② She is not comfortable. ③ My house is comfortable.
764		What time	몇 시	① 너는 몇 시에 일어났니? ② 너는 몇 시에 잠자러 가니? ③ 몇 시에 일하러 가나요?	① What time did you wake up? ② What time do you go to bed? ③ What time do you go to work?
765		lamb curry	[명] [c] 양 카레	① 저는 양 카레 먹기를 원해요. ② 그녀는 양 카레를 요리할 수 없어요. ③ 너는 양 카레를 먹고 싶니?	① I want to eat lamb curry. ② She cannot cook lamb curry. ③ Do you want to eat lamb curry?
766		peanuts	[명] [c] 땅콩	① 그는 땅콩 먹는 것을 좋아해. ② 나는 땅콩을 사고 싶어. ③ 그녀는 땅콩을 안 먹었어.	① He likes to eat peanuts. ② I want to buy peanuts. ③ She didn't eat peanuts.
767		fruits	[명] 과일	① 당신은 보통 과일을 먹나요? ② 당신은 보통 어디서 과일을 사나요? ③ 그는 과일을 좋아하지 않아.	① Do you usually eat fruits? ② Where do you usually buy fruits? ③ He doesn't like fruits.
768		hip hop	[명] [u] 힙합	① 저는 힙합을 들어요. ② 당신은 힙합을 좋아하나요? ③ 왜 너는 힙합을 듣니?	① I listen to hip-hop. ② Do you like hip-hop? ③ Why do you listen to hip-hop?
769		cheese cake	[명] [c] 치즈케이크	① 저는 치즈케이크를 만들 수 있어요. ② 네가 나의 치즈케이크를 먹었니? ③ 저는 당신에게 치즈케이크를 사줬어요.	① I can make a cheese cake. ② Did you eat my cheese cake? ③ I bought you a cheese cake.

		영어단어	한글 뜻	글 예시	영어 예시
770		by car	[전] (교통수단) 차로	① 저는 일하러 차로 가요. ② 그녀는 일하러 차로 가나요? ③ 그는 차로 학교에 가요.	① I go to work by car. ② Does she go to work by car? ③ He goes to school by car.
771		brownie	[명] [c] 브라우니	① 브라우니들은 달아요. ② 당신은 브라우니들을 만들 수 있나요? ③ 그녀는 내 브라우니들을 가져갔어.	① Brownies are sweet. ② Can you make brownies? ③ She took my brownies.
772		Thailand	[명] [u] 태국	① 저는 작년에 태국에 갔어요. ② 태국은 더워요. ③ 언제 태국에 갔었나요?	① I went to Thailand last year. ② Thailand is hot. ③ When did you go to Thailand?
773		rice noodles	[명] [c] 쌀국수	① 저는 쌀국수를 요리했어요. ② 그녀는 쌀국수를 먹었어. ③ 그는 쌀국수를 요리할 수 없어요.	① I cooked rice noodles. ② She ate rice noodles. ③ He cannot cook rice noodles.
774		snake	[명] [c] 뱀	① 당신은 뱀을 먹을 수 있나요? ② 저는 뱀들을 만질 수 없어요. ③ 그녀는 뱀들을 좋아하지 않아요.	① Can you eat snakes? ② I can't touch snakes. ③ She doesn't like snakes.
775		sunny	[형] 날씨가 맑은	① 오늘 날씨가 맑아요. ② 너는 맑은 날을 좋아하니? ③ 오늘 날씨가 맑나요?	① It is sunny today. ② Do you like sunny days? ③ Is it sunny today?
776		cloudy	[형] 구름이 낀	① 오늘 흐린가요? ② 그녀는 흐린 날을 좋아해. ③ 구름 낀 날이 아니야.	① Is it cloudy today? ② She likes cloudy days. ③ It is not a cloudy day.
777		snowy	[형] 눈이 오는	① 눈이 오는 날이야. ② 당신은 눈이 오는 날을 좋아하나요? ③ 눈 오는 날이 아니야.	① It is a snowy day. ② Do you like snowy days? ③ It is not a snowy day.

		영어단어	한글 뜻	글 예시	영어 예시
778		windy	[형] 바람이 부는	① 밖에 바람이 부나요? ② 저는 바람 부는 날을 좋아하지 않아요. ③ 당신은 바람 부는 날을 좋아하나요?	① Is it windy outside? ② I don't like windy days. ③ Do you like windy days?
779		warm	[형] 따뜻한	① 오늘 따뜻해요. ② 봄은 따뜻해요. ③ 오늘은 따뜻하지 않아요.	① It is warm today. ② Spring is warm. ③ It is not warm today.
780		cool	[형] 시원한	① 오늘은 시원해. ② 가을은 시원해. ③ 봄은 시원하지 않아.	① It is cool today. ② Fall is cool. ③ Spring is not cool.
781		date	[명] [c] (특정한) 날짜	① 저는 날짜를 확인할 거예요. ② 오늘은 며칠인가요? ③ 저는 날짜를 몰라요.	① I will check the date. ② What's the date today? ③ I don't know the date.
782		dark	[형] 어두운	① 밖은 어두워요. ② 내 얼굴은 어두워. ③ 너의 피부는 시커매.	① It is dark outside. ② My face is dark. ③ Your skin is dark.
783		bright	[형] 밝은	① 밖은 밝아요. ② 그 달은 밝아요. ③ 저의 피부는 밝아요.	① It is bright outside. ② The moon is bright. ③ My skin is bright.
784		siblings	[명] [c] 형제자매	① 당신은 형제자매가 있나요? ② 저는 어떠한 형제자매들도 없어요. ③ 그는 형제자매들을 갖기를 원해.	① Do you have siblings? ② I don't have any siblings. ③ He wants to have siblings.
785		a lot of	[형] 많은	① 저는 시간이 많아요. ② 너는 많은 디저트가 있니? ③ 그녀는 많은 돈을 갖고 있어.	① I have a lot of time. ② Do you have a lot of dessert? ③ She has a lot of money.

		영어단어	한글 뜻	글 예시	영어 예시
786		get got	[동] ~을 얻다 [과거] ~을 얻었다	① 저는 직업을 얻었어요. ② 프랭크는 직장에 도착했어. ③ 그는 피곤해졌어.	① I got a job. ② Frank got to work. ③ He got tired.
787		because	[접] 왜냐하면	① 나는 너를 좋아해 왜냐하면 너는 친절하니까. ② 나는 영어 공부를 해 왜냐하면 나는 영어를 좋아하니까. ③ 저는 피곤해요 왜냐하면 저는 열심히 일했거든요.	① I like you because you are kind. ② I study English because I like English. ③ I am tired because I worked hard.
788		grocery	[명] [c] 식료품, 잡화	① 그녀는 식료품들을 사야 해. ② 우리는 어떠한 식료품도 없어요. ③ 나는 식료품 쇼핑을 갈 거야.	① She should buy some groceries. ② We don't have any groceries. ③ I will go grocery shopping.
789		light meal	[명] [c] 가벼운 식사	① 나는 보통 가벼운 식사를 해. ② 너는 가벼운 식사를 좋아해? ③ 그는 어제 가벼운 식사를 했어요.	① I usually have a light meal. ② Do you like a light meal? ③ He had a light meal yesterday.
790		hot water	[명] [u] 뜨거운 물	① 너는 뜨거운 물이 필요하니? ② 제가 뜨거운 물을 얻어도 될까요? ③ 저는 뜨거운 물을 마실 수 없어요.	① Do you need hot water? ② May I have hot water? ③ I can't drink hot water.
791		reservation	[명] [c] 예약	① 제가 예약이 필요한가요? ② 저는 예약을 했어요. ③ 그녀는 예약을 하지 않았어.	① Do I need a reservation? ② I made a reservation. ③ She didn't make a reservation.
792		fitting room	[명] [c] 탈의실	① 탈의실이 어디에 있나요? ② 프랭크는 그 탈의실 안에 있어요. ③ 나는 탈의실을 찾을 수 없어.	① Where is a fitting room? ② Frank is in the fitting room. ③ I can't find a fitting room.
793		interesting	[형] 재미있는, 흥미 있는	① 이 이야기는 재미있어. ② 이 영화는 재미있어. ③ 영어는 재미있어.	① This story is interesting. ② This movie is interesting. ③ English is interesting.

		영어단어	한글 뜻	글 예시	영어 예시
794		impossible	[형] 불가능한	① 이것은 불가능해. ② 이것은 불가능한가요? ③ 무엇이 불가능한가요?	① It is impossible. ② Is it impossible? ③ What is impossible?
795		dangerous	[형] 위험한	① 이 직업은 위험해. ② 이것은 위험하지 않아. ③ 이것은 위험한가요?	① This job is dangerous. ② It is not dangerous. ③ Is it dangerous?
796		easy	[형] 쉬운	① 이것은 쉽지 않아. ② 이것은 쉽나요? ③ 프랭크는 쉽지 않아.	① It is not easy. ② Is it easy? ③ Frank is not easy.
797		take took	[동] (시간이) 걸리다 [과거] (시간이) 걸렸다	① 2시간이 걸릴 거야. ② 3시간이 걸려. ③ 30분이 걸릴 거야.	① It will take 2 hours. ② It takes 3 hours. ③ It will take 30 minutes.
798		get a job got a job	[동] 직업을 얻다 [과거] 직업을 얻었다	① 너는 직업을 얻었니? ② 너는 직업을 얻어야만 해. ③ 어떻게 당신의 직업을 얻었나요?	① Did you get a job? ② You should get a job. ③ How did you get your job?
799		a long time	[명] 오랜 시간	① 시간이 오래 걸리나요? ② 시간이 오래 걸릴 거야. ③ 오래 걸리지 않아요.	① Does it take a long time? ② It will take a long time. ③ It doesn't take a long time.
800		a lot	[부] (동사를) 많이	① 저는 영화를 많이 봐요. ② 그녀는 많이 달렸어요. ③ 그는 쇼핑을 많이 했어요.	① I watch movies a lot. ② She ran a lot. ③ He went shopping a lot.
801		chopsticks	[명] [c] 젓가락	① 제가 젓가락을 좀 가질 수 있나요? ② 그녀는 너에게 젓가락을 가져다줄 거야. ③ 저는 젓가락을 사용할 수 없어요.	① May I have some chopsticks? ② She will bring you chopsticks. ③ I can't use chopsticks.

		영어단어	한글 뜻	글 예시	영어 예시
802		ketchup	[명] [u] 케첩	① 제가 케첩을 좀 얻을 수 있나요? ② 저는 케첩을 좋아해요. ③ 당신은 약간의 케첩이 필요한가요?	① May I have some ketchup? ② I like ketchup. ③ Do you need some ketchup?
803		postcard	[명] [c] 우편엽서	① 나는 너에게 우편엽서를 보낼 거야. ② 그녀는 우편엽서를 샀어. ③ 그는 그 우편엽서를 잃어버렸어.	① I will send you a postcard. ② She bought a postcard. ③ He lost the postcard.
804		receive received	[동] ~을 받다 [과거] ~을 받았다	① 너는 나의 메일을 받았니? ② 나는 너의 메시지를 받았어. ③ 그녀는 너의 메일을 받지 않았어.	① Did you receive my mail? ② I received your message. ③ She didn't receive your mail.
805		casual	[형] 평상시의	① 저는 캐주얼한 옷을 입는 것을 좋아해요. ② 당신은 언제 캐주얼한 옷을 입나요? ③ 저는 캐주얼한 옷을 많이 갖고 있어요.	① I like to wear casual clothes. ② When do you wear casual clothes? ③ I have many casual clothes.
806		dress up dressed up	[동] 옷을 차려입다 [과거] 옷을 차려입었다	① 저는 내일 옷을 차려입을 거예요. ② 너는 언제 옷을 차려입니? ③ 그녀는 옷을 차려입는 것을 좋아하지 않아.	① I will dress up tomorrow. ② When do you dress up? ③ She doesn't like to dress up.
807		group tour	[명] [c] 단체 관광	① 너는 단체 관광을 했니? ② 당신은 단체 관광을 좋아하나요? ③ 저는 단체 관광을 좋아하지 않아요.	① Did you take a group tour? ② Do you like group tours? ③ I don't like group tours.
808		shake shook	[동] 흔들다 [과거] 흔들었다	① 저는 손을 흔들어요. ② 당신은 악수하는 것을 좋아하나요? ③ 너는 언제 악수를 하니?	① I shake hands. ② Do you like to shake hands? ③ When do you shake hands?
809		control controlled	[동] 통제하다 [과거] 통제했다	① 당신은 당신의 남편을 통제할 수 있나요? ② 누가 당신을 통제하나요? ③ 그는 나를 통제할 수 없어.	① Can you control your husband? ② Who controls you? ③ He can't control me.

		영어단어	한글 뜻	글 예시	영어 예시
810		ski skied	[동] 스키 타다 [과거] 스키 탔다	① 당신은 스키를 탈 수 있나요? ② 당신은 저와 함께 스키를 타고 싶나요? ③ 그는 지난 일요일에 스키를 탔어.	① Can you ski? ② Do you want to ski with me? ③ He skied last Sunday.
811		cannot could not	[조] ~을 할 수 없다 [과거] ~을 할 수 없었다	① 나는 빨리 달릴 수 없어. ② 그녀는 소풍을 갈 수 없어. ③ 그는 지금 일을 할 수 없어.	① I cannot run fast. ② She cannot go on a picnic. ③ He cannot work now.
812		bicycle	[명] [c] 자전거	① 너는 자전거를 탈 수 있니? ② 프랭크는 자전거 타는 것을 좋아해. ③ 그는 내일 자전거를 탈 거야.	① Can you ride a bicycle? ② Frank likes to ride a bicycle. ③ He will ride a bicycle tomorrow.
813		Could I ~	~해도 될까요?	① 제가 우유를 더 가질 수 있나요? ② 제가 메뉴판을 얻을 수 있을까요? ③ 제가 빵을 좀 더 얻을 수 있나요?	① Could I have more milk? ② Could I have a menu? ③ Could I have some more bread?
814		turn on turned on	[동] (제품, 불) 켜다 [과거] (제품, 불) 켰다	① 당신은 그 히터를 켤 수 있나요? ② 그녀는 그 TV를 켰어. ③ 저는 그 등을 켜고 싶지 않아요.	① Can you turn on the heater? ② She turned on the TV. ③ I don't want to turn on the light.
815		get up got up	[동] 일어나다 [과거] 일어났다	① 너는 오늘 몇 시에 일어났니? ② 저는 보통 아침 6시에 일어나요. ③ 그녀는 오늘 일찍 일어나지 않았어.	① What time did you get up today? ② I usually get up at 6 A.M. ③ She didn't get up early today.
816		should	[조] ~ 해야 한다	① 너는 내 말을 들어야 해. ② 그는 여기서 담배를 피우면 안 돼. ③ 우리는 늦게 자면 안 돼.	① You should listen to me. ② He shouldn't smoke here. ③ We shouldn't go to bed late.
817		so much	[부] 정말 많이	① 너는 왜 술을 그렇게 많이 마셨니? ② 저는 당신을 정말 많이 그리워해요. ③ 저는 그녀를 정말 많이 좋아해요.	① Why did you drink so much? ② I miss you so much. ③ I like her so much.

		영어단어	한글 뜻	글 예시	영어 예시
818		too much	[부] 너무 많이	① 나는 너무 많이 먹었어. ② 그는 너무 많이 잤어. ③ 프랭크는 너무 많이 돈을 썼어요.	① I ate too much. ② He slept too much. ③ Frank spent too much money.
819		carefully	[부] 조심스럽게	① 나는 조심스럽게 운전해. ② 그녀는 그것을 조심스럽게 날랐어. ③ 프랭크는 조심스럽게 운전하지 않아.	① I drive carefully. ② She carried it carefully. ③ Frank doesn't drive carefully.
820		pass by passed by	[동] (움직이지 않는 곳을) ~를 지나치다 [과거] ~를 지나쳤다	① 나는 너의 집을 지나쳤어. ② 너는 우체국을 지나쳤어. ③ 그는 내 차를 지나쳤어.	① I passed by your house. ② You passed by the post office. ③ He passed by my car.
821		swear at swore at	[동] (~에게) 욕하다 [과거] (~에게) 욕했다	① 나는 너에게 욕하지 않을 거야. ② 그녀는 나에게 욕을 했어. ③ 왜 너는 나에게 욕을 했니?	① I will not swear at you. ② She swore at me. ③ Why did you swear at me?
822		a glass of	[형] ~의 한잔	① 나는 물 한 잔을 마셨어. ② 제가 물 한 잔을 얻어도 될까요? ③ 당신은 맥주 한 잔을 마시고 싶니?	① I drank a glass of water. ② May I have a glass of water? ③ Do you want to drink a glass of beer?
823		get off got off	[동] ~에서 내리다 [과거] ~에서 내렸다	① 당신은 여기서 내려야 해. ② 나는 이 버스에서 내릴 거야. ③ 너는 그 기차에서 내려야 해.	① You should get off here. ② I will get off the bus. ③ You should get off the train.
824		popular	[형] 인기 있는	① 프랭크는 인기 있지 않아. ② 사라는 인기가 있었어. ③ 우리는 인기가 있었어.	① Frank is not popular. ② Sara was popular. ③ We were popular.
825		single	[형] 미혼인, 하나의	① 너는 미혼이니? ② 프랭크는 미혼이니? ③ 그는 미혼이 아니야.	① Are you single? ② Is Frank single? ③ He is not single.

		영어단어	한글 뜻	글 예시	영어 예시
826		wrong	[형] 잘못된, 틀린	① 너는 틀렸어. ② 제가 틀렸나요? ③ 누가 틀렸나요?	① You are wrong. ② Am I wrong? ③ Who is wrong?
827		common	[형] 흔한, 보통의	① 이것은 흔해. ② 김치는 한국에서 흔해. ③ 무엇이 한국에서 흔하니?	① It is common. ② Kimchi is a common food in Korea. ③ What is common in Korea?
828		serious	[형] 심각한, 진지한	① 당신은 진지한가요? ② 당신은 언제 진지한가요? ③ 프랭크는 심각하지 않아.	① Are you serious? ② When are you serious? ③ Frank is not serious.
829		green	[형] 초록의	① 나의 차는 초록색이 아니야. ② 당신은 초록색 집을 갖고 있나요? ③ 너는 녹차 마시는 것을 좋아하니?	① My car is not green. ② Do you have a green house? ③ Do you like to drink green tea?
830		similar	[형] 비슷한	① 우리는 비슷하지 않아. ② 그녀는 그녀의 아버지와 비슷해. ③ 우리는 비슷해.	① We are not similar. ② She is similar to her father. ③ We are similar
831		possible	[형] 가능한	① 이것은 가능하지 않아. ② 이것은 가능하지 않았어. ③ 이것은 가능해.	① It is not possible. ② It was not possible. ③ It is possible.
832		answer	[명] [c] 대답	① 나는 그 대답을 몰라. ② 너는 그 대답을 아니? ③ 그녀는 그 대답을 몰라.	① I don't know the answer. ② Do you know the answer? ③ She doesn't know the answer.
833		There is	(존재하는 상태로 단수명사) ~ 이 있다	① 문제가 있어. ② 책이 있어. ③ 공원이 있어.	① There is a problem. ② There is a book. ③ There is a park.

		영어단어	한글 뜻	글 예시	영어 예시
834		There are	(존재하는 상태로 복수명사) ~들이 있다	① 꽃들이 있어. ② 약간의 실수들이 있어. ③ 약간의 사람들이 있어.	① There are flowers. ② There are some mistakes. ③ There are some people.
835		problem	[명] [c] 문제	① 너는 문제가 있니? ② 저는 어떠한 문제도 없어요. ③ 그는 어떠한 문제도 갖고 있지 않아.	① Do you have a problem? ② I don't have any problems. ③ He doesn't have any problems.
836		accident	[명] [c] 사고, 사건	① 사고가 있어. ② 나는 차 사고가 있었어. ③ 어디에서 차 사고가 있었니?	① There is an accident. ② I had a car accident. ③ Where was the car accident?
837		afraid of	[형] ~이 무서운	① 너는 무엇을 무서워하니? ② 그녀는 그녀의 엄마를 무서워해. ③ 그는 개들을 무서워해.	① What are you afraid of? ② She is afraid of her mom. ③ He is afraid of dogs.
838		in bed	[전] 침대 안에	① 나는 침대 안에 있어. ② 너는 침대 안에 있니? ③ 왜 너는 침대 안에 있니?	① I am in bed. ② Are you in bed? ③ Why are you in bed?
839		touch touched	[동] 만지다 [과거] 만졌다	① 나는 뱀들을 만질 수 없어. ② 너는 나를 만졌니? ③ 그녀는 내 폰을 만졌어.	① I can't touch snakes. ② Did you touch me? ③ She touched my phone.
840		have to had to	[조] ~ 해야 한다 [과거] ~ 해야 했었다	① 나는 열심히 일을 해야 해. ② 그녀는 그녀의 차를 세차해야 해. ③ 저는 열심히 공부해야 했어요.	① I have to work hard. ② She has to wash her car. ③ I had to study hard.
841		boss	[명] [c] 직장 상사	① 그는 나의 직장 상사야. ② 너는 너의 직장 상사를 좋아하니? ③ 프랭크는 좋은 직장 상사야.	① He is my boss. ② Do you like your boss? ③ Frank is a good boss.

		영어단어	한글 뜻	글 예시	영어 예시
842		military service	[명] [u] 군 복무	① 나는 군 복무를 했어. ② 그는 작년에 그의 군 복무를 시작했어. ③ 우리는 군 복무하는 것을 좋아하지 않아.	① I did military service. ② He started his military service last year. ③ We don't like to do military service.
843		take medicine took medicine	[동] 약을 먹다 [과거] 약을 먹었다	① 너는 언제 약을 먹니? ② 나는 약을 먹어야 해. ③ 그녀는 약을 먹고 싶지 않아.	① When do you take medicine? ② I should take medicine. ③ She doesn't want to take medicine.
844		co-worker	[명] [c] 직장 동료	① 그는 나의 직장 동료야. ② 나는 나의 직장 동료들을 좋아해. ③ 프랭크는 나의 직장 동료가 아니야.	① He is my co-worker. ② I like my co-workers. ③ Frank is not my co-worker.
845		cockroach	[명] [c] 바퀴벌레	① 나는 바퀴벌레들을 좋아하지 않아. ② 너는 그 바퀴벌레를 보았니? ③ 너는 바퀴벌레들을 잡을 수 있니?	① I don't like cockroaches. ② Did you see the cockroach? ③ Can you catch cockroaches?
846		must	[조] ~ 꼭 해라	① 너는 반드시 너의 숙제를 해야 해. ② 그녀는 반드시 일찍 일어나야 해. ③ 프랭크는 반드시 집에 가야 해요.	① You must do your homework. ② She must wake up early. ③ Frank must go home.
847		seat belt	[명] [c] 안전벨트	① 너는 안전벨트를 매야 해. ② 우리는 반드시 안전벨트들을 매야 해. ③ 저는 안전벨트를 매야 해요.	① You should put on a seat belt. ② We must wear seat belts. ③ I should wear a seat belt.
848		this time	이번에	① 저는 이번에 당신을 도와줄 거예요. ② 이번에는 내가 그것을 할게. ③ 저는 이번에 당신을 생각할 거예요.	① I will help you this time. ② I will do it this time. ③ I think of you this time.
849		make coffee	[동] 커피를 타다 [과거] 커피를 탔다	① 나는 보통 아침에 커피를 타. ② 나는 커피를 탈 거야. ③ 그녀는 커피 타는 것을 좋아하지 않아.	① I usually make coffee in the morning. ② I will make coffee. ③ She doesn't like to make coffee.

		영어단어	한글 뜻	글 예시	영어 예시
850		careful	[형] 조심하는	① 나는 조심스러워. ② 프랭크는 조심하지 않아. ③ 그는 조심스러워.	① I am careful. ② Frank is not careful. ③ He is careful.
851		enough	[형] 충분한	① 나는 충분한 돈을 갖고 있어. ② 그녀는 충분한 시간을 갖고 있지 않아. ③ 너는 충분한 친구들이 있니?	① I have enough money. ② She doesn't have enough time. ③ Do you have enough friends?
852		important	[형] 중요한	① 나의 아버지는 중요해. ② 이것은 중요하지 않아. ③ 이것은 중요하니?	① My father is important. ② It is not important. ③ Is it important?
853		already	[부] 이미, 벌써	① 나는 이미 아침을 먹었어. ② 그녀는 이미 그녀의 숙제를 끝냈어. ③ 나는 이미 그녀에게 말했어.	① I already had breakfast. ② She already finished her homework. ③ I already talked to her.
854		study abroad studied abroad	[동] 유학 가다 [과거] 유학 갔다	① 너는 유학 가기를 원하니? ② 그는 유학을 갈 거야. ③ 너는 작년에 유학을 갔었니?	① Do you want to study abroad? ② He will study abroad. ③ Did you study abroad last year?
855		must be	[동] ~임이 틀림없어 (과거형이 없음)	① 프랭크는 피곤한 게 틀림없어요. ② 그녀는 화난 게 틀림없어. ③ 너는 사라인 게 틀림없어.	① Frank must be tired. ② She must be angry. ③ You must be Sara.
856		depressed	[형] 우울한	① 너는 우울하니? ② 당신은 언제 우울한가요? ③ 그는 우울하지 않아.	① Are you depressed? ② When are you depressed? ③ He is not depressed.
857		safety belt	[명] [c] 안전띠	① 너는 안전띠를 매야 해. ② 저는 안전띠를 매고 싶지 않아요. ③ 너는 안전띠를 꼭 매야 해.	① You should wear a safety belt. ② I don't want to put on a safety belt. ③ You have to wear a safety belt.

		영어단어	한글 뜻	글 예시	영어 예시
858		work out worked out	[동] 운동하다 [과거] 운동했다	① 나는 운동하는 것을 좋아해. ② 당신은 운동하는 것을 좋아하나요? ③ 그녀는 운동하는 것을 좋아하지 않아.	① I like to work out. ② Do you like to work out? ③ She doesn't like to work out.
859		feel tired felt tired	[동] 피곤함을 느끼다 [과거] 피곤함을 느꼈다	① 너는 피곤함을 느끼니? ② 나는 어제 피곤함을 느꼈어. ③ 그녀는 피곤함을 느끼지 않아요.	① Do you feel tired? ② I felt tired yesterday. ③ She doesn't feel tired.
860		catch a cold caught a cold	[동] 감기에 걸리다 [과거] 감기에 걸렸다	① 나는 감기에 걸렸어. ② 너는 감기에 걸렸니? ③ 그녀는 어제 감기에 걸렸어.	① I caught a cold. ② Did you catch a cold? ③ She caught a cold yesterday.
861		talk about talked about	[동] ~에 대해 말하다 [과거] ~에 대해 말했다	① 너는 무엇에 대해 이야기하고 있니? ② 그녀는 나에 대해서 말했어. ③ 그는 그의 직업에 대해서 말하지 않았어.	① What are you talking about? ② She talked about me. ③ He didn't talk about his job.
862		sneakers	[명] [c] 운동화	① 당신은 어디서 그 운동화를 샀나요? ② 당신은 운동화 신는 것을 좋아하나요? ③ 난 새로운 운동화를 살 거야.	① Where did you buy the sneakers? ② Do you like to wear sneakers? ③ I will buy new sneakers.
863		get coffee got coffee	[동] 커피를 얻다 [과거] 커피를 얻었다	① 너는 어디서 커피를 얻었니? ② 나는 너에게 커피를 가져다 줄 거야. ③ 저에게 커피를 좀 가져다줄 수 있나요?	① Where did you get coffee? ② I will get you coffee. ③ Can you get me some coffee?
864	1021	room number	[명] [c] 방 번호	① 당신의 방 번호가 뭔가요? ② 저는 저의 방 번호를 까먹었어요. ③ 그녀는 너의 방 번호를 원해.	① What is your room number? ② I forgot my room number. ③ She wants your room number.
865		lunch box	[명] [c] 도시락	① 나는 너에게 점심 도시락을 가져갈 거야. ② 그는 점심 도시락을 샀어. ③ 그녀는 그녀의 점심 도시락을 잃어버렸어.	① I will bring you a lunch box. ② He bought a lunch box. ③ She lost her lunch box.

		영어단어	한글 뜻	글 예시	영어 예시
866		boil boiled	[동] (물을) 끓이다 [과거] (물을) 끓였다	① 나는 물을 끓일 거야. ② 그녀는 물을 끓이고 싶지 않아 해요. ③ 너는 왜 지금 물을 끓이고 있니?	① I will boil water. ② She doesn't want to boil water. ③ Why are you boiling water now?
867		review reviewed	[동] 검토하다 [과거] 검토했다	① 당신은 제 레포트를 확인해 줄 수 있나요? ② 그녀는 그것을 검토하지 않았어. ③ 저는 당신의 숙제를 검토할 거예요.	① Can you review my report? ② She didn't review it. ③ I will review your homework.
868		next week	[명] 다음 주	① 나는 다음 주에 캐나다에 갈 거야. ② 다음 주에 무엇을 할 건가요? ③ 프랭크는 다음 주에 여행을 할 거야.	① I will go to Canada next week. ② What will you do next week? ③ Frank will travel next week.
869		go out went out	[동] 밖에 나가다 [과거] 밖에 나갔다	① 너는 밖에 나가고 싶니? ② 그녀는 나랑 밖에 나갈 거야. ③ 프랭크는 밖에 나가고 싶어 하지 않아.	① Do you want to go out? ② She will go out with me. ③ Frank doesn't want to go out.
870		package	[명] [c] 소포, 포장물	① 너는 그 소포를 받았니? ② 나는 너에게 소포를 보냈어. ③ 그는 너에게 소포 보낼 거야.	① Did you receive the package? ② I sent you a package. ③ He will send you a package.
871		blind date	[명] [c] 소개팅 (소개팅하다 = go on a blind date)	① 당신은 소개팅하고 싶으신 가요? ② 저는 오늘 밤에 소개팅이 있어요. ③ 누가 소개팅을 원하니?	① Will you like to go on a blind date? ② I have a blind date tonight. ③ Who wants to go on a blind date?
872		hallway	[명] [c] 복도	① 나는 복도에 서 있는 중이야. ② 그녀는 복도 안에 있어. ③ 너는 복도 안에서 무엇을 하고 있는 중이니?	① I am standing in the hallway. ② She is in the hallway. ③ What are you doing in the hallway?
873		would rather	[조] (차라리) ~하고 싶다	① 나는 차라리 집에 있고 싶어. ② 저는 차라리 차를 마시고 싶어요. ③ 저는 차라리 피자를 먹고 싶어요.	① I would rather stay at home. ② I would rather drink tea. ③ I would rather eat pizza.

		영어단어	한글 뜻	글 예시	영어 예시
874		attend attended	[동] 출석, 참석하다 [과거] 출석, 참석했다	① 나는 그 회의에 참석했어. ② 그녀는 그 회의에 참석할 거예요. ③ 그는 그 파티에 참석하지 않을 거야.	① I attended the meeting. ② She will attend the meeting. ③ He will not attend the party.
875		prepare for prepared for	[동] (~하는 것을) 준비하다, 대비하다 [과거] (~하는 것을) 준비했다, 대비했다	① 나는 시험을 준비했어. ② 그녀는 그 인터뷰를 대비하고 있어. ③ 그는 그의 미래를 준비할 거예요.	① I prepared for the test. ② She is preparing for the interview. ③ He will prepare for his future.
876		drop off dropped off	[동] 데려다주다 [과거] 데려다주었다	① 당신은 저를 데려다줄 수 있나요? ② 어디에 제가 당신을 데려다드릴까요? ③ 그녀는 나를 데려다주었어.	① Can you drop me off? ② Where can I drop you off? ③ She dropped me off.
877		ask asked	[동] 물어보다 [과거] 물어보았다	① 나는 너에게 약간의 질문을 했어. ② 그녀는 나에게 그 가격을 물어봤어. ③ 그는 나에게 어떤 것도 물어보지 않았어.	① I asked you some questions. ② She asked me the price. ③ He didn't ask me anything.
878		more careful	[형] 더 조심하는	① 나는 좀 더 조심해야 해. ② 그는 좀 더 조심해야 해. ③ 우리는 좀 더 조심해야 해.	① I should be more careful. ② He should be more careful. ③ We should be more careful.
879		sore throat	[명] [c] 목감기	① 저는 목감기가 있어요. ② 그녀는 목감기가 있어요. ③ 너는 언제 목감기가 걸렸니?	① I have a sore throat. ② She has a sore throat. ③ When did you have a sore throat?
880		fever	[명] [c] 열	① 저는 열이 있지 않아요. ② 그녀는 고열이 있어요. ③ 그는 열이 없어요.	① I don't have a fever. ② She has a high fever. ③ He doesn't have a fever.
881		see a doctor	[동] 병원에 가다 [과거] 병원에 갔다	① 너는 병원에 가야 해. ② 그는 의사를 보고 싶지 않아. ③ 그녀는 의사를 볼 거야.	① You should see a doctor. ② He doesn't want to see a doctor. ③ She will see a doctor.

		영어단어	한글 뜻	글 예시	영어 예시
882		toothache	[명] [c] 치통	① 너는 이가 아프니? ② 나는 이가 아프지 않아. ③ 그녀는 이가 아파.	① Do you have a toothache? ② I don't have a toothache. ③ She has a toothache.
883		backache	[명] [c] 요통	① 왜 너는 요통을 갖고 있니? ② 그는 요통을 갖고 있지 않아. ③ 너는 허리가 아프니?	① Why do you have a backache? ② He doesn't have a backache. ③ Do you have a backache?
884		knee pain	[명] 무릎 통증	① 너는 무릎 통증이 있니? ② 당신은 언제 무릎 통증이 있었나요? ③ 누가 무릎 통증이 있니?	① Do you have knee pain? ② When did you have knee pain? ③ Who has knee pain?
885		have milk	[동] 우유를 마시다	① 너는 언제 우유를 마시나? ② 너는 약간의 우유를 마시고 싶니? ③ 나는 어떠한 우유도 마시고 싶지 않아.	① When do you have milk? ② Do you want to have some milk? ③ I don't want to have any milk.
886		plans	[동] [c] 약속, 계획	① 당신은 오늘 밤에 계획이 있나요? ② 나는 오늘 밤에 약속이 있어. ③ 그녀는 오늘 밤에 어떠한 약속도 없어.	① Do you have plans for tonight? ② I have plans for tonight. ③ She doesn't have any plans for tonight.
887		machine washing machine	[명] [c] 기계 [c] 세탁기	① 나는 세탁기를 살 거야. ② 제가 어떻게 이 기계를 작동시킬 수 있나요? ③ 너는 왜 세탁기를 사고 싶어 하니?	① I will buy a washing machine. ② How can I run the machine? ③ Why do you want to buy a washing machine?
888		make a wish made a wish	[동] 소원을 빌다 [과거] 소원을 빌었다	① 나는 소원을 빌었어. ② 그녀는 소원을 빌 거야. ③ 그는 소원을 빌고 싶지 않아.	① I made a wish. ② She will make a wish. ③ He doesn't want to make a wish.
889		make the bed made the bed	[동] 침대 정리하다 [과거] 침대 정리했다	① 우리는 침대를 정리해야 해. ② 그는 침대를 정리하지 않았어요. ③ 너는 언제 침대를 정리했니?	① We should make the bed. ② He didn't make the bed. ③ When did you make the bed?

		영어단어	한글 뜻	글 예시	영어 예시
890		report	[명] [c] 보고서	① 나는 나의 보고서를 너에게 줄 거야. ② 너는 너의 보고서를 끝냈니? ③ 그는 새로운 보고서를 쓰고 있어.	① I will give my report to you. ② Did you finish your report? ③ He is writing a new report.
891		project	[명] [c] 프로젝트	① 우리는 새로운 프로젝트를 시작해. ② 저는 저의 프로젝트를 끝냈어요. ③ 너는 언제 그 프로젝트를 시작했니?	① We start a new project. ② I finished my project. ③ When did you start the project?
892		favor	[명] [c] 호의, 친절	① 나는 호의가 필요해. ② 너는 나에게 도움을 요청할 거니? ③ 나는 호의를 부탁하고 있어.	① I need a favor. ② Will you ask me a favor? ③ I am asking for a favor.
893		have a dream had a dream	[동] 꿈이 있다 [과거] 꿈이 있었다	① 나는 꿈이 있었어. ② 너는 꿈이 있니? ③ 나는 꿈이 있어.	① I had a dream. ② Do you have a dream? ③ I have a dream.
894		tail	[명] [c] 꼬리	① 그 고양이는 꼬리가 있어. ② 나는 꼬리가 없어. ③ 그 개는 긴 꼬리가 있어.	① The cat has a tail. ② I don't have a tail. ③ The dog has a long tail.
895		these	[대] 이것들	① 이것들은 책들이야. ② 이것들은 바지들이야. ③ 이것들은 양말들이 아니야.	① These are books. ② These are pants. ③ These are not socks.
896		those	[대] 저것들	① 저것들은 속옷들이야. ② 저것들은 꽃들이야. ③ 저것들은 무엇이니?	① Those are underwear. ② Those are flowers. ③ What are those?
897		this	[대] 이것	① 이것은 내 책이야. ② 너는 이것을 좋아하니? ③ 그는 이 셔츠를 사는 것을 원하지 않아.	① This is my book. ② Do you like this one? ③ He doesn't want to buy this shirt.

		영어단어	한글 뜻	글 예시	영어 예시
898		that	[대] 저것	① 저것은 비행기야. ② 나는 저 남자를 좋아해. ③ 저는 저 셔츠를 좋아하지 않아요.	① That is an airplane. ② I like that man. ③ I don't like that shirt.
899		give (something) to (someone)	[동] (사람에게 사물을) 주다	① 나는 너에게 약간의 돈을 줄 거야. ② 그는 나에게 꽃들을 주었어. ③ 그녀는 나에게 선물을 주지 않았어.	① I will give some money to you. ② He gave flowers to me. ③ She didn't give a gift to me.
900		pass (something) to (someone)	[동] (사람에게 사물을) 건네주다	① 저에게 소금을 건네줄 수 있나요? ② 그녀는 그 책을 나에게 건네주지 않았어. ③ 나는 너에게 펜을 건네주었어.	① Can you pass the salt to me? ② She didn't pass the book to me. ③ I passed the pen to you.
901		send (something) to (someone)	[동] (사람에게 사물을) 보내다	① 나는 너에게 메일을 보냈어. ② 너는 나에게 편지를 보낼 수 있니? ③ 그는 나에게 소포를 보냈어.	① I sent an email to you. ② Can you send a letter to me? ③ He sent a package to me.
902		bring (something) to (someone)	[동] (사람에게 사물을) 가져다주다	① 나는 너에게 펜을 가져다줄 거야. ② 당신은 나에게 커피를 좀 가져다줄 수 있나요? ③ 그녀는 나에게 차를 가져다줄 거야.	① I will bring a pen to you. ② Can you bring some coffee to me? ③ She will bring tea to me.
903		look	[동] ~처럼 보이다	① 너는 행복해 보여. ② 그녀는 신나 보이지 않아. ③ 프랭크는 화나 보여.	① You look happy. ② She doesn't look excited. ③ Frank looks angry.
904		smell	[동] 냄새가 난다	① 이 피자는 좋은 냄새가 나. ② 이 음식은 나쁜 냄새가 나. ③ 이 파스타는 좋은 냄새가 나.	① This pizza smells good. ② This food smells bad. ③ This pasta smells good.
905		feel	[동] 느낌이 들다	① 나는 피곤함을 느꼈어. ② 너는 지금 피곤함을 느끼니? ③ 프랭크는 화가 남을 느껴.	① I felt tired. ② Do you feel tired now? ③ Frank feels angry.

		영어단어	한글 뜻	글 예시	영어 예시
906		sound	[동] ~처럼 들리다	① 이것은 재미있는 것처럼 들려요. ② 그것은 재미있는 것처럼 들리니? ③ 너는 신난 것처럼 들려.	① It sounds fun. ② Does it sound fun? ③ You sound excited.
907		get dressed up got dressed up	[동] 옷을 차려입다 [과거] 옷을 차려입었다	① 나는 옷을 차려입었었어. ② 왜 너는 옷을 차려입었니? ③ 당신은 보통 언제 옷을 차려입나요?	① I got dressed up. ② Why did you get dressed up? ③ When do you usually get dressed up?
908		too much	[부] 너무 많이	① 나는 너무 많이 먹었어. ② 그녀는 너무 많이 마셨어. ③ 프랭크는 너무 많이 잤어.	① I ate too much. ② She drank too much. ③ Frank slept too much.
909		hundred	[명] [c] 100	① 저는 100명의 친구들이 있어요. ② 당신은 언제 100원이 필요한가요? ③ 프랭크는 그것을 100번을 했어.	① I have a hundred friends. ② When do you need a hundred won? ③ Frank did it a hundred times.
910		thousand	[명] [c] 1,000	① 나는 천 원이 필요해. ② 그녀는 천 원을 갖고 있지 않아. ③ 나는 천까지 셀 수가 없어. (천까지: to a thousand)	① I need a thousand won. ② She doesn't have a thousand won. ③ I can't count to a thousand.
911		million	[명] [c] 1,000,000	① 나는 백만 원을 원해. ② 너는 백만 원이 있니? ③ 이 도시는 백만 명의 사람이 있어.	① I want a million won. ② Do you have a million won? ③ This city has a million people.
912		jealous of	[형] ~를 부러워하는	① 나는 네가 부러워. ② 너는 내가 부럽니? ③ 프랭크는 네가 부러워.	① I am jealous of you. ② Are you jealous of me? ③ Frank is jealous of you.
913		become	[동] ~이 되다	① 나는 아버지가 될 거야. ② 언제 너는 엄마가 되었니? ③ 너는 엄마가 되고 싶니?	① I will become a father. ② When did you become a mother? ③ Do you want to become a mother?

		영어단어	한글 뜻	글 예시	영어 예시
914		get hungry	[동] 배고파지다	① 나는 배고파졌어. ② 그녀는 배고파졌어. ③ 그는 배고파졌어.	① I got hungry. ② She got hungry. ③ He got hungry.
915		taste	[동] ~맛이 난다	① 이것은 좋은 맛이 나. ② 이것은 좋은 맛이 나나요? ③ 이것은 좋은 맛이 나지 않아.	① It tastes good. ② Does it taste good? ③ It doesn't taste good.
916		guilty	[형] 찔리는, 죄책감이 드는	① 너는 찔리니? ② 너는 언제 죄책감을 느끼니? ③ 나는 찔리지 않아.	① Are you guilty? ② When do you feel guilty? ③ I am not guilty.
917		ticket box	[명] [c] 매표소	① 어디에 매표소가 있나요? ② 나는 매표소를 찾을 수 없어. ③ 당신은 그 매표소가 보여요?	① Where is a ticket box? ② I can't find a ticket box. ③ Do you see the ticket box?
918		just	[부] 방금, 막	① 나는 여기에 방금 왔어. ② 프랭크는 방금 점심을 먹었어요. ③ 그는 방금 그의 차를 세차했어요.	① I just came here. ② Frank just had lunch. ③ He just washed his car.
919		yel	[부] (부정문) 아직	① 나는 나의 숙제를 아직 안 끝냈어. ② 프랭크는 아직 집에 가지 않았어. ③ 그는 아직 여자 친구가 없어.	① I didn't finish my homework yet. ② Frank didn't go home yet. ③ He doesn't have a girlfriend yet.
920		ago	[부] (과거형) 전에	① 나는 프랭크를 2년 전에 만났어. ② 그녀는 일주일 전에 캐나다에 갔어. ③ 우리는 3달 전에 애완동물이 있었어.	① I met Frank 2 years ago. ② She went to Canada a week ago. ③ We had a pet 3 months ago.
921		turn off turned off	[동] (기계, 불) 끄다 [과거] (기계, 불) 껐다	① 당신은 불을 끌 수 있나요? ② 저는 그 TV를 끌 수 없어요. ③ 그녀는 그 에어컨을 끄고 싶지 않아 해요.	① Can you turn off the light? ② I cannot turn off the TV. ③ She doesn't want to turn off the air conditioner.

		영어단어	한글 뜻	글 예시	영어 예시
922		break up with broke up with	[동] ~와 헤어지다 [과거] ~와 헤어졌다	① 나는 그녀와 헤어졌어. ② 너는 너의 남자 친구와 헤어질 거니? ③ 왜 너는 너의 여자 친구와 헤어졌니?	① I broke up with her. ② Will you break up with your boyfriend? ③ Why did you break up with your girlfriend?
923		hardly	[부] (부정적 의미) 거의 ~ 안 하다	① 나는 거의 늦게 자지 않아. ② 그녀는 거의 운동을 하지 않아요. ③ 프랭크는 거의 영어 공부를 하지 않아.	① I hardly go to bed late. ② She hardly works out. ③ Frank hardly studies English.
924		many	[형] (셀 수 있는 명사에) 많은	① 당신은 많은 친구들을 갖고 있나요? ② 그녀는 아이들이 많이 없어. ③ 나는 많은 실수를 만들었어.	① Do you have many friends? ② She doesn't have many kids. ③ I made many mistakes.
925		much	[형] (보통 부정문에서 셀 수 없는 명사에) 많은	① 나는 돈을 많이 갖고 있지 않아. ② 그녀는 많은 시간을 갖고 있지 않아. ③ 이것은 얼마인가요?	① I don't have much money. ② She doesn't have much time. ③ How much is it?
926		palace	[명] [c] 궁궐	① 나는 경복궁 안에 있어요. ② 나는 경복궁을 방문하고 싶어요. ③ 너는 궁궐 안에서 살고 싶니?	① I am in Gyeongbok palace. ② I want to visit Gyeongbok palace. ③ Do you want to live in a palace?
927		zoo	[명] [c] 동물원	① 저는 동물원에 가고 있어요. ② 너는 어제 그 동물원을 방문했니? ③ 그녀는 그 동물원에 가는 것을 좋아하지 않아.	① I am going to the zoo. ② Did you visit the zoo yesterday? ③ She doesn't like to go to the zoo.
928		decide decided	[동] 결심하다 [과거] 결심했다	① 저는 캐나다에 가기로 결심했어요. ② 당신은 무엇을 하기로 결심을 했었나요? ③ 너는 결심을 했니?	① I decided to go to Canada. ② What did you decide to do? ③ Did you decide?
929		refuse refused	[동] 거절하다 [과거] 거절했다	① 저는 해외에서 공부하는 것을 거절했어요. ② 그는 내 아이디어들을 믿는 것을 거절했어. ③ 그녀는 절대로 나의 돈을 거절하지 않아.	① I refused to study abroad. ② He refused to believe my ideas. ③ She never refuses my money.

		영어단어	한글 뜻	글 예시	영어 예시
930		expect expected	[동] 기대하다 [과거] 기대했다	① 저는 당신이 여기에 오기를 기대해요. ② 그녀는 내가 숙제하기를 기대했어요. ③ 나의 아버지는 그녀가 열심히 공부하기를 기대했어요.	① I expect you to come here. ② She expected me to do homework. ③ My father expected her to study hard.
931		prefer preferred	[동] 더 좋아하다 [과거] 더 좋아했다	① 너는 무엇을 더 좋아하니? ② 저는 맥주 마시는 것을 선호해요. ③ 그녀는 집에서 요리하는 것을 선호해요.	① What do you prefer? ② I prefer to drink beer. ③ She prefers to cook at home.
932		continue continued	[동] 계속하다 [과거] 계속했다	① 나는 계속 공부를 할 거야. ② 그녀는 계속 일을 할 거야. ③ 그는 계속 운동을 했어.	① I will continue studying. ② She will continue working. ③ He continued working out.
933		begin began	[동] 시작하다 [과거] 시작했다	① 밤에 비가 오기 시작했어. ② 나는 밤에 영어 공부를 시작했어. ③ 그녀는 지난달에 일하기 시작했어.	① It begins to rain at night. ② I began to study English at night. ③ She began to work last month.
934		hate hated	[동] 싫어하다 [과거] 싫어했다	① 그녀는 일찍 일어나는 것을 싫어해. ② 너는 무엇을 먹는 것을 싫어하니? ③ 저는 거기에 가는 것을 싫어해요.	① She hates to wake up early. ② What do you hate to eat? ③ I hate to go there.
935		advise advised	[동] 조언하다 [과거] 조언했다	① 나의 아버지는 나에게 영어 공부하라고 조언했어. ② 나는 너에게 프랭크를 만나라고 조언했어. ③ 그녀는 나에게 채소를 먹으라고 조언했어.	① My father advised me to study English. ② I advised you to meet Frank. ③ She advised me to eat vegetables.
936		make made	[동] 만들다 [과거] 만들었다	① 너는 나를 행복하게 만들어. ② 그녀는 저를 슬프게 만들었어요. ③ 나의 아버지는 나를 신나게 만들었어.	① You make me happy. ② She made me sad. ③ My father made me excited.
937		avoid avoided	[동] 피하다 [과거] 피했다	① 나는 프랭크 만나는 것을 피할 거야. ② 그녀는 어제 나를 피했어. ③ 왜 너는 그를 피하니?	① I will avoid meeting Frank. ② She avoided me yesterday. ③ Why did you avoid him?

		영어단어	한글 뜻	글 예시	영어 예시
938		remember remembered	[동] 기억하다 [과거] 기억했다	① 너는 나를 기억하니? ② 나는 너를 기억할 수 없어. ③ 그는 나를 기억하지 않아.	① Do you remember me? ② I cannot remember you. ③ He doesn't remember me.
939		complain complained	[동] 불평하다 [과거] 불평했다	① 너는 항상 불평을 해. ② 왜 너는 불평하고 있니? ③ 그녀는 불평하는 것을 좋아 해요.	① You always complain. ② Why are you complaining? ③ She likes to complain.

ANSWER
해답

Unit 1

1

1) I
2) We
3) They
4) She
5) It
6) He
7) You
8) Frank
9) They

2

1) I like pizza and fish.
2) He like(s) fish and onions.
3) I eat fries.
4) We eat cookies and cake.
5) You cook noodles.
6) She cook(s) (*make(s)) chicken soup.
7) I cook rice.
8) We give money.
9) They give (a) book. (or) They give books.
10) I study English.

▶ '삼계탕을 요리해'란 표현을 영어로는
  make chicken soup이라 표현할 수도 있습니다.

3

1) You sleep at 7.
2) We sleep at 12.
3) They have plans.
4) I have (a) car and boyfriend.

▶ 위의 문장처럼 and로 연결되는 경우
  두 번째 단어에는 a를 쓰지 않아요.

5) I take (a) class.
6) She take(s) (a) test.
7) We take (a) shower. (or) We shower.
8) I see a movie (movies) at the cinema.
9) I go to school.
10) They go to work.

4

1) I like to eat fried chicken.
2) I like to sleep at 9.
3) I like to see movies.
4) I like to study English.
5) I like to cook rice.
6) I like to go to school.
7) I like to eat cake.
8) I like to take showers.

5

1) I like to study English.
2) He like(s) to eat cake.
3) We like to sleep.
4) She like(s) to take money.
5) We like to work.
6) I like to study.
7) He like(s) to go to school.
8) I like to take shower(s).
   (or) I like to shower.

▶ take showers는 '일반적으로 샤워를 하는 것'
  take a shower는 '샤워를 1번 하는 것'을 의미한다.

9) She like(s) to see movie(s).
10) We like to cook.

6

1) May
2) March
3) June
4) January
5) April
6) February

7

1) They see (a) movie.
2) She cook(s) a fish.
3) I sleep in the bed.
4) He have (has) a girlfriend.
5) I eat pizza.
6) We go to school.
7) You have money.
8) He take(s) a shower.

8

1) We meet at 5 P.M.
2) I meet you in April (every year).
3) They see tree(s).
   (or) They see (a) tree.
4) You see tree(s). (or) You see (a) tree.
5) He cook(s) fish at 7.
6) She go(es) to (the) supermarket at 6.
7) I like February.
8) He sleep(s) at 11 o'clock.
9) You have money.
10) I cook fish.

9

1) in March
2) at eleven oh five or at 11:05
3) at two ten or at 2:10
4) May
5) at one twelve or at 1:12
6) in January
7) February
8) at six oh eight or at 6:08
9) at one o'clock or at 1:00
10) in April

Unit 2

1
1) me
2) him
3) her
4) us
5) them
6) you
7) it

2
1) I
2) her
3) He
4) them
5) You
6) us
7) You
8) me
9) You
10) They
11) We
12) him

3
1) She likes him.
2) You hit him.
3) I date her.
4) She teaches us.

4
1) I have a headache.
2) He have (has) a fever.
3) She have (has) a stomachache.
4) We cook breakfast.
5) They cook dinner.
6) I cook lunch.
7) You book (a) hotel.
8) He book(s) (a) restaurant.
9) We book (a) ticket.
10) She travel(s) with (her) parent(s).
11) You meet me.
12) I buy them.

5
1) I wash (my) face (everyday).
2) You wash (your) hair.
3) We wash (our) hand(s).
4) I take you to (a) shopping center.
5) She take(s) him to (the) train station.
6) We take her to school.
7) I meet (my) girlfriend.
8) They meet (their) friend(s).
9) You meet (your) boyfriend.
10) She see(s) (a) bus.
11) I like it.
12) They love her.

6
1) I eat breakfast at 7 o'clock.
2) I go to work at 8 o'clock.
3) I have lunch at 1 o'clock.
4) I clean (my) desk at 5 o'clock.
5) I take (a) shower at 6 o'clock.
6) I cook dinner at 6:10 P.M.
7) I meet (my) friends at 8:10 P.M.
8) I sleep at 11 o'clock.
▶ 잠자리에 들 때 사실 sleep보다는 (go to bed)가 좋아요.

7
1) We see (a) building.
2) I see (an, the) airport.
3) She travel(s) with (her) brother.
4) You travel with (your) sister.
5) She make(s) friend(s).
6) We make coffee.
7) They make money.
8) He give(s) me time.
9) She love(s) us.
10) We like him.

8
1) I give her (a) chance.
2) We wash (our)hair.
3) We carry (our)bag(s).
4) You carry thing(s).
▶ thing, thing(s)의 구별은 뒷부분에서 자세히 배워요.
5) He carry (carries) (his) luggage.
6) I agree with (my) boss.
7) They clean (their) desk(s).
8) She agree(s) with (her) father.

9
1) seven fifteen
2) eight thirteen
3) twelve nineteen
4) twenty twelve
5) eighteen oh five
6) thirteen eleven
7) fourteen seventeen
8) sixteen oh eight

10
1) She clean(s) (the) bathroom.
2) I need (your) help.
3) He need(s) (a) rest.
4) We need cash.
5) I change (a, the) dish.
6) They change (their) room.
7) We change (our) reservation(s).
8) You clean (your) shoes.

연습문제 정답

Unit 3

1

1) Does she make coffee everyday?
2) Does he wash his car everyday?
3) Does she clean the bathroom everyday?
4) Do they drink coffee everyday?
5) Does she take her bag everyday?
6) Does he take (a) shower everyday?
7) Do they wash their shoes everyday?
8) Do I agree with you everyday?

2

1) I
2) you
3) him
4) her
5) her
6) me
7) his
8) our
9) They
10) my
11) It
12) its
13) You
14) We
15) their

3

1) my book
2) her phone
3) your money
4) their mother
5) his room
6) its hand(s)
7) their house
8) our coffee
9) your table

4

1) I cook breakfast.
2) I wash the dishes.
3) I meet my girlfriend.
4) I drink coffee with her.
5) I have (a) headache.
6) I go home.

5

1) They wash their shoes.
2) I have my bag.
3) We clean our room.
4) He take(s) my book.
5) He meet(s) her father.
6) I need your money.
7) She wash(es) her car.
8) We need your help.
9) They meet our parent(s).
10) She clean(s) her desk.
11) Do you want to buy my car?
12) Do you meet his father?

6

1) Do you give (a) gift?
2) Does she look for her shoes?
3) Does he put sunblock on his face?
4) Do you buy me dinner?
5) Do I text you?
6) Do they buy (a) gift(s)?
7) Do you look for your dress?
8) Does he have free time?
9) Do you have (a) receipt?
10) Does she clean (a) window?
11) Do they go Seoul in July?
12) Does he have (a) fever?

7

1) Do you want to have dinner?
2) Does he want to wash his car?
3) Does she want to open her store?
4) Does Frank want to do his homework?
5) Do you want to buy (a) drink?
6) He want(s) to take my wallet.
7) They want to wash their clothes.
8) Does he want to clean (the) toilet?
9) I want to take (a) pencil.
10) Does she want to clean (the) kitchen?
11) Does she want to see(watch) a movie?
12) Do you want to change your room?

8

1) Can you take out the garbage please?
2) Can I use your computer?
3) Can I check in early?
4) Can I use (the) kitchen?
5) Can you change my hair style?
6) Can I check in at noon?
7) Can I change my room?
8) Can I go home?
9) Can you wash (clean) my shoes?
10) Can you clean my room?
11) Can I carry your bag?
12) Can I sleep at 11 o'clock?

9

1) Does he cook at 7?
2) Does he study English?
3) Do we see movies?
4) Do we need money?
5) Does she like noodles?
6) Does she take (a) shower at 8?

Unit 4

1

1) goes
2) finishes
3) teaches
4) eats
5) studies
6) does
7) thinks
8) cooks
9) flies
10) brushes
11) buys
12) plays

2

1) always
2) often
3) usually
4) sometimes
5) seldom
6) never

3

1) He speaks English.
2) We work in the factory.
3) You enjoy dancing.
4) She breaks her promise(s).
5) He quits smoking.
6) We work at the office on Tuesday.
7) You eat Pasta on Sunday.
8) He teaches English.

4

1) Does Frank work at 8?
2) Does she need money?
3) Do you go to school?
4) Do they study English?
5) Does Carrie buy (a) toy?
6) Do you eat breakfast?
7) Does Cathy watch movies?
8) Do we stay in bed?

5

1) Frank travels.
2) He breaks (the) rule(s).
3) Sara stays in the hotel.
4) I enjoy (the) party.
5) They eat ice cream.
6) You speak Chinese.
7) She quits drinking.
8) We work at the shop.
9) She quits cooking.
10) He buys apple(s).
11) She goes to church.
12) He plays computer game(s).

6

1) I always wake up at 6.
2) We sometimes go to bed at midnight.
3) She sometimes goes to Canada.
4) I often cook dinner.
5) He never plays baseball.
6) You seldom eat noodles.
7) She always plays with children.
8) He often plays (the) piano.
9) You usually go to bed late.
10) She seldom wakes up at 9 A.M.

7

1) I usually go on a business trip on Mondays.
2) I always do yoga on Tuesdays.
3) I often go to (a) coffee shop on Wednesdays.
4) I often take a walk on Thursdays.
5) I sometimes meet my friend(s) on Fridays.
6) I sometimes go on (a) picnic on Saturdays.
7) I usually rest at home on Sundays.
8) I always study English on the weekends.

8

예시

	I (내가 하는 행동)
7:10 A.M.	take (a) shower
8:30 A.M.	work at the office
11:00 A.M.	write e-mail(s)
12:30 P.M.	have lunch
2:00 P.M.	talk on the phone
4:00 P.M.	have (a) meeting
5:30 P.M.	go to (the) gym
7:00 P.M.	have dinner

1) He goes to work at 8:30.
2) I write e-mails at 11 A.M.
3) They have lunch at 12:30 P.M.
4) He drinks coffee at 2:00 P.M.
5) I have dinner at 7 P.M.
6) They do their homework at 7 P.M.
7) He has dinner at 5:30 P.M.
8) I have lunch at 12:30 P.M.

9

1) I sometimes watch TV on Sundays.
2) We often go to bed early.
3) He never travels to Europe.
4) She often eats chicken on Friday.
5) They always go to church on Wednesday.
6) He seldom stays at (a) hotel.
7) We usually enjoy fishing.
8) She seldom breaks (a) cup.
9) I usually eat pasta on Saturday.
10) He never goes to (a) night club.

연습문제 정답

Unit 5

1

1) Do
2) Does
3) doesn't
4) Do
5) don't
6) don't
7) don't
8) don't
9) Do
10) Do
11) Does
12) doesn't

2

1) Can (or May) I have the bill please?
2) Can (or May) I have some water please?
3) Can (or May) I have more coffee please?
4) Can (or May) I have more side dishes please?
5) Can (or May) I have some tissue please?
6) Can (or May) I have a menu please?
7) Can (or May) I have some bread please?
8) Can (or May) I have some ice please?

3

1) Can we turn on the air conditioner?
2) Can you speak English?
3) She can speak Chinese.
4) He may (or might) meet them.
5) I may (or might) travel to America.
6) Can you call (me) (a) taxi?
7) Can I smoke here?
8) Can you keep my bag?
   (or) Can I leave my bag?
9) She can order pizza.
10) Can I go to the bathroom?
11) Can I try this dress?
12) Can I try this ring?

4

1) My girlfriend sometimes enjoys dancing.
2) Kevin sometimes enjoys fishing.
3) I always enjoy traveling.
4) My boyfriend selodm enjoys shopping.
5) You usually enjoy driving.
6) He always enjoys drinking.
7) They often enjoy smoking.
8) I usually enjoy playing basketball.

5

1) I give you money.
2) She sometimes sends me (a) letter.
3) You don't tell me your secret.
4) My mother makes (or cooks) me breakfast.
5) Can you pass me (the) salt?
6) Can I cook you pasta?
7) My father often buys me books.
8) Do you sometimes send Frank (a) letter?
9) I usually give you (a) cake.
10) She doesn't tell me her name.
11) Can you buy me dinner?
12) Can you buy me (a) handbag?

6

1) They might meet her boyfriend.
2) He usually does his homework.
3) Do they work in the factory?
4) I don't enjoy dancing.
5) My boyfriend often gives me (a) gift.
6) I can call her tonight.
7) Does she enjoy fishing?
8) Frank may(might) call you tonight.
9) My girlfriend may(might) go to (a) concert tonight.
10) Can you pass me (the) pepper please?
11) I may(might) play basketball tonight.
12) Can you do (the) laundry please?

7

1) Yes, I like to eat chicken.
   (or) No, I don't like to eat chicken.
2) Yes, I like to study English.
   (or) No, I don't like to study English.
3) Yes, I like to dance.
   (or) No, I don't like to dance.
4) Yes, I like to have breakfast.
   (or) No, I don't like to have breakfast.
5) Yes, I like to read books.
   (or) No, I don't like to read books.
6) Yes, I like to travel.
   (or) No, I don't like to travel.
7) Yes, I like to take a taxi.
   (or) No, I don't like to take a taxi.
8) Yes, I like to meet friends.
   (or) No, I don't like to meet friends.

8

1) drive a car
2) swim
3) play basketball
4) meet friend(s)
5) cook
6) travel alone

9

1) He doesn't like to drink.
2) Can you open (the) door (please)?
3) Can I use your computer (please)?
4) I like to go to (the) museum.
5) She works at the office.
6) Do you usually eat ice-cream?

Unit 6

1

1) seventeen
2) thirteen
3) eleven
4) thirty two
5) twelve
6) fifteen
7) She has three cars.
8) He has two sons.
9) I don't like twenty four.
10) He doesn't like seventy five.
11) They have a hundred ten apples.
12) She doesn't like two hundred thirty.

2

1) Yes, she takes a shower in the morning.
2) No, she doesn't watch TV at night.
3) Yes, she works at the office in the afternoon.
4) No, she doesn't take a nap in the afternoon.
5) Yes, she goes to bed at night.
6) Yes, she studies English in the evening.
7) No, she doesn't have breakfast in the morning.
8) No, she doesn't drink beer in the evening.

3

1) She goes jogging in the morning.
2) I drink juice in the morning.
3) He meets his friends at night.
4) Do you often go out in the evening?
5) Do you drive at night?
6) He takes (a) nap in the afternoon.
7) Do you like to see movies at night?
8) I don't take (the) subway in the morning.
9) Do they watch TV at night?
10) Does Frank work in the afternoon?
11) Does Carrie always go to school in the morning?
12) He doesn't usually play basketball in the evening?

4

1) He doesn't like movies.
2) Did you break my computer?
3) Did we go home last weekend?
4) Does Frank use your phone?
5) I don't drink tea.
6) She doesn't use her car.
7) They have job(s).
8) We don't do (our) homework.
9) Do you watch TV?
10) Does he do his job?
11) They have (some) paper.
12) Does she take (a) test?

5

1) Did Carrie wash her car yesterday?
2) Did Carrie travel to New York last year?
3) Did Carrie cook at home last Friday?
4) Did Carrie clean (the) windows last Saturday?
5) Did Carrie book a hotel 2 hours ago?
6) Did Carrie see a movie 2 days ago?

6

1) Did you take an airplane in the morning?
2) Did you meet your friends last night?
3) Does she like to cook?
4) Does he need money?
5) Do you usually take (a) test in the afternoon?
6) Did you dance in the evening?
7) Do you usually eat out on Sundays?
8) Does Frank like to make friend(s)?

7

1) Do you go to school?
2) Did you study English yesterday?
3) Do you like to see movies?
4) Do you often read books?

1) Do you sometimes do yoga?
2) Did you ride a bicycle last Friday?
3) Did you draw pictures in the afternoon?
4) Do you like to drink (or drinking)?

8

1) Did you drink coffee yesterday?
2) Did he call his wife?
3) Did Jenny leave work early yesterday?
4) Did Frank sell stocks last week?
5) Did she make her plans?
6) Did you meet Frank 2 hours ago?
7) Did she take (a) nap yesterday?
8) Did you break (a, the) window 2 weeks ago?
9) Did you come here late?
10) Did I leave Seoul last year?
11) Did you give me (the) money yesterday?
12) Did Frank come to (the) party yesterday?

Unit 7

1

1) C	9) U
2) C	10) C
3) U	11) C
4) U	12) U
5) C	13) C
6) C	14) U
7) C	15) U
8) U	

2

1) books	10) banks
2) rivers	11) wishes
3) boxes	12) cats
4) babies	13) wives
5) cities	14) children
6) dogs	15) feet
7) buses	16) people
8) teeth	17) women
9) men	18) fish

3

1) Do you want to eat an orange?
2) I have a son. (or) I have one son.
3) Frank doesn't have a car.
4) I go to a restaurant on Sunday (or Sundays).
5) Do you have (any) salt?
6) Can you give me some advice?
7) Did you buy furniture yesterday?
8) Do you have a dog?
9) Did Carrie buy a smart phone yesterday?
10) My girlfriend doesn't have (any) money.

4

1) a	6) a
2) x	7) x
3) x	8) a
4) x	9) x
5) an	10) x

5

1) Julie(She) has a boyfriend.
2) Julie(She) doesn't have time.
3) Julie(She) has paper.
4) Julie(She) doesn't have bread.
5) Julie(She) has a house.
6) Julie(She) doesn't have coffee.
7) Julie(She) has money.
8) Julie(She) doesn't have a plastic bag.
9) Julie(She) has a job.
10) Julie(She) doesn't have rice.

6

1) I have three children.
2) She plays computer games.
3) Does Frank have apples?
4) I like to meet people.
5) My boyfriend eats an apple everyday.
6) My (or our) dog has four legs.
7) Women like to walk.
8) People have twenty six teeth.

7

1) a can of beer
2) a cup of coffee
3) a bottle of beer
4) a piece of cake
5) a carton of milk
6) a bowl of ice-cream
7) a glass of water
8) a slice of cheese

8

1) May I have a cup of black coffee please?
2) May I have a glass of kiwi juice please?
3) May I have a slice of ham please?
4) May I have a bottle of beer please?
5) May I have a glass of water please?
6) May I have a slice of cheese please?
7) May I have a carton of milk please?
8) May I have a cup of tea please?
9) May I have a can of tuna please?
10) May I have a bowl of rice please?

9

1) I drink two cups of coffee a day.
2) Can (or May) I have three glasses of beer please?
3) Can (or May) I have two pieces of cake please?
4) Can (or May) I have two bowls of rice please?
5) I usually drink three bottles of Soju.
6) Do you need two slices of cheese?
7) I need three pieces of paper.
8) Did you buy three cans of Coke?

10

1) Do you often go to a shopping mall?
2) Do you need good information?
3) Do you like to listen to music?
4) Frank sometimes plays computer games.
5) Did you do your homework?
6) Does she usually buy furniture?
7) I like to see snow.
8) Do you want to order a bottle of wine?
9) I usually drink three glasses of water a day.
10) She doesn't take a taxi.
11) Can you take out (the) trash (or garbage)?
12) She always looks at handsome guys.

Unit 8

1

1) March
2) July
3) November
4) September
5) February
6) October
7) April
8) August
9) December
10) May
11) January
12) June

2

1) talked
2) enjoyed
3) washed
4) brushed
5) wanted
6) stopped
7) tried
8) studied
9) liked
10) cleaned
11) stayed
12) worked
13) loved
14) played
15) listened

3

1) Cathy cleaned her desk 2 hours ago.
2) I worked hard in the morning.
3) She listened to music last Sunday.
4) He enjoyed watching a movie last Saturday.
5) I brushed my teeth yesterday.
6) Frank talked to his friend 3 days ago.
7) They washed their faces.
8) My friend played basketball yesterday.

4

1) My first daughter usually makes coffee.
2) My second daughter always goes to work.
3) My third daughter sometimes cooks.
4) My fourth daughter never does the dishes.
5) My fifth daughter often takes (the) subway.
6) My first son never drinks beer.
7) My second son always cleans (the) room.
8) My third son seldom dances.

5

1) searched
2) fried
3) climbed
4) wanted
5) learned / learnt
6) needed
7) played
8) fixed
9) planted
10) helped
11) added
12) missed

/d/	/t/	/id/
played	searched	added
climbed	missed	planted
fried	helped	needed
learned	fixed	wanted

6

① work - worked
② stay - stayed
③ clean - cleaned
④ play - played

1) He usually works in the morning.
   → He worked in the morning yesterday.
2) She often stays at home on Sundays.
   → She stayed at home last Sunday.
3) They always clean their room in the evening.
   → They cleaned their room yesterday.
4) I usually play tennis in the afternoon.
   → I played tennis last Saturday.

7

1) I always go to work at 8.
2) You washed your hair.
3) He washed his feet last night.
4) She stopped drinking last month.
5) I played computer games yesterday.
6) They brushed their teeth yesterday.
7) We studied English yesterday.
8) We stayed at (the) hotel.
9) We liked to talk to Sara last year.
10) It worked well yesterday.
11) She watched TV in the morning.
12) I enjoyed lunch yesterday.

8

1) He wanted to dance.
2) They wanted to rest.
3) We wanted to sleep.
4) I studied English hard.
5) They talked to me.
6) He stopped smoking.
7) She tried on (the) shirt.
8) I liked to cook. (or) I liked cooking.
9) I brushed my shoes.
10) I liked you.
11) I needed your help.
12) I married Frank last year.

9

1) I tried to study hard yesterday.
2) He washed his car last Thursday.
3) Frank enjoyed watching a movie last Sunday.
4) We cleaned our desks in the morning.
5) I stopped smoking 3 years ago.
6) She stayed at home last Sunday.
7) They cooked breakfast yesterday.
8) I wanted to buy a new computer.
9) He rested at home yesterday.
10) My mother washed my shirt last Thursday.
11) Frank worked last Wednesday.
12) We talked to Carrie yesterday.

Unit 9

1

1) broke
2) left
3) sat
4) slept
5) told
6) paid
7) kept
8) saw
9) had
10) went
11) gave
12) took

2

1) become → became
2) bring → brought
3) build → built
4) buy → bought
5) catch → caught
6) come → came
7) draw → drew
8) drive → drove
9) eat → ate
10) fight → fought

3

1) I broke your computer yesterday.
2) She had a boyfriend last month.
3) They went to bed at 11 P.M. last night.
4) Frank sold his car last year.
5) We drank beer at the bar yesterday.
6) He took a taxi to Seoul yesterday.
7) I ate chicken for lunch today.
8) Carrie cooked breakfast in the morning.

4

1) I took a shower at 6:20 A.M.
2) I got dressed up at 7:20 A.M.
3) I drank coffee at 11:00 A.M.
4) I had a snack at 2:00 P.M.
5) I came home at 5:00 P.M.
6) I went to bed at 10:00 P.M.

5

1) I came home at 5 P.M. today.
2) I went to bed at 10 P.M. today.
3) I took a shower at 6:20 A.M. today.
4) I had a snack at 2:00 P.M. today.
5) I drank coffee at 11:00 A.M. today.
6) I got dressed up at 7:20 A.M. today.

6

1) I became a father 3 days ago.
2) Frank bought me a gift.
3) She built a new house.
4) He bought a new car last year.
5) I took a bus yesterday. (or) I rode on a bus yesterday.
6) She came to school early.
7) He drew a picture last Tuesday.
8) I drove to Seoul last night.

7

1) We brought you coffee.
2) My father gave me (the) book.
3) He found his wallet yesterday.
4) Frank lost his money 2 hours ago.
5) He fought with me yesterday.
6) You ate my pizza in the morning.
7) My brother became a doctor last year.
8) I built a house in June.
9) She felt angry yesterday.
10) Frank flew to New York in July.
11) My boyfriend sold his car yesterday.
12) I met my friends last Sunday.

8

1) She went on a picnic yesterday.
2) He met his friends last Thursday.
3) He took a walk in the park yesterday.
4) She saw a movie yesterday.
5) He traveled to New York last year.
6) She baked bread last Monday.

9

1) I met my girlfriend last Tuesday.
2) Frank fixed his computer yesterday.
3) They flew to New York last month.
4) He became a teacher.
5) She had a good time at the party.
6) I drank with my friends yesterday.
7) I sat on (the) chair.
8) You broke my cup.
9) We drank hard liquor.
10) Carrie watched (or saw) a soccer match.
11) My girlfriend kept laughing.
12) I left my bag in a taxi.

10

1) Yes, I went to bed at 7 P.M. yesterday.
2) Yes, I had breakfast today.
3) Yes, I sold my car yesterday.
4) Yes, I cleaned my room last Sunday.
5) Yes, I caught a taxi yesterday.
6) Yes, I fought with my friend last week.
7) Yes, I paid the bill yesterday.
8) Yes, I drank black tea last Saturday.
9) Yes, I went to my friend's wedding last Sunday.

Unit 10

1

1) Frank doesn't cook breakfast.
2) Carrie didn't meet her friends yesterday.
3) She doesn't often make me angry. (or)
   She often doesn't make me angry.
4) I didn't pay for lunch last Sunday.
5) We don't sometimes see movies. (or)
   We sometimes don't see movies.
6) I didn't take a shower yesterday.

2

1) met	7) woke up
2) lost	8) quit
3) heard	9) sold
4) paid	10) went to
5) knew	11) hung
6) wore	12) grew

3

1) Yes, I usually study English.
   or No, I don't usually study English.
2) Yes, I took (the) subway yesterday.
   or No, I didn't take (the) subway
   yesterday.
3) Yes, I spent money yesterday.
   or No, I didn't spend money yesterday.
4) Yes, I met my friends yesterday.
   or No, I didn't meet my friends
   yesterday.
5) Yes, I have long hair.
   or No, I don't have long hair.
6) Yes, I sold my car yesterday.
   or No, I didn't sell my car yesterday.
7) Yes, I want to quit my job.
   or No, I don't want to quit my job.
8) Yes, I woke up early today.
   or No, I didn't wake up early today.

4

1) at	5) in
2) at	6) in
3) in	7) at
4) in	8) in

5

1) Did you go to school yesterday?
2) I quit smoking.
3) Did you eat breakfast?
4) She didn't pay for lunch.
5) He didn't spend money.
6) Did you meet your friends yesterday?
7) I know your husband.
8) Did you find your keys?
9) She didn't hear the news.
10) Did you hit me?
11) Did you hang a coat on the wall?
12) I didn't take your umbrella.

6

1) Did you quit smoking last year?
2) Does she usually buy cosmetics at (the)
   shop?
3) Did Frank come to (the) party last
   Sunday?
4) Did he take my umbrella?
5) Do you drink coffee in the morning?
6) Does he go to work at 8?
7) Did he quit his job yesterday?
8) Did you sell your car yesterday?

7

1) No, she didn't. She slept last Saturday.
2) Yes, she did.
   She went to work last Thursday.
3) No, she didn't.
   She drove a car last Tuesday.
4) Yes, she did.
   She took a bus at the bus stop last
   Monday.
5) No, she didn't. She read books last
   Friday.
6) Yes, she did.
   She went to a concert last Sunday.

8

1) in July
2) in the morning
3) at night
4) at the park
5) in the restaurant
6) in March
7) on Monday
8) in the evening
9) at 10 o'clock
10) at the post office
11) at the restaurant
12) in December
13) in the afternoon
14) in school

9

1) Did you wake up early today?
2) Do you usually go to work early?
3) Did your wife cook(or make)
   breakfast?
4) My hair doesn't grow fast.
5) Do you usually wake up at 7?
6) She doesn't know Frank.
7) Did you lose your wallet again?
8) Does your wife always cook
   breakfast?
9) She didn't want to see you.
10) Did you catch a bus?
11) Does Frank want to sell his car?
12) I don't usually wear jeans.
    (or) I usually don't wear jeans.

10

1) I didn't go to work today.
2) I saw you at(in) the park yesterday.
3) She doesn't like to shop at (the)
   shopping mall.
4) I met her at 10 in a restaurant .
5) Do you want to use my car?
6) He made coffee for me.
7) She usually wears jeans on Saturday.
8) Did you quit your job?

연습문제 정답

Unit 11

1

1) She will cook breakfast.
2) They will not go shopping.
3) We will take a taxi.
4) He will not go to bed early.
5) Will she go out tonight?
6) I will work at the office on Friday.
7) Frank will not see movies.
8) Will you go for a walk at the park?

2

1) No, I will not buy a new house next year.
2) Yes, I will go on a picnic this weekend.
3) No, I will not go to school tomorrow.
4) Yes, I will study English next Monday.
5) No, I will not watch TV tonight.
6) Yes, I will drink with my friends tonight.
7) No, I will not travel to Europe next month.
8) Yes, I will visit a museum tomorrow.
9) No, I will not call my mother on Friday.
10) Yes, I will go shopping this weekend.
11) No, I will not buy a new phone soon.
12) Yes, I will have dinner.

3

1) I will not go to school today.
2) Will she stay at home tonight?
3) He will not travel to Paris next year.
4) I will order this food now.
5) Will he see a doctor on Tuesday?
6) They will go to a park tonight.
7) You will not do your homework.
8) Frank will not go out tonight.
9) Will Sara book a hotel tomorrow?
10) John will cook dinner for you.
11) I will buy a cake tomorrow.
12) Will she pass the test tomorrow?

4

1) She will cook breakfast at 6:30 tomorrow.
2) She will do the laundry at 7:00 tomorrow.
3) She will do exercises at 7:20 tomorrow.
4) She will wash her hair at 8:00 tomorrow.
5) She will put on makeup at 8:20 tomorrow.
6) She will buy coffee at the cafe at 9:00 tomorrow.

5

1) She will not do her homework.
2) I will carry your bag.
3) They will help you.
4) Will you come to school tomorrow?
5) He will order coke.
6) You will work tomorrow.
7) He will make hot coffee.
8) I will do the dishes.

6

1) a
2) the
3) an
4) the
5) a
6) the
7) the
8) the

7

1) I will arrive soon.
2) She will not go to Seoul tomorrow.
3) Will you come to my house tomorrow?
4) She will not open a store next month.
5) She will go to the airport.
6) May I go to the bathroom (or washroom)?
7) Can(Could) you turn on the light please?
8) Can(Could) you open the door please?

8

1) Frank will go to a store on Monday.
2) Frank will go to a concert on Tuesday.
3) Frank will have a party on Wednesday.
4) Frank will go to the gym on Thursday.
5) Frank will have a date on Friday.
6) Frank will drive a car on Saturday.
7) Frank will visit a museum on Sunday.
8) Frank will go on a trip on the weekend.

9

1) I will buy a car next month.
2) Will you go to Busan next week?
3) Frank will not go on a business trip in July.
4) Will you meet your boyfriend today?
5) I will play basketball in the evening.
6) Will you take a walk with me this Sunday.
7) She will not answer your (phone) call.
8) They will not use the bathroom.
9) He will make hot coffee for you.
10) I will not call a taxi.
11) I will put out the fire.
12) We will have dinner at 7 P.M.

Unit 12

1

sun, ceiling, kitchen, airport, post office, world, ocean, train station

2

1) What
2) Where
3) Who
4) Why
5) How
6) When
7) Where
8) Who
9) What
10) Where

3

1) (너는) 누구를 만나고 싶니?
2) 어제 (너는) 누구에게 말을 했었니?
3) 누구랑 (너는) 소풍을 갈 거니?
4) (너는) 누구랑 여행을 갈 수 있나요?
5) (당신은) 토요일에 보통 누구를 만나나요?
6) (너는) 누구를 도와줄 수 있니?
7) (당신은) 어제 누구랑 영어공부를 했었나요?
8) (너는) 누구랑 산책을 갈 거니?

4

1) What movie do you like?
2) What color do you like?
3) What sport(s) do you want to play?
4) What country do you want to visit?
5) What food can you cook?
6) What vegetable do you like?
7) What time do you usually wake up?
8) What season do you like?

5

1) What did you have for dinner yesterday?
2) Where did you go yesterday?
3) Why did you drink beer with your friends yesterday?
4) Who did you meet yesterday?
5) Where did you meet your friends?
6) Why did you go to the bookstore yesterday?
7) Where did you buy an airplane ticket?
8) What did you do yesterday?
9) When did you see a movie?
10) How did you go there?
11) How did you cook pasta?
12) When did you open your coffee shop?

6

1) When can we see you again?
2) How can I go there?
3) Where can I meet you?
4) How can I book a hotel?
5) Who can you bring to the party?
6) Where can I drink coffee?

7

1) Who did you see a movie with yesterday?
2) Who do you usually eat lunch with?
3) Who do you often travel with?
4) Who did you drink with yesterday?
5) Who did you go to the library with?
6) Who do you usually go to a coffee shop with?

8

1) What time did you go home?
2) Who did you drink with yesterday?
3) Why did you shout at me yesterday?
4) Where did you get a haircut?
5) Who did you have dinner with yesterday?
6) When did you come here?
7) Why did you quit your job?
8) What will you do tomorrow?
9) How can I go to Cheonan station?
10) Where will you go this Sunday?

9

1) What kind of job do you want?
2) What kind of food can you recommend to me?
3) What kind of car do you like?
4) What kind of restaurant do you want to go?
5) What kind of flower do you like?
6) What kind of toy do you want?
7) What kind of animal do you like?
8) What kind of hobby do you have?

10

1) What do you want to eat?
2) Where do you want to go?
3) Who did you have dinner with yesterday?
4) How can I go to (a, the) park?
5) Where do you want to go?
6) Where can I take a bus?
7) What time do you go to work?
8) What time does a swimming pool open?
9) What kind of gift do you have?
10) Where can I get a refund?
11) How can I use a laundry service?
12) When can I check into the hotel?

Unit 13

1

1) wakes up
2) will, meet
3) Did, come
4) went
5) Did, reserve
6) will start
7) Will, go
8) did, go

2

1) He will arrive at the airport and fly to L.A next Monday.
2) He will rent a car and check in (or into) a hotel next Tuesday.
3) He will go shopping at the outlet store next Wednesday.
4) He will take pictures downtown next Thursday.
5) He will go sightseeing in Hollywood next Friday morning.
6) He will visit Korean town next Friday afternoon.
7) He will relax at the beach next Saturday.
8) He will check out from the hotel next Sunday.

3

1) Did she make mistakes?
2) I will not transfer to Bangkok.
3) I didn't lose my baggage.
4) Does she usually go to school at 7?
5) Did I make a reservation?
6) Will she take a nap?
7) Carrie didn't buy tickets for me.
8) Doesn't Sara like to go shopping?

4

1) No, I didn't buy a new car.
2) Yes, I will pick you up at 7 P.M.
3) No, he doesn't like to eat chicken.
4) Yes, I will take a train to Seoul.
5) Yes, she called me yesterday.
6) No, he doesn't always have breakfast.
7) Yes, he will visit my house tomorrow.
8) No, I didn't order pizza.

5

1) Frank took me to Busan.
2) What did you say?
3) Did you enjoy the movie yesterday?
4) When will you travel to New York?
5) Do you usually dream?
6) Did you wait for me yesterday?

6

1) What did you buy yesterday?
2) Will you go on a business trip tomorrow?
3) What do you usually do on Sunday(s)?
4) What time will you check out?
5) Where did you lose your passport?
6) When will you clean my room?
7) Did you see a doctor?
8) Where do you want to go?

7

1) No, she usually doesn't sleep.
2) No, she didn't watch TV yesterday.
3) Yes, she will meet her friends tomorrow.
4) No, she didn't drive to work yesterday.
5) Yes, she usually drives to work.
6) Yes, she will wash her car tomorrow.
7) Yes, she usually skips breakfast.
8) No, she doesn't usually cook breakfast.
9) Yes, she will drink with her friends tomorrow.

8

1) Will you pay for lunch?
2) Did you call me yesterday?
3) The air conditioner doesn't work?
4) Do you want to change your room?
5) When did you go to bed yesterday?
6) What time did you go home yesterday?
7) Did you buy a train ticket yesterday?
8) Do you clean your room everyday?
9) Will you cook breakfast?
10) Do you usually drink coffee in the morning?
11) Did you travel to Europe last July?
12) Who do you usually drink coffee with?

9

1) Did you go to school yesterday?
2) What music do you usually listen to?
3) I forgot to buy groceries.
4) Do you like to speak English?
5) Where did you go on a vacation last year?
6) When will the play start?
7) Did you do your homework?
8) Did you wash your hair?
9) I left my camera in the hotel.
10) Can you give me a discount please?
11) When will you do the laundry?
12) Will you come to the party tomorrow?

Unit 14

1

1) am
2) is
3) are
4) are
5) are
6) are
7) is
8) are
9) is
10) is
11) are
12) am

2

1) 행복한
2) tired
3) angry
4) 강한
5) 귀여운
6) sleepy
7) small
8) expensive
9) 좋은
10) late
11) 일찍
12) pretty

3

1) I am not angry.
2) Frank is not nice.
   (or) Frank isn't nice.
3) We are not cold.
   (or) We aren't cold.
4) English is not difficult.
   (or) English isn't difficult.
5) They are not pretty.
   (or) They aren't pretty.
6) My brother is not sleepy.
   (or) My brother isn't sleepy.

4

1) Jim is a salesperson.
2) Sara is a painter.
3) Frank and Carrie are teachers.
4) My wife is an engineer.
5) You and I are office workers.
6) Cathy is a student.
7) He is a cook.
8) We are servers.

5

1) Am I tall?
2) Are we different?
3) Is she great?
4) Are you a teacher?
5) Am I late?
6) Is Carrie old?

6

1) Does
2) Are
3) Do
4) Am
5) Is
6) Does

7

1) Is this pizza large?
2) Is it expensive?
3) I am fine.
4) We are not tired.
5) Frank is bad.
6) They are not happy.
7) His car is black.
8) Is your phone expensive?
9) Frank is not outgoing.
10) Are you sad?
11) Are you sure?
12) Are you sick?

8

1) Why are you angry?
2) Did you sleep well?
3) Your feet are not big.
4) Do you often go to a park?
5) Why are you late?
6) How often do you do the laundry?
7) Does she often travel abroad?
8) Are you poor?
9) You are young.
10) Are you full?
11) When did you arrive at the airport?
12) We are really close.

9

1) Can (or May) I have coffee with ice?
2) Can (or May) I have Mocha with
   whipped cream?
3) Can (or May) I have a hot dog without
   onion?
4) Can (or May) I have a sandwich with
   beef?
5) Can (or May) I have coffee with milk?
6) Can (or May) I have a burrito without
   beans?

10

1) Do you believe in Santa?
   Yes, I believe in Santa.
   No, I don't believe in Santa.
2) Are you sleepy?
   Yes, I am sleepy.
   No, I am not (or I'm not) sleepy.
3) Do you have a new car?
   Yes, I have a new car.
   No, I don't have a new car.
4) Is your friend handsome?
   Yes, my friend is handsome.
   No, my friend isn't (or is not) handsome.
5) Do you usually eat out on Saturday?
   Yes, I usually eat out on Saturday.
   No, I usually don't eat out on Saturday.
6) Is the desk heavy? (or) Is this desk heavy?
   Yes, it is heavy.
   No, it isn't (or is not) heavy.
7) Do you want to rest now?
   Yes, I want to rest now.
   No, I don't want to rest now.

연습문제 정답

Unit 15

1

1) twelve
2) a hundred twenty
3) thirty four
4) a hundred eleven
5) five hundred thirty
6) fifty six
7) eighty
8) ninety four
9) a hundred twenty four
10) fourteen
11) seventy nine
12) fifteen
13) three hundred four
14) sixteen
15) sixty

2

1) June second
2) July first
3) October twelfth
4) January twentieth
5) April twenty fourth
6) February twenty first
7) December twenty fifth
8) September twenty second
9) March thirteenth
10) August thirty first

3

1) sang - 노래했다
2) fought - 싸웠다
3) stood - 서 있었다
4) brought - 가져왔다
5) sent - 보냈다
6) hurt - 다쳤다
7) saw - 보았다
8) brushed - 솔질했다
9) promised - 약속했다
10) took - 가져왔다
11) did - 했다
12) fixed - 고쳤다
13) opened - 열었다
14) lost - 잃어버렸다
15) sold - 팔았다
16) made - 만들었다
17) paid - 지불했다
18) bought - 샀다

4

1) Frank lost his wallet.
2) She doesn't keep the secret.
3) Did you make a shopping list?
4) Does she usually feel happy?
5) The airplane will leave Bangkok at 8.
6) Jenny didn't meet her friends yesterday.
7) I added (some)salt in the soup.
8) Does Frank usually fight with his friends?
9) Frank bought (some) souvenirs in New York.
10) He often does housework at home.
11) He didn't cut grass yesterday.
12) Cathy found a job last year.

5

1) When did you make a reservation?
2) How did you get your job?
3) How do you go to work?
4) Why do you skip breakfast?
5) What will you cook for dinner?
6) Where will we meet tonight?
7) When will you open a coffee shop?
8) Where can I take(catch) a taxi?
9) How can you go to the airport?
10) How can I call you?
11) Who did you see(watch) a movie with yesterday?
12) Where did he lose his money yesterday?

6

1) Can you cut this hamburger (please)?
2) Do you have a combo meal?
3) I didn't order it.
4) Can I cancel my order (please)?
5) Can you check my order (please)?
6) Can you bring me a menu (please)?
7) Can I pay here (please)?
8) Can you pass me the salt (please)?

7

1) He felt excited last Friday.
2) He felt sleepy last Sunday.
3) He felt sad last Monday.
4) He felt grumpy last Wednesday.
5) He felt bored last Saturday.
6) He felt happy last Tuesday.
7) He felt tired last Thursday.
8) He always feels lonely.

8

1) Can(Could) you pass me the pepper please?
2) I will give you homework.
3) Frank made me good (or nice) dinner.
4) He told me the story.
5) Can(Could) you show me the picture?
6) Frank taught me English last year.
7) Can(Could) you bring me water?
8) My boyfriend sent me flowers.
9) My friend bought me souvenirs.
10) Can(Could) you give me a discount?
11) Frank didn't buy me a gift.
12) Can(Could) you bring me coffee?

9

1) She didn't go home yesterday.
2) What did you say?
3) She always brushes her teeth.
4) Why did you fight with your friends?
5) Did you dance yesterday?
6) I will sell my phone.
7) Did you see my phone?
8) Tim often carries my bag for me.
9) I sang a song on the street yesterday.
10) Can(Could) you take out the table?
11) Why do you want to sell your car?
12) I gave you a book.

Unit 16

1

1) studying
2) working
3) asking
4) writing
5) helping
6) going
7) meeting
8) smoking
9) dying
10) running
11) cleaning
12) sitting
13) opening
14) making
15) playing

2

1) studying
2) 공부하고 있는
3) looking
4) 쳐다보고 있는
5) going
6) 가고 있는
7) watching
8) 지켜보고 있는
9) eating
10) 먹고 있는
11) drinking
12) 마시고 있는
13) working
14) 일하고 있는
15) cleaning
16) 청소하고 있는
17) standing
18) 서 있는
19) doing
20) 하고 있는
21) saying
22) 말하고 있는
23) meeting
24) 만나고 있는
25) asking
26) 물어보고 있는
27) flying
28) 날아가고 있는
29) helping
30) 도와주고 있는
31) opening
32) 열고 있는

3

1) The phone is ringing now.
2) They are sleeping on the bed now.
3) She is watching television now.
4) Frank is building his building now.
5) We are having dinner now.

4

1) She is not eating an apple now.
2) They are not playing soccer now.
3) She is not sitting on the bench now.
4) He is not hanging out at the beach now.
5) We are not waiting for the manager now.

5

1) Is he eating fried chicken now?
2) Are they staying at a hotel now?
3) Are you going to bed now?
4) Is she wearing a brown coat now?
5) Am I talking to friends at the bar now?

6

1) some
2) some
3) any
4) some [권유이기 때문에 some 사용]
5) some [요청이기 때문에 some 사용]
6) any
7) some
8) any
9) any
10) some

7

1) Are you cooking now?
2) Is Frank traveling in Canada now?
3) She is not taking a shower now.
4) They are running to school now.
5) Are you working now?
6) I will call you later. I am driving now.
7) They are living in Cheonan.
8) I am not playing the piano.
9) Are you waiting for Sara now?
10) Are you drinking with friends at the bar?
11) I am not sleeping. I am running now.
12) We are doing our homework now.

8

1) They are talking at the bus stop.
2) Frank is watching TV in the living room.
3) The girl is standing at the door.
4) Two people are eating dinner in the restaurant.
5) The girl is wearing a ball cap.
6) She is talking on the phone.
7) She is listening to music in the room.
8) We are shopping in the shopping mall.

9

1) I don't have any ideas.
2) Do you have any shoes?
3) Do you want to drink some coffee?
4) Does she want to eat some chicken?
5) I want to eat some ice-cream.
6) He doesn't have any cheese.
7) I want to buy some oranges.
8) Do you have any underwear?
9) Can(Could) I have some ice?
   (or) Can I have some ice please?
10) I didn't buy any tomatoes.

10

1) Is Amy studying English?
   → No, she isn't.
     She is waiting for a train now.
2) Is Amy waiting for a train?
   → Yes, she is waiting for a train now.
3) Is Amy carrying her bag?
   → Yes, she is carrying her bag now.
4) Is Amy listening to music?
   → No, she isn't.
     She is talking on the phone now.
5) Is the train coming to the station?
   → Yes, the train is coming to the station now.
6) Is Amy sitting on the platform?
   → No, she isn't.
     She is standing on the platform now.
7) Is Amy getting on the train?
   → No, she isn't.
     She is waiting for the train now.
8) Is Amy wearing a skirt.
   → Yes, she is. She is wearing a skirt now.

11

1) Where do(can) I return the car?
2) What time do you usually wake up?
3) I am looking for jeans.
4) Will you wash your car this Saturday.
5) They are looking for their bags.
6) Did you make a reservation
7) I am not flying to New York now.
8) What does she usually do in the morning?
9) I am not going on a business trip.
10) Where are you going now?

Unit 17

1

1) at the bus stop
2) in the car
3) in the big city
4) on the book
5) in the pocket
6) on the wall
7) on the grass
8) in the park
9) in Korea
10) at the door

2

1) She is in the room.
2) He is in the kitchen.
3) The steak(It) is on the plate.
4) The light bulb(It) is on the ceiling.
5) Jim(He) is at the door.
6) Carrie(She) is in the swimming pool.
7) People(They) are at the party.
8) The Sun(It) is in the sky.
9) People(They) are at the airport.
10) He is in the taxi.
11) I am in the shopping mall.
12) Cathy(She) is at work.

3

1) in
2) in
3) at
4) on
5) on
6) in
7) at
8) in
9) on
10) in
11) at
12) on

4

1) What do you have in your bag?
2) What did you do at the party yesterday?
3) I met my friend at the bar yesterday.
4) She lives in Seoul.
5) Do you usually cook at home?
6) The picture is on the wall.
7) Frank is at the door.
8) I am traveling in Canada.
9) The bank is on the second floor.
10) You cannot do your homework in school.
11) She is at the bus stop.
12) I am on the way to work.

5

1) No, he isn't. He is in the living room.
2) He is watching TV in the living room.
3) The cup is on the coffee table.
4) Yes, he is. He is on the sofa.
5) The coffee is in the cup.

6

1) in
2) on
3) in
4) at
5) in
6) at

7

1) The shoes are in the box.
2) What do you usually carry in your bag?
3) Are you at home now?
4) I am smoking in the balcony.
5) Why are you sitting on the table?
6) Are you at the window?

8

1) Frank watched TV at home yesterday.
2) Frank(He) stood at the hotel yesterday.
3) Frank(He) is at the information desk.
4) Frank(He) is drinking coffee on the balcony.

9

1) I will meet you in Cheonan.
2) We arrived in Seoul yesterday.
3) She doesn't live in Paris.
4) I study English at Tim school.
5) He is standing at the door.
6) I like to sit on the chair.
7) The bus stops at the city hall.
8) I am talking on the phone.
9) Frank is not sitting on the bed.
10) Are you at the bus stop now?
11) Did you meet your friend at the restaurant yesterday?
12) I will travel to L.A next year.
13) Do you like swimming in the swimming pool?
14) I like to live in a big city.
15) She is not at work today.
16) I fell down on the street yesterday.

Unit 18

1
1) Did he pay for dinner?
2) Does she drive a car everyday?
3) Did Frank have a good vacation?
4) Is Sara smart?
5) Did they work very hard yesterday?
6) Are people waiting for Frank?
7) Does he sometimes go on a business trip?
8) Am I late for work?

2
1) She usually gets up early every morning.
2) Where do I buy a bus ticket?
3) What time did you arrive at the airport?
4) I broke my finger last week.
5) Are you coming to the party today?
6) Does Frank usually work on Saturdays?

3
1) Are you tall?
2) Did you finish your work today?
3) Where is the bathroom?
4) What time does the shopping mall open?
5) Did you have a good time yesterday?
6) What time can I have breakfast?
7) Where is the next bus stop?
8) Does your mother like to eat out?

4
1) Frank used to cook at home.
2) Frank used to smoke a lot.
3) Frank used to wear glasses.
4) Frank used to live in the apartment.
5) Frank used to swim everyday.
6) Frank used to wake up early.
7) Frank used to dislike vegetables.
8) Frank used to study English.

5
1) Do you have a headache?
2) When will you clean my room?
3) What time does the restaurant open?
4) Do you have a non smoking table?
5) I am sorry.
6) Are you tired now?
7) Will you go to bed early tonight?
8) Frank will take a test.
9) Are you working now?
10) Does she usually drink coffee?

6
1) Can(Could) I borrow your umbrella?
2) Can(Could) you lend me your car?
3) I will lend you some money.
4) Frank will lend you his note book.
5) Can(Could) I borrow your key?
6) My sister lent me her lap top computer.
7) Frank borrowed my computer yesterday.
8) I don't want to lend you my car.

7
1) every Monday
2) every Summer
3) every time
4) every weekend
5) every person
6) everywhere
7) every morning
8) every July
9) every November
10) everyday

8
1) I usually wash my car every Sunday.
2) I drink coffee every morning.
3) What do you usually do everyday?
4) Do you usually meet your friends every Friday?
5) Does your mother watch TV every night?
6) Do you go skiing every Winter?
7) I usually go camping every Summer.
8) I have everything at my home.

9
1) Are you sleepy in the morning?
2) Does your father eat breakfast everyday?
3) I used to drink a lot.
4) Do you go to work by car?
5) Does carrie have (any) children?
6) Are you a manager?
7) Frank is not teaching English now.
8) Do you like reading books?
9) Where do you usually meet friends?
10) This food is delicious.
11) Are you drinking with friends now?
12) Does your mother go to work by bus?

10
1) Are you tired?
2) Do you like your job?
3) Is your mother cooking in the kitchen?
4) When do you eat out?
5) Did he fail the interview?
6) Did you wear my shirt?
7) Are you hungry now?
8) The movie is not fun.
9) Did you invite Sara to the wedding?
10) I usually make sandwiches in the morning.
11) Is the store open?
12) Why are you sitting on the chair?

Unit 19

1

1) Where
2) What
3) When
4) Why
5) Who
6) How
7) Where
8) When
9) Why
10) How
11) What
12) Why
13) Who
14) When
15) Where
16) What

2

1) 누가 내 돈을 가져갔니?
2) 누가 내 도움이 필요하니?
3) 어제 넌 누구를 봤니?
4) 어제 누가 널 봤어?
5) 너는 어제 누구랑 술을 마셨어?

3

1) What did you eat for lunch yesterday?
2) Where are you going now?
3) When do you usually sleep
   (or go to bed)?
4) What do you need?
5) What do you want to eat? (or)
   What would you like to have?
6) What do you want to buy?
7) Where did you go yesterday?
8) Why do you study English?
9) What time did you go home yesterday?
10) Where did you have(eat) dinner
    yesterday?

4

1) Would you like some coffee?
2) Would you like some cake?
3) Would you like some chicken?
4) Would you like some tea?
5) Would you like some beef?
6) Would you like some lamb curry?
7) Would you like some pork?
8) Would you like some peanuts?

5

1) When is your birthday?
2) What time did you go home yesterday?
3) Why do you need homework?
4) How is your father today?
5) When will you meet your boyfriend
   tomorrow?
6) What is your favorite fruit?
7) What do you usually do on the
   weekend?
8) Who is your favorite movie star?
9) Where does she usually buy a
   newspaper?
10) How is the weather today?

6

1) What music do you listen to?
2) What color do you like?
3) Who cooks(or makes) breakfast?
4) Who makes you bored?
5) Where do you want to travel (to)?
6) What would you like to drink?
7) What is your favorite dessert?
8) How do you go to work?

7

1) How is the party now?
   → The party is really good.
2) What is your favorite dessert?
   → My favorite dessert is brownies.
3) Who is the girl in the(this) picture?
   → She is my sister.
4) When is your birthday?
   → My birthday is February twenty first.
     (Feb 21th)
5) Where did you travel (to) on your
   vacation?
   → I traveled to Thailand on my vacation.
6) How can I call you?
   → You can call me James.
7) What food can you recommend to me?
   → I can recommend rice noodles to you.
8) Why do you study English?
   → I want to visit Canada.

8

1) Why do you buy shoes?
2) Why did Sara take my money?
3) What would you like to have for
   dinner?
4) Who took my money?
5) Who ate my cheese?
6) Who needs homework?
7) Who makes you angry?
8) Where do you usually order pizza?
9) Would you like some coffee?
10) Would you like to have dinner
    with me?
11) What did you do yesterday?
12) Where is the Korean restaurant
    near here?

9

1) When is your birthday?
2) Where can I borrow a car?
3) What gift did you buy for Frank?
4) What time will the bus leave?
5) When did you take the interview?
6) Why do you drive fast?
7) Who makes you comfortable?
8) How would you like your steak?
9) Why do you need some money?
10) What time do you usually have
    dinner?
11) What did you do last weekend?
12) What kind of pizza do you want
    to eat(or have)?

Unit 20

1

1) It is Tuesday today.
2) It is winter.
3) It is windy today.
4) It is warm today.(or)
   It is sunny today.
5) It is May.
6) It is rainy today.
7) It is hot today.
8) It is January ninth today.

2

1) (picnic)
2) (this ring)
3) (come home early)
4) (lamb curry)

3

1) It is Tuesday June 6th.
2) It is Friday December 25th.
3) It is Thursday May 5th.
4) It is Monday March 1st.
5) It is Wednesday October 9th.
6) It is Saturday January 1st.

4

1) Is it cold in December?
2) It is cloudy today.
3) It is Tuesday today.
4) Is it rainy outside?
5) It is so hot today.
6) It is bright outside in July.
7) It is too dark outside.
8) Today is September 13th.

5

1) a lot of
2) any
3) some
4) any
5) a lot of
6) a lot of, a lot of
7) any
8) some, some

6

1) My friend drinks a lot of water.
2) Is it Monday today?
3) Did you spend a lot of money yesterday?
4) Why do you have a lot of free time?
5) Is it hot today?
6) I always carry a lot of stuff.
7) My mother bought a lot of groceries yesterday.
8) Is it cloudy today?

7

1) No, it isn't. It is windy today.
2) Yes, it is. It is cold today.
3) No, it isn't. It is Sunday today.
4) Yes, it is. It is dark now.
5) Yes, it is. It is rainy today.
6) No, it isn't. It is windy today.

8

1) I don't have any questions.
2) Could(Can) you pass me some tissue?
3) Would you like some beer? (or) Do you want some beer?
4) Could(Can) you bring me some ice?
5) We don't have any time now.
6) He doesn't have any food at home.

9

1) Is it your car?
2) Would you like some bread?
3) It is cold in winter in Korea.
   (or) Winter is cold in Korea.
4) Are they working at the office?
5) My friends are not kind to me.
6) I want to have a light meal.
   (or) I would like to have a light meal.
7) It is cold here in winter.
   (or) Winter is cold here.
8) Where can I buy some cosmetics?
9) Frank doesn't have any ideas.
10) What do you like to do in Summer?
11) Do you like to take a shower with hot water?
12) May (or Could(Can)) I open the window?

10

1) I would like to check out.
2) Could(Can) I use a credit card?
3) What would you like to drink?
   (or) What do you want to drink?
4) What brand is it?
5) Where is the fitting room?
6) I didn't book(reserve).
7) Do you have any questions?
8) It is cold. I will stay at home today.
9) It is Wednesday. I am tired.
10) Are you waiting for Frank now?
11) Does she like to cook at home?
12) I may(might) buy it(that).

Unit 21

1

1) difficult
2) It is easy.
3) It is hot.
4) good
5) It is good.
6) It is difficult.
7) hot
8) expensive
9) dangerous
10) It is expensive.
11) It is dangerous.
12) It is cold.

2

1) It takes 4 hours from here to Seoul.
2) It takes 12 hours from Korea to Canada.
3) It takes 30 mins from the bus stop to there.
4) It takes long time to make a friend.

3

1) May I have a menu please?
2) May I have a plate please?
3) May I have ketchup please?
4) May I have bread please?
5) May I have the bill please?
6) May I have coffee please?
7) May I have chopsticks please?
8) May I have desserts please?

4

1) go
2) buy
3) find
4) receive
5) bring
6) receive

5

1) Frank drinks water a lot.
2) Jenny watches movies a lot.
3) Frank sleeps a lot.
4) Jenny studies English a lot.
5) Frank works a lot.
6) Jenny plays computer games a lot.
7) Frank talks a lot.
8) Jenny travels a lot.

6

1) It is easy to drink water.
2) Is it difficult to study English?
3) It is nice to talk to you.
4) Is it expensive to travel to Canada?
5) Is it expensive to live in America?
6) It is dangerous to talk to strangers.
7) It is not good to drink Soju a lot.
8) It is bad to sleep(go to bed) late.

7

1) Yes, she did. She cooked dinner last Friday.
2) No, she isn't. She is studying English now.
3) No, she won't. She will go shopping tomorrow.
4) No, she didn't. She drove a car last weekend.
5) No, she doesn't. She usually wears casual clothes.
6) Yes, she did. She saw a doctor yesterday.
7) No, she isn't. She is tired now.
8) Yes, she is. She is brushing her teeth now.

8

1) It takes 5 years to study English.
2) It takes a week to travel in New York.
3) It takes an hour to fix the computer.
4) It takes a month to learn to drive.
5) It takes a year to find a job.
6) It takes 30 minutes to cook dinner.

9

1) How can I get to Disneyland?
2) Can(Could) I take a picture here?
3) Can(Could) I get(have) your address?
4) Can(Could) you open the bag please?
5) Is it a group tour?
6) I will make a reservation this Saturday.
7) She doesn't have any coins.
8) Do you want a golf tour?
9) Can(Could) I rent a motorcycle?
10) Do you like to go to a museum?
11) Why did you go to bed late yesterday (last night)?
12) Where did you get a haircut?

10

1) Sara can't relax in the classroom.
2) Why are you shaking your leg?
3) Who played the game last Sunday?
4) It will not rain today.
5) Can(Could) you close the door (please)?
6) Can(Could) you carry this bag (please)?
7) He cannot control his girlfriend.
8) Frank can pay for lunch.
9) Sara can take a nap.
10) I read books at the bookstore every Sunday.
11) When will you go home?
12) She didn't drop your phone yesterday.

Unit 22

1
1) You shouldn't eat too much.
2) You should wake up early.
3) You shouldn't drink too(so) much.
4) You shouldn't go shopping too(so) much.
5) You shouldn't smoke too much.
6) You should work hard.
7) You shouldn't sleep too(so) much.
8) You should drive carefully.

2
1) Can I pass by?
2) May I ask you some questions?
3) Could I watch TV here?
4) May I leave the office early today?
5) Could you pass me the book?
6) Could you bring me some paper?
7) May I turn off the radio?
8) Could you bring me a pencil?
(or)
Could you bring me some pencils?

3
1) Can you open the door please?
2) The test might be difficult.
3) My girlfriend can speak English.
4) May I read the newspaper?
5) What should I do?
6) You shouldn't drive fast.
7) They might come to the party.
8) She couldn't sleep well.

4
(Yes, 또는 No 둘 중의 하나로 대답)

1) Yes, I can eat raw octopus.
or No, I can't eat raw octopus.
2) Yes, I can swim.
or No, I can't swim.
3) Yes, I can speak English.
or No, I can't speak English.
4) Yes, I can pass you the paper.
or No, I can't pass you the paper.
5) Yes, I can play pool.
or No, I can't play pool.
6) Yes, I can cook rice.
or No, I can't cook rice.
7) Yes, I can't ski (in winter).
or No, I can't ski (in winter).
8) Yes, I can drive a car fast.
or No, I can't drive a car fast.

5
1) Where do you want to go?
→ I want to go to a park.
2) Why are you laughing?
→ (Because) I am happy.
3) Who does the dishes at home?
→ My father usually does the dishes at home.
4) When did you go on a business trip?
→ I went on a business trip last Thursday.
5) What will you do this weekend?
→ I may(might) go hiking with my friends.
6) Why did you fight with your husband?
→ Because my husband drank a lot yesterday.

6
1) You should study hard.
2) You shouldn't go to bed late.
3) You shouldn't fight with friends.
4) You should clean your room.
5) You shouldn't swear at people.
6) You shouldn't drink wine.

7
1) Can you pass me the salt please?
2) Can you come here please?
3) I might drink beer with my friends tonight.
4) You should excercise hard.

8
1) May I take pictures for you?
2) You shouldn't go to work today.
3) May I use the WIFI here?
4) You should watch the(this) movie.
5) May(Could) I borrow your pen please?
6) It might snow next week.

9
1) Can(Could) I have a glass of wine please?
2) Is it real?
3) Where should I get off?
4) Do you like to polish your car?
5) I am not using your computer now.
6) It might rain tomorrow.
7) Can(Could) you pay for lunch?
8) Does Frank wash his car every Sunday?

10
1) Is she waiting for a bus now?
2) You should close the door.
3) I am not cooking now.
4) He might be tired today.
5) Frank usually reads newspapers in the morning.
6) Should he go shopping with Frank?
7) When will you find your job?
8) Who are you drinking with now?

Unit 23

1

1) was
2) are
3) are
4) was
5) am
6) were
7) are
8) was
9) is
10) is

2

1) Frank was not happy yesterday.
2) They were in Seoul last Monday.
3) Was she at the party last night?
4) Why were you late this morning?
5) Our room was small last year.
6) I was sick last Tuesday.
7) We were tired after work.
8) I was afraid of dogs 10 years ago.

3

1) She was studying hard yesterday.
2) He was going to school yesterday.
3) Sara was watching TV last night.
4) I was waiting for my girlfriend
   2 hours ago.
5) They were walking in the park
   yesterday.
6) Frank was buying some food
   at 3 P.M.
7) It was raining this afternoon.
8) My brother was swimming this
   morning.

4

1) John is in the living room now.
2) Frank and Carrie were in bed
   last night.
3) People are in the park now.
4) Sara was at the beach yesterday.
5) I am in the restaurant now.
6) Cathy was at the party last Friday.

5

1) Frank was angry yesterday.
2) He didn't live in Cheonan last year.
3) Did you sleep at midnight yesterday?
4) Did he stay in bed yesterday (or) Was he
   in bed yesterday?
5) Were they tired?
   (or) Did they feel tired?
6) Why were you late this morning?
7) You were not at the beach yesterday.
   (or) You didn't stay at the beach yesterday.
8) Were Carrie and Frank studying at
   the library?
9) Was Frank at work yesterday?
10) Were you reading a newspaper at
    7:10?
11) Were your pants expensive?
12) I was not playing tennis at 10.

6

1) were, was
2) Are, am not('m not)
3) Was, was
4) Were, was not(wasn't)
5) Am, are, be
6) were, was
7) Are, aren't
8) Were, was, was

7

1) There are some mistakes in your letter.
2) There is a big tree in the yard.
3) There is a big TV in the living room.
4) There are many (or a lot of) cars on
   the road.
5) There is a train at 10:30.
6) There are many (or a lot of) people in
   the bar.
7) There are many (or a lot of) restaurants
   here.
8) There is a hair in my soup.

8

1) There is a car accident.
2) There is ice-cream on my shirt.
3) There aren't old buildings in Seoul.
4) There are many people in the park.
5) Are there any apples on the table?
6) Are there good restaurants near here?
7) Are there any shoes here?
8) Are there any hotels near here?

9

1) It is
2) There is
3) It is
4) Are there
5) It is
6) It is

10

1) Can (or May) I buy a ticket?
2) Is there a big park near here?
3) I don't like onions.
4) Can (or May) I cancel my order?
5) There is a good movie on TV.
6) There isn't an airport in my city.
7) Do you need some money?
8) I didn't meet my friend yesterday.
9) What are you afraid of?
10) There are many problems with
    my car.

Unit 24

1

1) You have to rest on Sundays.
2) Frank has to wear a seat belt.
3) She has to drive slowly.
4) Frank has to pass the test this time.
5) I have to wake up early tomorrow morning.
6) Carrie has to work on Saturday.
7) Frank has to cook dinner.
8) You have to make me coffee.

2

1) Frank doesn't have to go home now.
2) They had to do some work.
3) Does Frank have to travel to Canada?
4) She has to study English.
5) We didn't have to cook dinner.
6) Did Carrie have to leave Cheonan?

3

1) I have to work tomorrow.
2) You don't have to buy a gift.
3) Do I have to bring some food?
4) Do I have to speak English?
5) She doesn't have to buy a car.
6) We have to be careful.

4

1) Frank has to call Sara.
2) Frank doesn't have to smoke.
3) Frank has to wash his hands.
4) Frank doesn't have to fight with friends.

5

1) What time do you have to wake up tomorrow?
   → I have to wake up at 7:00 tomorrow.
2) What do you have to do everyday?
   → I have to brush my teeth everyday.
3) What did you have to do yesterday?
   → I had to wait for Frank yesterday.
4) Where do you have to go everyday?
   → I have to go to school everyday.
5) Where did you have to go last week?
   → I had to go to the shopping mall last week.

6

1) I had to work hard 3 years ago.
2) He didn't have to speak English last year.
3) We had to walk home last night.
4) I had to change my phone in 2010.
5) She didn't have to go to college.
6) Frank had to take medicine yesterday.

7

1) Frank might sleep now.
2) She should wash her hair.
3) My girlfriend might travel to China.
4) I have to wear glasses.
5) Children shouldn't jump on the bed.
6) I will live in New York.

8

1) have to, study
2) doesn't have to, cook
3) has to, take
4) have to, do
5) didn't have to, buy
6) has to, sleep
7) have to, go
8) don't have to, pay

9

1) Do I have to book a hotel?
2) She has to go to the dentist.
3) You don't have to take a bus.
4) Do I have to cook breakfast tomorrow?
5) You don't have to check out at 11 A.M.
6) Do I have to take an English class?
7) She has to buy coffee.
8) They don't have to dance.

10

1) I will travel to Canada next year.
2) It might rain tomorrow.
3) You shouldn't drink Soju.
4) They shouldn't tell the secret.
5) We might eat out.
6) She might call you tonight.
7) Frank has to teach English.
8) They will see a movie tonight.
9) I have to buy dinner for you.
10) Your boyfriend might be angry.
11) You have to wash your car tomorrow.
12) He will study abroad next year.

11

1) You shouldn't make noise in class.
2) You have to study English.
3) You shouldn't go shopping too much.
   (or) You shouldn't do too much shopping.
4) You have to exercise.
5) You shouldn't eat snacks too much at night.
6) You have to stay at home.

Unit 25

1

1) I think Frank will come here.
2) I think it will be difficult.
3) I think your father will call you soon.
4) I think your brother will pass the test.
5) I don't think I can do it.
6) I don't think he will study hard.
7) I think I will study hard.
8) I think I will visit your house tomorrow.
9) I don't think I will see a movie.
10) I think it will rain tomorrow.
11) I don't think the test will be difficult.
12) I think you will be angry.

2

1) Sara might see a doctor tomorrow.
2) Sara is working (or will work) at the office next Saturday.
3) Sara is cooking (or will cook) dinner tonight.
4) Sara might travel next month.
5) Sara must be sick now.
6) Sara might (or may) have a party tomorrow.
7) Sara is hanging out with her friends this Friday.
8) Sara must be angry now.

3

1) Carrie must be hungry.
2) John must be happy.
3) Tim must be in the restaurant.
4) Frank must be depressed.
5) Sara must be bored.
6) Cathy must be excited.

4

1) What will you do tomorrow?
2) What are you going to do tomorrow?
3) Are you going to see a movie tomorrow?
4) Will you go on a picnic with friends tomorrow?
5) Are you going to go to Seoul tomorrow?
6) Will it rain tomorrow?
7) Are you going to go to Thailand this month?
8) What are you going to do this week?

5

1) must, speak
2) is going to, rain
3) might, buy
4) have to, wash
5) Is, going to, work
6) has to, see
7) am going to, sell
8) must, have

6

1) You should brush your teeth.
2) You have to brush your teeth.
3) You shouldn't go to bed late.
4) You don't have to go there.
5) You should clean your room everyday.
6) You don't have to do (or wash) the dishes.

7

1) You must do your homework.
2) Frank must not go there.
3) We must not visit there.
4) Mike must work hard.
5) You must wear a safety belt.
6) I must meet my mother.

8

1) Frank is going to go to a concert tomorrow.
2) Frank is going to meet friends tomorrow.
3) Frank is going to go on a business trip tomorrow.
4) Frank is going to swim in the pool tomorrow.
5) Frank is going to work out in the gym tomorrow.
6) Frank is going to watch TV in the living room tomorrow.

9

1) I think I will eat out tonight.
2) You must know Frank.
3) It might snow this weekend.
4) You should wash your hands.
5) I might go shopping today.
6) Are you going to play basketball today?
7) Where are you going now?
8) My wife must be confused.
9) I have to wake up early tomorrow.
10) She shouldn't make noise here.

10

1) You must not smoke here.
2) Where are you going now?
3) Did you meet your friends yesterday?
4) It will not rain today.
5) I am going to see a movie with my friends tomorrow.
6) You shouldn't shout in public.

11

1) I am making coffee now.
2) I am going to go to Jeonju with my friends tomorrow.
3) My girlfriend might stay(be) at home now.
4) He must know the answer.
5) She is my mother.
6) Frank will ride on a bicycle.
7) Are you going to study English tomorrow?
8) What are you looking at now?

Unit 26

1

1) Am I studying English now?
2) She didn't go home yesterday.
3) Is Frank going to grow trees?
4) Did she eat chicken yesterday?
5) He is not tired.
6) I didn't fight with my brother.
7) Does she teach English in school?
8) They are not playing tennis tomorrow.

2

1) There were some apples on the table.
2) Does she usually bring her lunch box?
3) She doesn't need my help.
4) Did Carrie quit smoking last year?
5) Was Frank crying?
6) Don't open the door!

3

(yes 또는 no 둘 중의 하나만 쓰세요.)

1) Yes, I am singe.
   or No, I am not single.
2) Yes, I did my homework.
   or No, I didn't do my homework.
3) Yes, he is sleepy now.
   or No, he is not sleepy now.
4) Yes, she usually eats breakfast.
   or No, she usually doesn't eat breakfast.
5) Yes, I worked at the office yesterday.
   or No, I didn't work at the office
   yesterday.
6) Yes, there are good restaurants near
   here.
   or No, there aren't good restaurants
   near here.
7) Yes, everything is okay.
   or No, everything is not okay.
8) Yes, I like to go hiking.
   or No, I don't like to go hiking.

4

1) Where did you study English?
2) Are you going to tell the secret?
3) Did it rain last night?
4) When do you want to swim with me?
5) She doesn't want to go out tonight.
6) Is your boyfriend running at the park?
7) What time does Frank wake up?
8) Is it going to rain tomorrow?

5

1) do, do
2) don't, know
3) is, doing
4) do, come
5) am, playing
6) are, laughing
7) does, want
8) are, going

6

1) Open the window!
2) Turn off the light!
3) Bring me (some) coffee!
4) Answer my phone!
5) Give me some salt!
6) Order a pizza for me!
7) Be quiet!
8) Keep my luggage!

7

1) Frank was at the movie theater.
2) Frank was watching a movie
   yesterday.
3) Frank met Carrie yesterday.
4) Carrie ate popcorn yesterday
5) Frank drank Coke yesterday

8

1) What time does the bank open?
2) Where can I buy(get) coffee?
3) Where is the bathroom(washroom)?
4) What is your favorite fruit?
5) Where is the bus stop near here?
6) Why are you traveling in this country?
7) Where can I get some ice?
8) Who(m) did you meet yesterday?
9) When did you go on a vacation?
10) Why should I go on a business trip?

9

1) Close the door!
2) Don't be late!
3) Come home early!
4) Pick me up at the bus stop!
5) Don't go to bed late!
6) Turn on the air conditioner!
7) Don't make noise!
8) Be careful!

10

1) Are you boiling water now?
2) Frank doesn't like to cook(cooking).
3) What sport do you play?
4) She usually doesn't (usually) drink a lot
   of water.
5) Are you using my phone now?
6) Sara didn't rest at home yesterday.
7) What time do you usually leave the
   office?
8) She is not watching TV now.

11

1) Who are you waiting for?
   → I am waiting for my friend.
2) Did you check the report?
   → No, I didn't check the report yet.
3) Do I have to wait for you?
   → No, you don't have to wait for me.
4) What are you thinking about?
   → I am thinking about you.
5) When will you leave Cheonan?
   → I will leave Cheonan next week.

12

1) Why did you decide to study English?
2) Are you going to visit my house
   tomorrow?
3) Are you going to make a cake?
4) It is raining now.
5) Is your new teacher kind?
6) They are going to wash their cars.
7) When did you travel to China?
8) She doesn't like to work(working) on
   Sunday.
9) Does Frank always eat(have) breakfast?
10) My phone is ringing now.

Unit 27

1

1) Should
2) may(might)
3) will
4) can't(cannot)
5) can't(cannot)
6) will

2

1) I should see a doctor.
2) Can(Could) you open the door please?
3) You have to work on Sunday.
4) We may(might) drink with our friends.
5) I think Frank will win the game.
6) Frank should wake up early.
7) We will go out tonight.
8) Can(Could) you buy lunch for me?
   (or) Can(Could) you buy me lunch?

3

1) Would you like to have steak?
   → I would rather eat salad.
2) Would you like to go out?
   → I would rather stay home.
3) Would you like to sit here?
   → I would rather sit on the floor.
4) Would you like to watch TV?
   → I would rather read a newspaper.

4

1) Frank is going to pick up John at the airport tomorrow.
2) Frank is going to eat out with John tomorrow.
3) Frank is going to attend the meeting tomorrow.
4) Frank is going to prepare for the report tomorrow.
5) Frank is going to drop off John at the hotel tomorrow.
6) Frank is going to have dinner with his girlfriend tomorrow.

5

1) Does Frank have to get up early?
2) She should listen to her mother.
3) What will you do tomorrow?
   (or) What are you going to do tomorrow?
4) Frank couldn't find his wallet.
5) He might not come to the party.
6) Can he make pizza?

6

1) Yes, you should study English.
2) Yes, she has to do the laundry.
3) Yes, I can (or could) carry your luggage.
4) Yes, You should finish your report today.
5) Yes, I am going to bed early.
6) Yes, I will have lunch with you.

7

1) Can I have a menu?
   (Can you give me ~ Can you bring me ~)
2) What should I do?
3) Sara may (might) call you tonight.
4) It may (might) rain tomorrow.
5) She has to (must) meet her friends.
6) Could (May) I have some water?
7) She can't wash her car.
8) I will see a movie tomorrow.
9) They should help Sara.
10) He is going to go on a business trip.
11) Amy might be late.
12) I have to (or must) clean my room.

8

1) May I go home now please?
2) May I answer the phone please?
3) May I sit here please?
4) May I pass by please?
5) May I have some ice please?
6) May I close the window please?

9

1) 난 영어 공부할 수 있어.
2) 캐리는 내일 영어공부를 할 거야.
3) 캐시는 영어 공부를 해야 해.
4) 우리는 내일 떠나지 않을 거야.
5) 프랭크는 영어 공부를 하지 않을 예정이야.
6) 사라는 내일 영어 공부할지도 몰라.

10

1) May I ask you some questions?
2) Are you going to Canada?
   (or) Are you going to go to Canada?
3) I would rather eat (or have) dinner alone.
4) She might be single.
5) Could (or Can) you bring me some coffee?
6) I will help you.

11

1) Yes, you should get the job.
   or No, you shouldn't get the job.
2) Yes, it will rain tomorrow.
   or No, it will not(won't) rain tomorrow.
3) Yes, I am going to take a walk in the park.
   or No, I am not going to take a walk in the park.
4) Yes, I will go shopping tomorrow.
   or No, I will not(won't) go shopping tomorrow.
5) Yes, I can drink two bottles of Soju.
   or No, I cannot(can't) drink two bottles of Soju.
6) Yes, I am sleepy now.
   or No, I am not sleepy now.
7) Yes, you can call a taxi.
   or No, you cannot(can't) call a taxi.
8) Yes, you should make noise here.
   or No, you shouldn't make noise here.

12

1) You should buy new clothes.
2) Are you studying English now?
3) I will not go to Seoul tomorrow.
4) She should drive more carefully.
5) They might (or may) not go out tonight.
6) Can (or Could) you wake me up at 7?
7) You shouldn't make noise here.
8) Can (or Could) you pass me the salt please?
   (or) Can (or Could) you pass the salt to me please?

Unit 28

1

1) I have a headache.
2) Frank has a fever.
3) I have a cold.
4) Sara has a backache.
5) Carrie has a cough.
6) I have a sore throat.

2

1) do
2) make
3) did
4) making
5) does
6) makes

3

1) What are you making now?
2) What did you do yesterday?
3) I will do (my) homework tomorrow.
4) We are having lunch.
5) What do you want to have for dinner?
6) When will you do the laundry?
7) Who made this cake?
8) Do you usually make soup for breakfast?

4

1) Frank is making a cake now.
2) Frank is making coffee now.
3) Frank is making a bed now.
4) Frank is making a wish now.

5

1) Don't make any noise.
2) I had a car accident yesterday.
3) Did you make an appointment?
4) Did you make a reservation?
5) Did you have a great time yesterday?
6) Do you usually make coffee every morning?
7) Where did you have the party?
8) I did a lot of things yesterday.

6

1) Carrie did the floor yesterday.
2) Two girls did the laundry yesterday.
3) Frank made the bed yesterday.
4) Carrie did the windows yesterday.
5) Frank did the dishes yesterday.
6) Carrie did the bathroom yesterday.

7

1) We are having a party.
2) Frank and Carrie are having a glass of juice.
3) John and Sara are having dinner.
4) I am having a piece of pizza.
5) Tim is having a cup of tea.
6) Cathy and Jina are having a great time.

8

1) I usually play soccer on Sundays.
2) What did you do yesterday?
3) When will you do your homework?
4) Do you like cooking?
5) Who usually makes breakfast?
6) Do you do exercises in the morning?
7) Do you often play computer games?
8) Did you play basketball yesterday?

9

1) Can you do me a favor?
2) I didn't make an appointment with the dentist.
3) Who made this movie?
4) Did you enjoy your flight?
   (or) Did you have a good fight?
5) I usually make a shopping list.
6) May (or Can) I make dinner for you?
7) Did you do the dishes yesterday?
8) We had a party yesterday.

10

1) Frank is making salad now.
2) Frank is doing the laundry now.
3) Jenny is making coffee now.
4) Frank and Sara are doing homework now.
5) Carrie is taking pictures now.
6) Carrie and Sara are having noodles now.
7) Tim is having (eating) fried chicken now.
8) John is dreaming now.

11

1) I have a cough. I will stay home today.
2) I didn't do anything yesterday.
3) Carrie has a fever. She needs some rest.
4) I cooked. You should do the dishes.
5) Frank didn't do housework yesterday.
6) What does your company make?
7) What do you usually do in the morning?
8) I made you some sandwiches.
   (or) I made some sandwiches for you.

12

1) Did you make this coffee?
   Yes, I made this coffee.
2) Did you have (enjoy) a great vacation?
   Yes, I had a great vacation.
   No, I didn't have a great vacation.
3) Do you have any sons?
   Yes, I have two sons.
   No, I don't have any sons.
4) Do you have a lot of free time?
   Yes, I have a lot of free time.
   No, I don't have a lot of free time.
5) Did you make a wish?
   Yes, I made a wish.
   No, I didn't make a wish.

Unit 29

1

1) my
2) mine
3) You
4) yours
5) our
6) us
7) They
8) theirs
9) his
10) him
11) She
12) her
13) hers
14) its
15) it

2

1) It is his.
2) It is hers.
3) It is mine.
4) They are ours.
5) They are theirs.
6) They are yours.

3

1) It is Frank's notebook. - It is his.
2) It is Carrie's dog. - It is hers.
3) It is Frank and Carrie's pen.
   - It is theirs.
4) It is my car. - It is mine.
5) It is your camera. - It is yours.
6) It is my father's money. - It is his.
7) It is your beanie. - It is yours.
8) It is our house. - It is ours.

4

1) myself
2) himself
3) herself
4) ourselves
5) themselves
6) yourself
7) itself
8) ourselves
9) themselves

5

1) Can you look at the roof of the house?
2) I should fix the leg of the (this) table.
3) Frank wants to know the name of the(this) town.
4) Can you write your name on the top of the paper.
5) The wall of the (this) house is white.
6) I couldn't see the beginning of the (this) movie.

6

1) myself
2) ourselves
3) herself
4) yourself
5) himself
6) myself
7) themselves
8) herself

7

1) I don't know your wife.
2) It is my favorite food.
3) I cut myself.
4) Frank likes his red shirt.
5) What is the name of the(this) street.

8

1) Would you like to go to the cinema?
   Yes, that's a good idea.
2) I found my job.
   That's great.
3) I broke up with my girlfriend.
   That's bad.
4) Sara will go to Canada next year.
   Really? I didn't know that.

9

1) I will buy those things.
2) Do you like the(this) skirt?
3) These flowers are beautiful.
4) This is my brother.
5) Don't touch that! That is mine.
6) I am sorry. That's okay.
7) Are these your keys?
8) Frank is handsome. That's not true.
9) She cut herself.
10) I don't know him.

10

1) He is my father. He knows them.
2) I drink beer. I like it.
3) Does she like Tom?
   No, she doesn't like him.
4) John knows you but he doesn't know me.
5) It is our car. We love it.
6) He wants to see us.
7) I enjoyed the party myself.
8) Those are Sara's books. I like them.

11

1) Whose car is this?
2) Whose notebook is this (it)?
3) Whose wallet is this (it)?
4) Whose books are these?
5) Whose phone is that?
6) Whose medicine is this (it)?

12

1) I usually bring my lunch box.
2) Don't touch Sara's book. That is hers.
3) That is my father's house. That is his.
4) I will fix the leg of the desk.
5) Those are flowers. My mother likes them.
6) Do you love yourself?
7) It (This) is my father's bag.
8) We stayed in your sister's house (home).

13

1) I will pass the ball to you.
2) Frank gave some information to me.
3) My mother brought a cake to me.
4) I will send a message to you.
5) She didn't tell the news to me.
6) Can you pass the ticket to me?

14

1) these
2) these
3) those
4) that

Unit 30

1

1) twenty five
2) one hundred twenty
3) two thousand five hundred
4) one hundred twenty thousand
5) one million four hundred fifty thousand
6) four hundred fifty four thousand
7) twelve thousand four hundred fifty

2

1) This car looks nice.
2) You look hungry.
3) My girlfriend sounds jealous.
4) This pizza smells good.
5) She feels sick.
6) These foods taste delicious.
7) He feels lonely.
8) These fish smell bad.

3

1) You look tired.
2) Why do you look sad today?
3) Frank doesn't look angry.
4) What are you looking at now?
5) He is looking at you now.
6) It doesn't look good.

4

1) You look like a movie star.
2) It looks like a pizza.
3) Frank looks sad.
4) This(The) question looks easy.
5) Do I look like a princess?
6) Your boyfriend looks kind.

5

1) There are a lot of books in the room.
2) There are some sandwiches on the table.
3) I have enough coffee in my cup.
4) She doesn't have any money.
5) There are a lot of cars on the road.
6) I have enough time.
7) I have enough friends.
8) She spends too much money.

6

1) buy
2) arrive
3) bring
4) receive
5) find(과거동사 found)
6) come
7) put on
8) become(과거동사 became)

7

1) I want to get a job.
2) Did you get my letter?
3) I think I will get hungry.
4) When will you get married?
5) What time do you usually get to work?
6) I got 'c' in English.
7) Frank got bored.
8) I am getting better.

8

1) Can you lend me some money?
2) I drank too much beer yesterday.
3) I have a headache. I slept too much yesterday.
4) This car doesn't have enough power.
5) You had a lot of work yesterday.
6) He doesn't have any ideas.

9

1) You look so tired today.
2) Why does your girlfriend sound upset?
3) When do you feel lonely?
4) Do I look pretty today?
5) Do I sound angry?
6) How does it taste?
7) My mother sounds angry.
8) I felt guilty yesterday.
9) This book looks fun.
10) This food smells delicious.

10

1) I am on the way to work.
2) Frank is on the way home.
3) Are you on the way to school?
4) I am on the way to Seoul.
5) What time do you usually get home?
6) What time did you get home yesterday?

11

1) Do I have to wait for the bus here?
2) Will you go to the library today?
3) Carrie is going to have dinner with you.
4) Why are you traveling here?
5) You should (or have to) do your homework.
6) It might snow tomorrow.
7) Did you study English yesterday?
8) It doesn't look good.
9) I am working too much these days.
10) I think you look tired.

12

1) When will this bus leave?
2) May(Can) I ask your name?
3) How can I go to (the) Tim hotel?
4) It is a very important thing.
5) I am going to stay at (the) Tim hotel for 3 days.
6) Where is the box office?
7) May(Can) I drink a glass of water please?
8) May(Can) I order now?

Unit 31

1
1) yet
2) already
3) yet
4) ago
5) already
6) yet

2
1) I worked in a factory 10 months ago.
2) I already brushed my teeth.
3) Did you find a job yet?
4) You just bought a new car.
5) Frank just left the party.
6) Did you arrive yet?
7) Frank already slept.
8) They just took a shower.
   (or) They just showered.

3
1) Frank hardly sings a song.
2) Do you usually go to bed late?
3) She likes to bake bread.
4) I traveled to Paris lately.

4
1) How tall are you?
2) How much is it?
3) How often do you take a bath?
4) How old are you?
5) How fast can you run?
6) How many books do you need?

5
1) How often do you take a shower?
2) How old is your mother?
3) How many best friends do you have?
4) How much is it?
5) How often do you study English?
6) How tall are you?
7) How often do you drink coffee?
8) How much money do you need?

6
1) Carrie hardly does the laundry.
2) Frank didn't arrive yet.
3) I just had dinner.
4) She woke up 30 minutes ago.
5) I already found a job.
6) The movie didn't start yet.
7) Did you arrive yet?
8) Frank just left the party.

7
1) How long does it take to go to China?
2) How long does it take to cook dinner?
3) How long does it take to finish your project?
4) How long does it take to go to Gwangju?

8
1) It takes an hour to go to Seoul from Cheonan.
2) It takes a year to find a job.
3) It takes 30 minutes to come here.
4) It takes 20 minutes to make fried rice.

9
1) Frank didn't have dinner yet.
2) How long does it take to finish shopping?
3) What movie did you watch recently(lately)?
4) Frank broke up with his girlfriend 2 years ago.
5) How often do you meet your friends?
6) I just got married.
7) How long should I wait?
8) I just took a shower.

10
1) How long does it take to get to the lake from here?
2) How long does it take to get to the park from here?
3) How long does it take to get to the zoo from here?
4) How long does it take to get to the museum from here?
5) How long does it take to get to the beach from here?
6) How long does it take to get to the palace from here?

11
1) Where did you stay yesterday?
2) Where is the outlet store?
3) Who did you meet yesterday?
4) When do you want to eat dinner?
5) How tall is the building?
6) Where can I buy tickets?
7) Where can I get on the train to Seoul?
8) How deep is the river?

12
1) I dated my boyfriend 5 years ago.
2) Is there a good restaurant near here?
3) My friend already went to church today.
4) How often do you eat out with your friends?
5) Carrie already did the laundry.
6) How long does it take to get to the subway station?

Unit 32

1

1) I really enjoy fishing.
2) Frank really enjoys watching movies.
3) Sara really enjoys sleeping.
4) He really enjoys dancing.
5) She really enjoys drinking coffee.
6) I really enjoy talking to you.

2

1) smoking
2) to go
3) to do
4) doing
5) opening
6) to buy
7) to sell
8) raining

3

1) Do you like to wake up early in the morning?
2) Do you want to travel to Hong kong?
3) I really enjoyed reading your books.
4) Don't forget to send money to me.
5) What do you want to do tonight?
6) Did you finish cleaning your room?
7) I don't mind waiting for you.
8) I didn't expect to meet you here.

4

1) Did you finish doing your job?
2) I don't like to walk(walking) on a rainy day.
3) She doesn't like to cook(cooking).
4) Frank refused to help me.
5) Do you mind smoking here?
6) My brother plans to go to college.
7) Frank avoids talking to me.
8) You need to go on a diet.

5

1) Can(Could) you pass the salt to me please?
2) I didn't tell the story to you.
3) She will give some homework to you.
4) I taught English to you last year.
5) Carrie can't give a reason to me.
6) Frank gave a gift to me yesterday.

6

1) I want to go to bed early.
2) Did you quit smoking yet?
3) I forgot to turn off my computer.
4) He really enjoyed traveling in Thailand.
5) Why did you decide to come here.
6) Why did you give up studying English?
7) I try to wake up early.
8) Frank really enjoyed talking to you.

7

1) I want you to buy me dinner.
2) I want you to do your homework.
3) I don't want you to know the secret.
4) I don't want you to leave me.
5) I want you to remember my name.
6) I want you to buy me a nice jacket.
7) I want you to be happy.
8) I want you to drink a lot of water.

8

1) Let me cut it.
2) Let me help you.
3) Let me tell her.
4) Let me do the dishes.
5) Let me carry your bag.
6) Let me do it.

9

1) Sara asked me to book a hotel.
2) I expected you to marry Frank.
3) Did you enjoy dating your boyfriend yesterday?
4) Will you keep studying English?
5) Can(Could) you stop complaining?
6) My friend refused to play basketball with me.

10

1) How often do you brush your teeth a day?
   → I brush my teeth 3 times a day.
2) How often do you drink coffee a day?
   → I never drink coffee.
   (or) I drink coffee 3 times a day.
3) How often do you drink with your friends?
   → I sometimes drink with my friends.
4) How often do you wash your hair?
   → I wash my hair every day.
   (or) I wash my hair one time two days.
5) How often do you travel abroad a year?
   → I travel abroad once a year.
   (or) I travel abroad one time a year.
6) How often do you see a movie at the cinema a month?
   → I see a movie at the cinema twice a month.
   (or) I see a movie at the cinema once a month.

11

1) Would you mind taking a picture of me?
   → No, I wouldn't mind.
2) Would you mind keeping my bag?
   → No, not at all. (or) No, I wouldn't
3) Would you mind closing the window?
   → Yes, I would mind closing the window.
4) Would you mind (my) smoking here?
   → Yes, I would mind (your) smoking here.

12

1) I don't know sizes in this country.
2) Do you have another color?
3) Can(May) I go sightseeing with a taxi?
4) Where can I rent a car?
5) When does (will) the next show start?
6) Can(May) I change my room?

연습문제 정답

부록 (p 212)

3인칭 단수·복수 구별하기

1) 1인칭 단수
2) 3인칭 단수
3) 3인칭 단수
4) 1인칭 복수
5) 3인칭 복수
6) 3인칭 단수
7) 3인칭 복수
8) 3인칭 복수
9) 1인칭 복수
10) 3인칭 복수
11) 3인칭 복수
12) 3인칭 단수
13) 3인칭 단수
14) 3인칭 복수
15) 1인칭 복수
16) 2인칭 단수(복수)
17) 3인칭 단수
18) 3인칭 단수
19) 3인칭 복수
20) 3인칭 단수
21) 3인칭 복수
22) 3인칭 복수
23) 1인칭 복수
24) 3인칭 단수
25) 1인칭 복수
26) 3인칭 복수
27) 3인칭 단수
28) 1인칭 복수
29) 3인칭 단수
30) 3인칭 단수
31) 3인칭 복수
32) 2인칭 복수

부록 (p 221)

인칭에 대한 동사의 변화 형태
(일반동사)

1) You want to drink water.
2) Does she go to school everyday?
3) Frank doesn't need my help.
4) Do they listen to me?
5) Do we usually go to bed at 11?
6) I don't feel tired now.
7) Does the cat have four legs?
8) My children don't always take showers.
   (or) My children always don't take showers.
9) Do they usually go to school by car?
10) Sara cooks lunch.

부록 (p 222)

인칭에 대한 동사의 변화 형태
(be동사)

1) Is there a problem?
2) Am I going to the party tonight?
3) You are my friend.
4) I am late for class.
5) Frank is not home.
6) Sara and I are happy.
7) They are singers.
8) Aren't you a student or You are not
   a student.
9) He and I are not skinny.
10) Are many people running on the road?

부록 (p 229-230)

영작을 이용해 시제연습하기

1) Are you going to travel to Europe?
2) She doesn't call me very often.
3) Does Frank have to make dinner for
   Carrie?
4) Does Carrie like to go shopping?
5) You don't need to go there.
6) Why did you come to Tim school early?
7) I am going to Seoul now.
8) What would you like to have for dinner?
9) Do you like to see movies?
10) Will you have lunch with me?
11) You should not go out tonight.
12) I will not go to Seoul tomorrow.
13) Cathy should study English.
14) Carrie will not eat dinner with you.
15) Are you sleeping now?
16) Why are you using my coumputer?
17) What did you say?
18) What do you usually have for
    breakfast?
19) How long does it take to go to
    Canada?
20) Why are you looking at me?
21) Sara might study English tomorrow.
22) What are you doing?
23) She might like this gift.
24) Can you pass me the salt please?
25) Can you wake me up at 7?
26) She can cook fried rice.
27) Frank used to teach English.
28) Are you going to work tomorrow?
29) I don't have to eat pizza.
30) We need to(should) know each other.
31) Frank needs to read more books.
32) Frank might wash his car.
33) You don't need to wear a suit.
34) You should not make noise here.
35) Will you go to the library?
36) Do you want to leave now?
37) Does Frank usually work hard?
38) Did you find my wallet?
39) Where did you meet your boyfriend
    first?
40) What gift should I buy for my father?

부록 (p 231~234)

다음은 여행에서 많이 사용하는 표현들입니다.
영작을 해 보고 연습을 해 보세요.

1) Did you have a good sleep?
2) I am glad to see you.
3) I don't understand you.
4) I think so.
5) Thank you for your help.
6) Could you give me another glass of wine?
7) What did you say?
8) I can't find my baggage.
9) Can you contact me?
10) Do you have a city map?
11) Can you recommend me a good restaurant?
12) May I sit here?
13) May I take pictures?
14) May I have(ask) your name?
15) May I smoke here?
16) Do you have orange juice?
17) Where is the restroom?
18) How long does it take to get to the airport?
19) What time is it now?
20) Do you have any empty rooms?
21) Do you take a credit card?
22) When can I have breakfast?
23) I made a reservation.
24) I want to eat something.
25) Can you show me that sweater?
26) Please speak slowly.
27) May I open the window?
28) I have a problem.
29) I got lost.
30) Could you keep this bag please?
31) Could I change my seat?
32) The headphones aren't working.
33) Could you give me one more blanket please?
34) I would like to change my reservation.
35) I would like to have a window seat.
36) I came here for sightseeing.
37) I am traveling alone.
38) I will stay at the Frank hotel in L.A
39) This is the return ticket.
40) I have a reservation for three nights.
41) May I have a menu please?
42) What kind of dish is it?
43) I am just looking around.
44) Can you give me a discount please?
45) I would like to see those pants.
46) Where can I catch a bus to Sydney?
47) Where can I buy a ticket?
48) Can you turn on the meter please?
49) May I have orange juice please?
50) I would like pork.
51) May I have a blanket please?
52) Do you have a pillow?
53) Would you refill my coffee please?
54) May I have another can of beer please?
55) May I put my seat back?
56) Would you bring up your seat please?
57) I am traveling for vacation.
58) I will stay at the Frank hotel for 3 days.
59) How can I use the Internet?
60) Could you bring me a towel please?

내맘대로 영어 독학 첫걸음

배현 저 | 188*257mm | 340쪽
15,000원(mp3 파일 무료 제공)

내맘대로 영어 독학 단어장

FL4U컨텐츠 저 | 148*210mm | 324쪽
15,000원(mp3 파일 무료 제공)

잼잼 쉬운 영어 첫걸음

이원준 저 | 170*233mm | 296쪽
15,000원(mp3파일 무료 제공)

잼잼 쉬운 여행 영어

서지위, 장현애 저 | 148*210mm | 300쪽
14,000원(mp3 파일 무료 제공)

일상생활 5분 영어 365

이원준 엮음 | 128*188mm | 392쪽
13,000원(mp3 파일 무료 제공)

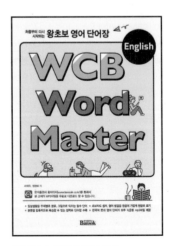

왕초보 영어 단어장 WCB English Word Master

서지위, 장현애 저 | 148*210mm | 252쪽
14,000원(mp3 파일 무료 제공)

바로바로 영어 독학 첫걸음

이민정 엮음 | 148*210mm | 420쪽
15,000원(mp3 파일 무료 제공)

바로바로 영어 독학 단어장

이민정, 장현애 저 | 128*188mm | 324쪽
14,000원(mp3 파일 무료 제공)

초등 영단어 완전정복

이민정, 장현애 저 | 148*210mm | 340쪽
14,000원(mp3 파일 무료 제공)

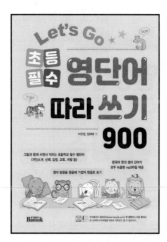

Let's Go 초등 필수 영단어 따라 쓰기 900

이민정, 장현애 저 | 188*258mm | 156쪽
10,000원(mp3 파일 무료 제공)

탁상용 초등 영단어 하루 꼭! 365

이원준 저 | 127*170mm | 368쪽
15,000원(mp3 파일 무료 제공)

초등 영단어 하루 꼭! 365 따라쓰기

이원준 저 | 188*257mm | 256쪽
12,000원(mp3 파일 무료 제공)

바로바로 하루 10분 일상 영어

박지성 저 | 128*188mm | 416쪽
15,000원(mp3 파일 무료 제공)

일상생활 영어 여행회화 365

이원준 저 | 128*188mm | 368쪽
14,000원(mp3 파일 무료 제공)

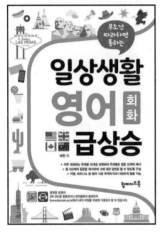

일상생활 영어 회화 급상승

배현 저 | 148*210mm | 328쪽
15,000원(mp3 파일 무료 제공)

일상생활 유창한 영어회화 450

이원준 엮음 | 128*188mm | 452쪽
14,000원(mp3 파일 무료 제공)

프리토킹 영어회화 완전정복

이원준 엮음 | 170*233mm | 448쪽
18,000원(mp3 파일 무료 제공)

탁상용 1일 5분 영어 완전정복

이원준 엮음 | 140*128mm | 368쪽
14,000원(mp3 파일 무료 제공)